从秦皇到汉武

① 秦灭六国

风长眼量 著

清华大学出版社

北京

内 容 简 介

本系列作品《从秦皇到汉武》，共分三册。

《秦灭六国》：秦部落受封伯爵，统一关中，称霸西戎。商鞅变法，秦国实行军功爵制。战神白起诞生，长平之战奠定一统趋势。秦始皇灭六国、巡游天下，赵高、李斯沙丘之谋。

《楚河汉界》：陈胜、吴广从起兵到覆灭，巨鹿之战，刘邦入关中，鸿门宴，项羽分封诸侯。彭城之战，荥阳之战，楚汉以鸿沟为界，垓下之战，韩信十面埋伏，项羽乌江自刎。

《大漠西域》：冒顿单于称霸大漠南北，卫青收复河套地区，霍去病收复河西走廊，漠北之战，李广难封。李广利远征大宛，汉朝设西域都护，降呼韩邪单于，杀郅支单于。

本书适合历史、地理、军事爱好者阅读。

本书封面贴有清华大学出版社防伪标签，无标签者不得销售。

版权所有，侵权必究。举报：010-62782989，beiqinquan@tup.tsinghua.edu.cn。

图书在版编目 (CIP) 数据

从秦皇到汉武 . 1，秦灭六国 / 风长眼量著 .
北京 : 清华大学出版社 , 2024. 7. -- ISBN 978-7-302
-66642-4

Ⅰ . K232.09

中国国家版本馆 CIP 数据核字第 20241NV490 号

责任编辑：刘　洋
封面设计：徐　超
版式设计：方加青
责任校对：王凤芝
责任印制：丛怀宇

出版发行：清华大学出版社
　　　　　网　　　址：https://www.tup.com.cn，https://www.wqxuetang.com
　　　　　地　　　址：北京清华大学学研大厦 A 座　　　　　邮　　编：100084
　　　　　社 总 机：010-83470000　　　　　　　　　　　邮　　购：010-62786544
　　　　　投稿与读者服务：010-62776969，c-service@tup.tsinghua.edu.cn
　　　　　质 量 反 馈：010-62772015，zhiliang@tup.tsinghua.edu.cn
印 装 者：小森印刷（北京）有限公司
经　销：全国新华书店
开　　本：187mm×235mm　　　印　　张：21　　　字　　数：464 千字
版　　次：2024 年 9 月第 1 版　　　印　　次：2024 年 9 月第 1 次印刷
定　　价：128.00 元

产品编号：095887-01　　　　　　　审图号：GS（2024）2090 号

推荐序

    终于盼到风长眼量的新书！多年前捧着他之前出版的《地图里的兴亡》系列书，那种如临其境、酣畅淋漓的记忆一下子都回来了，赶紧煮上一壶茶，品茶读史看图！

    年少读历史书，书上记载的内容有限，再加上文言文的距离感，总觉得是一团散不开的雾。现在想想，大多数史书，都好比是浓缩的茶叶，特别是距离现在2000多年的先秦历史，那时候没有纸只有竹简，记录下来的历史更是浓缩中的精华茶叶。

    春秋战国时期的太史，用简牍记录时，如有错讹，即以刀削之，称作"刀笔吏"。刀笔吏随身带着刀和笔，刀笔并用，这是一门技术活，记录下来的历史惜墨如金，都是浓缩之精华。

    风长眼量老师请读者"喝茶"是不一样的，他准备了上好的茶叶，外加一番上等的煮泡功夫，这所谓煮泡功夫就是发挥想象，把丢失的历史合理演绎出来，让读者喝到芳香四溢的茶水，而不是吃茶叶。茶水里面含有小说笔法，文艺渲染，这些都是不可或缺的。

沈钦卿

上海市妇女儿童服务指导中心

前　言

本系列作品《从秦皇到汉武》，分为三册，共计 100 多万字，近 400 幅地图。

系列名	书名	地图数
《从秦皇到汉武》	1《秦灭六国》	121幅
	2《楚河汉界》	122幅
	3《大漠西域》	131幅

《秦灭六国》，分为三大部分。

（一）第一个秦人非子，建立秦部落。烽火戏诸侯，秦人受封伯爵（第三等）。秦国一步步东进，逐渐统一关中，称霸西戎，但受阻春秋霸主晋国。

（二）三家分晋，秦国获得东进良机，无奈魏国才是战国初期霸主。商鞅变法，秦国实行军功爵制。魏国衰落，秦国崛起，连破楚、赵、魏、韩。

（三）战神白起诞生，伊阙之战、鄢郢之战、华阳之战，战国斩首数屡破纪录，长平之战奠定一统趋势。秦灭六国（韩王安出降，王翦灭赵国、魏国，王贲灭魏国、燕国、齐国），秦始皇巡游天下，赵高、李斯沙丘之谋。

《楚河汉界》，分为四大部分。

（一）陈胜、吴广起兵，楚、齐、赵、魏复国，章邯出函谷关，陈胜、吴广覆灭。

（二）项羽、刘邦起兵，巨鹿之战项羽封神，刘邦先入关中，秦王子婴出降，章邯投降项羽，鸿门宴后项羽分封诸侯，刘邦封汉王。

（三）项羽杀义帝，刘邦灭三秦，彭城之战项羽三万破刘邦五十六万，荥阳之战以鸿沟为界，韩信灭西魏、代、赵、齐，垓下之战韩信十面埋伏，项羽乌江自刎。

（四）刘邦定天下，灭异姓王，代王刘恒称帝。

《大漠西域》，分为四大部分。

（一）匈奴的基本盘在哪？冒顿单于统一北方游牧民族，白登之围刘邦被迫和亲，月氏和乌孙西迁，汉文帝与汉景帝休养生息。

（二）马邑之围汉武帝反击，卫青收复河套地区、大破右贤王，霍去病收复河西走廊，漠北之战，李广难封。

（三）汉武帝征服南越和朝鲜半岛，平西南夷，破东越和闽越，张骞出使西域，李广利远征大宛国。

（四）苏武牧羊，汉朝设西域都护府，与乌孙合击匈奴，降呼韩邪单于，杀郅支单于。

图　　例

长安　都城

安邑　大城

虎猛（都尉）　小城

函谷关　关卡

长城

5井陉　道路

中条山　山脉

太原盆地　盆地

渭河　河流

秦海　湖泊

卫青　进攻路线

项羽 乌江　撤退路线

目 录

第一章 从部落到春秋一霸

第一节　从部落到伯爵

● 非子，第一个秦人

秦国的起源，可以追溯到上古时期。

上古时期有三皇五帝。三皇，一说是指伏羲、神农、黄帝；五帝，一说是指黄帝、颛顼、帝喾、尧、舜。

三皇当中，伏羲是传说人物，神农也是个传说人物，只有黄帝是实实在在的人类。五帝当中，黄帝又占了一席，说明他确实是一个承上启下的关键人物。

周朝以及战国七雄，只有齐国的先祖不是黄帝的后人，而周、楚、秦、赵、燕、魏、韩都起源于黄帝，身份都很高贵。

五帝当中的第二位颛顼是黄帝的孙子，他是楚国、秦国、赵国共同的先祖。赵秦两国重要祖先如表 1-1 所示。

表 1-1　赵秦两国重要祖先一览

朝代	赵氏家族	秦氏家族
上古时期	黄帝	
	颛顼（黄帝之孙）	
	皋陶（大禹的继承人）	
夏朝	伯益（皋陶之子，被赐嬴姓）	
商朝	费昌（为商汤驾车）	
	中衍（为太戊帝驾车）	
	中潏（yù），中衍的后人，保卫西陲	
	飞廉（中潏之子，擅长驰马飞奔，事商纣王）	
	季胜（飞廉之子）	恶来（飞廉之子，力大无穷，事商纣王，战死）
西周	造父（季胜三世孙，擅长驾车，被赐赵氏，是第一个赵人）	太几（恶来三世孙，依附于造父）
		非子（恶来五世孙，被赐秦氏，是第一个秦人）
东周（春秋）	赵衰（赵成子）	秦开（秦襄公）
东周（战国）	赵雍（赵武灵王）	秦稷（秦昭襄王）

五帝时期，尧将帝位禅让给舜，而舜将帝位禅让给禹。禹不是五帝之一，但其声望却不亚于五帝，我们现在尊称其为大禹。禹最大的功绩就是治水。

大禹的部下，有一对很会治水的父子，父亲叫皋陶，儿子叫伯益，他们的祖先正是五帝之一的颛顼。

大禹靠治水成名并且获得帝位，他同样很喜欢会治水的皋陶与伯益父子。大禹老了之后，遵从禅让制的传统，确定自己死后将帝位传给皋陶。皋陶先于帝禹去世。帝禹表面上仍遵从约定，即驾崩后将帝位传给皋陶之子伯益。

伯益是东夷（东方各部落的统称）的首领，其势力范围大概是今天的山东半岛，其都城在今山东日照地区。伯益年轻的时候，舜帝还在，为表彰伯益治水的功劳，舜帝下令将姚姓家族中的玉女嫁给伯益，后来甚至还赐予伯益嬴姓。嬴姓是赵氏和秦氏共同的发源，而伯益也是赵氏和秦氏共同的祖先。

伯益是个相当有能力的人，他教给民众在遭受洪水侵袭、地势低洼的地方，种植稻谷，促进农业的发展。伯益还擅长畜牧和狩猎，教会人们用火烧的办法来驱赶林中的野兽。伯益辅佐舜帝调驯鸟兽，鸟兽多驯服。赵秦两氏后来擅长养马，可能就是从伯益这里传承下来的基因。

但是有名也有实的伯益，却没有顺利继任为帝王。帝禹末年并不甘心将疆土让给伯益，他分封12子为诸侯，分别为夏后氏、有扈（hù）氏、有男氏、斟鄩氏、彤城氏、褒氏、费氏、杞氏、缯氏、辛氏、冥氏、斟灌氏。12路诸侯各有封地，奉夏后氏为正统。

夏后氏的首领便是大禹的太子启。帝禹驾崩后，启在大禹老臣的支持下即位，迁都父亲的封地阳翟（今河南省禹州市），以夏后氏为名，建立夏朝，尊大禹为夏朝开国之君。

对于这样的结果，东夷部落上下很不服气，群情激愤。

伯益，这个赵、秦共同的祖先，绝不是一个老实巴交、任人宰割的人，于是双方展开数年激烈交战。帝启统领12氏征讨伯益，伯益战死，其都城也被抢掠和摧毁，东夷文明遭到了史无前例的破坏。

但是帝启也没有赶尽杀绝，他封伯益长子大廉在葛（今河南宁陵），封次子若木在徐（今山东中南部郯城一带）。大廉是首个葛伯，也是战国时期秦、赵的先祖。

岁月如梭，夏朝400年历史过去，伯益的子孙一直被夏王朝压制，未能发展壮大。

夏朝末年，若木的后人费昌投奔新兴诸侯商国为商汤驾车，受到重用。鸣条之战，费昌为商汤驾车，此战一举打败夏朝，建立商朝。而大廉的后人也不弱，孟戏、中衍曾给后来商朝的太戊帝驾车。

商朝时期，赵、秦的祖先似乎承包了给天子驾车这个差事，他们也因此一直受到重用。

中衍的后人中潏为商朝守卫西陲，他大概是赵秦的祖先中首次成为商朝将领的。中潏的儿子飞廉擅长驰马飞奔，事商纣王（即商朝最后一任天子）。飞廉的儿子恶来能徒手与猛虎野牛搏斗，是商纣王的亲卫。

商纣王也能徒手与猛兽格斗，常玩角斗士的游戏，把斗士和猛兽放在角斗场上，看哪一方能将对方撕成肉片。恶来经常自告奋勇充当角斗士，他徒手搏杀豺狼虎豹时，自己更像是一头猛兽。

当时商纣王令飞廉出使北方。飞廉走后，周武王统领大小 100 多个诸侯，与商纣王打了一仗。这就是历史上的牧野之战。战争中，恶来身先士卒，力战不退，最终寡不敌众，追随自焚的商纣王而去。

恶来就是秦人的祖先！后世秦氏家族不乏好武斗勇之人，就连秦国国君也是如此，比如那位被九鼎砸死的秦武王。

飞廉从北方赶回来时，恶来已死，商朝灭亡。他没有地方禀报，就在霍太山筑起祭坛向纣王报告，祭祀时获得一口石棺，石棺上刻字："帝令处父不与殷乱，赐尔石棺以华氏。"意思就是，天帝命令你不参与商朝的灾乱，赐给你一口石棺，以光耀你的氏族。不久飞廉死，埋葬在祖居地霍太山。

飞廉的儿子恶来是秦氏家族的先祖，而飞廉的另一个儿子季胜则是赵氏家族的先祖。嬴姓两大家族（秦、赵）立家史如图 1-1 所示。

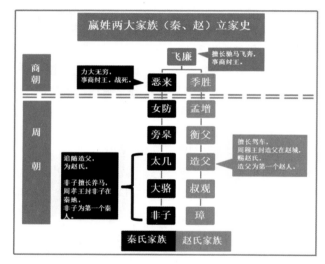

图 1-1　嬴姓两大家族（秦、赵）立家史

恶来和季胜的后人，与祖上一样都擅长养马，但在新建立的周朝，恶来一族由于是商纣王的死党而被周朝严密防范，季胜这一族的情况则要好得多。

季胜的儿子孟增受到周成王的喜爱，被派往皋狼修筑宅院，故孟增后来号称皋狼。孟增虽然不是什么卿大夫，但起码也是贵族，拥有自己的一些产业。

孟增的孙子造父擅长驯马和驾车，其驾车本领非常高。周穆王因功封造父在霍太山的赵城，造父的后人就以封地为氏，赵人有了自己的氏。

赵氏家族成了周朝的小小诸侯，而那个徒手搏击猛兽的恶来，他的后人太几（造父的堂兄弟）此时并不得志。见造父发展得不错，太几也来投奔同祖的赵氏家族。

4　　按照先秦时期姓氏的规则，只有出身上古时期有名望的家族才会有姓，只有当时有头有脸的才有氏，因此恶来的后人只有一个嬴姓，却没有氏，故他们随赵氏家族成为赵氏。

造父与太几有着共同的高祖父飞廉，是五代宗亲。太几有个很有出息的儿子叫大骆，他并不满足于在赵城发展，心气颇高的他远走西部边陲。从赵城一直到西陲，也就是从今天山西洪洞县赵城镇一直到甘肃天水附近，跨度近 2000 千米。大骆跑这么远当然不是赌气出走，他是想寻找一块合适的养马场地。地处渭水上游的陇西高原虽然地方偏僻了一点，但也不失为一处养马的好地方。为了扎根在这里，大骆率领族人修筑了一座小城邑，名为西犬丘。

大骆擅长养马，这是祖上传承下来的基因。大骆不止会养马，他还很有政治眼光。大骆明白，作为恶来的后人，他这一族人遭到了周天子的防范打压。

西周历史上，将关中四周的游牧民族统称为西戎，西戎当中比较大的分支有犬戎、申戎、姜戎等。周穆王时期，一部分申戎被周朝招安，当时的申戎首领（或副首领）摇身一变成了周朝的侯爵，封地在南阳盆地。

周天子的侯爵也不是白给的，从周穆王到周共王再到周懿王，几任周天子频频下令，让几代申侯不断地征伐申戎。

周懿王时期，当时的申侯常为与申戎鏖战而伤神，为在朝中不得志而抑郁。恰在此时，大骆从西陲送了一份聘礼，要娶申侯的女儿。

中国人的婚嫁历来讲究门当户对，2000 多年前就是如此。申侯混得再不得志，他也是堂堂侯爵，这赵大骆领着一帮族人，过着游牧生活，也就是西戎的一个小部落，而西戎一向都是周人的敌人，何况大骆还是前朝死敌恶来的余孽。申侯会将女儿下嫁给大骆吗？答案是肯定的，因为大骆抓住了申侯急需盟友的弱点。高攀上了申侯的女儿后，大骆从此有了新的靠山，他在西陲的养马事业开始有声有色起来，周朝对他这一族的敌视程度也降低了。

大骆与申侯女儿生的长子叫成，但大骆最有能力的儿子却是另一个庶子——非子。非子得大骆真传，也会养马。周孝王得知非子的才能，抛开历史成见，请他为周朝养马，这是恶来的后人第一次被周朝起用，看来大骆的联姻很有成效。

周孝王让非子在汧河、渭水之间养马，非子牧马地如图 1-2 所示。这块地方正好是河水汇流地，水土肥美，放牧农耕两相宜。这里位于岐山西侧，周人在这里经营了几百年，如今是公爵国虢国的管辖范围。

走下高原的非子，在汧河、渭水之间的这块风水宝地上开创了属于自己的事业。非子为人低调，他不喜贵族华服，从来都是一身黑衣，但内心却斗志昂扬，激情无限。非子带领族人每天早出晚归，放牛放马。

非子令族人严防野兽袭击牛马，并且早晚清点牛马数量。几年之后，汧河、渭水之间牛马漫山遍野，数不胜数。

为了提高放牧的效率，非子想了一个办法，他令族人晚间将牛马驱赶到最大的山谷中，等到牛马塞满山谷，就算没有遗失，这便是著名的"藏马谷"。

大骆晚年的时候准备立继承人。按照嫡长子继承的原则，其长子成应该继承大骆的事业。但周孝王认为，给自己养马的非子更有能力，应该由非子继承大骆的宗主地位。

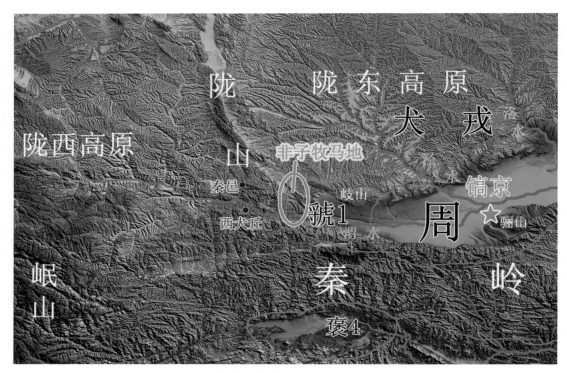

图 1-2　非子牧马地

　　嫡长子成联络了在朝中的外祖父申侯，寻求帮助。申侯立即向周孝王禀报说按照周朝礼制，不能废嫡立庶。

　　周孝王确实是很喜欢非子，于是他下令折中处理：让成继承大骆的领地，另外在大骆的领地以北封非子一小块地，允许其修筑一座小城，命名为秦邑，非子遂成为周朝的附庸。

　　周朝分封制是这样的：周天子又称周王，地位至高无上，拥地一千里，周天子以下是大大小小 100 多个诸侯。诸侯分为 5 等，分别为公爵、侯爵、伯爵、子爵、男爵。公爵、侯爵拥地百里，伯爵拥地 70 里，子爵、男爵拥地 50 里。附庸没有爵位，是土地不足 50 里的家族势力。

　　受封后的非子立刻带领部分族人，渡过渭水，在对岸修筑秦邑（今甘肃省天水市清水县），与原来的西犬丘相对，互为唇齿。

　　非子因封地秦邑而得到秦氏这个称呼，是为秦非子，他是第一个秦人。秦人的历史，从非子被周孝王赐秦氏开始，到秦王子婴为项羽所杀，有 600 多年时间。

● **秦人宗主战死，热血与黄土永存**

　　周天子分封的非姬姓诸侯绝大多数本身已经各自占领了一片土地，周天子就是做个顺水人情，给他们封个爵位。还有一种情况，就是分封一块并不受周朝控制的土地，让受封者自己去开拓，此称为"遥封"。周孝王封非子在秦邑，就属于"遥封"的情况，周天子本身并没有控制秦地。从秦邑的位置来看，其处于陇山西侧，这里是西戎最大的分支——犬戎的地盘。

周孝王的意思很明确，在犬戎的地盘上揳下秦人这一颗钉子，就是要让非子和他的后人与周朝的敌人犬戎去对抗。从非子得到秦地的第一天起，秦人就不得不与强大的犬戎部落进行生死搏击。

那么，犬戎是什么人呢？

周人将西戎各部落取名为姜戎、申戎、狄戎等，在戎字前加上他们的姓，而唯独犬戎，直接在戎字前面加了一个"犬"字。

周人本来也是陇东高原的游牧民族，数百年前被犬戎赶下了高原。虽然周人后来在关中平原发展得非常好，但是周人与犬戎的战争从来没有停止过。因为陇东高原故土的沦丧对于周人来说，是心中永远的痛。

犬戎在与周人几百年的鏖战中依然强大（100多年后犬戎还会攻破镐京，灭西周），那么封地被犬戎部落环绕的秦人，其生存环境可想而知。

非子到达秦邑，看到陇西高原黄土之上天空湛蓝，绿草如画，他抓起一把黄土随风而扬，感慨万千。此番回到陇山之西，拥有了自己的土地，非子向东方西周都城镐京方向跪拜周孝王，感谢天子赐地。

此时非子的兄长成继承了他们父亲大骆的土地，兄弟两个在甘肃天水一带各自带领数百族人，在犬戎的包围中互为犄角，相依为命。对于成和秦非子来说，周朝就是他们最大的靠山，周王朝对他们的态度将直接影响到他们的生死存亡。

周孝王之后，西周相继由周夷王、周厉王执政，至周宣王时期，秦人的宗主是秦非子的曾孙秦仲。犬戎在这一时期席卷八荒，灭掉了成这一族，剩下秦仲带领族人苦苦支撑。

秦邑隶属周朝，是周孝王封的附庸，那么秦人就算是周朝的子民，秦人的靠山就是且只能是周朝。在家族生死存亡之秋，秦人的宗主秦仲多次派人向周宣王求援。而周宣王则想隔岸观火，把秦人当耗材去削弱犬戎的人马。故而，对于秦仲的求援，周宣王画了一个饼——加封秦仲为大夫，比附庸的地位又高了一些，想就此敷衍了事。此时周宣王可能没有预料到，秦人真的已经到了灭亡的边缘。

公元前824年（周宣王四年），犬戎大军攻打秦人，这次犬戎王亲自领兵，志在灭秦。

秦仲身材魁梧，一脸沧桑，闻犬戎来袭，引兵与犬戎先锋军作战。秦仲的兵其实就是秦氏家族的适龄男丁。数百号秦兵立于秦邑之前，迎战来犯的犬戎。

犬戎的骑兵踏着飞扬的黄土，向秦邑袭来。

看这架势，秦仲判断对方至少有数百号人，与自己人马相当，一场恶战不可避免。对于犬戎来犯，秦人早已习以为常。自秦非子带领族人来到这里，犬戎人就像山中的狼群，随时可能来这个小城邑猎食。

犬戎全是骑兵，秦人也都是骑兵，这场对决与中原流行的车战完全不同，是一场骑兵之间的较量。

待犬戎人接近，秦仲下令击鼓。牛皮鼓震天响，秦人弯弓射击，犬戎亦开始还击。

骑兵对垒骑兵，无非就是骑射对骑射，作为高原上的民族，犬戎与秦人都擅长骑射，双方在兵力相近的情况下，打出了势均力敌的结果。

游牧民族之间对决，往往进攻方付出一定代价之后就会退却，并不强求。因为游牧民族作战的主要目的是抢夺牛羊、粮食以及女人，不管抢得到还是抢不到都会退兵，绝不恋战。

可是这次犬戎人的想法似乎不同，他们伤亡几十人却并没有撤退，而是就地休整，并拉出绊马索防止秦人突袭，准备再战。

这一现象让秦仲大为紧张，他登上秦邑中位置最高的箭塔瞭望四周。秦仲犀利的目光沿着犬戎人往前观望，只见远处天边和黄土交接之处，黄土与蓝天混混沌沌，似有大军踏着黄土而来。

"不好！"秦仲大叫一声。

他明白了，眼前的对手只是犬戎的先锋，他们在等待后方主力。而那远处天边踏着黄土而来的犬戎主力，恐怕有数千人之多。

秦仲立即招来 5 个儿子，训话道："贼兵势大，若不速战，挫其锐气，恐难退敌。"

长子秦其最像父亲秦仲，不但善战且聪明睿智，他心领神会道："父亲所言甚是，只有击退这群戎人，以表我等决心，方可退其主力。"

秦仲将所有能战的男丁全部集结，擂鼓冲击戎人。这次秦仲是抱着肉搏的心态来的，两轮箭雨之后，秦人不退反继续发起冲锋。

犬戎人大概没料到秦人会勇闯绊马索，大有与自己同归于尽之势。第一排秦人被绊马索绊倒，后续的秦人蜂拥而至杀入犬戎军中。

双方扭杀在一起，鲜血从双方的体内迸出，与尘土一起洒落黄土地，红色浸入深黄的尘土，很快就融为一体。

犬戎人本在等待主力，无心与秦人肉搏，他们丢下几十具尸首，后退数里。

秦仲收兵，他和 5 个儿子都负了伤，其他秦人则为击退犬戎而深受鼓舞。秦仲父子知道，后面将有更严峻的考验等着他们。

秦仲坚定地对 5 个儿子道："尔等速抄小路，去镐京搬救兵。"

长子秦其不愿丢下父亲独自战斗，咬着下唇颤声道："父亲，儿愿与父亲一起力战！"

其他 4 个儿子也纷纷附和："父亲，儿愿一战！"

秦仲挥手打断儿子们的话："此番乃秦氏生死存亡之际，不可鲁莽托大，尔等速去镐京！"

秦仲平日言出必行，5 个儿子不能不听。长子秦其眼含热泪道："父亲保重，儿等即刻便回。"

秦仲吩咐："贼兵来时，我每半个时辰击鼓一次。我儿若听见鼓声，秦邑定无恙。"

5 个儿子齐声应"诺"，随即上马与父亲告别。他们虽然知道秦族有危险，但谁都不愿意往那个最坏的方向多想。

秦其兄弟 5 人离开秦邑，骑快马奔小路下高原，途中果然听到半个时辰一次的鼓声，心中倒也稍稍安生。

　　3 次击鼓之后，很快第四次鼓声响起，之后鼓声不断，隐约还能听到马的嘶鸣声与兵器交接声，显然是秦人已经与犬戎主力交战。

　　秦其兄弟 5 人继续前行。一炷香功夫，鼓声停止，马的嘶鸣声和兵器的撞击声逐渐平息。

　　"定是戎人退兵！"秦其兴奋地向其他兄弟道。

　　兄弟们也附和："戎人退了，退了！"

　　秦其兄弟 5 人继续往东。半个时辰，一个时辰，两个时辰……再也没有鼓声传来。

　　秦其铁青着脸，一跃下马，匍匐在地上用耳朵聆听，其他几个兄弟也纷纷效仿，仿佛那鼓声可以从地下传来。

　　良久，地底下除了野物跑动的声音，再无半点鼓声。

　　兄弟 5 个显然不能接受这个结果。秦其领着几个兄弟登上一处山冈，遥望西方。又过了片刻，眼神很好的秦其似乎看到了一队人马泛起的黄尘。

　　秦其终于从迷乱中清醒过来：那一队人马，不可能是父亲派来的，因为父亲有言在先，只是击鼓传递信号，那么这一队人马，肯定就是犬戎人的追兵。

　　秦其跃上马背，对众兄弟道："立即东进，向天子借兵！"

　　兄弟 5 人，踏着落日的余晖，快马逃下陇西高原，到达关中平原。

　　如果秦人不擅长骑术，这次就真的要灭族了。与其说秦人命不该绝，不如说是他们的本领救了自己。

　　西周都城镐京，雕梁画栋、气势雄浑的宫殿之中，秦其见到了周宣王。

　　按照西周礼制，秦其的父亲秦仲只是个边地大夫，并无直接面见周天子的资格，但事情来得突然，周宣王还是接见了这最后的几个秦人。

　　秦其的 4 个兄弟被一队威严的重甲护卫拦在了大殿之外，只有秦其独自进殿面见天子。

　　秦其行君臣之礼，跪地向周宣王道："今犬戎夺我封地，我王圣明，请发兵攻犬戎！"

　　周宣王斜坐龙榻，这时他才意识到，秦人的力量实在是太薄弱。

　　但周宣王转而又寻思："从来只有我用诸侯之兵，诸侯岂能用我的卒？若借兵给你这个败军之将，打败了算谁的？"

　　见周宣王犹豫不语，秦其眼中泛着泪光，咬牙切齿道："不论我王发兵与否，哪怕就我兄弟五人，我等也要反身杀回陇山之西，绝不苟且偷生！"

　　"善！"周宣王高呼。终究，秦其正气凛然的一番话及视死如归的勇气打动了他。在都城镐京的周朝六军中，周宣王难以见到秦其这种明知是死也要赴汤蹈火的将领。

　　周宣王站立，挥手道："寡人与兵 7000，尔等立刻返回陇山之西，收复犬戎侵占之地！"

　　秦其热泪盈眶："谢我王！"随即站起，他铁塔一般的身材令周宣王心中暗赞。

　　秦其兄弟五人都是善战之辈，他们有了 7000 兵力，立马脱胎换骨，反身攻向秦地，如图 1-3 所示。

　　秦人自被封在秦地，兵力最多的时候也不过数百人，只能算一个大家族。如今 7000 兵力在手，相当于以往 10 倍的兵力啊！

何况秦人聚居的甘肃天水一带是高原地区，上千人甚至几百人的西戎小部落比比皆是，几百人都能算是举足轻重的军事力量，如今秦人有了 7000 兵力，就是甘肃天水一带的巨无霸啊。

秦其兄弟五人领着 7000 大军，沿渭河而上，越过陇山，到达陇山之西。一路上虽然有小股犬戎人发现了他们，但庞大的周人军队让犬戎人不敢有任何动作，放任他们过去。

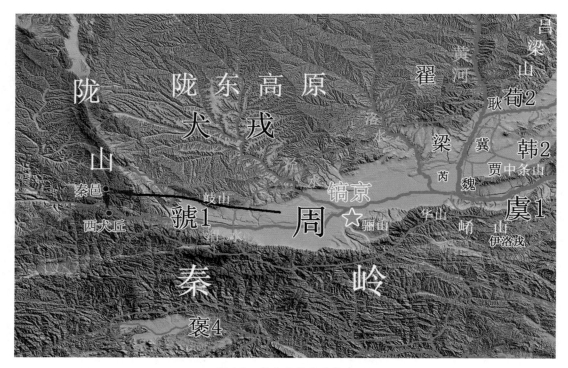

图 1-3　秦氏兄弟反攻秦地

陇山之西是陇西高原，后来成为秦朝的陇西郡，这是个强梁迭出的地方。以三国时期为例，董卓、庞德、贾诩、张绣、王双、姜维，这些如雷贯耳的名字，全都来自陇西。

秦人也是从陇西入主关中，可见黄土高原上的陇西有出产猛人的土壤。

秦其兄弟统领的大军到达陇山之西，眼前黄土蓝天，无边无垠，周兵纷纷被这西陲美景所吸引。

秦其兄弟报仇心切，加速向西行军，周兵只得快速跟进。越往西景色越美，若没有战争，这里的确是放牧的好地方。

秦其令周兵提高警惕，因为再往前就到了秦人的牧场，一场恶战近在眼前。

草场之上，已经可以看到战死的秦人。秦其走到一个战死的秦人身边，见他虽然身中数箭而亡，却仍然睁眼怒视远处的秦人牧场，似乎在痛诉那场血腥野蛮的侵略。秦其将这秦人的双眼合上，愤然道："复仇，便在今日！"

犬戎人早就探知秦人带领周人杀回，他们并不在秦邑等着秦人，而是在牧场上排开大军，试图吃掉这支周军。

周人与犬戎打了几百年，相互之间都很熟悉，不过这次周军领军的不是周人，而是秦人，周军的战法就不一样了。

按照周人打仗的习惯，兵车与步兵组合，层层推进。这有点像二战中的坦克部队，一辆坦克后跟着一队步兵，坦克在前面开道，步兵在坦克的掩护下清扫战场。

周人的车兵战阵与坦克阵是相反的，由于车上坐的都是指挥官，因此车在后、兵在前，一驾马车指挥着一队步兵向前战斗。

秦其兄弟不习惯周人的车阵，准备下令骑兵在前、步兵在后，一起冲锋。此时对面犬戎阵中推出一辆车来，车中立着一根长杆，杆头挂着一颗模糊的人头。

犬戎王威风凛凛地骑于骏马之上，高喊道："秦仲人头在此，尔等若降可免一死！"

虽然秦其兄弟猜到这颗人头很有可能是父亲的，却不愿意相信那是真的。当犬戎王亲口说出这个事实，秦其兄弟出离愤怒、悲痛欲绝。

血海深仇在前，秦其五兄弟也顾不上排什么阵法，流着泪红着眼，冲在了最前面杀向犬戎。

习惯于冲锋陷阵当靶子的周兵，见统帅这么勇猛，也被这黄土之上的气氛所感染，争先恐后追随秦其兄弟，杀向犬戎人。

这一战虽然双方兵力相当，但是周军几个统帅不要命的冲杀极大地鼓舞了周军的士气，最终犬戎被打败，逃往陇山以东的陇东高原。

秦其五兄弟统领的周军开进秦邑。这座不算坚固的土城如今满是残垣断壁，破败不堪，四处可见鲜血与黄土染成的黑色战迹。此前一战，只剩下少量被犬戎凌辱过的妇人与尚不懂事的孩童，先前那几百青壮年男丁没有一人存活。

秦其五兄弟匆匆掩埋了父亲，来不及悲痛，又踏上了新的征途。

秦其五兄弟统领周兵收复成后人的领地，并收容成一族的遗民。很快，他们重新拥有了一支数百人的军事力量，地盘也比原来大了不少（秦人借兵周朝后的范围如图1-4所示），这对秦人来说也算是因祸得福了。

陇西之战结束后，秦其兄弟为自己的父亲秦仲和其他战死的陇西秦人举行了葬礼，秦仲的身体长眠于黄土高原之上。

此后，秦其兄弟充分利用手中的这支军队，扫荡了甘肃天水一带的西戎，进一步扩大了自己的领地。

远在镐京的周宣王，不愿秦人继续发展壮大，将7000周军撤回。为了安抚秦人，让其继续对抗犬戎，周宣王令秦其继承秦仲的大夫之位，号称"西陲大夫"，将成和秦非子的土地都封给了秦其。

秦邑在，秦人存。秦邑失，秦人亡。陇山之西，注定是热血与黄土共存的地方！

图 1-4　秦人借兵周朝后的范围

● 秦人存秦邑在，第二位宗主战死

公元前 782 年，周宣王去世，其子姬宫湦（shēng）即位，是为周幽王。第二年周幽王正式即位时，年方十四。

周幽王年少，一些诸侯借周室发祥地岐山（今陕西宝鸡以东）发生地震而不来朝贡，这其中包括褒（bāo）国。

褒国地处汉中，与西周王朝隔着秦岭。褒国先祖可追溯至夏朝，大禹治水后，大禹的儿子启建立夏朝，启封兄弟到汉中，建立褒国，因此褒国与夏朝都姓姒（sì），褒国是姒姓褒氏。

商朝灭夏朝，也就是灭掉褒国的宗主国。所以后来周武王伐商，褒国成为西南部追随周武王的 8 位诸侯之一。周朝建立后，迫于压力褒国也只好勉强朝贡。

西周王朝十几任天子，全部都有御驾亲征的经历。周幽王与他所有的先祖一样，有一颗好战的心。公元前 779 年，年仅 16 岁的周幽王即位第三年便起兵翻越秦岭，攻入褒国。仅以翻越秦岭的难度而论，周幽王此次出兵出乎所有人的意料。

古代，从关中到汉中（不论是西汉中还是东汉中）都只有一些险峻的小路可以通行，而且这些小路长期无人维护，时常在悬崖峭壁处断开。周幽王走的这条"褒斜道"（如图 1-5 所示）是当时关中进入汉中的一条主路，此路同样有年久失修的问题，而在这悬崖峭壁上修路的成本可不低。

周幽王动用了六军当中的三军，约 3.75 万人，排除一切困难登上秦岭。

当西周军越过秦岭时，褒国的外围守军根本没有像样的防备，一败涂地，周朝大军顺利围攻褒国都城。

此时褒国国君还算头脑灵活，他将褒国绝世美女褒姒献给刚进入青春期的周幽王，以求少年天子退兵。自从见到美女褒姒，16 岁的周幽王便深陷爱情的旋涡，二人坐则叠股，立则并肩，饮则交杯，食则同器，缠绵不已。

按理说天子爱上美女很正常，但周幽王的爱却让另一个美女很受伤。因为周幽王在起兵攻打褒国之前，已经有了一个王后，这段姻缘是他父亲周宣王安排的，他娶的是申侯的女儿。

申国地处南阳，是周宣王所封。申国早与周朝联姻（如图 1-6 所示），周宣王希望周幽王能够继续与申国联姻，好让西周王朝获得地方诸侯的强力支持。

图 1-5　周幽王进军褒国获褒姒

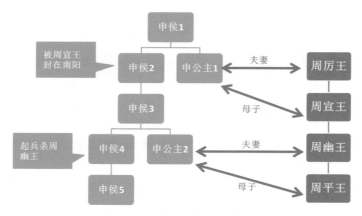

图 1-6 申国与周朝联姻关系图

从褒国回来之后，周幽王就只爱褒姒一个女人，这无疑给申王后的心理造成了重大伤害，镐京后宫之中隐藏着些许不稳定因素。

公元前 779 年，也就是周幽王远征褒国这一年，西周最大的敌人犬戎发动了对秦人的一次大战。犬戎这次想趁秦人没有西周援兵支持的情况下，一举将秦人灭族。

秦人的宗主秦其一生都在与犬戎作战。从 40 多年前父亲秦仲为犬戎所杀，秦其从周宣王处借兵 7000 夺回秦人的封地，到如今，秦人又与犬戎鏖战了 40 多年，秦其已经从精干的青年变成了垂垂老者。长期与犬戎作战的磨砺，让这位秦人宗主老而弥坚，壮心不已。

一年后，西周大军还未回到镐京，被犬戎围攻的秦人又一次处于亡族边缘。

陇山之西，秦邑之中，秦其率领秦人顽强抵抗着犬戎人凶猛的入侵。

与 40 多年前相比，秦邑扩大了领地，加高了城墙，城壁上数不清的箭孔记录了那些激烈的攻防大战。

犬戎人在秦邑附近已经快一年了，这次他们非常有耐心，大有秦邑不破、秦人不亡就不退兵的决心。

眼看搬救兵无望，犬戎又围得紧密，秦其决定出城来个突袭，以进为退，以攻为守。因为犬戎攻得太紧密，这样下去秦邑迟早会被攻破。如果出城痛击犬戎，或许可以给犬戎造成一种城内防守兵力充足，还可以出城迎战的声势，以此迷惑敌人，打击敌人的士气。

既然要迷惑敌人，那必须给敌人造成一定程度的伤害。出城队伍里的每一个秦人勇士都有一颗慷慨赴死的心，他们其实就是敢死队！为了鼓舞士气，秦其此次亲自带队。

苍茫夜色下，秦邑的西门悄然打开，100 匹骏马载着 100 位秦氏骄子，摸黑杀向犬戎大营。

犬戎人的营帐与中原不同。中原军队的大营讲究阵法，一般会按照一定的方式将中军大帐很好地隐藏在大营当中，而且中军大帐周围还会有重兵把守。犬戎人的大营则没什么章法，最中央的就是犬戎王的营帐，当然也是最大的营帐。

秦其的敢死队冲着犬戎王的大帐而去，100匹高速奔跑的骏马借着夜幕的掩护闯入犬戎大营，其冲击力绝不亚于平日的1000步兵。

犬戎大营遭袭之后一片混乱，犬戎人惊慌失措，很多人来不及反应就被木棒击倒，被骏马撞倒，倒下的犬戎人被烈马践踏发出惨叫，有些犬戎人甚至不敢走出营帐。

秦其一马当先，冲向犬戎王营帐，准备擒贼先擒王。

大帐之内，犬戎王也听到了越来越近的马蹄声。他不愧是一代王者，虽然刚从睡梦中惊醒，却临危不乱，大声对两个奴隶呵斥："就一人，拿好剑，准备杀敌！"

两个奴隶立即拔出挂在剑架上的长剑，守候在帐门口。

此时马蹄声近在咫尺，犬戎王迅速用被褥裹起一堆正熊熊燃烧的炭火，算准时间奋力将被褥高高抛向大帐门口。

几乎就在同一瞬间，骏马跃入大帐，马头撞在那一团炭火之上，火星四溅。无论是战马还是战马上的人，都被这突如其来的火焰闪花了眼。

犬戎王厉声大喝："杀！"三人举剑刺向跌倒在地的敌人，当场便刺死了那人。这英勇赴死的英雄，正是秦人的宗主秦其。

秦其的牺牲并未对其他敢死队员产生任何影响，每一个参战的陇西秦人都是抱着必死的决心而来。

天色渐明，喊杀声渐渐停止，犬戎人清点战场，陇西秦人一共100人全部赴死，犬戎却伤亡好几百人，士气遭受重大打击。他们以为秦邑当中还有很多这样不怕死的老秦人。

犬戎撤退30里休整。几天之后，东边传来消息，西周大军已经回到镐京。犬戎王放弃灭秦打算，闷闷不乐地率军离开秦邑。

秦其战死，秦世父是其长子，理应由他继位。可是这位血性男儿却放弃了宗主之位，他对秦人说："犬戎杀我父亲，我若不杀犬戎王，永远没有脸面回秦邑！"

秦世父带领几十飞骑，离开秦邑，从此打起了游击，专门偷袭犬戎。

最终秦其的次子秦开继承了宗主之位。他能带领秦人摆脱犬戎的纠缠，走向光明吗？

● 烽火戏诸侯，秦人勤王

秦开即位第一年，便将妹妹缪嬴嫁给西周丰王，以加深与周王朝的联系。

周都城镐京在渭河以南，渭水支流沣水东岸有镐京，西岸还有一个丰京，组合起来就叫丰镐。在丰京称王的周宗室，其影响力是不言而喻的，秦开将妹妹缪嬴嫁给丰王，正是看中了丰王在西周王朝的影响力。

嫁完妹妹，秦开又将都城由秦邑迁到汧邑。秦开越过陇山建都，离关中近了，能更加迅速地得到西周的支持。后来周幽王烽火报警后，是第一个勤王的，也得益于这次迁都。秦人迁都汧邑后的范围如图1-7所示。

图 1-7 秦人迁都汧邑后的范围

秦人这次迁都，已经超越了周王朝给他们的封地。因为周王朝理论上只封了秦邑和西犬丘两块地给秦人，如今秦人越过陇山，接近关中，逾越了分封的界限。不过周王室并未计较秦人这次越界的迁都，说明秦人与周朝联姻产生了效果。

秦人完成一次更新换代，我们的视野回到西周镐京周幽王、申王后、褒姒身上。

申王后与褒姒先后给周幽王生下了儿子，申王后的儿子叫姬宜臼，褒姒的儿子叫姬伯服。两个女人身份不同，儿子的身份也不一样，姬宜臼为太子，姬伯服只能称为公子。

公元前 775 年，20 岁的周幽王废申后和 4 岁的太子姬宜臼，立 3 岁的姬伯服为新太子，褒姒也成了新的王后。

手心手背都是肉。对于废弃的太子姬宜臼，周幽王并未置于死地，甚至为了保护姬宜臼，周幽王下诏将他送到母国申国。

远在南阳盆地的申侯，面对突如其来的变故感觉颜面扫地，既愤怒，也不甘心，他发誓要让周幽王付出代价。经过几十年的励精图治，申国现在已经有实力让周王朝付出代价。他决定起兵，扶助自己的外孙成为天子，以便申国能保持与周朝的姻亲关系。

公元前 771 年，申侯在申国立姬宜臼为周天子（周平王），并且起兵攻打周幽王，企图让自己的外孙在镐京坐稳江山。申侯自感力量不足，他联络了周朝最危险的敌人犬戎，南北夹攻西周王朝。申侯在给犬戎的承诺中说得很直接："破镐之日，府库金帛任凭搬取。"在巨大的利益诱惑面前，本就与周朝不和的犬戎倾巢出动，全力对周王朝发起史无前例的攻势。申国与犬戎联合起来灭西周如图1-8所示。

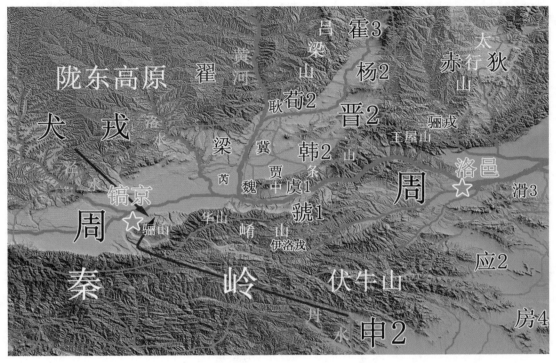

图 1-8 公元前 770 年申国和犬戎灭西周

周幽王闻申侯造反，立即点燃骊山烽火，并且令斥候快马报各路诸侯前来勤王。骊山烽火台一共有二十多座，其设置目的就是要在镐京遭遇西戎入侵时，周围的诸侯能够看到烽火而来勤王。

骊山在镐京东南不远处，位于关中正中部地带，骊山上点燃烽火，天气好的时候整个关中都能看到。不过关中此时也没几个还能勤王的诸侯，大多数关中的诸侯都被西戎侵扰得自顾不暇，根本不可能来勤王。周幽王向关外诸侯派去的斥候，才是真正可能招来援军的。

勤王援军最快赶来的，是与犬戎不共戴天的秦人（如图1-9所示）。郑国、卫国、晋国等诸侯来迟了（如图1-10所示），在西周灭亡后才赶到。

周王朝一方，以西周六军为班底，加上虢公鼓、郑桓公统领的诸侯军队，以及秦开统领的秦人，构成西周王朝大军。这支军队中，虢公鼓、郑桓公虽在镐京任职，但他们又是各自国家的国君，自带一定数量的军队驻守镐京。至于秦开，这个祖父和父亲都被犬戎所杀的秦人宗主，与犬戎苦大仇深，他绝不会放过任何一个消灭犬戎的机会。

叛军一方，是申国与犬戎的军队，他们从南北两个方向对关中进行了夹击。

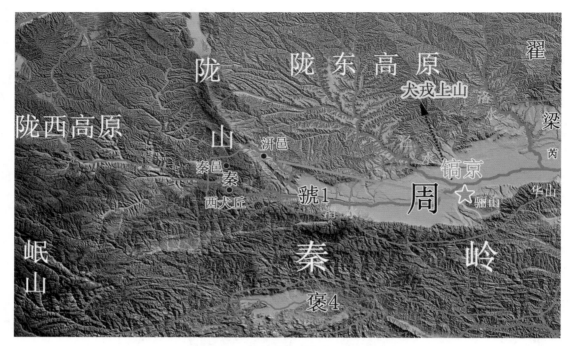

图1-9　公元前769年秦族勤王

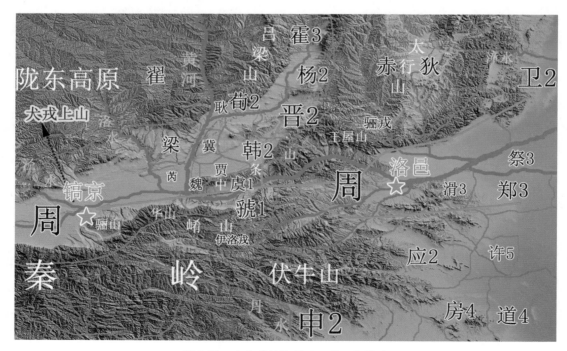

图1-10　公元前769年卫、晋、郑勤王

西周在镐京有六军，每军兵力为 1.25 万，六军就是 7.5 万人。而虢公鼓、郑桓公各自至少有一军，他们统领的兵力至少有 2.5 万人。再加上秦开统领的数百秦人，西周的总兵力在 10 万人以上了。

叛军一方，申侯是大诸侯，有三军共 3.75 万人。犬戎的兵力不多，约 1.5 万人。叛军的总兵力约 5 万人，是西周军的一半。

从兵力对比来看，西周大军有不小的优势，因此 24 岁的周幽王没有采取保守战术，他御驾亲征，到骊山一带迎战叛军。

周幽王认为叛军攻入关中腹地是奇耻大辱，西周王朝建立近 300 年来，还没有哪个诸侯打到过镐京附近，绝大多数时候都是周天子率领众诸侯去征讨蛮夷。

申侯当然不是来吓唬周幽王的，他既然已经立了周平王，就没有给自己留后路，也没想过与周幽王签订城下之盟，他就是带着攻破镐京、杀周幽王的决心而来的。

骊山脚下，西周六军摆好阵容，中间四军是主力，由周幽王亲自挂帅；左军由西周一军和郑国一军组成，由郑桓公统领；右军由西周一军和虢国一军组成，由虢公鼓统领；秦人的数百骑兵则跟在中军周幽王四军之后。

西周拥有 10 万大军，而且拥有规模庞大的车兵，这种军力如果对方敢于正面对抗，恐怕会死得很难看。

不过犬戎可是与周朝作战几百年的老兵油子，申国也是由申戎演变而来的，他们熟知西周军队的优点和弱点。

周军作战以战车为主，车上固定向外的戈矛，战车冲起来之后，相当于在一辆汽车上插满兵器。一辆这样的兵车，不仅威力大且跑得快，就是 1000 步兵都拿它没办法。而兵车作战的弱点是车身笨重，难以迂回和掉头。如果一次冲击不力，还要再次回到起点，操作繁琐。

犬戎和申国的骑兵正是利用车兵这一致命弱点，从两翼迅速穿插到周朝大军的侧翼和身后，在对方车兵调动困难的情况下，利用骑兵的速度优势冲进周军大阵，打散了周军。

骊山一战，周王朝失败，周幽王阵亡，郑桓公也阵亡，虢公鼓向东逃入自己的封国，秦开则向西撤兵。

西周六军，这支周武王伐商的精锐军队，200 多年前周昭王远征南方战死时覆灭过一次，此次又重蹈覆辙再次全军覆没。只是这一次输得更彻底，连西周六军这个响当当的名号都从历史中永远消失了。

申国和犬戎联军击败西周大军后，马不停蹄攻入镐京，申侯杀太子姬伯服，将外孙姬宜臼正式立为周平王。

进入镐京之后，申侯忙着废立之事，犬戎人却忙着他们的事情：抢财产，抢粮食，抢女人。

犬戎王进入镐京后宫，找到那传说中的王后褒姒，见褒姒虽然已为人母，但其姿容仍旧光艳照人。不等褒姒求饶，犬戎王便一把抱上肩膀，将美人带入自己大帐取乐，宫中其他宫女亦被犬戎人掳走。

此后犬戎人马盘踞镐京，奸淫抢掠，无恶不作。

京城民怨四起，百姓怀念周幽王，怨恨申侯勾结犬戎，这让申侯如坐针毡。

就在申侯为如何请走犬戎苦恼的时候，犬戎人自己走了。犬戎王将褒姒带回陇东高原，犬戎大军也带走了周王朝累积数百年的财富。

犬戎本身是游牧民族，习惯抢了就走，这次走的够利索，是因为周朝的勤王大军已经开了过来！

就在申侯拥立周平王的时候，虢公鼓也在虢国拥立周幽王之弟姬余臣为周携王，大周王朝历史上出现了两个周王对峙的局面。

周携王的日子可比周平王好过多了，因为勤王大军很快就聚集到虢国，准备西进灭申侯。

勤王大军主要是郑国、卫国和晋国三个姬姓诸侯的军队。三路大军在虢国集结之后，都表示支持周携王，并发兵西进，逼近镐京。

兵败后向西撤离的秦人，也并未回到高原之上，而是驻扎在镐京西侧，等周携王的大军开到，秦人也重新逼近镐京。

犬戎正是因为畏惧周携王的大军，才快速远遁而去。

周携王一方以姬姓诸侯为主，战斗力强劲，而周平王一方只有一个失去犬戎支持的申国撑腰，且申侯得不到镐京百姓支持，怎么看这周平王和申侯都离死不远了。

从实力对比来说，周携王远胜周平王，从宗法伦理上讲，周携王也要强于周平王。

周平王虽然是曾经的太子，但弑父之罪，罪大恶极，在将仁义礼孝放在首位的周朝，等于给自己判了死刑。

如果没有天降神兵，周平王和申侯大概很快就会身首异处。不过历史就是如此奇特，除了军事战争，雷厉风行的外交手段同样可以左右一国的命运。

面对来势汹汹的勤王之师，申侯到底用了什么外交手段来化解火烧眉毛的危机呢？

● 秦国封伯爵

当三路大军逼近镐京，申侯派出的使臣也赶到勤王大军的军营，一场大谈判开始了。这场谈判的难点，在于申侯必须满足三路诸侯的需求，还不能有所偏袒，而要让三方都满意。

对于卫国，申侯开出的条件是：封公爵！

西周有两个姬姓公爵——虢国和虞国，虞国国力比较弱，虢国实力稍强，但其国土面积也不是很大。而侯爵卫国地大物博，若能名正言顺获得一个公爵，卫国的地位将大大提高。

以往周天子邀请诸侯到镐京，在祭祀或者酒宴的时候，通常按照爵位来安排座次，能够排在前三位，必然是极有面子的。要知道，当初第四等子爵楚国的国君，居然被安排去灶房生火。

作为东方的方伯，如果卫国是公爵，就可以号令齐、鲁等侯爵。

而公爵身份，恰恰也是周携王不能给的，虢公鼓在拥立周携王的过程中居功至伟，自然不会让主要功劳旁落。

申侯的这个条件直接命中要害。卫武公若是不同意这个条件，即使灭了周平王，他又能得到什么呢？

而对于晋国，绝不能再允诺侯爵升公爵了，否则就不能体现卫武公升公爵的价值，说不定卫武公还会翻脸。

申侯许诺晋文侯的是一个有限开火权，也就是给诸侯划定一个区域，在这个区域范围内，无论与谁作战，攻灭了谁，都代表天子，代表正义。

有限开火权最早出现在西周初期，当时西周王朝给了齐国一个权力：东至大海，西至黄河，南至穆陵，北至无棣，都是齐国可征讨的范围。齐国正是利用这个有限开火权，占据了法理上的优势，然后逐步向四周兼并扩张。

如今申侯给晋国开出的，是在河东地区的有限开火权。河东地区土地平坦，诸侯密集，人口众多，若是能统一河东，晋国将跨越到一流诸侯行列。

晋文侯与弟弟晋成师对视一笑，欣然接受。后来晋国正是利用这个有限开火权，逐步统一了河东地区，接着雄霸太行山，成为春秋霸主。

申侯什么也不用付出，就搞定了两路勤王之师。可是对于郑国太子郑突，若不拿出点实质的内容，您怕不容易摆平。

太子郑突的父亲郑桓公已经阵亡，这是血海深仇，何况申国与郑国本就存在地缘上的冲突，申侯要怎样才能化干戈为玉帛呢？

对此申侯可没少费心。他先是决定将女儿嫁给太子郑突，与郑国联姻，仇家变亲家；接着封郑突为辅佐周平王的卿士，就像郑桓公辅佐周幽王一样，恢复郑国的这个权力。而最后这个条件，更是金城汤池：允许郑国调动周朝的军队进行征讨。动用周朝的军队有过先例，但都是临时性质，若要长期持续征调周朝军队，还没有任何诸侯能享此殊荣。这个条件实在是太具诱惑力了，以至于让郑突可以放弃一切节操，忘记眼前的父仇，转而支持周平王。后来郑国频频启用东周的军队，从 10 座小城开始扩张，迅速成为东周初年的大国，小霸中原。

卫武公和晋文侯若不是看在郑突丧父的份上，绝对不可能允许这个承诺存在。

搞定三路姬姓勤王大军，针对周幽王的铁杆支持者秦开，申侯也开出了极具诱惑力的条件：爵位 + 有限开火权。

只要秦人支持周平王，秦开可以立即得到伯爵的爵位，同时秦国获得岐山以西地区的有限开火权。申侯内心还是希望由秦国去对付岐山以西的虢国。封伯爵后秦国的形势如图 1-11 所示。

申侯给卫国和秦国的好处以爵位为主，那么这个看不见摸不着的爵位为何如此值钱呢？

周朝的爵位提升难度好比愚公移山。像郑桓公这样深得大哥周宣王厚爱的，也只给封了一个伯爵（第三等）。

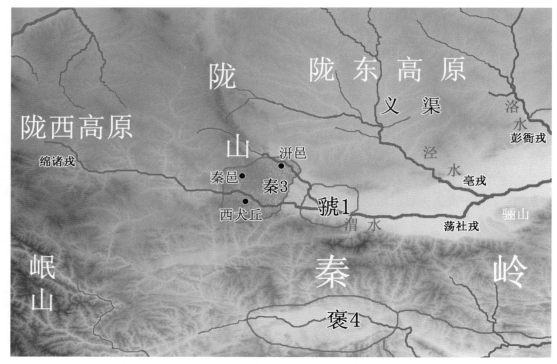

图 1-11　封伯爵后秦国的形势

我们将现代人的学历与当时的爵位对应起来（见表 1-2），就能明白周人为何如此看重爵位了。

表 1-2　周朝的爵位与现代学历对应表

序号	爵位	学历	代表国
1	公爵	博士	卫国（提升后）
2	侯爵	硕士	卫国（提升前）、晋国
3	伯爵	本科	郑国、秦国（提升后）
4	子爵	高中	
5	男爵	初中	
6	附庸	小学	秦国（提升前）
7	其他	文盲	

如果将诸侯的爵位看成现代的学历，申侯开出的条件可以让卫国由硕士到博士，让秦国从小学直接升本科。

周朝的诸侯分为五等，分别是公爵、侯爵、伯爵、子爵、男爵。公爵、侯爵拥地百里，伯爵拥地 70 里，子爵、男爵拥地 50 里。

以第三等爵位伯爵而言，秦国的伯爵爵位比楚国的子爵（第四等）爵位要高，但是比 5 个公爵国和若干侯爵国低，可谓比上不足比下有余。

不割地，不赔钱，一通爵位封下来，申侯的这几个死敌居然全都成了他们盟友，真是化腐朽为神奇的操作！

除了爵位，秦人还可以在岐山以西的土地上无限开火！岐山以西的土地这时候还是虢国的领土，申侯将这里封给秦人，希望秦人不遗余力去攻击周平王的敌人虢国。至于更西部高原上犬戎的领土，本就不是西周的管辖范围，攻取这些地方也不现实（虽然秦国后来真的做到了），其他几个姬姓诸侯并不会眼红。

第二节　统 一 关 中

● 周平王东迁，关中空虚

由于犬戎焚烧宫阙，大肆抢掠，镐京已经残破不堪，而且犬戎人还可能随时光顾关中，而关中东西两头都归那个立周携王的虢国所有，周平王感到极不安全。申侯决定将周王朝的都城东迁，给外孙找个平安富足的地方。要说迁都，周朝本来就在中原设有洛邑这样的陪都。洛邑为天下之中，宫室规模与镐京相当，历任周天子常到洛邑接受东方诸侯的朝贡和会盟。而要想迁都到洛邑，还得郑国、卫国、晋国和秦国这几路人马护送。因为虢国是周平王东迁的必经之地，若没有强大的军队护送，无疑是羊入虎口。

殊不知镐京左有崤函，右有陇蜀，被（pī）山带河，沃野千里，天下形胜，莫过于此。而洛邑虽是天下之中，但其势平衍，且处于四战之地。周成王虽建两都，但历任周天子仍然驻扎镐京，以镇天下之要，留东都洛邑只是备一时之需。

申侯只顾眼前避难，弃镐京而迁洛邑，此后周王室日渐衰落，一蹶不振，申侯要负主要责任。

不久，9 岁的周平王在卫国、郑国、晋国、秦国的护送下东迁（如图 1-12 所示），护送大军很快就到达虢国境内，虢公鼓眼睁睁看着大部队过去，却不敢开战。公元前 770 年，周平王兵不血刃平安抵达洛邑，东周王朝开始了。

东周史书对周携王这个人物几乎只字未提，让后人觉得周平王是唯一的天子候选人，10 年后，周携王被晋文侯所杀。

秦国有了爵位，很快将名正言顺地占领虢国在关中西部的土地，并且一步步蚕食关中的土地，最后占据关中，再一步步统一天下。秦人统一天下的第一个必要因素，正是周平王东迁！本想通过一次迁都重振周王朝雄风，不曾想却成为秦国由小家族向大诸侯发展的转折点。凤凰涅槃，重生的不是周朝，而是秦帝国！

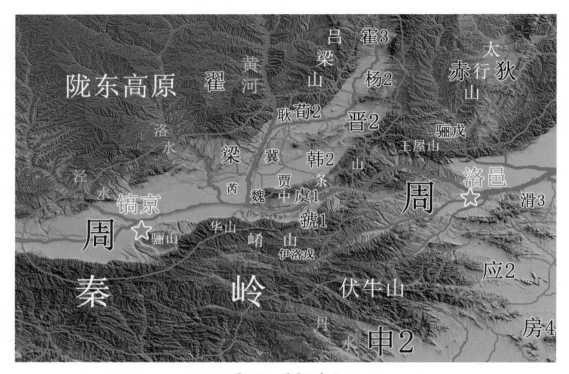

图1-12　周平王东迁

● 第三位宗主战死，秦人与犬戎不共戴天

周平王东迁，秦人获得了伯爵的爵位，秦人得以立国，一跃成为西陲乃至关中举足轻重的诸侯。

再看秦人受封的地盘，在岐山以西，这里包括陇西高原上的领地，也包括关中西部平原地带，也就是今甘肃天水到陕西宝鸡一带，地方可真不小。

秦开在受封伯爵前，已经将都城从秦邑东迁到汧邑，取得高原上的领地，秦人不在话下，不过关中岐山以西的土地还需要他们力征经营，才能马上得之。

关中岐山以西这片土地，秦人的祖宗秦非子曾经在这里帮周孝王牧马，此处是汧河（今称千河）与渭水交接处，土地肥沃，气候宜人，绝对是洗兵牧马的好地方。这里原本是虢国的封地，但虢国东迁之后只留下部分宗室镇守，又称为西虢或小虢。西虢人只是虢国的一个分支，其战斗力无法与东迁的虢国相提并论，在犬戎的侵扰下，他们控制的领土范围有限。

周平王将这里封给秦国，意在削弱与他对立的虢国（虢国立周携王为天子），同时也不希望犬戎人占据该地。而秦人如果要占领这块肥沃的土地，就必须战胜西虢、赶走犬戎。

公元前766年（周平王五年），秦开在获得伯爵之位4年后，率领数百人的军队到达祖先秦非子牧马之地。这里的草原空气格外清新，草儿长得茂盛，气候比高原上的好多了。

秦开和其他秦人都被这美景所吸引，战马则停下来轻松地吃起新鲜的绿草。

微风将秦开的黑发吹起，这位秦人宗主，昔日被视作西戎而与犬戎苦苦缠斗，如今已经是意气风发的周朝伯爵。他触景生情，对左右人道："天子赐这肥土与秦，我秦人便笑纳，养出万千军马来，哈哈哈……"

周围的秦人闻言个个振奋，跟着宗主一起大笑。

忽然，远处一声刺耳的口哨响起，打破了秦人的美妙幻想。

口哨声正是秦人死敌犬戎的集结号，之后群马"嘚嘚"的声音从四面八方传来，以秦人牧马的经验，他们意识到自己已经被犬戎包围，且对方的战马数量可能是自己的5倍以上。

原来，犬戎抢掠镐京之后，又对关中其他地区进行了大肆掠夺，周朝分封的很多诸侯，如毕国（战国七雄魏国的先祖）等纷纷宣告灭国。后来周平王东迁，秦人受封，犬戎人早就料到他们会来占据岐山以西周天子分封的土地，因此计划在这里伏击秦人。

犬戎包围秦人之后，没有浪费时间，直接开启雷霆攻势，意图将秦人这个宿敌灭之而后快。

接下来就是惨烈的搏杀。秦开带领的秦人在这一战中全军覆没，秦开魂归西天，与他的祖父和父亲一样，为犬戎所杀。秦人连续阵亡3个宗主，与犬戎结下不共戴天之仇。

秦开战死，谥号秦襄公。秦开年少的嫡子即位，是为秦文公。

秦文公即位不久，关中的形势发生剧变。杀死秦人三代宗主的犬戎部落，似乎顷刻间就从历史上消失了。

犬戎是一个游牧民族联盟，类似于匈奴，各个犬戎部落以某种形式联合在一起，对抗强敌，共同发展。犬戎联盟的最大敌人当然是周人。几百年前犬戎将周人赶下高原，想不到周人在关中建立了更为强大的王朝。此后周王经常御驾亲征，跑上高原上来征讨各路犬戎。正是这种屡战屡败的劣势，造就了这一时期犬戎各部落的异常团结。

几年前西周王朝土崩瓦解，周平王东迁，犬戎一时失去强劲对手，那根紧绷的神经松弛了，犬戎各部落一夜之间分道扬镳。义渠戎、大荔戎、亳戎、荡社戎、彭衙戎、邽戎、冀戎，这些西周时代没有在史书上出现过的部落，如雨后春笋般冒了出来，这就是犬戎分裂的结果。

一部分犬戎部落见关中已是无人控制区，决心下山统治周朝遗民。而山上的犬戎部落，也开始各自为政，陇山以东最大的犬戎部落义渠，直到战国后期才被秦国彻底解决。

犬戎部落联盟的瓦解对秦人来说是天大的好消息，秦文公即位不久便迅速整顿军马，准备下山占据周平王所封的土地。而这时候东周王朝呈现周平王与周携王二王并存的局面，全面大战随时可能爆发，东方诸侯根本无暇顾及关中局势（见图1-13），这正是秦人下山争夺关中的好时机。

图 1-13　陕西宝鸡

公元前 763 年，秦文公即位第三年便迫不及待统领 700 秦族男丁，来到了汧河与渭水交界之地，也就是他祖先牧马、他父亲战死的地方。与以往不同，这一次秦文公没打算再走。他在这里筑了一座城，叫陈仓（今陕西省宝鸡市陈仓区），秦文公迁都陈仓后的范围如图 1-14 所示。后来汉国大将军韩信"明修栈道，暗度陈仓"，就是从汉中北上经陈仓进入关中。

陈仓附近盘踞有少量犬戎部落，秦文公此时的实力还不强，打得赢就率军猛击，若对方强悍就撤回陈仓坚守，总之壮志未酬绝不回高原之上。

此时汧河与渭水之间既有大片的草场，又有河流密林，是风光秀美的好地方。秦人在砍伐一株千年大梓树的时候，大树里面居然窜出一条大青牛，大青牛受惊后跳到附近的河水中。可见汧河和渭水之间当时秀美的原生态风光，确实是现今不能比的。

图 1-14 秦文公迁都陈仓后的范围

公元前 760 年，秦人下山建都 3 年之后，东方传来一个消息：晋文侯攻入携国，将周携王弑杀，洛邑的周平王成为东周唯一的天子。

这一消息对于秦人来说是个大利好。周携王死了，秦人这个伯爵的封号就名正言顺了。而虢国经此打击而衰败下去，虢国留在关中西部的宗室（又称小虢或西虢）失去大宗的庇护，成了秦国的板上鱼肉，随时可被吞并。

总之，此时的关中，东方诸侯无暇顾及，犬戎部落分裂，虢国衰落，秦人迎来了历史性大机遇！

秦文公建城防御各路犬戎，稳固住根据地之后，并不急于向东抢夺土地，而是大力聚集周朝的遗民。

岐山以西周朝的遗民，其实就是西虢人管辖的百姓。由于西虢式微，实力无法与犬戎抗衡，百姓就失去官方军队的保护。当地百姓自发组织哨岗，犬戎来则小规模抵抗或者群体躲避。百姓既恨犬戎的侵扰，又怨西虢国不争气。

秦文公利用西虢百姓希望依附强有力诸侯的心理笼络他们，为此他打出了"军民共存亡，一起讨犬戎"的口号。

27

被犬戎欺凌了几百年的西虢百姓，一直都盼望有一个强力诸侯出现来保护自己，秦人的出现无异于雪中送炭。

周朝的百姓本身具有尚武精神，不少周人遗民投在秦国旗下，他们中的青壮年纷纷加入军队，秦国的军事力量得以迅速扩张。秦国在关中西部终于扎下了根，成为有实力的一方诸侯。

公元前750年，秦文公下山十多年后，秦国的势力范围不只是岐山以西，他们甚至越过岐山，到达岐山以东。

按照周平王的分封，秦国可以占有岐山以西的土地，但岐山以东的土地，从法理上讲是不能去占领的。但秦文公向天下宣告：我们已经占领了天子所封的土地，至于岐山以东的地盘，我们虽然也占了，但会还给周王朝。

秦文公之所以这么小心谨慎，宣称岐山以东是东周的，主要还是因为自己实力不足，所以还是要尽量避免与东周王朝及诸侯发生冲突。

秦人从受封伯爵，到占领岐山以西的土地，大概用了20年。也就是这20年，让秦国跻身二流诸侯之列。三代宗主皆被犬戎所杀，在秦文公时代终于拨云见日、柳暗花明，秦国成为显赫一方的诸侯。

● 灭亳戎，娶王姬

秦国东部，在西周镐京附近盘踞着一个犬戎的部落，名叫荡社。周平王东迁之后，荡社一族便走下高原，到达关中腹心镐京一带，建立城邑，统治当地周人。

荡社人的志气可不小，实力也不容小觑，他们与秦人一样，希望重塑当年周人走下高原建立王朝这样的壮举。

与秦人相比，荡社人同样擅长骑射，实力并不比秦人弱，他们只是缺一个周朝的爵位。

秦人与荡社人小规模交锋之后，秦文公知难而退，不再主动进攻荡社，而是大力招揽周人入伍，准备实力足够强大之后再与荡社决一雌雄。以双方的实力和地理位置而言，谁吃掉对手，谁便能占据关中！

公元前716年，在位长达50年的秦文公去世。当年秦文公带领700骑秦族健儿下山，经过几十年的发展，如今秦人已经有骏马万匹，骑兵3000，步卒更是多达5000。秦人的骑兵还是以秦人为主，补充了少量周朝遗民中擅长骑射的男儿，而步兵则以周人遗民为主。

秦文公去世之时，太子已经先他而去，太孙秦立即位，是为秦宪公。

秦文公弥留之际，托孤给弗忌、威垒、三父三位顾命大臣，三人官职都是大庶长。"大"是高级的意思，与大将军类似。"庶"是相对于"嫡"来说的，正妻所生的儿子叫嫡子，其他妾所生的叫庶子。"长"有长子的意思。庶长最初是妾所生的儿子中最大的那个，其身份颇高。庶长后来演化为一个官职，通常是公子身份的人才能担任。

大庶长也是春秋初期秦国的最高官职，一人之下万人之上。后来战国时期秦国实行二十级军功爵位制，又演化出左庶长（10级）和右庶长（11级）两个爵位，而大庶长则高居第18级，仅次于关内侯（19级）和列侯（20级）。

弗忌、威垒、三父既是宗室重要成员，又是权倾朝野的大庶长，秦国的朝政和军队就控制在这三人手里。公元前714年，三位大庶长决定向东迁都100余里，到达平阳（秦宪公迁都平阳后的范围如图1-15所示）。这次迁都的目的是方便军队向东调遣，可以预见秦人下一个动作就是东进灭荡社。

迁都平阳之后，3位大庶长便马不停蹄引领大军沿渭河而下，准备与荡社戎一较高下。

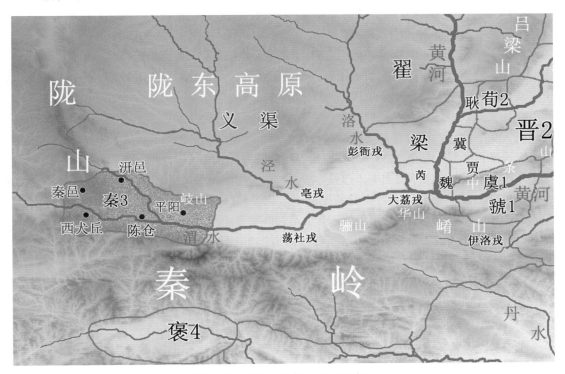

图 1-15　秦宪公迁都平阳后的范围

秦国三军，弗忌、威垒、三父各领一军，11岁的秦宪公作为监军也参加了此次行动。

大庶长威垒领骑兵500、步卒1000沿渭河而下，他的任务是作为先锋打探荡社军力。威垒是3位大庶长中性情最急躁的一位，他勇猛善战，不错过任何一次战斗的机会，这次他是主动请缨要打先锋的。另两位大庶长弗忌、三父则引领大军，相隔50里跟进。

渭水河谷，密林之中，大庶长威垒领着1500步骑迅疾往东进发，沿途渭河美丽的风景丝毫没有吸引秦人的注意，他们都在为即将到来的战斗而紧张和兴奋。

密林中，鸟的啾啾声、战马的嘚嘚声、风的呼呼声交织在一起，像是一首多重奏乐曲，当然秦人只顾赶路，他们无暇感受自然的乐章。

"哎呦！"一声惊叫中断了秦先锋军的进程，打断了美妙的乐曲。众人竖起耳朵，急切地想知道发生了什么。

"啊！哎呦！"一声声惊叫不绝于耳，大庶长威垒立即判断出自己的军队中了埋伏。

密林深处，大树上，山坡顶，巨石后，只要能藏人的地方，一支支冷箭呼啸而来，一个个平日生龙活虎的秦人倒下，没有了主人的战马不知所措，喘着粗气不知道该往哪里奔，现场一片混乱。

"贼！中埋伏了，给我撤！"大庶长威垒咬牙下令，这位作战极为凶悍的秦将，也深知能屈能伸的道理，中埋伏了快速撤退，这是不幸中的上策。

"嗖"的一箭，大庶长威垒只觉大腿一阵剧痛传来，"贼，快撤！"大庶长威垒一边强忍住被弩箭射中的剧痛，一面指挥秦军撤退。

威垒不愧是老秦人的宿将，他镇定自如地指挥秦人撤退，待到退出密林，他才折断大腿上的箭矢，清点人数。这一次伏击让秦人损失 100 多人，而他们却连对方的人影都没见到几个，战斗的过程和结果令人沮丧。

荡社人的伏击行为表明他们随时在警戒着秦人。秦人想从他们手上夺取关中中部，绝不会轻松。头一次大规模对荡社用兵，秦人就遭遇一场莫名其妙的败仗，难免让人丧气。另两位大庶长见先锋部队遭此打击，知道荡社人早有准备，不敢再深入渭水中游，只好退兵。

秦都平阳城，秦宫密室当中，弗忌、威垒、三父围定沙盘，商议如何破敌。

弗忌皱眉道："荡社人勇悍，急切不能下，我等须觅良策。"弗忌是 3 位大庶长中最年长的，也是 3 位大庶长中最有话语权的，其他两人都对弗忌颇为尊敬。

一提到荡社人，威垒那大腿上的箭伤就隐隐作痛，他咬牙切齿道："与荡社一战，怪我轻敌，以至损兵折将，他日我要扒他们的皮。"

弗忌愁眉不展，又道："来年我军与之再战，须做好更多准备。"

三父是 3 位大庶长中最年轻的，他虽沉默寡言，但颇有战略头脑，此时他指定沙盘道："荡社与我近，亳戎离我远，若闪击亳戎，必可一举夺其地。我有亳戎之地，对荡社将形成夹击之势，那时再起兵伐荡社，大事可定。"

"善！"弗忌、威垒同时喊道。

公元前 713 年，秦国出兵亳戎，这一次秦人相当谨慎，提前一年就派出哨探，在各个险要位置刺探军情。而亳戎对秦人的侵入毫无防范。秦人闪击亳戎，一举灭其族、占其地，亳戎王只身逃往荡社。秦国灭亳戎后的范围如图 1-16 所示。

秦国攻灭亳戎，前往东方的通道打开了。在这条道路上，只有一个大荔戎是犬戎部落，大荔戎见秦军威武，在秦军攻灭亳戎不久便主动与秦国结盟，秦国打通了从关中西部到中原的通道。

公元前 712 年，秦宪公迎娶了美丽的鲁国公主。洛水河畔，鲁国人不但送来了美丽的公主，还一并送来几大车的铜钱、绸缎、美酒，彰显这个东方显赫的诸侯国富裕而有礼。

远处一队马车缓缓而来，让秦人惊奇的是，鲁国公主并未坐在马车中，而是头戴紫金簪，身穿绣花裙，骑着一匹白马，在婢女的簇拥下稳稳驰来。

年少的秦宪公稚气未脱，驰马向前，趁人不注意，飞身跃上鲁姬的坐骑，从后面一手抱住鲁姬，一手握着缰绳，鲁国的骏马背着这对新人，慢跑于洛水河畔。正是"洛水河畔扬秦旗，骏马背上抱鲁姬"，年少的秦宪公可谓人生得意。

秦人见秦宪公如此，纷纷大笑。以秦人的习俗，少男少女在马背上游戏乃司空见惯的事情，何况还是名正言顺的夫妻。只是那送亲的鲁国人对眼前的场景感到一丝羞愧，又不敢言，有些尴尬。

秦宪公与鲁姬婚后第二年和第三年连续生下两个伟大的儿子——秦武公和秦德公，这是后话，暂且不表。

秦国灭了亳戎之后的下一个目标，就是荡社戎。

公元前709年，正当秦国上下磨刀霍霍，准备与荡社大战一场时，遥远的关中东部芮国发生了一起国君被驱逐的恶性事件。

图1-16 秦国灭亳戎后的范围

芮国位于关中东部河西地区，当时芮国国君的母亲溺爱小儿子，给大儿子、芮国国君芮伯万编了一个莫须有的罪名——宠姬太多——将其赶出芮国。芮伯万渡过黄河到魏国避难。

这个事件在春秋时期不是个案，而是"礼崩乐坏"的普遍现象，在此之前郑国也出现过——郑庄公的母亲与其弟联合对付郑庄公——不过那一次郑庄公控制住了局势，没有让被驱逐的悲剧发生。

芮国发生驱逐国君事件，天下震动，最害怕发生"礼崩乐坏"局面的是周天子周桓王，他怕国人依葫芦画瓢，让这种事情在洛邑重演。周天子虽然只有东周洛邑附近的领土，与西周时期不能相提并论，但作为天下共主，名义上是要给这些国君撑腰的。

公元前 709 年，周桓王派军队到魏国，将芮伯万接到洛邑安置。虽然没有派兵进入芮国，但他妥善安置芮伯万，还是为自己赢得了掌声。秦国受邀参加这次军事行动，三军开动，目标正是芮国。

芮国地处河西，这个日后让秦晋两国魂牵梦绕的河西位于黄河与洛水之间（如图 1-17 所示），土地肥沃，乃兵家必争之地。3 位大庶长之所以长途跋涉来攻打芮国，为芮伯万讨说法是借口，真正的目的是占领这里，将势力范围推向中原。

然而渡过洛水之后，秦人却因为长途跋涉作战而士卒疲累、粮草不济。不仅如此，秦军在芮国遭遇了坚壁清野，一座座土城面前，秦军纵然有使不完的劲，也无处可使。

就在秦军一筹莫展的时候，坏消息传来：荡社戎趁秦军大军出动，突袭了秦都平阳。

3 位大庶长闻讯色变，立即召集人马回兵。他们万万想不到第一次远征，自己的老家就被人偷袭。

图 1-17　秦军首次到达河西

"且慢！"大庶长三父突然出声，阻止大军撤退，悚然一惊道："荡社人定然对我军的行踪了如指掌，此番定在中途埋伏！"

"那该如何回救平阳？"大庶长威垒快人快语。

三父咬牙切齿道："他打我平阳，我攻他老巢！此去镐京只有到平阳一半的距离，荡社的都城建在镐京，我们打到镐京，不怕他不回救。"

"此计甚好！"秦宪公虽年龄不大，也知道这是条妙计。

3位大庶长和秦宪公议定，秦军再次开动。镐京本是西周的都城，当年犬戎作乱，早已颓墙败栋，满目疮痍。周平王东迁之后，荡社戎盘踞镐京，将这里作为他们的狼穴。

三父说得没错，荡社戎果然在秦军回途中埋伏了重兵，秦军不回平阳是十分明智的。秦军直接攻打镐京，提前上演"围魏救赵"，反而占据主动，荡社人只得匆匆回援。

关中两强正面相遇，一场血战不可避免。镐京城外，两败俱伤。

秦人掩埋了阵亡将士，垂头丧气地回到关中西部。荡社戎也好不到哪去，同样损失惨重，无力再去追击秦人。

秦人两次与荡社戎大战都吃了大亏，看来要独霸关中并不那么容易。不过秦国也并非完全没有收获。通过这次出兵，秦人再次力挺东周王朝，周桓王决定将女儿王姬嫁给这个16岁的秦国国君秦宪公。

洛水河畔，秦宪公再次等来了他的爱妻，上次是鲁姬，这次是王姬。

16岁的秦宪公原本就相貌英俊，仪表堂堂，穿了婚服之后更显得贵气逼人，礼服主体颜色是黑色，袖口和衣带是红色，红黑相间非常漂亮。

在三父的建议下，秦宪公也不像三年前那么顽皮了，他下马接待东周贵宾团，举止彬彬有礼，东周公主王姬见秦宪公是个玉树临风的好男儿，不免心花怒放、喜不自禁。

秦宪公身边有了两个身份显赫的女人，一个是鲁国公主，一个是周朝公主。如果按照周礼，要立周朝公主王姬为夫人，先前立的鲁姬要降为妾，但周王朝早已不是那个号令诸侯的王朝，周桓王本人也在与郑国的战斗中被射中左肩，周王室的威严荡然无存。

考虑到周朝的现状，秦宪公并未改立夫人，鲁姬仍然是秦国第一夫人。

公元前708年，王姬为秦宪公生了一个儿子。17岁的秦宪公，至少有3个流淌着东方血液的儿子，且这3个儿子日后都成了秦国国君。

● 灭荡社戎

秦宪公时期，秦国在关中立足，并且与中原文明联姻，确立了一方诸侯的地位。然而秦国要成为关中唯一的王者，必须击败那个曾给他们带来无数麻烦的荡社戎。秦宪公时代，秦人与荡社人有过几次大的交锋，但无论是战争的过程还是结果，秦人都不占优势。

秦宪公逐渐成熟，他不再事事对3位辅政大臣言听计从，而是开始培养自己的势力，从3位大庶长手中分权，但3位大庶长并不愿意放弃手中的兵权。正当秦宪公与3位大庶长明争暗斗僵持不下时，荡社人突然来袭。

几年前秦国攻灭亳戎，亳戎王投奔荡社，此番荡社人出兵协助亳戎王来收复亳戎旧地。在这紧急关头，3位大庶长还是略微作了一些妥协，他们分出一军与秦宪公，4人领着秦国大军前往亳戎旧地。

亳戎故地，只见荡社人旌旗齐整、兵强马壮。高原民族虽然勇猛，但作战时通常队形散乱，可这荡社人经过几十年的学习，竟然也如中原军队一般有了严格的纪律和阵法。

两军对垒，荡社王单骑出阵，手挽强弓，一箭正中秦军前排插旗的马匹，战马来不及嘶叫便应声而倒，连同军旗一并倒地。那边荡社军欢声雷动，军心大受鼓舞。

荡社王在两军交战前耍这么一手，意在振奋士气，同时他清楚秦宪公是个少年，其箭术无法与自己匹敌。

秦军 3 位大庶长中，性子最急的威垒已经拍马上前准备迎战。此时一人大喝一声，飞骑出阵。众人一看，青铜银色甲，烈火绣花袍，正是英俊少年秦宪公。秦宪公拍马上前几步，荡社王面无惧色，骑马不慌不忙退回阵中，带有轻蔑之色。

只见秦宪公箭不虚发，对方前排一名旗兵应弦而倒。秦军士气大振，喊声和鼓声更是盖过了对方。

双方耍完战前套路，展开又一场恶战，这次秦国与荡社再次打了个不分胜负，两败俱伤，荡社人只得退去。

此战秦宪公御驾亲征，还在阵前威风了一下，少年国君在秦军中自是风光无限。

秦军中军大帐，4 位领袖聚在一起，商议如何对付这难缠的荡社。秦宪公首次与 3 位大庶长共同商讨军情，他兴奋道："荡社人众，我等应多用奇谋，硬拼则得不偿失。"威垒问："敢问主公，有何奇谋？"

秦宪公早从王姬处得知，虽然周人与戎人有几百年的仇恨，但荡社人却在利用周人，他们与秦人一样，也从周朝遗民当中选拔壮丁入伍。

秦宪公气定神闲道："荡社人从周人中征兵，若我等用间，散布言语，周人必不肯从军，如此荡社人会越打越少。"

一番话说完，一向精明的三父赞道："主公圣明，真乃妙计！"

此后秦国派出大量周人，到荡社人控制的地盘散布犬戎部落荡社如何赶走周天子的往事，挑动周人仇视荡社人。

这一招还真有奇效，周朝遗民本来就铁骨铮铮，被秦国这么一离间，都不愿意参加荡社军队，有些已经加入荡社军的周人也当了逃兵，更有些周人前来投奔秦国。

这次秦国的伯爵爵位帮了大忙。放眼整个关中，也就秦人有一个正统的周朝爵位，其号召力与其他犬戎部落自然不可相提并论。

虽然秦国内部出现了矛盾，但在对付外敌方面却无比团结。3 位大庶长在战前准备时不遗余力，秦宪公也没闲着，他时常到军中与将士交流，鼓舞士气。

经过几年的准备，公元前 704 年，粮草充足、军容齐整的秦国开始对荡社大规模用兵。这次秦军最大的变化就是秘密制造了 100 乘战车。

春秋时代的战争，多是两军选择一块平原，互相攻杀。关中平原一望无际，也不用选，随处都可以是战场。秦人通过与东方文明的联姻，学习东方先进文化，战争方面更是吸收了东方的精华。

周朝诸侯作战最核心的就是战车，此前秦人一直没有，这几年为了对付荡社才开始制造兵车，并且成规模地训练演习。

兵车相对步兵和骑兵，最大的优势就是冲击力强，稳定性高。果不其然，当秦人与荡社大战的时候，兵车无与伦比的冲击力，像坦克冲击步兵一样冲开了荡社人的骑兵阵，将荡社军分割为无数个杂乱的小阵。

这一战，秦军首次战胜荡社军，这得益于秦人与东方文明的融合。除了车兵，秦人还装备了东方才有的强弩，射程比弓箭远得多，稳定性也更好一些。

要感谢秦宪公的两位夫人王姬和鲁姬，正是因为她们，秦人才得以从东方引进能工巧匠，打造战车和强弩。

此战过后，秦军并没有凯旋退兵，他们继续寻找荡社残余军队进行决战。荡社军越打人越少，也很难再从周人遗民中得到兵员的补充。

战争打到这个份上，荡社已经没有东山再起的机会，没有周人的大力支持，想成为关中的王者，无异于痴人说梦。

到了战国末期，秦国统一天下大势已定之时，他们还是先用离间计除掉了赵国大将李牧，然后才与赵国决战。秦人做事绝非木雕泥塑，他们懂得周旋，这是秦国最终能一统天下的优势之一。

荡社王与亳王兵败，向北逃窜，准备撤回到高原之上。然而关中一马平川，没有可供掩藏的环境，实在不适合逃跑。二王被秦军追上并且包围，秦宪公和 3 位大庶长都已赶来。

荡社王与亳戎王只有十余骑，被秦军团团围住，准备殊死一搏。

秦军让开一条路，3 位大庶长并驰而出，他们是来受降的。三人驰马于 50 步之外，神态傲然，弗忌居中，他声如洪钟般喊道："尔等速速投降，可免一死。"

二王绝不投降，一位随从扛着荡社的大旗，表明他们誓死不降的态度。

咔嚓，突然百步之外一支利箭闪电般击中旗杆，荡社的大旗应声而倒。

荡社王泰然的脸上露出一丝惶恐，其他荡社人更是惊慌失措，难道这是天意？

秦人来不及欢呼，便见一骑如飞而至，马上坐着一人，金盔银甲，手持赤色大弓，正是英姿勃发的秦宪公。

"王之兴师，修我戈矛。"不知道哪个秦人带头喊道，接着数千秦人欢声雷动，高喊"王之兴师，整我盔甲。王之兴师，催我战骑。"呼喊声响彻云霄。

荡社王与亳王就像锅中待煮的两条小鱼，生火的人把火焰烧得很旺，两条小鱼随时就会被活煮。荡社王羞愧万分，当场引刀自尽。亳戎王和其他随从知道难逃一死，也纷纷跟随自尽。

此前秦人的每次胜利，3 位大庶长都会得到秦军的拥戴，唯独这一次，秦宪公大出风头，让 3 位托孤大臣颜面大失。

公元前 704 年，秦国攻灭荡社之后，占领了关中中部，跻身一流诸侯行列，其时秦宪公年仅 22 岁，他在短短几年间将国土扩张一倍（秦国灭荡社后的范围如图 1-18 所示），娶周朝和鲁国公主为妻，羡煞旁人。

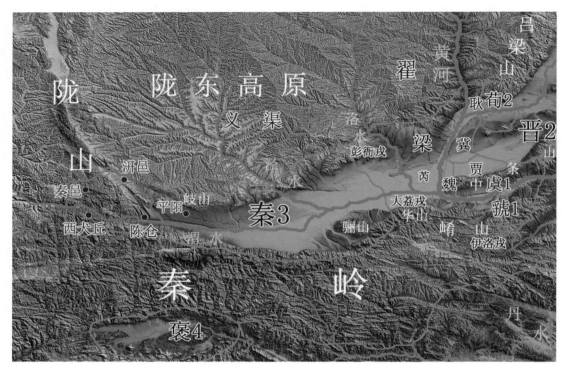

图 1-18　秦国灭荡社后的范围

　　彼时的诸侯当中，楚国还是国土面积第一的南天霸，秦国的国土与齐国相当，略大于东周、卫国、宋国、郑国，被认为是西部强国。

　　秦国平阳宫殿之中，秦宪公稳坐龙椅，正与一个宦官言笑。宦官拖着半阴不阳的声音对秦宪公道："主公，郑国和宋国都派人来联姻，以我大秦的国威，日后必然有更多的公主送来，主公真是艳福不浅哦。"秦宪公得意道："公主算什么，日后称霸中原，列国皆我秦土，那才够劲！"宦官立即附和："主公英明！"

　　秦宪公得意忘形，他不知道危险正向他慢慢迫近。秦宪公年少即位时父亲早已过世，他是直接从祖父秦文公手中得到继承权的。在位 10 年来，秦宪公一直被 3 位大庶长架空，这三人名为辅政，实则把持朝政。不过近两三年，秦宪公逐渐从 3 位大庶长手中夺取了部分兵权，并且开始着手培养自己的亲信。特别是在攻灭荡社的战争中，秦宪公不但亲征，还表现抢眼。借着攻灭荡社的余威，秦宪公进一步巩固了自己在军中的势力，以这个势头，再有三五年秦宪公肯定能够掌控秦国军政大权。

　　谁曾想，3 位大庶长忽然发动兵变，弑杀了 22 岁的秦宪公。

　　岐山深林之中，正展开一次狩猎活动。秦宪公一箭射中麋鹿，众人都过来祝贺。

　　一宦官道："主公神武，近闻南蛮楚君称王，我大秦实力决不在楚国之下，主公宜择日称

36

王，与周王并驾齐驱。"

"善，正合本侯意，哈哈……"

林中突然寒光一片，身边侍卫纷纷中箭倒地，距离秦宪公最近的陪笑宦官更是被射成了刺猬，他临死前的笑容中隐藏着一丝惊惧。顷刻间，数十人只剩下秦宪公一人。

秦宪公知道有奸人作乱，他镇定自若，拔剑准备战斗。可是躲在暗处的贼人却并不向他施射，也不过来与他搏斗。秦宪公正寻思这是什么情况，远处却传来群狼的嚎叫，狼群来了！

3位大庶长成功伪造了秦宪公死于野狼群袭击的假象，一代雄主就这样告别了强势崛起的秦国，令人唏嘘。

秦宪公在世时，秦国攻灭了关中最大的敌人荡社戎，占据了大半个关中，历史将永远铭记这位秦族宗主。

● 秦武公统一关中

秦宪公有3个儿子，长子（秦武公）和次子（秦德公）是鲁姬（鲁国公主）之子，秦出子则是王姬（东周公主）之子。秦宪公离奇死亡之后，秦国掌权的3位大庶长为了进一步把控朝政和军权，废秦宪公的太子（秦武公），立王姬之子出子为国君。

王姬是周朝的公主，比鲁国公主鲁姬更为龙血凤髓，这次三位大庶长为讨好距离更近也更有影响力的东周，立王姬的儿子为国君，并没在秦国激起多大的反对声音。

公元前703年，秦出子即位，这一年他只有5岁（鲁姬的两个儿子也只有7岁和8岁）。

但秦出子的母亲王姬对于3位大庶长的"帮助"却并不领情，对于王姬来说，夫君的性命比什么都重要。面对这3个杀夫仇人，王姬依仗自己东周公主和秦国太后的身份，采取拳中搋沙的不合作态度。

秦国历来有太后垂帘听政的传统，比如战国后期秦昭襄王的母亲宣太后，秦始皇的母亲赵姬，权力都大得惊人。

公元前698年，秦出子当了6年国君后被弑，3位大庶长改立原太子为国君，是为秦武公。这时候的秦武公年仅14岁，没有人料到，这是一个可以比肩秦昭襄王、秦始皇的伟大国君。

少年秦武公即位之初，对3位大庶长言听计从，百般示弱，尽力避免重蹈弟弟的覆辙。秦国权力最高层又紧密团结到了一起（至少表面上如此），秦国这辆雷霆战车又将隆隆开动。

秦武公即位第一年，他与3位大庶长统兵东进洛水中上游，攻打关中东北的彭衙戎（如图1-19所示）。彭衙戎也是犬戎的一个分支，他们以为秦国刚发生弑君事件，还处在动乱之中，故而没有什么防备。彭衙一战，毫无悬念，首战即决战，秦国一举拿下彭衙。

图 1-19　秦国攻打彭衙戎

战场之上，秦军胜利之师个个精神抖擞，少年秦武公更是披挂金盔银甲，骑高头大马，威风凛凛。

按照惯例，攻灭一个大国，应该休整一段时间，举国庆祝一下，但秦武公不是个循规蹈矩的人，他继续领兵南下，沿途见到小城就攻占，见到小股戎人就斩杀，一直到达华山脚下才让秦军歇息。一路胜利的秦军欢声雷动，高唱战歌："王之兴师，修我戈矛。王之兴师，修我矛戟。王之兴师，修我甲兵。"

秦人被秦武公的神勇所鼓舞，秦武公得到秦军广泛的拥戴。

在南下到华山的过程中，秦武公更是指挥若定，上万大军如臂使指。由于南下华山这一战拓地很广，秦武公的战术为秦人津津乐道。秦国灭彭衙戎后的范围如图 1-20 所示。

从父亲和弟弟的悲剧中，秦武公意识到，只有掌控兵权，才能与 3 位大庶长叫板，否则肯定又会重蹈前人覆辙。在这一年的战斗中，秦武公爆发出无与伦比的勇气和精湛的战术素养。

至此，秦国基本统一关中，占据西周在关中的所有区域。关中，西起宝鸡，东至三门峡，南接秦岭，北临黄土高原，东西长达 300 千米。关中腹地为渭河、泾河、北洛河三河形成的冲积平原，号称"八百里秦川"。三河及其支流纵横分布，土地肥沃，灌溉便利，农业发达。区别于同样土地肥沃的华北平原、江汉平原的巨大优势，关中占据了易守难攻的有利地理位置。

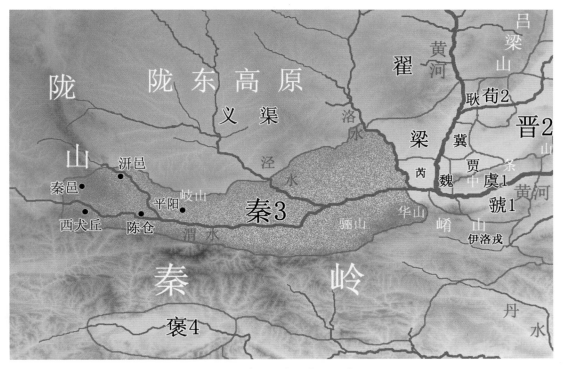

图 1-20 秦国灭彭衙戎后的范围

关中成为帝王之地是从周朝开始的，周武王从关中起兵，会盟天下诸侯东出函谷关，一举夺天下，建立八百年周朝。周朝虽然得了天下，却并没有迁都中原，而是继续在关中建都，把中原广阔的土地分封给其他诸侯。当时周公旦对关中的评价是："被（pī）山带河，沃野千里，天下形胜，莫过于此。"在周人的眼中，关中就是天下最好的地方。后来的秦、汉、唐等朝代与周朝一样，都是先立足于关中，再东进吞并天下。

显然，要统一天下，先统一关中，这是必然条件。

接下来秦武公开始着手解决内部矛盾。14 岁的秦武公在秦军中已经有了一定的地位，更难能可贵的是，秦武公虚怀若谷，他懂得大智若愚、大巧若拙的道理。平日他对弗忌、威垒、三父言听计从，3 位大庶长还乐滋滋地以为"疾风知劲草，板荡识诚臣"，那时候还没有"生于忧患，死于安乐"这句话。

公元前 695 年，17 岁的秦武公以雷霆之势将 3 位大庶长一网打尽。

想起父亲的离奇死亡，兄弟的被弑身亡，秦武公要与 3 位大庶长算总账，他下令：斩杀 3 位大庶长，并且诛三族！在春秋这个"礼崩乐坏"的时代，不但充斥着弑君事件，反过来国君对于公卿的报复更是凶狠而彻底，"灭族"这个词常见于春秋史书。

虽然解决了权臣的问题，但因为秦国国土扩张过快，其内部还有很多棘手的事情，其中最麻烦的就是 4 个国中国，从西往东依次是冀戎、邦戎、小虢，小郑，如图 1-21 所示。

图 1-21 秦国的四个国中国

当年秦文公从秦国发源地甘肃天水附近抽调 700 男丁，向东走下高原建立了崭新的秦国，那 700 男丁是秦人的核心战斗力量。此后，秦文公为了巩固关中的领土，又数次调遣秦人东迁下山。秦国留在高原上的人口日渐稀少，犬戎部落邽戎、冀戎趁机侵占高原上秦人的领土。当关中的秦人英勇作战，抛头颅洒热血的时候，留在山上的秦人其实活得很艰难。

在秦文公时期，山上的秦人养肥一批批牛羊骏马，再成群结队驱赶下山支援秦国的建设；在秦宪公时期，山上的老秦人又多次组织青年壮丁下山，补足秦军与荡社戎作战损失的缺额。可以说山下秦人取得伟大的战果，有山上默默奉献的老秦人的一份功劳。

如今冀戎、邽戎侵占山上老秦人的牧场，抢夺他们的牛羊。留守高原之上的老秦人不但要做不求回报的老黄牛，还要时刻提防野狼般的犬戎人的袭击。

秦邑附近的黄土山坡之上，年过八旬的老庶长带领几个同样头发胡子花白的族人，警觉地观察着山坡下的动静。只见不远处的沃野之上，一群人正赶着大批的牛羊在放牧，不过放牧的人却不是秦人，而是邽戎人。高原戎人之间其实并无明确的领土划分，谁强势谁就占据适合放牧的好去处，其他小部落只得迁徙。可是在强势的邽戎面前，老秦人却绝不想迁移，因为自周天子将秦邑封给秦非子，这里便成了陇西秦人心中的圣地，让陇西秦人迁走，还不如杀了他们。于是，执着的陇西秦人顽强地生存着，他们心中有一个信念：山下的秦人终有一天会回来！

老庶长每天带领族人监视戎人的动静，戎人来了便将牛羊迅速隐藏起来，戎人一走便见缝插针地放牧。宁愿夹缝中求生存，陇西秦人也决不放弃这片祖宗留下的土地。就在这时，东方天际之处，尘土遮天，似有大批人马到来。

山坡下的戎人，也注意到这一景象，不过他们并没有撤退，因为秦邑附近，戎人有兵数千，很有可能是戎人的主力过来了。

老庶长和他的几个老兄弟想法略有不同，虽然戎人出现的概率很大，但老秦人从来没有放弃山下秦国大军上山的希望，这也是支撑他们留在秦邑的重要原因。

大军越来越近，黑茫茫一片，老庶长惊呼："回来了！回来了！"

是的，秦国传统的颜色便是黑色，不华丽，不浮夸，这也是陇西秦人务实性格的体现。

秦国大军迅速包围了山坡下的戎人和他们的牛羊。只见秦军旌旗蔽日，剑戟如林，将士一个个顶盔贯甲、各执兵器、张弓拔弩。

老庶长早已老泪纵横，他在几个老兄弟的搀扶下，招呼秦邑留守的陇西秦人去迎接山下反攻祖地的秦国大军。

23岁的秦武公，在一队秦军人马簇拥下跃马驰来，威武英明。

秦军列阵高喊："王之兴师，修我戈矛。王之兴师，整我盔甲。王之兴师，催我战骑。"

呼喊声响彻云霄，陇西秦人听到后喜极而泣，泪如泉水般涌出，跟着一起大喊。

很快，陇西秦人被人数更多的关中秦人围住，他们深情相拥。的确，关中的秦人，应该感谢这些留在高原的老秦人，没有他们的默默付出，就没有秦国的今天。

公元前688年，秦武公亲自领兵反攻秦邑，相继灭犬戎的部落邽戎、冀戎。剩下的还有两个国中国，一个是小虢，一个是小郑。

小虢又称西虢，就是当年虢国东迁之后留下的宗室，占据着关中西部最好的一块土地，从位置上来说是秦国的腹心之痛。不过小虢的实力很弱，从来没有真正威胁到秦国，本来在秦文公时代就可以灭了小虢，但因虢国是周朝的公爵国，从法理上来说秦国不能灭小虢，何况秦国还要拉拢周朝在关中的遗民，因此必须保留小虢。

到了秦武公时期，关中已经是秦国的，小虢的存在就没有多大意义了。公元前687年，秦武公驱兵灭小虢。

另一个国中国小郑，在华山以西，也是当年郑武公东迁时留下的小宗。既然小虢都灭了，小郑就更没有存在的理由了，秦武公领兵一并灭之。

秦武公干净利落地解决了4个国中国的问题，这位年轻的国君才24岁。

秦武公在灭了小虢之后，就有在小虢故地建造新都城的打算。虢国的都城当时在汧河、渭水之间，三面环水，防守位置极佳。秦人的先祖非子也曾在这里牧马，秦人对这片肥沃的土地很有感情。

秦武公做事一向雷厉风行，很快秦国就开始在汧河、渭水之间修筑规模宏大的都城。秦国的都城雍都（今陕西省宝鸡市），其造型异于东方各国。秦人并未一味模仿东方诸侯建造城邑的规则，而是推陈出新，很有创意。

东方各国的都城，一般由城和郭组成，城是国君和宗室所在的城池，郭是贵族和百姓以及市场所在的城池，郭比城大得多，而且城郭是分开的建筑。战国时期的赵国都城邯郸，燕国下都武阳，齐国都城临淄，其郭的面积都在城的 4 倍以上，当时的理念是将国君和百姓分开保护。

秦国雍都则分为内城和外城，外城围住内城。内城是皇城，外城是贵族所在，百姓和市场所占比例很小，外城与内城面积相当。这种内外城结构避免了战争时期将城和郭都置于对方攻打的范围，这样更可以集中兵力进行外城的防守。

另外，雍都外城中百姓和市场的比例很小，这是一个全新的概念，将百姓居住地和市场迁至城外，缩小外城的规模，也有利于防守。

秦国都城全新的设计显然是成功的，后世从汉朝起，所有朝代都继承了秦国都城的这种设计，即内外城结构，大皇城，守外城。

公元前 678 年，33 岁的秦武公还没来得及迁到新都，就走完了其威震关中的一生，不过他的故事却还没有结束。因为自己是在父亲离奇去世、兄弟被权臣所杀的情况下即位的，秦武公对于内耗给秦国带来的伤害比谁的体会都要深刻。弥留之际，秦武公立自己的弟弟（秦德公）为新的国君。

秦武公驾崩前留下遗言，指定 66 个人陪葬。陪葬又称人殉，上古时期就有，只是周朝各诸侯国都讲礼制，很少有诸侯大规模实施人殉，一般情况是找几个最宠爱的妃子和仆人作为人殉的对象。秦武公来的时候那么威风，走的时候依旧那么拉风！

14 岁霸道伐彭衙，17 岁霸道灭 3 位大庶长三族，23 岁霸道灭邦戎、冀戎，24 岁霸道灭小虢、小郑，33 岁还霸道地拉 66 个人殉葬，秦武公的一生就是霸气十足的一生，无愧于他的谥号"武"。

第三节　春　秋　一　霸

● **拦路虎晋国**

秦武公去世后，秦德公、秦宣公、秦成公三任国君，稳健地驾驭秦国这辆战车行驶了 19 年。这 19 年间最值得称道的一件事情，就是秦德公迁都雍，如图 1-22 所示。

雍都早在秦武公时期就开始建设，秦国将都城设在这里，综合考虑了多方面因素。

雍都位于今陕西宝鸡附近，在关中西部，并不是关中的地缘中心。后世秦朝、汉朝、唐朝都是在关中中部的咸阳和长安建都，作为关中地缘中心、交通中心，自然也更容易成为经济和政治中心。秦国不在关中中部建都，因为实力还不足以争霸。若东部诸侯联手来攻，威胁较大。西周镐京被犬戎和申国攻破的惨剧影响了秦人的决策。而雍都就不同了，其位置在关中西部，即使东方诸侯来攻，到达关中西部以后也会因为物资补给线太长而大大削弱战斗力。后来晋国多次入侵秦国，大多时候攻到关中中部的泾水就无力再向西推进。春秋战国时代，雍都从来没有遭到东方诸侯兵临城下的威胁，与其地理优势密切相关。

图 1-22　秦德公迁都雍

　　同时雍都靠近秦人的发祥地秦邑，与祖居地相隔不远，这也为后来秦穆公称霸西戎创造了地理条件。

　　公元前 659 年，秦任好即位，是为秦穆公。他是春秋时期秦国最著名的国君。作为春秋五霸之一，秦穆公霸西戎，为后世文人墨客所传颂。秦穆公即位之时，秦国的领土明显呈现西重东轻态势。秦国东部领土直抵洛水，洛水对岸就是河西，秦晋和秦魏将在河西进行长达几百年的生死争夺。

　　秦晋之间有两条大河——黄河和洛水，看似是两个坚固的天然屏障，可是到了隆冬季节，河水一结冰，关中平原与河东平原就会对接，秦晋之间也就没什么障碍可言了。这也就是秦晋之间虽有两条大河相隔，但日后战争却非常频繁的原因之一。

　　秦穆公初即位时，秦国已经成为统治整个关中，且在陇山以西也有自留地的特大诸侯。而在河东地区，晋国也强势崛起，此时河东还有两个诸侯——虢国和虞国。不难推测，假以时日，晋国也会灭掉这两个国家。

面对这种情况，秦穆公空有满腔抱负，自己的国力却不足以与晋国争霸中原。

周平王东迁后，犬戎各部落入侵和陆续盘踞关中。犬戎瓦解成为若干个部落，高原上的犬戎部落有义渠、邦戎、冀戎等，他们不定期会下山入侵关中，掠夺女人和粮食。有一些犬戎部落更为夸张，他们走下高原就不回去了，大荔戎、亳戎、荡社戎、彭衙戎，这些戎人竟然想将关中变成自己的巢穴。于是农田变牧场，农民变奴隶，导致关中的人口不断减少。

秦穆公面临的最大问题就是关中少人口，也少军队，他何尝不想渡过洛水和黄河，在晋国还没有统一河东之前灭掉河东大大小小十几个诸侯。

公元前658年，秦穆公派人到晋国，向晋献公求婚。秦穆公选择了晋国公主穆姬，采用结盟的形式来稳定秦国与晋国的关系。此时是秦穆公即位第二年，那边晋献公已经即位18年了，如果说秦穆公是只雏鹰，那晋献公绝对是只老狐狸。

这时晋国的国土又有扩张，晋献公派他的两个儿子重耳和夷吾到吕梁山上修筑城池，将以前无人占领的山脉全部据为己有。晋国两公子开辟新土后的范围如图1-23所示。

图 1-23　晋国两公子开辟新土后的范围

秦晋表面结盟，晋国却强势介入双方的缓冲地带河西，晋献公结好河西的梁国和芮国，而晋国公子重耳和公子夷吾都有翟国血统。在对河西的争夺中，晋国后来居上反超秦国。如果河西形势照这样发展下去，秦国领土的扩张会遭遇瓶颈，拦路虎就是晋国。

公元前 655 年，秦穆公与晋国军队在河曲小战了一场。河曲也就是黄河拐弯的地方，黄河之水的流向本来是由北向南的，在这里改道为由西向东。秦晋双方的意图都是试探对方军力，所以这是一场伤亡可以忽略的小战。战后秦穆公得出的结论是：晋军兵多将猛，武器精良，兵车勇悍，战术先进；晋献公得出的结论是：秦军勇气过人，训练不足，装备低劣，不懂阵法。

河曲小战之后，秦军刚收兵，晋军立即来了个假虞伐虢（这是第二次假虞伐虢），攻灭虢国和虞国。此时晋国的范围如图 1-24 所示。

虢国和虞国虽然实力不济，但这两国可是周朝早期 4 个公爵国中的两个，此前公爵国州国已经灭亡，公爵国到这时就只剩下宋国了（卫国是后来被加封公爵的第五个公爵国，但此时也已经被赤狄灭国）。晋国灭虢国和虞国，震动天下。

晋国疆土越来越大，与秦国不相上下，但人口是秦国的数倍。

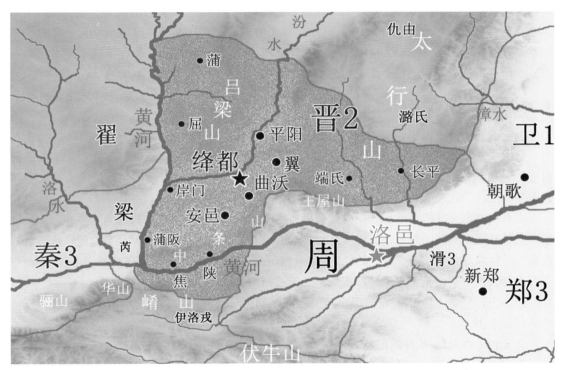

图 1-24　晋国假虞伐虢后的范围

秦穆公深切体会到，秦晋之间的差距主要在人口和人才，人口可以通过农业生产逐渐来恢复，人才方面就必须要引进了。

秦国本土也有人才，不过秦国自己的人才多是秦人或其他被秦人兼并的戎人，他们熟悉游牧民族的特性，擅长养马、骑射，但却不懂农耕文化，更不了解东方军队的作战方式。人才通常产生于士大夫当中，指点江山的人才绝不可能是大字不识的农夫。

公元前 655 年，晋国灭虞国之后，秦穆公终于请来 70 岁的虞国大夫百里奚，百里奚又举荐了比自己还大一岁的好友蹇叔，这是秦国使用东方人才的开端。

百里奚和蹇叔到来之后，秦国开始大举模仿东方，政治上以德治国，军事上改制，大规模建造兵车，几年以后秦国实力有所提升。

不过百里奚也好，蹇叔也好，在东方充其量算三流人才。这就好比中国的乒乓球，随便到大街上海选几个业余选手，到了巴西肯定都是国家冠军级别的，但是我们绝不认为这几个选手能够击败我们中国的冠军。百里奚和蹇叔就是这种情况，在人才济济的东方他们根本就不入流，不过到了秦国他们可是高级人才。百里奚原本是虞国的大夫，虞国灭亡前他给国君献策，不给晋国借道。其实借道不借道虞国肯定都会被晋国所灭，不借道虞国国君肯定活不下去，说不定更惨。百里奚的建议也只是短期策略，算不上高明。百里奚的好友蹇叔是民间高人，他曾成功预言齐国和东周的内乱，是个坐在家里就能盘算天下大势的人物。但真正的高人不但要能预测未来，还要有改变未来的能力，蹇叔显然没有改变历史的能耐，只能算民间高人。

百里奚将自己的儿子百里视（孟明视）带到秦国，而蹇叔也将自己的两个儿子蹇术（西乞术）和蹇丙（白乙丙）带到秦国。秦穆公求贤若渴，任命他们的儿子百里视、蹇术、蹇丙为三军统帅，事后证明这是一个无比糟糕却又无可奈何的决定。

● 韩原之战，秦国首胜晋国

公元前 651 年，秦穆公的强劲对手晋献公去世，晋国陷入内乱。

晋国大夫里克杀死骊姬之子奚齐，随即又杀死骊姬妹妹之子卓子，并向逃亡公子夷吾发出继位邀请函。晋国公子夷吾当时在河西的梁国避难，得到消息不敢回国，他派人来求秦穆公发兵相助。

夷吾给秦穆公开的条件相当诱人：如果他能回国即位，晋国将退出对河西的争夺，并且将崤函通道赠送给秦国。河西是黄河以西和洛水以东的地区，战略位置非常重要，而崤函通道则是秦国通往东方的唯一陆路，后来秦国在这里修筑函谷关，这一通道对秦国的意义不言而喻。

秦穆公没有理由拒绝，立即派军队护送夷吾回国即位，是为晋惠公。

晋惠公即位之后，不但没有退出河西，反而加强了对河西的渗透。而崤函通道也死死地抓在晋国手中。

公元前 647 年，晋惠公正式即位第三年，晋国发生严重饥荒，晋惠公派人到秦国借粮。考虑再三之后，秦穆公下令打开粮仓，不远千里支援晋国。当时的秦人大多不理解秦穆公为何如此仗义。

公元前 646 年，秦穆公借粮给晋国的第二年，秦国发生饥荒，晋惠公却不借粮给秦国。

"贼你夷吾！"秦穆公从宫殿一头冲到另外一头，手舞足蹈，反复骂着这句话，四周的宫女不敢接近。

"竖子夷吾！"秦穆公又从宫殿另一头冲了回来，嘴里不断骂着这句，身边的人远远看着，生怕当了出气筒。

愤怒的秦穆公决定与晋国大打一场，起倾国之兵，并御驾亲征。

秦国动兵了，晋国却还在为是否迎战争吵。晋国的国土大多分封给了大夫们。每到战争之时，大夫们总是各怀心思。春秋时期，晋国对外战争、攻城略地，大夫们积极性很高，因为他们很有可能获得新的封地。而当别国或戎人攻入本土，晋国大夫们通常只愿自保，各扫门前雪。

晋国大夫们足智多谋，看得透彻，不同意出兵迎战秦国。大夫们的意思是让晋惠公花钱消灾，赔点钱送点粮，就此打发秦军算了。

可是晋惠公不这么想。父亲留下来的土地，岂能谁来就来，说走就走，国君威严何在？于是晋惠公自己组织三军，迎战秦军。

当然，还是有一些大夫追随晋惠公，其中就包括晋国的宗室韩简。秦军与晋军遭遇的地方叫韩原，这场战争又称"韩原之战"。这里正是韩简的封地，作为东道主，韩简不想打也得打。

韩原之战，晋军人数多于秦军，武器更为精良，而秦军唯一的优势就是士气更旺盛。

韩原广阔的平原之上，飞尘蔽日，鼓声震天，人声鼎沸。秦晋大军开始了历史上第一次大交锋（如图 1-25 所示）。不过这场大战很快就结束了，晋军战败，晋惠公被秦军俘虏，但晋军的伤亡并不大，卿大夫们也都安然无恙地逃离了战场，当然包括韩原的东道主韩简。

图 1-25　秦晋韩原之战

秦军士气高昂，其中不乏不惧生死的敢死队。几年前秦穆公在岐山狩猎之时，好几匹骏马被当地的野人（村民）给宰了吃，秦穆公不但没有惩罚这些野人，而且还赐给他们美酒与马肉一起饮食。韩原之战前，当地300野人来报恩，他们自告奋勇从军并且充当敢死先锋。战场之上这300人蓬首祖肩，奋勇当先，成为秦军锐不可当的力量。

晋惠公被五花大绑，押进秦军的中军大帐。此时的他垂头丧气，瘫坐于地，脸色铁青，内心煎熬。

秦国三军得胜之后，从河东撤兵，返回雍都。渡过洛水进入秦国境内之后，秦国各地百姓听说秦穆公俘虏了晋国国君，纷纷前来观看秦军的盛况，有好事者还想一睹晋惠公尊容。

秦穆公本来要杀了晋惠公祭祖，但考虑到杀了晋惠公只会给晋国后继者留下口实，给将来两国开战多制造一个借口，决定还是放了晋惠公。

● 扶立晋文公，重耳艳福不浅

韩原之战后，秦穆公有条件释放了晋惠公，条件由两部分组成：一是晋国派太子到秦国作人质；二是晋国不得干涉秦国对河西的渗透。

公元前643年，一个12岁的少年晋国太子姬圉（yǔ），在一队卫兵的护送下，从晋国河东绛都出发，渡过黄河、洛水、泾水，再沿着渭水而上，长途跋涉到达秦都雍都。

公元前640年，秦穆公亲自领兵，越过洛水，闪电般占领梁国和芮国，将河西大部分领土纳入秦国版图。秦国取得河西后的范围如图1-26所示。

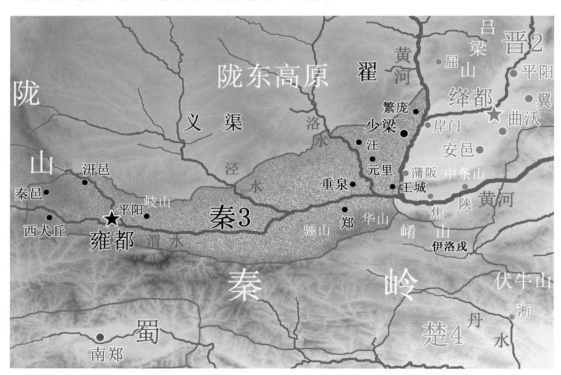

图1-26 秦国取得河西后的范围

以往河西一直作为秦国与晋国之间的缓冲地带而存在，现在这个缓冲地带归属于秦国了，秦晋的地缘冲突自然就暴露无遗。秦国与晋国，现在隔着黄河遥遥相望，日后双方将战争频发！

公元前 639 年，秦穆公将美丽的女儿怀嬴嫁给了英俊挺拔的晋国太子姬圉，不过这次婚姻发生在秦国，晋国太子姬圉有点像赘婿（倒插门的女婿）。

这一年春天，气温明显回升，德高望重的太史卜得吉卦："大寒已去，风停雪住，光耀万道，宜婚嫁、动土。"

公元前 638 年年底，晋惠公病重，生命垂危。晋国太子姬圉内心煎熬。他在秦国呆了 5 年，万一父亲去世，晋国大臣扶持别的公子为国君，那就水中捞月、鸡飞蛋打了。以郤芮等人的才能，恐怕到时候他根本没有机会继位。姬圉可以跟自己的岳父秦穆公商量，请他出兵助自己回去登基，然而他又担心日后晋国为秦国所控制，于是最终决定自己悄然逃回。

春秋时代流亡或者逃跑一般会带几个心腹兄弟，是绝对不会带夫人。太子姬圉不敢耽误，趁着夜色即刻动身回国。身后怀嬴哭断柔肠，在父亲与爱人之间左右为难，终归没有出卖夫君。

公元前 637 年九月，晋惠公去世，太子姬圉在大臣的拥护下即位，是为晋怀公。

消息传到秦国，大家的心情都很复杂，秦穆公考虑秦晋外交对策，怀嬴期盼夫君来接她。然而希望越大失望就越大。姬圉即位之后，晋国与秦国断绝了外交关系，更不用说接怀嬴到晋国。秦穆公龙颜大怒，先是夷吾，后是姬圉，一次次辜负秦国，是可忍孰不可忍。秦穆公要给晋国再找一位国君，那就是流亡在外的公子重耳。重耳是夷吾（晋惠公）的兄长，姬圉（晋怀公）的伯父，此时已经流亡列国达 19 年之久。重耳流亡路线如图 1-27、图 1-28、图 1-29、图 1-30、图 1-31 所示。

公元前 655 年，一个乌云盖天的黑夜，重耳平静地向晋国美妻逼姞告别："我这次离开，不知道明月何时照我还，夫人可以等我 25 年，若我 25 年后仍没有回来，请夫人改嫁。"重耳一行人西渡黄河，到达翟国境内，如图 1-27 所示。

重耳在翟国的日子过得相当不错，香车美女总是少不了。当时翟国攻打狄族，获得叔隗、季隗两位绝世大美女，翟国国君把这两个美女赠给公子重耳。重耳决定与赵衰（有名的谋士辅佐重耳跻身春秋五霸）一起分享。赵衰年长一点，娶了姐姐叔隗，重耳娶了妹妹季隗。

季隗人比花娇，独有一番异域风情，美艳不可方物。重耳年过 40，异国遇季隗，他抛却人间烦恼，常与季隗游于山水之间，以草为榻，以天为被，快活无比。

季隗给重耳生了两个儿子：伯倏和叔刘。季隗的姐姐叔隗则给赵衰生了一个儿子，叫赵盾。

重耳一行在翟国衣食无忧，他常常思量，不若便在翟国发展，与季隗长相厮守，也为人间美事。但美梦常难成真。公子夷吾在秦穆公派出的大军护送下回晋国登基，是为晋惠公。晋惠公感觉到重耳的巨大威胁，于是派出刺客，去往翟国刺杀重耳。

图 1-27　晋文公流亡路线一（晋—翟—卫）

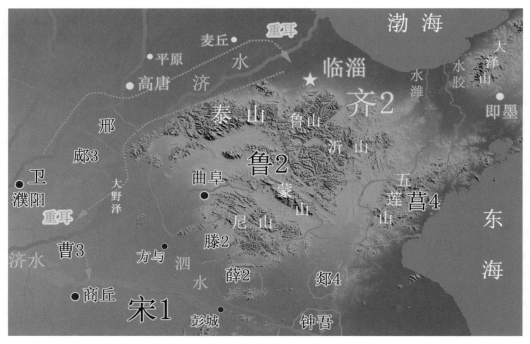

图 1-28　晋文公流亡路线二（卫—齐—宋）

重耳一行再次踏上流亡之旅，如图1-28所示。待爱妻季隗睡下，重耳趁着夜色悄悄离开。一叶孤舟顺着黄河，飘流到下游的齐国。

齐桓公接纳了重耳，并从宗室中选了最美的姑娘齐姜嫁给重耳，还赠予重耳一个农庄，外加兵车20乘。

齐姜身形颇高，体态优美，眉如春山，眼若秋水，是典型的齐国美女，让人过目难忘。重耳时年53岁，得到这样的美女，他似乎又回到了激情燃烧的岁月，与齐姜厮守，出入都是成双成对。

然而好景不长，婚后第二年，重耳的恩公齐桓公驾崩，接着齐国诸公子争位，齐国大乱。

重耳一行不得不再次踏上逃亡路，逆济水、大野泽一线西上，途经曹国，来到宋国，如图1-29所示。

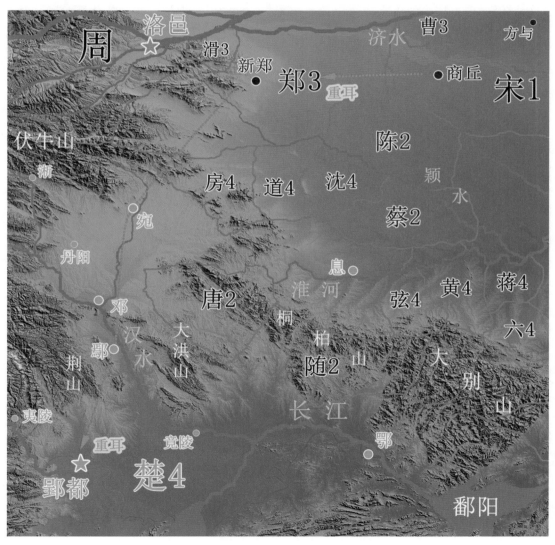

图 1-29　晋文公流亡路线三（宋—郑—楚）

春秋小霸宋襄公果然有牌面，不愧是公爵，以诸侯之礼相待，见面礼就是"七牢"。所谓"七牢"，就是牛、羊、猪各 7 头，共 21 头牲口。其他物质方面，依照齐桓公的标准，赠予庄园一座，美女多个，高车 20 乘，粮食衣履之类不计其数。

3 年后，泓水之战，宋军吃了败仗，宋襄公身负重伤，霸业成空。

重耳一行又开始了逃亡生活，他途经郑国，来到楚国都城郢都，如图 1-30 所示。

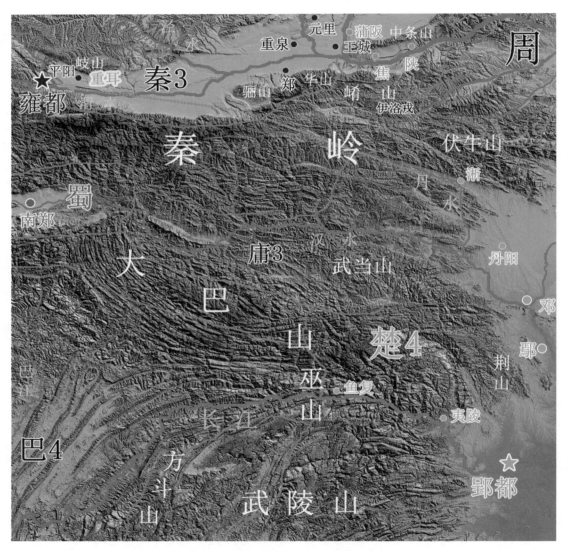

图 1-30　晋文公流亡路线四（楚—秦）

楚成王对重耳相当敬重，以国君之礼大摆宴席，并且"设享九献"，即敬酒 9 次，礼数相当到位。楚王还从宗室中挑选了一位绝色美女荆芈，嫁给没有家眷陪伴的重耳。荆芈面色娇美，身材玲珑，步伐轻盈，人见人爱，将近 60 的重耳也不例外。

重耳在楚国的待遇比齐、宋只高不低。楚成王狩猎之时也没忘记带着重耳，射杀黑熊等野兽分与重耳，一副有福同享的样子。

然而楚国还远远没有统一南方，楚成王待重耳不错，却没有出兵扶立重耳的打算。

入楚不久，秦穆公便派人联络重耳入秦，准备扶持重耳为晋国国君。双方一拍即合，一个是不堪奇耻大辱，一个是不想再过流亡的日子。有了这个天大的转机，重耳一行立即抖擞精神。楚成王乐得送个人情，厚赠金帛车马，资助重耳翻越秦岭进入关中。

秦穆公闻重耳前来，亲自到雍都郊外迎接晋国老公子重耳，礼数极丰。重耳获赠白璧 10 双，马 400 匹，就连重耳的兄弟们每人也得到了白璧一双，马 4 匹。其他青铜器皿、粮草辎重，堆积如山。秦穆公的馈赠可谓空前丰厚，重耳都可以借此组织一支彪悍的军队了。

最令人大跌眼镜的是，秦穆公又将怀嬴，即晋国太子姬圉的夫人嫁给重耳。此前重耳在齐国，齐桓公送给他 3 个美女，在楚国，楚成王送给他 4 个美女。秦穆公命人又从秦国宗室中挑选了 4 个美女，加上怀嬴，五大美女打包嫁给重耳。

怀嬴不施脂粉的颜容清丽秀逸，身材有若灵山秀岭，初为人妇体态绰约，更美于齐姜。在秦国来说，本身发源于陇山以西，习俗与西戎不相上下，一女嫁二夫，也属正常现象（不过多是夫死了之后再嫁）。

其时已经 59 岁的重耳当真艳福不浅，赵衰怕他招架不住，出师未捷身先死，很委婉地提醒重耳，要留住青山。

这一高明之招，可以增补入《三十六计》中，因为姬圉虽然逃回晋国，却并未公开声称要休妻。秦穆公使出这么一招，让怀嬴给晋怀公送了一项绿帽子，令姬圉方寸大乱。

晋怀公宣布："凡晋臣追随重耳出亡者，限期 3 个月回来，既往不咎，若过期不归，便拿国内的亲属祭旗！"

3 个月过去了，跟随重耳的十多个兄弟纹丝不动，19 年都过去了，也不差这几个月。好比二战结束的 1945 年，还有谁坚持抗战到这时候，再去当汉奸呢？

为了杀鸡儆猴，晋怀公将狐氏的宗主狐突逮捕并处斩，原因是其拒绝召回跟随重耳的两个儿子。狐突之死在晋国引起轩然大波。许多豪族都有人追随重耳，现在他们人人自危，本来偏向晋怀公的家族开始观望，本来保持中立的家族开始倒向身在秦国的重耳。秦穆公与公子重耳认为出兵的时机已到。

公元前 636 年正月，秦穆公亲自统领兵车 500 乘，铁骑 2000，步卒 5 万，兵发晋国（如图 1-31），为重耳壮声势。

秦军踏着黄河上的坚冰，再次到达晋国河东。秦晋两军在河东令狐地区相遇，如果秦晋就此展开生死较量，秦军纵然有微弱的兵力优势，也未必能够取胜，因为晋军统帅郤芮和吕省二人能力不俗。

在这关键时刻，重耳写了一封竹简书信送到晋军大营，书信内容无非是不计前嫌，许诺官复原职。郤芮、吕省权衡得失之后，相信了重耳。二人打开寨门，欢迎重耳入晋。郤芮、吕省叩首谢罪，重耳好言抚慰，令人杀牛歃血，立誓同盟，各无二心。由此，秦晋十几万大军合兵一处，声威浩大。

晋怀公知道大势已去，带领几个随从，逃到了小城高粱。

重耳先入曲沃城中，朝拜已故祖父晋武公之庙，随即入绛都，宣布即位，是为晋文公。同时重耳下令，第一时间迎接怀嬴到晋国，做国君夫人。

沿着渭水河畔一路向东，怀嬴的车队踏上前往晋国的路途。此时传来消息，晋怀公逃出绛都，在晋国小城高粱遇刺身亡！听到这个消息，本来努力去忘记晋怀公的怀嬴，一时昏厥过去。

图 1-31　晋文公流亡路线五（秦—晋）

● 秦晋交恶，秦军屯兵新郑

秦穆公出兵护送晋文公夺位后，吸取此前的教训（十多年前秦穆公出兵护送晋惠公回国，并未留下军队保护，晋惠公即位之后，翻脸不认秦穆公），令杞子、逢孙、杨孙三位将领率秦军甲士 2000 保护新即位的晋文公。

晋文公即位伊始，就向秦穆公发出共同出兵的邀请，出兵的目的地竟然是东周洛邑！当然晋文公并不是要灭东周，这次出兵的故事要从十几年前说起。

公元前 651 年，周惠王驾崩，太子姬郑与他的同母弟姬带争夺王位，当时春秋第一个霸主齐桓公扶持太子姬郑为周天子，是为周襄王。姬带不甘心当个公子，他于公元前649年联合戎人造反，未能一举成功。此后东周实际上分裂成两个部分，黄河以南的洛阳盆地仍然在周襄王控制下，黄河以北的河内郡则是姬带的势力范围。

公元前636年，姬带再次发难，联合戎人反叛，这次他准备充分，一举攻克东周都城洛邑。

晋文公与秦穆公早已枕戈待旦，兵分两路，浩浩荡荡杀向东周洛邑。

春秋时代，秦、晋、楚、齐这四强，无论哪两强联手，对手基本都无还手之力，这次秦晋联手，东周的叛军哪里是对手。

公元前635年，秦晋联军赶跑戎人，攻占洛邑，姬带向北逃窜，越过黄河逃到他的自留地盘。

随后秦穆公和晋文公亲自到郑国，将逃亡的天子周襄王接回洛邑。如果秦晋联军就此退兵，东周将恢复过往的秩序，即周襄王和他的弟弟姬带隔着黄河对峙。可是，担惊受怕十多年的周襄王不愿放弃彻底攻灭对手的机会，他恳求秦晋联军攻灭姬带。作为回报，周襄王将姬带的领土全部封给晋国。这件事情说明，周王室只信任姬姓诸侯晋国，秦晋同时出兵帮他，他却承诺将大片土地封给晋国，视秦国而不见。

接着，晋文公委婉地辞谢了秦穆公，率领晋军独自攻打河内郡，经过大半年的鏖战，灭姬带，占领东周黄河以北地盘（如图1-32所示）。还记得秦军杞子、逢孙、杨孙3位将领和2000甲士吗？这次晋文公将他们遣返秦国，意图彻底摆脱秦穆公的控制。

图 1-32　晋国取东周河内

秦穆公首次到达中原，就这样乘兴而来败兴而归。秦军协助晋国作战，却竹篮打水一场空。

秦晋之好的背后，晋国专断蛮横、贪而无信，为双方的合作蒙上了一层阴影。

公元前 632 年，晋国与楚国在中原对峙，晋国派人邀请秦国出兵，共同对付楚国。

这场战争就是城濮之战，秦国虽然派兵参与了，但并没有直接上战场（关于这场战争的详细描述，请参阅风长眼量作品《地图里的兴亡》）。

城濮之战打完，晋国称霸中原，秦国还是什么都没有得到。只能说秦军出了一次远门，刷新了向东进兵的最远距离。

秦国到底要为晋国"做嫁衣"到什么时候呢？秦晋之好，着实有点像秦国娶媳妇，晋国入洞房的意味。

公元前 630 年，晋国再次邀请秦国出兵，这次目标是郑国。

秦穆公再次亲征，秦军隆隆开动，路过东周境内，兵发郑国都城新郑。秦晋两军在郑国会合，攻破郊关，直逼新郑城下，如图 1-33 所示。

图 1-33　晋国袭郑

秦晋各负责两面城墙，架云梯，安投石机，日夜猛攻不止，新郑城摇摇欲坠，危在旦夕。

一夜，秦军大营迎来一位不速之客，他是郑国来游说乞降的使臣烛之武。烛之武还没进入中军大帐，众将就听到他的号哭。

但见烛之武须眉尽白，伛（yǔ）偻（lǚ）其身，蹒跚其步，年龄约在 70 上下。入中军大帐，他一眼就认出立于中间，侧身对着帐门的秦穆公。此时的秦穆公虽然背有点驼，但其身姿雄伟，侧面看有如一座傲然挺立的山峰，气魄慑人。

秦穆公侧脸问道："郑国要亡了，先生为何跑到秦营来哭？"

烛之武语出惊人："我哭的是秦国，不是郑国。"

秦穆公是个直爽人，不喜欢说话绕圈子，斥责道："妖言惑众，汝解释为何哭秦国，若胡说八道，即刻斩首。"

烛之武用衣袖擦擦眼泪，带着哭腔道："秦国屡次为晋国所用，然晋之所得领土，未分秦一寸，晋之于秦，有虎狼之心，他日晋必反食秦尔。"

他说中了秦穆公的心事。秦穆公一直在考虑一件事情，就是一旦攻破新郑，如何与晋文公瓜分郑国。晋国离郑国近，晋文公肯定不会与秦穆公瓜分郑国，秦国到时候根本没有办法。

后面的事情就简单了，烛之武许诺，只要秦国派兵驻守新郑，日后秦国到中原，郑国就是秦国的中转站，一概粮食辎重都从郑国府库拿，秦国可将郑国当作本土的一块飞地！

秦穆公有什么理由不同意呢？他派出杞子、逢孙、杨孙三位将领，统领本来驻扎晋国的2000甲士，帮助郑国戍守新郑。三人此前受了晋国遣返之辱，这回当然是咬牙切齿，恨不能与晋军拼命。

秦军主力一撤离，新郑的防御压力起码减少了十之二三，并且随着2000士气高昂的秦军加入，新郑的防御形势大为改观。

春秋时代大型攻城器械尚未普及，2000守城援军的投入，令晋军攻破新郑的难度陡增。

秦穆公自领大军回到雍都，那边晋国得知秦军加入郑国防御的队伍也无可奈何，只好退兵。不过临走前还是从郑国获得了一个承诺，就是郑国必须立在晋国为官的郑国公子兰为太子。

公元前628年，郑文公和晋文公相继去世。按照此前达成的晋郑盟约，郑国由从晋国归来的郑国公子兰即位，是为郑穆公。郑穆公在晋国的时候被晋文公任命为大夫，参与晋国国政。他在晋国的扶持下即位，与晋国又是近邻，毫无疑问是亲晋派，郑国甚至有可能成为晋国的藩属国。

郑国的这个变故对秦国来说非常不利。秦穆公前两次东进，好处都被晋国独吞，只有这第三次，秦国2000人驻扎在中原，又得到郑文公许诺，以后可以将郑国作为东进的基地。按照目前的态势发展下去，新即位的郑穆公很有可能会让秦国竹篮打水一场空。

比起身在秦国雍都的秦穆公，身在郑国的杞子、逢孙、杨孙3位将领更是深切体会到世态炎凉，他们在郑国逐渐失势。郑文公去世，3人就在犹豫是否请求秦穆公出兵。待晋文公去世，3位将领彻底放下包袱，立即派人到雍都，请求秦穆公出兵突袭郑国都城新郑。

此前3人忌惮晋国，现在晋国正处于国丧期间，按照周礼只要别人不打上门，是不能出兵的。

如果秦国突袭郑国都城新郑成功，秦国就有了一块中原的沃土，一座繁华的坚城，既能以此为基地挺进中原，也可用来与别国尤其是晋国交换土地。

秦穆公曾无数次在睡梦中东进中原，看到帐下将领快马传来的求战竹简，他兴奋地嚷嚷道："速请百里视、蹇术、蹇丙三员大将！"

秦穆公的计划是攻下新郑和周边地区，拿来跟晋国交换崤函通道，这样秦国就能不受晋国的干扰，直接东进到达东周洛阳盆地。不过他也强调，这是一次偷袭战："夫用兵之道，迅雷不及掩耳，三位将军切记。"

也许此战将名垂青史，秦穆公和3位大将都很激动，他们当即定下发兵2.25万，兵车300乘，12月23日动身，次年二月初抵达新郑的东进计划。

秦国三军隆隆开动，百里视、蹇术、蹇丙领兵，雍都举行了盛大的欢送仪式。

公元前626年正月，新年伊始，秦军雄赳赳气昂昂开拔到东周都城洛邑。

洛邑城外，秦军驾驶300乘兵车，耀武扬威，互相追赶，呼啸而过，似乎在向周天子示威。

当时周襄王的孙子姬满评价秦军：按照礼制，经过洛邑的诸侯军队应该下车步行，然后卸去盔甲，悄悄走过，不能惊动天子。眼前这支秦军不但无礼，而且还互相追逐，可以说是浮夸之至，这样的军队是缺少谋略而且容易乱阵的，肯定是一支败军之师。

几天之后秦军出了东周，继续东进。此时，郑国一个贩了数十头肥牛，正赶往东周的大商人弦高发现了秦军的动向。弦高想到自己庞大的家业还在新郑，万一秦军占领新郑，怕是家财难保，立即吩咐门客回新郑报信。

公元前626年正月底，弦高在滑国进入秦军大营。他带着20头肥牛作为犒军之礼，假冒郑国使者来见秦军大将。

秦军大营之中，当百里视、蹇术、蹇丙听说郑国已经得知秦军的出兵日期，并且派人来犒劳时，个个面如土色。百里视信以为真，收下20头肥牛，送走了弦高。秦军3位主将在仓促间作出了一个让他们彻底走向不归路的决定：灭滑国。

几天之后的一天夜晚，秦军打起精神，摸黑攻破滑国都城。而秦军攻克滑国都城的时间——2月上旬，正是秦军预定攻克新郑的时间。

秦国都城雍都，秦穆公立于东门之上，遥望远方。

太史每日早晚都卜卦，这日一早就卜了一卦，算出秦军前夜攻克了一座都城。闻此，秦穆公难掩兴奋的心情，遂登上城门，闭着眼睛用心去感受那来自东方的"巨大胜利"。

要说秦军的战斗力其实还是不错的，两万多人的兵力攻打一个小城，一夜时间足够。

灭滑国之后，秦军3位主将似乎忘记新郑北门还有一支2000人的秦军友军。而在新郑的这支秦军，被郑穆公率军杀了个七零八落，杞子等3个主将带领十几个随从逃到了齐国。

秦军灭了滑国，将宫室之中的玉帛财物抢掠一空之后，才大摇大摆班师。这时候秦军的300乘兵车终于发挥了作用，宝器辎重，满载而归。但这也再次延误了秦军的行动，秦军归国的进程又因此慢了几天。

秦军慢腾腾地路过东周境地，到达晋国的崤函通道。这里的地形险恶，从地名就能看出来，秦军一路经过"上天梯""堕马崖""绝命岩""落魂涧""鬼愁窟""断云峪"，深入到"崤函通道"之中。

深谷之中，树木丛杂，山石峻嶒，秦军被沉重的兵车所累，行装重滞，兵车不但不能载人，险峻处还得人来推抬兵车，行进很是艰难。这样一来不但行军速度慢，而且人马俱疲，队伍七断八续，完全没有了队形。

春秋时代著名的崤之战，就在这险峻的崤函通道之中打响了，如图 1-34 所示。

秦军的统帅是几个不入流的草包，但晋军的统帅中军将先轸曾在城濮之战中大出风头，是当世数一数二的名将。

图 1-34　晋秦崤之战

晋国军队主要将领依次是中军将、中军佐、上军将、上军佐、下军将、下军佐六卿，中军将军权最大。晋军由一人之下万人之上的中军将亲自领兵，足见有多重视这场大战。

崤函通道之中，随着晋军一声鼓响，滚木、礌石、沙土、热油，伴随着火箭矢，密密麻麻从天而降。一时间烟雾弥天，火星四射，秦军大乱。接着山上鼓声如雷，旌旗闪烁，隐约中不知道晋军有多少人马。

秦军主将百里视完全没有了章法，他并没有组织秦军反击或者逃跑，而是任凭秦军士卒盲目四窜，爬山越溪，顷刻间乱成一锅粥。

实际上秦军根本就无人指挥，他们就像落入了晋军的屠杀圈，混乱不堪的秦军被烧死、熏死、砸死、踩死、砍死、刺死、掉崖死、中箭死，各种死法，以己军被全歼而对手零伤亡的战绩告别历史。

眼看秦军人数越来越少，百里视、蹇术、蹇丙3位主将早就六神无主、无计可施，他们竟然集体坐在山崖中凸出的岩石底下，等待被晋军生擒。

战后晋国释放三人回秦国。在晋人眼中，这种不入流的角色还是留在秦国好，下次再与秦军对阵，如果还是这三人领军，那晋军获胜就板上钉钉了。

● 称霸西戎

崤之战后，秦晋双方暂时停火，秦国进入休整状态，晋国则去占领了滑国旧地。如此崤之战秦国的失利结果被放大，不但损失300乘兵车，而且再次为晋国做了嫁衣。

公元前625年，百里视、蹇术、蹇丙3位大将向秦穆公提出攻打晋国的请求。

这两年秦穆公尽出家财以恤阵亡将士，3位大将则操演军士，厉兵秣马，准备报崤之战血仇。

晋国那位很会打仗的中军将先轸已经去世，接任中军将的是先轸的儿子先且居，秦人普遍认为先且居不如其父。

秦穆公再次任命百里视、蹇术、蹇丙为大将，领兵车400乘，勇士3万，出兵晋国。

不曾想，晋人的反应速度无比迅速，秦军踏出雍都的时候，晋军几乎同时走出了绛都。

秦晋双方在秦国的彭衙相遇，晋军相当于是越过了黄河和洛水两座天险，深入秦国腹地。

此战秦国再次输给晋国，秦军3位大将垂头丧气地领着残兵败将回到雍都，自认必死。谁知秦穆公一意引咎，全无嗔怪之意，依旧使人郊迎慰劳，任以国政如初。

当秦人还在对百里视不满，3位大将还在自责之时，晋军居然又一次攻入秦国。如果说彭衙之战，晋军作为防御一方准备还不算充分，那么这一次晋军可谓有备而来，并且纠集了宋国、陈国、郑国等国的军队，号称八国联军，浩浩荡荡杀了过来。

晋军一直打到关中中部的泾水流域，百里视虽然官复原职，但他自知不是晋军的对手，遂节节退兵。

晋军攻打秦国目的不是灭秦，主要还是以进为退，以攻为守，意将秦国压制在关中，让秦军威胁不到晋国本土安全，以便晋国放心地去中原与楚国争霸。

通过这次深入关中，晋人对关中的地形也有了深刻认识。晋军到达关中中部的泾水流域，便成了强弩之末。这是由关中的地理条件决定的，关中东西两头狭长，导致晋军的后勤补给跟不上，到了关中中部便无力再向前推进。正是有了这一次试探，后来无论是晋国，还是晋国分裂出来的魏国，对秦国都是采取压制的策略，而不是要灭秦。而秦国在迁都关中中部的咸阳之前，亦无力向中原拓展领土，这也是地缘因素决定的。

晋军这次大规模军事行动之后，将战略重点转移到南线与楚国的霸主之争上。对秦国来说，这是好事，秦国可以心无旁骛地准备复仇。

公元前624年5月，秦穆公再次起兵车500乘，兵力3.75万，仍然以百里视为统帅，兵发晋国。

从崤之战的兵车 300 乘，到彭衙之战的兵车 400 乘，再到这次的兵车 500 乘，秦穆公调动的军力越来越多，灭晋决心越来越大。

当时晋国一部分军队已经开赴楚国，晋国六卿中最有威望的赵衰认为："秦军来势凶猛，此番起倾国之兵，意为与我军决战。且其国君亲征，不可当也。不如避之，使稍逞其志，可以息两国之争。"

晋国中军将先且居也有同感："困兽犹能斗，况大国乎？兵连祸结，秦君几次败于我国，但秦人俱好勇，不如坚守不出，其志气消沉后必然退兵。"

晋襄公会意，传谕四境坚守，勿与秦战。

晋国按兵不动，坚守不出。百里视按照秦穆公的托付，率大军穿越中条山，前往崤函通道，收崤之战时的秦军死士之骨，以草为衬，葬于山谷僻坳之处。秦军宰牛杀马，大陈祭享。秦穆公素服，亲自奠酒，放声大哭。百里视等诸将伏地不起，哀动三军，无不坠泪。

这场战争总算为秦国挽回一点颜面，秦军在晋国的领土上耀武扬威，也总算扬眉吐气了一回。

秦国的远期战略曾经是向东再向东，但当秦国拥有整个关中，深入河西之时，其继续东进的势头被晋国遏制。秦国若想进军中原，通过崤函通道势在必行，而崤之战的惨痛教训告诉秦人，盲目东进只会灰头土脸、损兵折将。

迫于地缘形势，秦穆公不得已将战略目标转移到西部。秦国本身是从西部高原上下来的，秦国以西的地界，是一番什么景象呢？"游牧为主，部落联盟"，这 8 个字或许可以概括陇山之西、秦国西部的各方力量，这与秦国发迹之前的情况差不多。这些部落联盟中，实力最强的，为生活在狄道（今甘肃临洮）的绵诸戎。当时的狄道，文化源远流长，石器制作精美，陶器更是领先于同时代。

绵诸戎擅骑射，同时也从事农耕，并在与其他戎人的商业交易中获利甚丰，因此其部落实力强劲，统治西部 12 个部落，势力范围达上千里。

狄道地处黄河支流洮河流域，地处高原，虽无参天大树，但植被繁盛，适合牛羊骏马和人类在此定居。

狄道与甘肃兰州其实只隔了一座山脉，春秋战国时期秦国的势力并未渗入到兰州，中原文明进入兰州是汉武帝时期的事情了。

绵诸戎民风彪悍好战，以强大的武力统治西部 12 个部落，与犬戎联盟、匈奴联盟类似。

300 多年后，赵国的相国李兑去世，李氏家族就搬到这里，很快就孕育出李信、李广这样的猛将，后来唐朝开国时期的李渊、李世民，祖籍都是这里。可见一方水土养一方人，江南山清水秀养美女，狄道山高水恶出猛将。

秦国若要取得西部这 12 个部落的领土，首先必须征服绵诸戎，而绵诸戎对秦国这个有着戎人血统和习性的中原诸侯戒心颇重。为了解这个拥有战车强弩的对手，绵诸戎王派了一个懂秦语的使臣由余到秦国打探军情，企图对秦国国力一窥究竟。由余祖上是晋国人，由于躲避战火迁居到绵诸戎的领地，他对中原文化有一定了解。

秦穆公对列国人才一直非常敬重，由余是戎人，却懂中原文字，因此深得秦穆公喜欢，他在秦国的日子过得非常舒坦，香车美女铜币，任由索取。

一晃两年过去，离绵诸戎王约定的归期越来越近。由余在秦国待得久了，忽然要回去，心情颇为复杂。他远道而来，被秦穆公视为贵客，所有人都知道他是大红人，待他恭敬有加，难道真的说走就走，一片云彩都不带走？

恰在此时，秦穆公派来内史廖做说客，目的是招降由余，作为秦国破绵诸戎的内应。

绵诸戎王虽然威名远扬，胸怀大志，但说到底每个人都会为自己打算，或被自身的环境所局限，由余更非什么圣贤，岂能不动凡心。

狄道，绵诸戎王大帐。由余向端坐的绵诸戎王道："大王，小人此番入秦，被秦人囚禁3年，小人每日思念大王，今终于返回得见大王，小人死而无憾。"说罢还不忘擦拭眼泪，他在秦国的待遇绵诸戎王并不了解。

绵诸戎王一脸横肉，疑惑道："回来就好，只是不知秦人为何把你放了？"

由余赶紧道："大王有所不知，大王狩猎于秦边境，秦人恐慌，秦伯惧怕大王神威，遂释放小人，还送来一份大礼。"

绵诸戎王似是满意这个回答，仰天大笑道："秦国的大礼是何物？"

由余诡秘地一笑，向帐外喊道："请把大王的礼物带过来。"

随即几个赏心悦目的美女乐师，怀抱各种乐器入帐，散立于大帐两侧。

16个美女，随着乐师的音乐节拍，穿花蝴蝶般踏着轻盈的富有节奏感的步子迈入大帐，在色彩缤纷的轻纱裹体里，玲珑的曲线若隐若现，加上柔媚的表情和甜美的歌声，极尽诱人之能事。

绵诸戎王虽然阅女无数，他们部落的舞蹈也很煽情，可一下子出现这么多美女，步伐还如此整齐划一，亦是惊叹不已。

众美女在帐中时分时合，站成一个大圆圈，美妙的歌声不断自她们的樱唇传来。

绵诸戎王正看得发呆，众美女忽然像蝴蝶般飞散四方，一位绝色美女赫然出现在众女正中央。只见她手舞双剑，衣袂飘飞，动作轻柔，难度极高，宛若天上下凡的女战神，演尽了女性的娇媚和英武。

绵诸戎王视之若仙女，当夜便与之共宿一帐，直至次日日上三竿。

由余支走陪宿佳丽，对绵诸戎王道："大王，此番秦伯送与大王的这16个女子，个个才艺俱佳。"绵诸戎王闻知，精神大振。此后，绵诸戎王与他的16个佳人朝歌夜弦，宴赏不息。众佳丽在掏空绵诸戎王身体的同时，也让这个部落不修兵事，放松了戒备。

公元前623年，秦穆公亲率大军，西征绵诸戎。

这次秦人沿着渭水而上，先到达祖地秦邑，祭拜祖先之后挥师西进，以迅雷不及掩耳之势突袭绵诸戎，活捉绵诸戎王。

12个戎狄部落先后归服，秦国辟地千里，国界南至秦岭西和（今甘肃西和县与礼县），西达狄道（今甘肃临洮），称霸西戎，如图1-35所示。

　　早期秦人在西犬丘放牧的时候曾涉足西和。从西和南下，可以出兵汉中甚至四川盆地。

　　三国时期，蜀汉的姜维统领蜀军多次北伐，主要路线就是途经西和，控制陇西，进而进驻关中，可见这个地方承上启下作为枢纽的重要性。

图 1-35　秦穆公霸西戎

　　对秦国而言，控制西和，就等于多了一条攻入汉中的途径，可以让汉中的诸侯防不胜防。战国初期秦国下汉中，其中一条道路就是"故道"，秦穆公等一批老秦人种树，后来的秦人乘凉，历史本该如此，多是水到渠成，偶发因素只能改变当下，改变不了全局。

　　秦穆公霸西戎，威震天下，周天子派人送来一面金鼓表示祝贺。东周与秦国的关系一直不错，主因是西周为犬戎所灭，而秦国又一步步地灭掉了犬戎联盟的各个部落。

第二章 从伯爵到秦王

第一节 三家分晋

● 秦国失去半个河西，与楚国结盟

公元前 621 年春天，阴雨绵绵不绝。

在位已 39 年的秦穆公走到了生命的尽头，太子秦罃即位，是为秦康公。秦穆公去世，陪葬者多达 177 人，比秦武公的 66 个陪葬者提升了一个数量级。此时秦国的范围如图 2-1 所示。

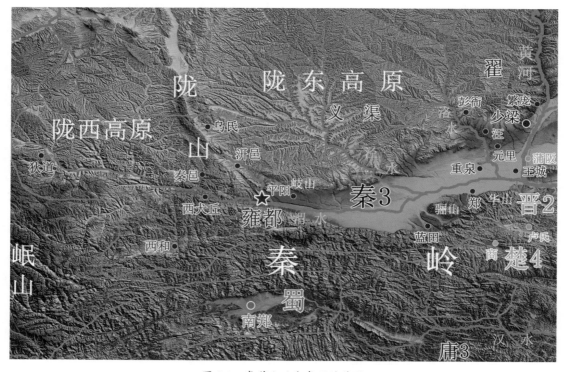

图 2-1 秦穆公后期秦国的范围

秦穆公去世后，阴雨继续，乌云向东越过洛水和黄河，密布于晋国的河东。同年，晋襄公步秦穆公后尘，去追随他的父亲晋文公了。

公元前 620 年，秦晋两军在河东令狐大战一场，结果准备不足的秦军战败，秦康公即位后第一战以失败而告终。

晋国中军将赵盾的目标是夺取河西，将晋国与秦国的边界推进到洛水。绛都与雍都到洛水的距离不相上下，若双方以洛水为界，晋国核心河东地区才有足够的缓冲。

3年之后（公元前617年），赵盾引领晋国三军，渡过黄河，突入秦国河西地区，攻占少梁等重镇。

秦康公旧仇未报，又增新恨。这个时期的秦国，碰上了晋国的黄金时期。

随后的几年，晋国多次在河西发起战争，由于秦国雍都距河西太远，存在地缘上的硬伤，加之本身军力不如晋国，导致半个河西沦为晋国领土。秦晋河西争夺后的形势如图2-2所示。

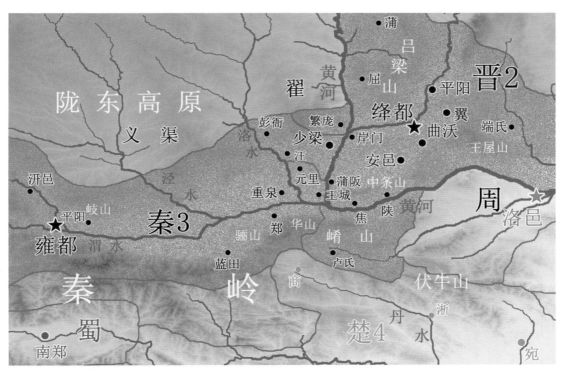

图 2-2　晋秦河西争夺后的形势

秦晋之间的河西本由秦国独占，现在变成秦晋各占一半。此后的100年，秦晋围绕河西爆发了多次战争，谁也奈何不了谁。秦国本身人口较少，人才储备和军力都不如晋国，没有能力一举灭晋，而晋国也将主要精力投入到中原与楚国的争霸战中，无力对秦国发起灭国之战。

对秦国而言，寻找一个新的战略伙伴来牵制晋国势在必行而且刻不容缓。秦国开始与晋国最大的敌人楚国结盟。

秦楚之间最早交往于秦穆公时代。当时秦军在商密俘获楚国申公斗克和息公屈御寇，随后释放二人，秦楚握手言和。

公元前611年，楚国入侵庸国，邀请秦国和巴国一起出兵。

庸国哪能抵挡住三个诸侯的围攻，遂彻底灭亡。随后楚国占据庸国旧地（楚灭庸国如

图 2-3 所示），也就是东汉中（又称上庸），秦巴两个诸侯为楚国做了嫁衣。

几年之后，秦国与楚国同时出兵，秦军渡过黄河，在晋国中条山下的焦、陕等地发动战争；楚国则在郑国挑起争端，挑衅晋国。

这两场战争，晋国中军将赵盾采取了各个击破，先破楚后击秦的方略，化解了晋国的危机。

此后的上百年，长则十余年，短则三五年，秦楚联盟都要联合出兵一次，同时袭击晋国。秦楚宗室之间也在这 100 年间多次联姻，秦楚之好成为春秋时期的一段佳话。

秦楚联手给晋国造成很大的麻烦，楚庄王一度称霸中原，成为春秋时代第三位霸主。

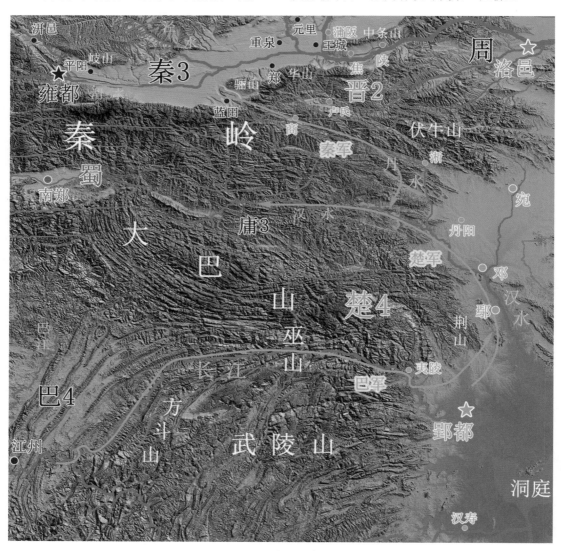

图 2-3 楚国灭庸国

● 吴灭楚，秦国取得商於之地

公元前506年，晋国扶持的吴王阖闾御驾亲征，拜孙武为大将，伍子胥、伯嚭副之，悉起吴兵，绕到淮河流域的蔡国，突袭楚国腹地，攻破了楚国的都城郢都。（吴楚之间的战争，请参阅风长眼量《地图里的兴亡》中《楚并吴越》的篇章）

吴军攻占郢都，令天下震动，楚国的盟国秦国闻讯更是如晴天霹雳，朝野上下炸开了锅。

楚国大夫申包胥从郢都出发，一路向北到南阳，本来要到南阳搬救兵，可是他发现南阳的宛城也落入吴军手中，不得已转向西北，沿丹水而上，从蓝田进入秦国境内。

这一路申包胥没有任何交通工具，凭一双腿硬是跑了1000多里路，足下步步流血。到了蓝田，秦国守将安排他坐车前往雍都，申包胥这才得以休息。

秦哀公派使臣去联络外孙楚昭王，使臣在随国面见楚昭王，表明了秦国愿为楚国复国的决心，只是天下没有免费的午餐，对于楚国该拿什么回报秦国，双方僵持了几天才谈妥。

谈判的条款简明扼要，就是楚国要将商於之地献给秦国，秦国出兵帮助楚国复国。

商於之地处于秦、楚、晋三国交界，西北是秦国的关中，东南是楚国的南阳，东北是晋国的上洛，位置非常重要。若楚国让出这里，将不再对关中构成直接威胁，而秦国得了商於之地，便有机会顺丹水而下，进入楚国的南阳，秦楚之间地缘的优劣牵制关系将一举扭转。

秦哀公命大将子蒲、子虎率兵车500乘，总兵力3.75万，由申包胥带路，前往救楚。

秦国大军浩浩荡荡，沿丹水上游而下，经过楚国商於之地，进入南阳盆地，再进汉水，一路向南。

秦国的对手吴国是什么情况呢？吴王阖闾是个狠角色，弑兄夺位，野心勃勃，喜欢冒险，而且有孙武和伍子胥辅佐，无坚不摧。阖闾进入楚国都城郢都之后，留宿于楚宫，霸占楚昭王的众多夫人和宫女，日日置酒纵乐。有这样的国君，下面的将士就更不用说了。郢都城中，几万大军肆意奸淫良家女子，强抢财物，尽行禽兽之举。

秦军进入楚境之时，吴军已经占领郢都半年多。由于吴军在楚国南阳的兵力不足，加之南阳的楚人纷纷配合秦军反吴，秦军一路势如破竹，没有遭遇太大抵抗。直到进入汉水流域，与吴军首次正面交锋。吴军的领军人物叫夫概，是吴王阖闾的亲弟，此人锐不可当，半年前就是他担当先锋大将之职，攻入楚国的。

在此之前，秦、吴从来没有交锋过，谁强谁弱，打过才知道。此次一战很快结束，吴军这半年多堕落得很快，为所欲为之下，斗志和体能都大打折扣，再加上仓促来迎战，兵力又只有3000人，很快就被秦军击败。

夫概领着残兵退回郢都，连他自己都不清楚为何半年前自己还勇冠三军，现在却提不起作战的精神来。

吴军战败不影响大局，但孙武和伍子胥都认为应该撤兵。

孙武就是《孙子兵法》的作者，伍子胥原本是楚国猛将，此二人都是吴军的顶梁柱，他们看问题当然透彻，与秦国这场仗天时地利人和都处于劣势，注定会败。

当然吴军不乏勇将，比如伯嚭，此时就毛遂自荐，请吴王给他一万兵去与秦军决战。吴军大概是习惯了以少胜多，半年前五战五捷，大破楚军所带来的自信犹在，所以伯嚭敢于领1万人与3万多秦军对战。

第二场战争打响，吴军1万人去，2000人回来。

此时夫概才清醒过来，意识到吴军已经没有战斗的欲望了。在伯嚭去迎战秦军的时候，夫概借越国在背后骚扰之机，请命回国镇压，领本部兵马沿着长江回到吴国。

吴军总计3万人，其他唐、蔡等诸侯兵力也是3万，联军约6万。现在吴军连输两场，夫概又带着数千人回到了江东，吴军兵力不足两万，唐、蔡等诸侯军也开始观望起来。

情势一下子将吴国的优势抹平，至少总兵力上秦军与吴国为首的联军拉近了。

但吴王阖闾帐下有楚国猛将伍子胥，还有齐国兵圣孙武，吴军有两万，再加上唐、蔡等诸侯的3万，共计超过5万大军。柏举之战吴军曾一举击溃楚军主力20万，秦军若要硬撼吴军，当属不智。

接触吴军后，秦军的行军速度明显减慢。秦军到达邓城附近，就地扎营，等待最佳时机。

楚人除了请秦国支援，也派人到越国，希望越国给予支援。越国的国君正是卧薪尝胆的越王勾践。

其实每次楚国与吴国交战，楚国都要知会越国在吴国背后牵制一下，这次也不例外。只是越国一直按兵不动，害怕吴军主力回师攻打越国。

此前的越国一直被吴国压制，凭越国的实力，即使吴国内部空虚，可以乘虚而入，亦不能一战而下。所谓"三千越甲可吞吴"，虽是后话，却也说明越国的人口不多，军力严重不足。

如果说越国在背后的骚扰还不足以令吴国退兵，那么吴王阖闾的亲弟弟夫概在吴国本土称王，吴王阖闾就再也没有理由不撤兵了。

吴王阖闾留孙武、伍子胥统领几千人马留守郢都，自己与伯嚭以舟师顺流而下。途中吴国太子派人送来告急信，信中道："夫概造反称王，又结连越兵入寇，吴都危在旦夕。"吴王阖闾即刻令孙武、伍子胥为后队，撤兵归国。吴王星夜驰归，沿江传谕将士："去夫概来归者，复其本位，后到者诛。"随后不久，吴王阖闾杀了夫概，夺回王位。

楚国境内，吴军撤退之后，秦军理所当然地接收了吴军留下的城邑。楚昭王回到郢都，也未食言，他将商於之地赠送给秦国。秦国取得商於之地后的范围如图2-4所示。

秦国取得商於之地后，如果沿着丹水东进，将给楚国造成很大威慑。

战国中期，秦孝公为了报答卫鞅，将商於之地赐给卫鞅作为封地，号商君，也就是商鞅。

整个春秋战国时代，秦楚大多数时间关系都非常好，一直到战国中期，秦楚之间爆发丹阳、蓝田之战，秦楚盟友关系才告破裂。丹阳之战，秦国就是从商於之地进入楚国南阳，在丹阳击败楚军。蓝田之战，楚国反过来从南阳经商於之地，攻击关中的蓝田。商於之地后来成了秦之间的一块必争之地，一度成为秦楚战争的胜负手。

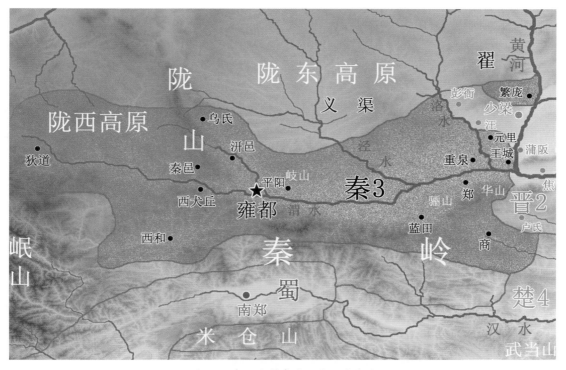

图 2-4 秦国取得商於之地后的范围

● 三家分晋，谁的算盘更精

公元前 455 年，晋国内乱，荀（知）、韩、魏三家军队开赴晋阳，第二次晋阳之战拉开帷幕。原本是知、韩、魏三家灭赵，后来韩魏反水，变成赵魏韩三家灭知。

赵无恤、韩虎、魏驹得胜后心情舒畅，同归晋国都城绛都，故作姿态地拜见晋哀公，迫使国君承认知氏为反晋势力，赵无恤成为新的晋国中军将，韩虎为上军将，魏驹为下军将。赵、韩、魏三家，在晋国十多个豪门大族的激烈竞争中笑到了最后。

公元前 448 年，荀（知）瑶的弟弟荀宽兵败后放弃晋国领土，率其族人投奔秦国，三家分晋拉开帷幕。

三家分晋是个时间跨度长达几十年的过程。三家要消化知氏的领土，完成对晋国的瓜分，并且互相交换土地，让各自的领土尽量连成一片，这个过程又可以分为上下两个半场。上半场是赵无恤担任中军将，赵氏家族在此过程中受益良多，他们的领土面积本是三家中最小的，后来赶了上来。下半场是魏斯担任中军将，魏氏因此占据晋国核心河东地区，收获颇丰。当然在上下两个半场，韩人也利用他们的聪明才智占据了南太行山，将领土连成一片，三家分晋范围 1 如图 2-5 所示。

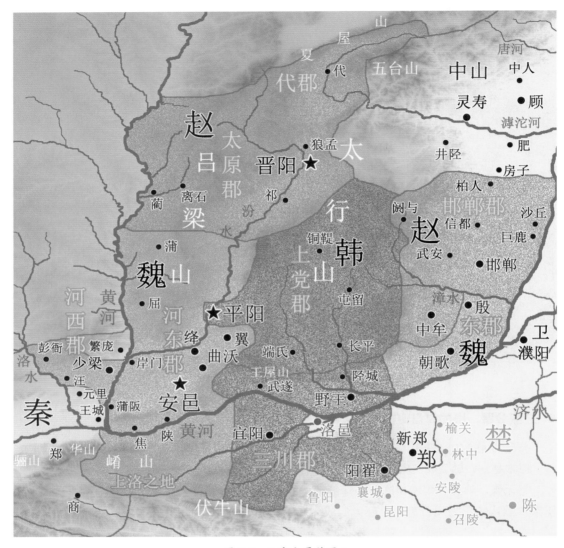

图 2-5　三家分晋范围 1

三家分晋，我们看看晋国控天下之脊，依山带河，究竟有多少领土可以瓜分。

先将晋国的地块分几个等级，如表 2-1 所示。

以太行山为界，分别解读太行山以西、以南、以东的领土。

首先是太行山以西，大致对应今天山西省范围，领土有河东郡、河西郡、上洛之地、太原郡、代郡。

表 2-1　晋国领土等级划分

评级	描述
A	人口超过 100 万
B	人口超过 60 万
C	人口超过 20 万
D	人口不足 20 万

1. 河东郡

范围大致是黄河与太行山之间的区域，由魏氏割据，如图 2-6 所示。

河东郡是晋国的核心地带，人口超过 100 万，毫无疑问是晋国最好的地块。晋国的新老国都绛都、曲沃等都在这里。魏氏的都城安邑也位于河东腹心。

如果吹毛求疵地寻找河东郡的不足，的确也能找个小缺陷，那就是韩氏的都城平阳也在河东，虽然韩人很快就东迁到洛阳盆地的宜阳，但韩氏始终不愿舍弃他们的旧都。

图 2-6　关中河东河西

2. 河西郡

河西郡是夹在黄河与洛水之间的土地（如图 2-6 所示），最初为梁国和芮国的领土，后来秦穆公挥师占领。在春秋中期，晋国从秦国手中夺取了一半的河西领土，人口不足 60 万，为 C 级地块。

由于河西郡与河东郡连在一起，河东郡又归魏氏，赵、韩当然不会来染指河西郡，因此河西郡也归属魏氏。河西的少梁是这一地块的中心城邑，也是战国时期魏秦争夺的重心。

河西郡缺陷很明显，那就是与秦国的土地纵横在一起（如图 2-6 所示），魏国占据这里，将不可避免地与秦国交战。

3. 上洛之地

上洛之地是位于洛阳盆地洛水上游的山地，处于秦岭的东侧，晋国灭掉伊洛之戎后占据了这里。上洛之地与河东郡连在一起，中间是险峻的崤函通道。

上洛之地与秦国的商於之地相连，战略地位比较重要，但其人口不足 20 万，属于 D 级地块。

4. 太原郡

太原郡包括太原盆地以及西侧的吕梁山，是赵氏竭尽全力发展了近百年的地块，人口虽然不足 100 万，但也足够繁荣，属于 B 级地块。

战国时期赵、秦曾就太原郡进行数个回合的争夺，耗时近百年。当太原郡纳入秦国版图后，嫪毐曾获封太原郡，那时太原郡又称嫪国。

到了李唐时期，李渊李世民父子以太原郡为基地，最终夺取天下。

5. 代郡

代郡位于太原郡以北，是赵氏灭代国而取得的地块。不过那时的代郡地方不大，人口不足 20 万，是 D 级地块。

到赵武灵王时，赵国为了北扩长驱直入，代郡也随之大幅扩大，到达今河北省蔚县，比初时的代郡扩大了好几倍。

接着我们来看看太行山以东。这一区域大致对应今天河北省南部与河南省北部范围，领土包括邯郸郡、东郡。

6. 邯郸郡

邯郸郡，顾名思义，是以邯郸为核心的地块。这里是卫国旧地，城邑非常多，人口数量大（超过 100 万）、密度高，是名副其实的 A 级地块。赵国后来迁都邯郸，是对邯郸郡地位的最好诠释。

邯郸郡有一块特殊的地方，就是向南凸出中牟这个城邑。中牟位于漳水以南，大致是今天安阳的林州市，划归到南部的东郡更为合理，但赵氏却死守中牟，甚至一度不惜迁都到中牟来保住这座重镇。

中牟位于太行山东侧，有一条通往太行山的通道叫作羊肠陉。为了这条通往太行山的通道，赵氏一直到灭亡都没有将中牟让给魏氏。

7. 东郡

东郡也是卫国旧地，原本是很繁荣的，商朝旧都殷和朝歌都在这里，如今河南安阳市还有一个殷都区。春秋时期战乱频繁，卫国被迫东迁，退步明显，而且不含中牟，只能算一个B级地块。

魏氏接手这个地块后，很快就由西门豹治邺（yè），将东郡建设为一个人口众多、经济繁荣的郡。后来随着魏国迁都到东部的大梁，发展重心东移，东郡变得炙手可热。

8. 三川郡

接着我们来看太行山以南。该地区大致对应今山西省东南部与河南省西北部范围，这里是三川郡。

三川郡，范围正好是当初东周的范围，包含黄河以南的洛阳盆地和黄河以北的河内。川，是象形文字，指河流的形状。三川，也就是三条河，即黄河、洛水和伊水。

三川郡除了洛邑仍属于东周，其他地盘已经全部落入晋国之手，是毫无疑问的A级地块。韩氏占据三川郡，大有挟东周天子以令诸侯的意味。

9. 上党郡

最后我们来看南太行山的上党郡。这一地区大致对应今山西东南部与河北省西南部范围。

上党郡其实就是整个南太行山，人口不多，属于C级地块。韩氏拥有上党郡，坐拥天下之脊，晋国的地缘优势尽为韩国继承。

在上党郡发生的长平之战，是战国时期一场标志性战役。

三大家族瓜分完晋国（如图2-7所示），我们从表2-2中看看到底谁的算盘更精一些。

从评级来看，魏国获得了A、B、C、D4个地块，赵国获得A、B、C3个地块，韩国获得A、C两个地块，魏国占据晋国核心地区河东郡，其领土和人口比赵、韩略胜一筹。晋国最后一任中军将叫魏斯，即魏文侯，在分地的时候魏国吃肥丢瘦，占到许多便宜。

赵国经历过"赵氏孤儿"事件，曾经被灭族，如今能迎头赶上，成为分晋的三家诸侯之一，已属不易。而韩国则一直四平八稳，谋求他们的领土扩张，综合实力也不弱。

我们再从地缘的角度来看三家分晋。

魏国被太行山分为东西两头，西部为国都安邑所在，河西郡与秦国交织在一起，不可避免会与秦国大战，而东部的东郡虽非核心地带，却地处中原，南可以攻楚国，东可以向齐国要土地，这才是发展重点。偏偏魏国东部领土不足，兵员不足，即使后来迁都东部的大梁，但东部的根基还是没有西部扎实，这是魏国战略上的死结，也是制约魏国扩张的一大因素。同时魏国的国土被太行山切分为两部分，东西两线相互支援起来非常吃力，这是魏国地缘致命的缺陷。

赵国与魏国一样，被南太行山分割为东西两块。赵国东西领土之间隔着一个中山国，只要兼并中山，赵国地缘形势就会大为改观，后来赵武灵王正是这么做的。赵国东部邯郸郡人口不少，这让赵国下定决心迁都到中牟和邯郸。赵国的国土并不与秦国接壤，魏国则不得已去与秦国争夺河西，即使夺下河西全境，又不得不防御秦国的反扑。总的来看，赵国的地缘条件虽不如韩国，比魏国还是好多了。

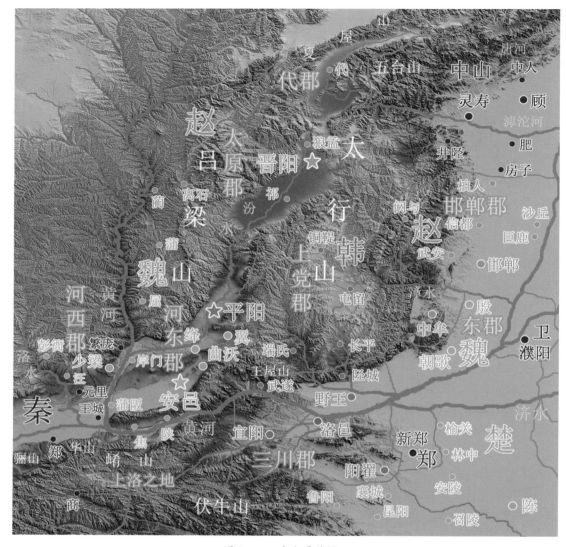

图 2-7　三家分晋范围 2

　　韩国的三川郡和上党郡紧密相连，北有南太行山，南有黄河，依山带河，尽得晋国地缘优势。韩国的国土比东周最强盛的时候多一个上党郡，少一个洛邑，它的领土在三晋当中最像一个国家。韩国的国境除了与魏、赵接壤，南部在伏牛山还与楚国接壤。楚国无意在这个方向对韩国发起进攻，反而在伏牛山上修筑长城，防范韩国。韩国真正有可能发生战争的方向，来自东部的郑国。此时的郑国经历了春秋300年，大起又大落，实力大不如前，早晚会被韩国兼并。

　　此较而言，韩国的地缘是三晋当中最好的，韩国人的算盘也是三晋当中打得最精明的。日后韩国地缘变得不好，是因为发生了下面这两件事情。

表 2-2　三大家族分晋

序号	地域	评级	归属	位置
1	河东郡	A	魏国	太行山以西
2	半个河西郡	C	魏国	太行山以西
3	上洛之地	D	魏国	太行山以西
4	太原郡	B	赵国	太行山以西
5	代郡	C	赵国	太行山以西
6	邯郸郡	A	赵国	太行山以东
7	东郡	B	魏国	太行山以东
8	三川郡	A	韩国	太行山以东
9	上党郡	C	韩国	太行山

一是韩国灭亡郑国，导致韩国领土与楚国接壤更多，韩楚矛盾冲突尖锐起来。

二是魏国抵不住秦国的进攻，先后丢失河西和崤函通道，导致韩国要直接面对秦国的进攻。

从三家对南太行山的控制来看，韩国掌控南太行山的主要通道，而赵、魏则不得已被分割为东西两块，如图 2-8 所示。

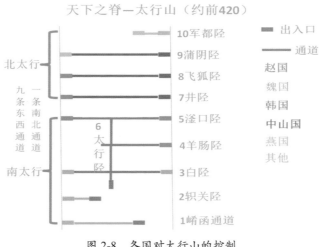

图 2-8　各国对太行山的控制

三家分晋，三家各有算盘。魏国老谋深算，中军将魏斯有优先选择权，当仁不让地占据了晋国最核心的河东郡，魏国的人口和面积都在赵、韩之上。赵国足智多谋，在分家前靠自身力量发展出太原郡和代郡，很有先见之明地拿下了邯郸郡，为日后向卫国、齐国、燕国、中山国兼并领土打下基础。韩国对地缘的把握有独到见解，不但自身依山带河，尽得晋国地缘优势，而且还将魏、赵分割为东西两块，高明！而且韩国与齐国、秦国不接壤，与楚国隔着伏牛山，可以先稳稳吃下郑国再图发展，精明！

公元前 425 年，魏斯任晋国中军将，这个位置他等待了 20 年，一直等到老一辈韩虎、赵无恤等人相继去世，他才如愿以偿。

此时晋国三军三卿如下：魏斯为中军将，赵浣为上军将，韩启章为下军将。

此时晋国的国君叫晋柳，即晋幽公，食邑却只剩下绛都和曲沃两地。

魏斯任中军将后的第一件事，便是令晋幽公往魏、赵、韩三家朝见，君臣尊卑倒置。

● 丢失整个河西，秦人的苦主吴起

压制秦国 100 多年的晋国终于被一分为三，秦人长舒了一口气。以前秦军东进面对晋国，如今则只需面对魏国，三家分晋的确是秦国东进统一天下的必要条件。

不过魏斯在魏国进行了一场前所未有的大变法。变法的主持者李悝在政治、农业、商业、军事方面均进行了力度较大的改革，魏国实力比秦国想象的要强得多。

军事方面，魏斯重用吴起、乐羊、翟角等大将，其中的吴起堪称秦人的苦主。吴起的祖先是吴国王族，越国灭吴国后，一支吴国豪门大族迁居到卫国，吴起便是这支吴人的后代，不过他现在是卫国人，后在鲁国担任大夫。

齐国的田和统领 8 万齐军，未经泰山通道，而是从东南部绕行近千里，从鲁国南部攻入。鲁穆公只给吴起两万兵，车不足 300 乘，勉强可应付一场战争。吴起受命之后，在军中与士卒同衣食，卧不设席，行不骑乘。见士卒扛着粮草负重，自己也去扛一袋给士卒分担。有的士卒生病疽，吴起亲自调药。有的士卒伤口化脓，吴起以口吮其脓血。就这样，吴起以两万鲁军劫齐营，杀得齐军马不及甲，车不及驾，尸横满野。战后，吴起虽晋升为鲁国上卿，却遭到其他公卿的打压排挤，说他受贿通齐。吴起被迫逃到魏国。

公元前 412 年，魏国太子魏击领魏国三军西渡黄河，攻克河西重镇，秦国的繁庞。

公元前 409 年，太子魏击坐镇安邑，魏斯亲自挂帅，统领十余万大军攻入河西，取河西重镇元里、王城等。为了进一步压制秦国，魏斯在黄河拐角处修建了一座军事重镇，叫临晋。

到这个时候，河西大多数地方已成魏国的囊中之物。只剩下 5 座小城，那里的秦国守军宁死不降。

吴起就是在这个时候来到魏国的，有人说他来得有点晚，他自己却信心满满，以为魏国的舞台比鲁国更加广阔，正好大展宏图。

魏斯将河西仅剩的 5 座小城留给吴起，作为入职考试。吴起顺利拿下了这 5 座小城，魏国亦完成了晋国未能完成的伟业，将黄河天堑变成魏人的内陆河，此后秦人东面无山川之险可守。秦国失去河西后的范围如图 2-9 所示。

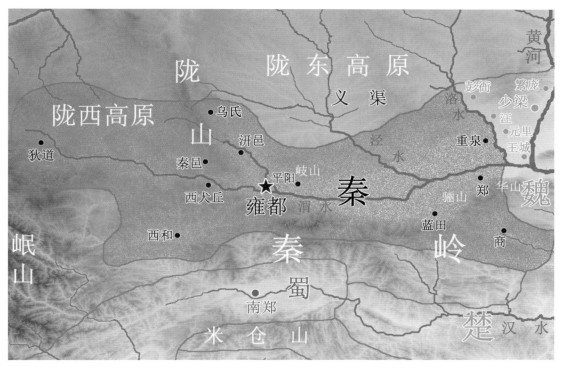

图 2-9　秦国丢失河西后的范围

魏斯任命吴起为河西郡太守，防御秦国反扑。

此时魏国有 3 块好地，河东郡、河西郡和东郡。吴起任河西郡太守，是封疆大吏之一，与东郡太守西门豹齐名。吴起有兵力 10 万，这是鲁国不能相提并论的。魏斯给吴起的任务，是将秦国压制在洛水以西，保全河西所有领土。

用一个郡，10 万军队来抗衡秦国，吴起有这个本事吗？

吴起上任第一步，即发兵北向，灭掉了与晋国保持几百年友好关系的翟国，将翟国旧地并入魏国版图，称为上郡。上郡人口不多，但地域广阔，为河西郡增加了巨大的战略空间，而大国之间的战争，战略纵深是很重要的。二战时期日本不能全部占领中国，德国也不能完全征服苏联，主因之一就是中国和苏联各自拥有广阔的领土。

为了在军中立信，让将士充分信任自己，吴起在少梁北门外靠置了一根辕木，然后下令："任何魏国人，谁能把它搬到南门外，赏给他百亩良田、豪宅一栋。"

从少梁城北到城南，不过两里距离，即使是手无缚鸡之力的穷书生，扛根木头也不成问题。可是令下了很久，大家都只当玩笑，直到一个家徒四壁的穷汉子完成这个壮举，得到百亩良田、豪宅一栋，人们才追悔莫及。

"徙木立信"的故事最早源自吴起，后来商鞅在秦国咸阳复制了这个故事，效果依然轰动。

河西人期待再有一次"徙木立信"，好发一笔横财。秦国有个小哨亭靠近魏境，这颗眼中钉严重妨碍到当地百姓的生产。吴起下令："今天就攻打秦国哨亭，谁先登上哨楼，就封为河西郡的大夫！"

哨亭自然瞬间就被拿下，吴起用这种方式，逐渐与将士建立起言出必行的信任关系。

吴起的河西郡与上郡守军总共十余万，河西这么多城邑要防御，若是野战交锋，魏军能够出兵的人数不超过 5 万。而坐拥关中的秦国，随时都能拿出 20 万大军与之一较量。但吴起并非常人，他根据河西郡的特点，造就了一支战无不胜的精兵：魏武卒。

魏武卒是战国时期首支精锐之师，后来各诸侯纷纷效仿。魏武卒的战力如下：

防御力 8，穿三层皮甲，头戴铜盔。

攻击力 9，操 12 石之强弩，挎箭 50 支，持戈，带剑。通常 8 石的弩就可以称为强弩，比弓箭射程远，12 石之弩，射程和威力自然大幅增加。魏武卒远程可用强弩，近距离则用戈剑，攻击力极强。

运动力 9，背负 3 日干粮，全副武装几十公斤，清晨出发，到中午行军上百里（40 多千米）。

在如此严苛的选拔标准下，魏武卒迅速脱颖而出，成为当时作战能力最强的兵种。

吴起作为魏武卒的创立者和统帅，对这支精兵的使用更是行云流水。他利用魏武卒的体能优势，渡过洛水，深入秦国腹地。

吴起不是孝子（母死不归），也不是好丈夫（杀妻求将），但绝对是士兵的好将军。他统领的魏军，无不拼死为之效命。

魏武卒采用迅疾突进的方式游击于关中各个城邑，其营造的声势像是数十万人参战，让秦人防不胜防。魏国河西军最远到达泾水流域，此时的秦人不要说收复河西，就连关中都不得安宁。

吴起守河西郡，采用的是以攻为守的方式，倍道而进。他曾效力鲁国、魏国、楚国，大战 76 次，全胜 64 次，平局 12 次，无一败绩。吴起的战绩大部分是在魏国对秦作战时取得，他可真是秦人的苦主。

魏国"武卒"的成功，引发各诸侯国跟风，各国陆续创建了自己的精锐之师，齐国的"技击之士"、秦国的"铁鹰锐士"、韩国的"强弩材士"、赵国的"胡刀飞骑"、楚国的"选练之士"相继出现，中国历史上精锐兵种最辉煌的时刻即将到来。

关中的地形，呈椭圆形，东西宽南北窄，魏军只有穿越整个八百里秦川，才能到达目的地雍都。吴起虽然是历史级名将，但受限于地理因素，一时也威胁不到秦国都城雍都。春秋晋国鼎盛时期，也只是打到泾水流域，没有威胁到雍都。800 里秦川的纵深，对秦国而言是一个巨大的地缘优势。

魏国灭不了秦国，但吴起以攻为守，一度把秦人逼得改变东进战略，转而向南发展。

● 兵锋南指，取汉中

春秋战国时期的汉中，分为西汉中和东汉中，西汉中就是我们今天说的汉中，东汉中指楚国的上庸。

秦国对汉中的认识始于春秋前期，秦宣公时期，秦国刚迁都到雍都，便遭遇一支从天而降的神兵。那支军队从故道（如图 2-10 所示）杀出来，若不是雍都城高池宽，秦国或许就莫名其妙被这神兵打残了。秦国上下为这突如其来的入侵惊骇不已，在有图腾的时代，神兵天降很容易摧垮防守一方的意志。

蜀秦两军激战一场之后，秦军退守雍都，秦人不敢再度迎战，并非怕死胆怯，而是害怕亵渎神灵。雍都足以容纳十几万军民，秦人躲在城中，一直到这支神兵粮尽退去。

事后秦人才逐渐明白，原来汉中南方尚有一个蜀国，当时蜀国灭了汉中的褒国，再北上入侵秦国。

蜀国的强盛给秦人以极大的震撼。我们来看看，古蜀国是什么一番景象。

上古时期的蜀国，从出土文物来看至少有 5000 年历史，与中原文明同样源远流长。

与中原文明每隔一定时间进行王朝更替一样，古蜀国也是如此，类似中原历经夏、商、周、秦、汉等朝代，古蜀国也有 4 个大的王朝：蚕丛王朝，鱼凫王朝，杜宇王朝，开明王朝。前三个王朝我们一笔带过，重点见识一下春秋战国时期的开明王朝。

开明王朝建立于秦武公时期，当时的末代杜宇王朝有一个叫鳖灵的"水神"。

在蜀国境内的一条河流中，人们发现了一具奇怪的"尸体"，他居然是逆水漂浮的！人们把他打捞上来，正准备安葬，他却复活了。他叫鳖灵，自称是从楚国落水，死后逆水漂浮千里到蜀国，途中得到仙人指点。百姓自然信以为真，将此人奉若神明，称为"水神"。他的英雄事迹越传越广，越传越神。

"水神"鳖灵在蜀国迅速蹿红，杜宇王朝的末任帝王接见了他。当时蜀国水患比较严重，鳖灵在蜀王面前大谈治水之道，蜀王决定任用鳖灵治水。

鳖灵深通治水之道，困扰杜宇王朝几百年的水患在几年内就得到立竿见影的改善。蜀王得此高人，深信鳖灵是上天派来帮助自己的神仙，对鳖灵言听计从。

古代会治水的人威望都很高。大禹治水，后来舜帝将帝位禅让给大禹。鳖灵治水，他在杜宇王朝的影响力甚至超过了蜀王。后来鳖灵迫使蜀王禅让，自己做了蜀王，号称开明王朝。这是一个有着强烈扩张野心的王朝，它在创立伊始，便向巴国用兵。

四川盆地不仅有蜀国，还有巴国，开明王朝要将巴国排挤出四川盆地的中央，让巴国到东部丘陵地带生存。鳖灵的开明王朝做到了这一点，成为四川盆地的老大。

开明王朝的第二个天子卢帝接过父亲的衣钵，雄心不减。当时蜀军向北越过大巴山脉，攻占了汉中古老的褒国领土。

在这 100 多年前，周幽王越过秦岭，攻打褒国，褒国用美女褒姒搞定了周幽王。这次褒国遭受灭顶之灾，被来自南方四川盆地的开明王朝彻底灭亡。

汉中的地理位置，参考三国时期，汉中之主是张鲁，控制关中的曹操想兼并它，控制四川的刘备也想将它并入蜀国。

图 2-10　公元前 676 年蜀国入侵关中与秦国

与关中平原和四川盆地相比，汉中的领土要小一个数量级，这就产生了一个必然结果：汉中的人口不可能太多，军队数量自然上不去，汉中不可能作为一个独立的诸侯国存在太久，它只能投向一方实力更强的势力，因此而成为关中平原和四川盆地两方势力的必争之地。

卢帝的野心却并没有止于汉中，他的目光瞄准了更北方，地域更为广大的关中平原。秦宣公时期，开明王朝的军队先到达汉中，又越过秦岭直抵关中，与秦军在雍都附近激战一场！

从四川到关中路途遥远，道路之险难于上青天，在试探了秦国的军力之后，开明王朝彻底放弃入侵关中的打算，领土范围北抵汉中。

秦国对汉中的首次认识，过程和结果都不理想，其后秦国卷入与晋国的争斗。第二次接触汉中，已经是半个世纪之后的事情了。

公元前 611 年，秦国出动三军，走楚国的商於之地，到南阳与楚军会师，然后沿着汉水逆流西进，攻入庸国。参与此次行动的还有巴国。在几个大国合兵之下，庸国虽然也有零星的抵抗，但其军民的意志早就被对手盛大的军容所摧毁。由此庸国并入楚国，即东汉中，或称上庸。

这次用兵，秦军曾屯驻在汉水之旁。秦人意识到，沿着汉水西进，则可到达蜀国控制的西汉中。既然楚国拿下东汉中，秦国为何不拿下西汉中呢？

不过秦人对汉中蜀国军队的实力知之甚少，不敢轻举妄动，楚国更是不愿意家门口的肥肉让秦国来吃，秦人此番对汉中的想法仅是个想法。

秦人若要拿下汉中，有两个条件是必须具备的：首先是了解汉中，并与蜀国保持友好邦交关系，让蜀国放松警惕。其次是稳住晋国，在秦国挥师南下的时候，不让晋军西犯关中，以免顾此失彼。要同时做到这两点，绝对不容易，可以说有七分靠人为，三分则要靠天命了。

在春秋的下半场，秦国与蜀国保持了不错的关系，南线无战事，与晋国之间的摩擦也少了许多。只是一直天不遂人愿，蜀国始终提防秦国，晋国也始终对秦国虎视眈眈。

秦剌龚公即位第二年，各国派人前来祝贺秦国新君上位，这其中包括蜀王派来的使团。说明蜀国并不打算闭关自守。

现在我们来看看秦国垂涎已久的汉中是怎样的情况。

汉中的地形如图 2-11 所示。其对外的道路，大致有 5 条山路一条水路。

汉中往北的是三条路，从西往东依次是陈仓道、褒斜道、子午道。

陈仓道连接了关中、西汉中和陇西 3 个地理单元。三国时期，蜀国的姜维接替诸葛亮掌控兵权之后，大多数北伐都选择走陈仓道，不去攻打关中，而是攻击关中西部的陇西，想控制陇西之后再进攻关中。

汉中往西，可以走一段陈仓道，通往陇西秦国的故土西犬丘和秦邑。

褒斜道是一条主要通道，路况比其他两条稍好，先秦时期的战争通常走这条道。当年周幽王从关中下汉中的褒国，走的就是这条褒斜道。

到了秦汉，刘邦被封为汉王，从子午道进入西汉中，烧掉了子午道的栈道，后来明修栈道，暗度陈仓，从陈仓道杀进关中，最终统一全国。关于子午道，还有一个著名的故事。三国时期诸葛亮屡次从汉中北伐，主要走陈仓道，魏延曾经建议诸葛亮走子午道，一举杀到长安城下，遗憾的是魏延这一冒险提议没有被诸葛亮采纳。

图 2-11　汉中地形

　　汉中往南的两条路是金牛道和米仓道。

　　金牛道南面是蜀国的关塞葭萌，一夫当关万夫莫开，后来秦惠文王时期秦国入川走的就是这条路。

　　米仓道则是一条千难万险的道路，可以直通巴国。三国时期占据汉中的张鲁被曹操打败，迫不得已选择从这里逃入巴蜀。

　　蜀道难，难于上青天。金牛道和米仓道一条是要塞镇守的鬼门关，一条是野兽出没的峭壁峻岭。

　　汉中最后一条通道是水路，也是唯一的水路，沿着汉水东下，可以到达楚国控制的东汉中（上庸），这条路叫汉水道。汉水道与其他陆路不同，这里河水激流，顺水而下勉强可以，逆水而上则难上加难，这就是楚国拿下了上庸（东汉中），却迟迟不能进入西汉中的原因。

汉中连接外部的道路没有一条好走，但这里因为四通八达的交通环境，注定会成为兵家必争之地。

俗话说"要致富，先修路"，跨越秦岭的战争更是要先修路。春秋时期，秦国对秦岭崇山峻岭中年久失修的褒斜道进行了长达几十年的重修，褒斜道上断裂的几个路段已经全部打通，只等秦军使用。

三家分晋时期，秦军厉兵秣马，枕戈待旦。

公元前451年，秦军终于隆隆开动，沿着当年周幽王获取美女褒姒的褒斜道南下汉中，将黑色的旗帜插遍这片必争之地。

蜀国在汉中的兵力并不多，再加上疏于防范，秦军付出一定的代价之后控制住了汉中。拿下汉中之后，秦军没有安享其成，而是修筑城邑，将汉中作为秦国的一个县，南郑则作为治所。入主汉中，秦剌龚公打算长久统治该地。

随后秦剌龚公兵锋北指，与义渠大战一场，俘虏了轻敌的义渠王。

公元前443年，秦剌龚公去世，在秦国30多个国君当中，他的功绩是可以排进前10位的。

两年后，蜀国的开明王朝挥师北进，重新夺取了汉中这块要地。

汉中控6条天险道路，蜀国人比谁都明白，要守稳四川盆地的北大门，必须先坚守汉中。汉中在秦国的版图上这次只存在了10年，可见开明王朝也并非任人宰割的绵羊，而是一个壮志满怀、极富进取心的王朝。

此时秦国的国君是秦躁公，一个翩翩少年，与朝中的几个宗室成员不和。失去汉中，少年秦躁公却无可奈何，他驾驭不了整个秦国，无法组织有效的反攻。

公元前430年，义渠直接下山，一路攻击到渭水河畔，震动关中。秦躁公承受不了巨大的压力，在义渠入侵一年后郁郁而终。

接着就是秦国历史上著名的"四代乱政，诸侯卑秦"年代。在长达30多年的时间，秦国宗室内斗，公子争位，朝政混乱不堪，给了外部势力可乘之机。而在这个特殊的历史阶段，晋国完成三家分晋的蜕变，魏文侯励精图治，魏国兵强马壮，对秦国河西地区虎视眈眈。

晋国名存实亡，赵魏韩虽然还没有封侯，却已有诸侯之实。为了控制卧榻之侧的秦国虎狼，晋国最后一任中军将魏斯将秦躁公之弟公子封送回秦国，助其即位，是为秦怀公。

秦怀公在位仅4年，就被庶长鼌（cháo）率众攻击，持剑自杀。秦怀公的太子昭子早亡，秦人立秦怀公之孙公子肃为国君，是为秦灵公。

秦灵公在位10年去世，魏斯送在晋国当质子的秦悼子回国夺位，是为秦简公。秦简公在位15年去世，其子公子宁即位，是为秦惠公。

秦国"四代乱政"的年代，正是魏国攻占河西全境的时期，内忧外患并举。这一时期秦国最值得称道的事情，当属失去河西之后重夺汉中。

蜀国开明王朝的实力并不弱，这是一场艰难的收复战。在魏国河西太守吴起率军挤压下，秦人众志成城，一心南下收复汉中，从南部打开战略空间。

秦国虽然当时朝堂很乱，但毕竟经过春秋几百年的积累，深具大国底蕴，内忧外患之下，仍然完成了重夺汉中的壮举。秦国收复汉中后的范围如图 2-11 所示。

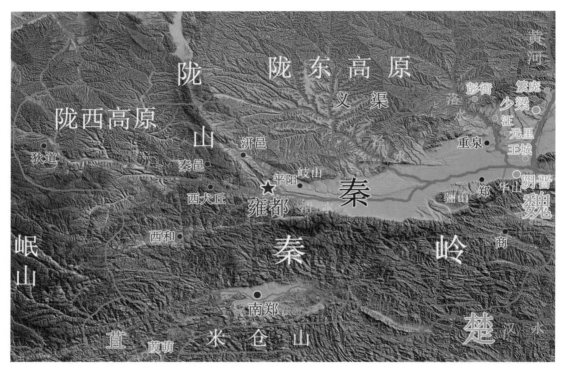

图 2-12　公元前 387 年秦国收复汉中后的范围

第二节　开启统一进程

● 石门之战，秦统一的起点，斩首 6 万

秦惠公时期，秦国失去了河西的领土，但重新夺回了汉中。秦惠公在完成入主汉中的壮举后去世，留下一个嫡子，是为秦出子（或称秦出公）。

此时魏国的魏文侯去世，魏武侯即位，吴起从河西郡逃奔楚国，魏国将战略重点转移到东部。魏国也不再把秦国当作头号敌人，反而要与秦国休战，全力开拓东线。魏武侯希望有一位亲魏的秦国国君在任，好让魏国在全力东进的时候不会背后挨刀。为了稳定西部局势，达到西线无战事的理想状态，魏武侯不顾秦出公已经即位的事实，派兵护送公子连回国夺位。秦国四代乱政，历经八个国君，如图 2-13 所示。

公元前 385 年，秦出公即位刚两年，魏国便动用 3000 兵力护送公子连回国夺位。公子连选择了一条长途跋涉，曲线归国的路线，其归国路线如图 2-14 所示。从魏国河西郡向北，到达上郡，然后向西跨越陇东高原，到达乌氏塞，与庶长菌改的守军会合，再南下取雍都。

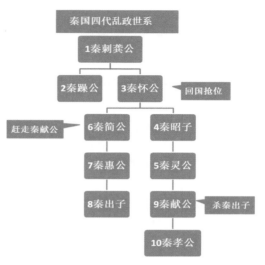

图 2-13　秦国四代乱政

图 2-14　公元前 385 年秦献公归国路线

乌氏塞又称焉氏塞，在小说《寻秦记》中，这里是项少龙的岳父乌氏的大本营，背靠陇山，是养马的好地方。

两军合并，经过一番休整，公子连正要发兵南下，雍都的平叛部队已经开过来了。

乌氏塞的城头上，公子连身穿华服，体形挺拔，神态轩昂，西风中衣袂飘飞，宛如天帝下凡。

前来平叛的秦军将领见列公子连及其背后强大的魏国，改变了他们的立场，决定采取观望态度。

随后公子连立即统领魏军和乌氏塞的兵力南下关中。平叛的军队则尾随公子连的军队。他们做了两手准备：若公子连获胜，便就地投诚，擒拿太后和秦出公，在新国君面前立个首功；若公子连输了，便趁机围攻并生擒公子连，在太后面前立个大功。

公子连在行军途中从容自若，看似行进速度不快，实际上他已派出多组人马到雍都活动，游说一些立场不坚定的大臣，许以高官厚禄。在这种情况下，有人打开雍都城门，迎公子连的军队入城。尾随公子连平叛的军队，终于作出决定，跟随公子连的军队入城，一时间公子连的军队声势浩大，很快就占领外城。

接下来的事情很顺利，秦出公和其母自杀，公子连在雍都即位，是为秦献公。

秦献公曾经向魏武侯承诺，如果魏国帮助自己即位，在魏武侯有生之年将不加兵魏国。秦献公虽然暂时不出兵魏国，但其内心却急切地想与魏国开战，夺取河西故地。

公元前383年，秦献公即位第二年，便向东迁都到栎阳（如图2-15所示），夺取河西之急迫心情显而易见。

图 2-15　公元前 383 年秦献公迁都栎阳

除了方便东进，迁都的第二个目的是摆脱雍都旧势力的纠缠，在新的统治中心建立自己的王权。

雍都的旧贵族盘根错节，即使是国君，在雍都这种几百年的都城中依然要受到权贵们的极大约束。

公元前370年，秦献公54岁，"在魏武侯有生之年，将不加兵魏国"的承诺生效15年后，魏武侯终于过世，秦军东进只是时间问题了。

魏国经过近一年的内斗，最终由魏䓨即位，是为魏惠王。魏惠王之所以不称为魏惠侯，只因其几十年后称王，级别提高了。

魏惠王即位之后，任用年轻的公子魏痤来负责河西和河东的防务。魏惠王最爱两个儿子，一个是太子魏申，另一个就是公子魏痤。任命魏痤掌管河东与河西，体现了魏惠王满满的父爱。

公元前366年，秦献公令秦军进行了一次试探性进攻，这是他即位后近20年来首次对魏国用兵，进攻的地点是魏国河西南部的重镇阴晋。

此时魏惠王已经决定迁都东部大梁，并且开始了人员和物资的转移。在魏国西部，魏痤坐镇河东安邑，河西太守龙贾则负责在第一线对抗秦军。

秦军这次的统领大将是庶长章蟜，他是秦献公喜爱的一员猛将，身体素质出众，作战勇猛，善于领兵突袭。

章蟜统领的秦军到达魏国阴晋附近，阴晋守军不甘示弱，出城与秦军大战了一场。两军对垒，秦军有人数优势，魏军则装备精良，魏武卒更是个个身怀绝技。而且，在心理层面，魏国对秦国有着巨大的心理优势。秦军虽然多是威猛激昂的勇士，但多少有些恐魏症。

秦军的猛将章蟜身披铜甲，抡动铁刀，跨战马左驰右突，舞动如飞，奋力搏杀。两军对阵，有什么比一员大将身先士卒更能鼓舞士气呢？秦军将士见庶长勇猛至此，哪个还不力战到底。（这时候还没有军功爵位制，秦军作战的积极性不算太高。）

这场战争秦军凭借绝对的人数优势和主将的生猛取胜，魏军败退之后躲在阴晋城内不再出战，龙贾则坐镇少梁，令所有城邑的守军坚守不出，并在魏国河西继续高筑墙广屯粮，一副要与秦国打持久战、防御战的样子。

秦献公如果按部就班，领兵去攻打河西的城邑，恐怕事倍功半，难以达到目的。他在魏国待了30年，对魏国的战略布局了如指掌。在秦献公看来，魏国的局势大致是这样的：

魏国在太行山以西，有河东郡、河西郡、上郡、上洛之地三郡一地。上郡和上洛之地多是山地和高原，人口稀少，除了战略意义，兵力少得可以忽略不计。河西郡的守军约10万，是魏国与秦国接壤的一个郡，也应该是秦国反击魏国的首选之地。河东郡是魏国都城安邑所在，人口众多，虽然魏国已经开始迁都，但河东郡的守军超过10万，会随时增援河西郡。秦军若攻打河西，必须提防河东来增援的魏军。河西河东以前分属不同的太守，如今全都纳入魏痤的掌控范围，调兵遣将互相支援方面得以加强。

另外，魏国还有一支中央军，用来攻城拔寨，多在太行山以东扩张（魏国中央军的战斗方向与魏国迁都计划有关。此时魏国已经开始迁都到东部的大梁，在东部进行扩张，拓宽大梁附近的范围是必然的选择），秦国如果能对魏国速战速决，这支中央军是来不及跨越太行山支援西部的。

由于赵国已经将都城从西部的晋阳迁到了东部的邯郸，韩国也从西部的平阳迁到了东部的新郑（灭郑国之后），魏国迁都的意愿自然迫切。迁都是个长期的过程，魏惠王即位之后就开始了迁都的行动。魏国新都大梁是新建的城邑，魏惠王迁都的先行部队已经进行了前期的物资转移，相信用不了几年，就能完成一座战国史上最大的城市搬迁工作。

秦国在魏国西部要对付的，是河西的 10 万守军，以及河东随时可能增援的数万大军。

情况明了，以绝对军力而言，秦军的人数比魏军多，但是在龙贾的防御体系面前，即使是魏军的两倍兵力，也很难夺回河西。

孙子兵法早就说了，攻方拥有 5 倍以上的兵力，才能与守方持平。秦军并没有那么多兵力，那么到底如何来破解龙贾的铁桶阵呢？

洛水西岸，晴空万里，河面上没有一丝雾气。秦献公率一干大将，遥望对岸河西，魏国沿河修筑的长城清楚可见，就连城墙上飘扬的魏国旗帜都是那么显眼。

秦献公对诸将道："魏人夺我河西，五十余载矣。今魏国迁都大梁，西部空虚，正是我收复河西的好机会。"

身后一个粗犷的声音附和："君上所言极是，我等陇西秦人憋足了劲，就等君上一声令下，收复河西！"

不用回头，秦献公就知道是庶长章蟜。这员猛将确实憋了很多年，前番与魏军在阴晋一场小战，章蟜根本没过足瘾，他急迫地想大战一场，一扫心中多年的积郁，毕竟秦献公即位后 20 年不对魏国用兵了。

秦献公面向前方，问道："章蟜，战船造得如何了？"

章蟜高声回答："报君上，再有一个月，可全部造好。"

秦献公道："再给你 3 个月，造同等数量的木筏！"

"喏！"章蟜很兴奋，因为秦军要大规模渡河作战。

不过章蟜猜错了，秦献公要造双倍战船，目的不是让双倍的秦军渡河，而是要渡过两条河：洛水和黄河。

渡过洛水，就是魏国占领的河西。秦军最合情合理的一个做法，就是渡过洛水去收回河西之地。

然而对魏国了如指掌的秦献公不打算这么做，他计划渡过洛水到达河西之后，继续向东渡过黄河，攻击魏国的河东！

攻击河东！越过魏国占领的河西攻击河东！想法够大胆，细细思量起来，其实是一个绝无仅有的妙招。

由于魏国重兵布防河西，又坚守不战，秦军难以在河西施展。攻击河东，表面上有被魏军切断归路的可能，但秦军有人数上的绝对优势，只要集中兵力，赶在粮草用尽之前退回秦国，就不惧怕河西守军切断归路。

公元前 364 年，庶长章蟜统领 8 万大军，渡过洛水和黄河，进入河东境内。这是自春秋以来近 300 年，秦军首次进入河东，虽然河西尚未收复，也足以令所有秦军将士情绪高涨。

渡河之后，秦军的目的并不是要攻城拔寨，因为在没有充足的粮草和攻城设备的情况下，攻城绝对是下下策。即便攻克了城邑，也难以守住这些飞地。秦军此番行动，目的就是打击魏军，以挫魏军士气。

秦军进入河东之后，并没有一路向魏国都城安邑进发，而是沿着中条山脉向东，一路寻找可以伏击的地点。

河东的地形，除了中部有些丘陵，几乎是一马平川，不适合伏击。而南部的中条山脉，则有许多可以设伏的地点，章蟜最终选择在中条山中段的石门山设伏，如图 2-16 所示。

图 2-16　公元前 364 年秦魏石门之战

面对秦军的攻势，魏痤并没有调动河西守军来支援，而是亲率河东守军迎击。魏痤的对策是，你打哪里，我就用哪里的守军对付，他也是担心秦国还有第二支军队会乘虚而入。

前往迎战秦军的河东魏军约 6 万，比秦军的 8 万略少，但魏军中有相当数量的魏武卒，其单兵作战能力突出，故而魏军的整体军力并不亚于秦军。

石门大战就这样打响，魏军坐拥主场之利，多少有些轻敌。这也难怪，魏军多少年没有在本土作战了，此前多是魏军攻入他国领土的侵略战。

长期镇守河东的魏军并未把秦军放在眼里，何曾想到远道而来的秦军会在深入魏国本土的地方设伏。

所谓骄兵必败，在石门这里，又印证了一次。石门山（山西运城石门山森林公园）风景秀美，石门伏击战却是非常惨烈。章蟜将秦军分为多个编队，对魏军进行层层围困，只有魏痤率数十人突围而去。秦军石门伏击战斩首 6 万魏军，创造了单次战役斩首人数最多的纪录。后来秦军不断刷新这个纪录，夺取河西的雕阴之战斩首 8 万人，伊阙之战斩首 24 万人，鄢郢之战斩首 30 余万人，长平之战斩首 45 万人，详见表 2-3。

表 2-3　秦军在大一统过程中不断刷新的战争纪录

年份	战争	斩首人数	秦军主将	战败国
公元前 364 年	石门之战	6 万	章蟜	魏国
公元前 330 年	雕阴之战	8 万	公孙衍	魏国
公元前 317 年	修鱼之战	8 万	樗里疾	魏国、韩国、赵国
公元前 312 年	丹阳之战	8 万	樗里疾	楚国
公元前 293 年	伊阙之战	24 万	白起	魏国、韩国
公元前 278 年	鄢郢之战	30 余万	白起	楚国
公元前 260 年	长平之战	45 万	白起	赵国

石门之战大胜，秦军主帅章蟜并未被胜利冲昏头脑，他按照战前计划撤出魏国。这次战争是秦军东进过程中的一次标志性胜利，此后秦军东进的步伐就没有停止过，直到秦始皇统一东方六国。

公元前 363 年，石门之战后一年，秦献公又派庶长国攻入河西，这一次的目标是河西重镇少梁。魏国河西太守龙贾坐镇少梁城，令守军坚守不出。这场战争打得很艰苦，双方僵持不下。

由于前一年石门大战的惨败，魏惠王放心不下西线战事，令魏相公叔痤领兵从大梁赶来，并派使臣到赵、韩两国，请他们联合出兵来援。

公元前 362 年，赵、韩积极响应，各派 5 万大军前来，秦献公知难而退，撤兵回国。此时秦献公的身体每况愈下，走到了生命的最后阶段。

但赵、韩绝非雪中送炭，他们的军队故意拖延时间，行军非常缓慢。待魏秦两军交手，秦军撤兵，赵韩两军才姗姗而来。

魏惠王亲自赶到河西少梁犒军，三国将士大宴 3 日后，魏惠王不客气地请赵、韩两军于10 日内撤出魏国领土。

魏惠王自己回到大梁，魏相公叔痤坐镇河东，伏击未能按时撤出魏境的赵军，俘获了赵国大将乐祚。三晋面对秦国如此强敌，居然还随时反目，这对秦人来说真是天赐良机。

魏国在石门之战损失 6 万人之后，还能先后与秦、赵交战，战绩是一平一胜，可见魏军半个多世纪累积的军事实力，并未因石门大战的失败而大幅下滑。

魏相公叔痤回到大梁，魏惠王赏良田 100 万亩。这边庶长国率领秦军已渡过洛水，让魏国不得安宁。公叔痤虽年事已高，却不得不率军前来迎战，这次赵、韩当然也不会再来假支援。

需要提一句，公叔痤伏击赵军是帐下大将庞涓的主意。公叔痤回到大梁后，魏惠王要求将庞涓留在身边，公叔痤失去了用兵的智囊。

公元前 361 年，秦国太子嬴渠梁正式即位，是为秦孝公。

周朝天子周武王，姓姬氏周名发，我们称为姬发，是姓 + 名。周朝分封了大量同姓诸侯，比如卫文公，姓姬氏卫名辟疆，我们称为卫辟疆，是氏 + 名。周武王与卫文公都是姬姓，区别在于一个代表姬姓正统，可以用姓 + 名，另一个是姬姓旁支，只能用氏 + 名。

赵秦两族同姓嬴，一个封在赵城，一个封在秦邑，这是他们氏的来源。秦始皇统一中国，秦氏无疑成为嬴姓正统，所以我们称始皇为嬴政，称秦渠梁为嬴渠梁也没错。不过在春秋战国时期，赵秦宗主地位不分高低，本书在嬴政之前，统一用氏 + 名的方式称呼秦国君主。

秦、魏对河西的争夺，也翻开了新的篇章，战争更激烈，战线更漫长……

这一年魏相公叔痤去世，秦军越过河西出兵河东。

公子魏痤挥兵抵御，他复仇心切，轻敌冒进，人马疲乏之际落入秦军的包围圈。此战秦军以优势兵力瓮中捉鳖，生擒魏痤，但秦人也付出比魏军更大的代价。秦军撤退之时，龙贾率军袭击，重挫了秦军，让新即位的秦孝公狼狈不堪。

总体上看，秦军袭击魏国河东，虽然俘虏了魏痤，但是兵力损失比魏军大得多，这么打下去秦国并不占优势。

● 卫鞅变法，秦军兵力大增

这个时候，卫国人卫鞅从魏国来到秦国。卫鞅在魏国的官职不算低，但也遇到了瓶颈。卫鞅心气很高，此时转投秦国，是为了施展更大的抱负。

卫鞅是卫国宗室旁支，出身很高贵。他从小敏而好学，希望长大后扬名立万。不过卫国国力赢弱，容不下卫鞅心中的蓝图。

卫鞅投到魏相公叔痤门下，得到公叔痤的赏识，被任命为中庶子。这是相国的属官，相当于相国助理之一，做得好可能接替相国，做得不好也就是相国的一个跟班。

魏相公叔痤临死前向魏惠王举荐卫鞅，希望卫鞅接任相国一职。见魏惠王不置可否，公叔痤又建议，若是不重用卫鞅，干脆杀了他，免得为敌国所用。

公叔痤去世后，魏惠王并没有起用卫鞅为相国，也没有杀他。魏国作为变法的先行者，综合国力位居当时第一，军事实力更是无与争锋。领先者通常不愿改革，只有落后者才想通过变法来奋起直追。当时魏国的人才很多，卫鞅是其中之一。他心比天高，在魏国的发展遭遇到瓶颈，决定离开魏国到秦国去碰运气。

卫鞅选择秦国，一个重要原因是秦孝公那封感人肺腑的招贤书。此书先是谈春秋年间秦穆公时期的辉煌，接着叙述父亲秦献公的遗愿和自己的志向，最后来了诚恳的一句："有能出奇计强秦者，吾且尊官，与之分土。"意思是：谁能出点奇谋，让秦国走捷径强大，不仅封官，而且还分封土地。

秦国都城栎阳，王宫之内，秦孝公接见了卫鞅。

秦孝公打量着眼前的卫鞅，只见其人身材中等，腰杆笔挺，两眼精灵睿智，眉毛时不时皱一下，眼神略带忧郁。

卫鞅并不胆怯，见秦孝公身形颀长，眸子精光闪闪，似要一眼洞穿自己，求贤若渴的心态可见一斑。

秦孝公问卫鞅治国之道，卫鞅历举羲、农、尧、舜之事，滔滔不绝。

卫鞅第二次见秦孝公时，把看家本领拿了出来，用一个名词概括就是：军国奴隶主义。

卫鞅变法，军事方面的全部照搬魏国；农业方面只学一半，即加强农业管理，而不做如兴修水利这种需要动员人力物力的项目；经济方面则摒弃魏国的方略，彻底放弃发展商业。

有了魏国变法的根基，卫鞅一手起草军国奴隶主义变法的核心内容，调动国家的一切力量进行对外军事扩张，普通士兵不但吃不饱，而且连衣服都要自备，条件之恶劣自是不用多说。秦国的士兵，就是一个个战争奴隶。

卫鞅是如何将秦国众多青壮年男丁变成国家奴隶，进而武装到军队中的呢？这就是卫鞅的智慧。

首先，让全民犯罪。在秦国，如果犯了以下莫须有的罪行，就要成为囚徒。

1. 走在路上步子迈得大了，超过 6 尺。

2. 家里来了两个朋友，3 人到客栈喝了点酒。

3. 出远门走亲戚去了，被当地官府发现不在家。

4. 夜里想读点竹简，点了油灯。

5. 养了头牛，到年底牛没长膘儿。

6. 年少轻狂，跟朋友比画了一下武功。

7. 因为懒惰导致家贫。

8. 邻居犯事了，自己被连坐。

……

秦国的法律条款很细致，方方面面无所不及，以至于老百姓很难不触犯法律。

秦人犯了法怎么办？好办，3 个选择。

1. 交罚款，当然大多数是交不起罚款的，于是只能选择后面的两种方式。

2. 服劳役，修工事、陵墓等。由于没有工钱，大多数人选择了第三种方式。

3. 当兵，由于有军功爵位制这个馅饼，不少秦人把一生都奉献给了军队。

这样一来，商鞅就顺利地将秦人男丁全部武装到军队中，秦国的军事实力上了一个台阶。（秦国军力提升来自两个方面，一是学习魏国对军队的改革，二是增加军队数量，提高军队士气。）

卫鞅军国奴隶主义的核心思想就是：先让全民犯罪，再让全民参军。

可是老秦人就这么笨，甘愿充当国家的奴隶？卫鞅足智多谋，他又设计了一个军功爵位制度，表彰甚至重奖有战功的将士。

秦国实行军功爵位制，这一制度把爵位分为 20 个等级，如表 2-4 所示。爵位的前九级，主要区别在带兵数量。到了第十级左庶长，带兵数量基本就没有限制了。左庶长算是个分水岭，爵位比左庶长高的人大多战功赫赫。

表 2-4　秦国军功爵位制等级划分

序号	爵位	带兵数	荣誉度	将领
1	公士	少量	士	
2	上造	少量	士	
3	簪袅	少量	士	
4	不更	少量	士	
5	大夫	中等	大夫	
6	官大夫	中等	大夫	
7	公大夫	中等	大夫	
8	公乘	大量	大夫	
9	五大夫	大量	大夫	王陵、吕礼、绾
10	左庶长	无限制	卿	
11	右庶长	无限制	卿	
12	左更	无限制	卿	司马错、王龁
13	中更	无限制	卿	胡阳
14	右更	无限制	卿	
15	少上造	无限制	卿	
16	大良造	无限制	卿	公孙衍
17	驷车庶长	无限制	卿	
18	大庶长	无限制	卿	
19	关内侯	无限制	诸侯	
20	列侯	无限制	诸侯	卫鞅（商君）、张仪（武信君）、樗里疾（严君）、魏冉（穰侯）、白起（武安君）、王翦（武成侯）、王贲（通武侯）、吕不韦（文信侯）

军功爵位制的第一等公士，有田一顷，宅一套。获得这些奖赏和特权的要求很简单，杀死一个敌人就行。第二等上造，不但有更多封赏，如果其父母中有人犯罪，可以为其中一人免罪。

秦国的军功爵位制的封赏程度前无古人后无来者。最低爵位都能拿到田一顷、宅一套，这是根本办不到的事情，因为整个中国都没有这么多耕地，其他朝代或诸侯的封赏都远不及秦国。

赌场上有句话叫作"十赌九输"，可赌博的人还是很多，因为赌徒都有侥幸心理。卫鞅的军功爵位制，就是利用人性的侥幸心理，虽然不少人都觉得这么大的封赏有些离谱，可还是愿意付出生命的代价来赌一把。

我们来看获得二十级军功爵位制最高级别列侯的几人，是否获得了应有的封赏。

商君卫鞅，被车裂而死，封地充公。这位军功爵位制的始作俑者，最后还是被自己套牢了。

武信君张仪，结局是被迫逃出秦国，封地充公。

严君樗里疾是赌徒中唯一没有被干掉的，因为他是秦惠文王的弟弟，是秦国宗室成员。

穰侯魏冉，死得有些突然，封地陶郡被秦昭襄王没收。

武安君白起，被秦昭襄王赐死，一代战神晚节不保。

文信侯吕不韦，最后流放四川，所有封地充公。

武成侯王翦和通武侯王贲，这父子俩获得爵位十几年之后，秦朝便灭亡了。

秦国军事最高层的这些名将权臣尚且如此，下面那些将士，能够享受到爵位带来丰厚利益的就更少了，多数人要么在获得低级别爵位前战死，要么在追求更高爵位时战死。

卫鞅提出的军国奴隶主义和军功爵位制，其实就是一连串的骗局，除了战国时代的秦国，其他任何朝代任何诸侯，都没办法长时间施展这两大骗术。

不过如此一来，秦军的兵员大幅增加，士气也大幅提高。后来的100多年，军功爵位制一直激励着关中秦人抛头颅洒热血，前仆后继地奉献着青春和生命。

秦孝公任命卫鞅为左庶长，主持秦国新的变法事务。秦国开始卫鞅变法，那么秦国主要的对手魏国是什么情况呢？此时的魏惠王已经完成迁都大梁的大手笔，一座超级大城，被魏国人从安邑搬迁到大梁，只用了几年时间。魏惠王还任用庞涓为大将，从楚国夺取大梁以南的林中、安陵、襄陵等城邑，魏国在东部拓展疆土，兵力也集中在东部。魏楚大战后的形势如图 2-17 所示。

魏国太行山以西的守军，随着都城的东迁和东部的战争再次减少。其中河西的守军维持原数，为了防御楚国，河东的部分守军则随着国都一起迁走了，这是对秦国极为有利的因素。

负责魏国西部防御的公子魏痤被秦国俘虏，魏国任命新的指挥大将，河西太守仍为龙贾，河东太守则由魏国公子卬（áng）担任，卬是魏国西部的总负责人，与公子魏痤权力相当。

自魏国河西太守吴起逃奔楚国之后，河西太守历经多任，龙贾的军事才华肯定与吴起有差距，但作为镇守河西的大将，龙贾也有可圈可点的战绩。

当年吴起镇守河西，以攻为守，不断领精兵进入秦国，声东击西，让秦军疲于奔命，根本无力对河西发动大规模反击。

龙贾的战术则是以硬石混泥土防守为主，坚城加长城。龙贾依托北部少梁、南部阴晋两大城邑，加固城池，将所有城邑都打造成一座座堡垒。龙贾又沿着洛水修筑雄伟的长城，构筑了一个南北呼应的防御体系，抵御秦国的反击。

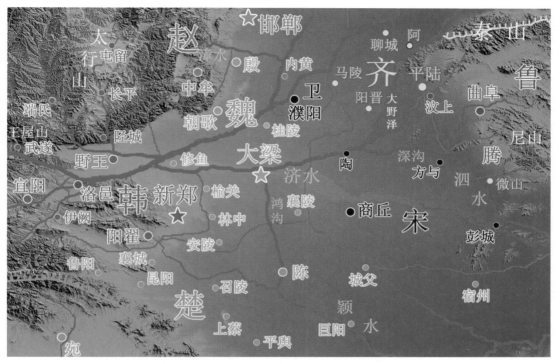

图 2-17　公元前 356 年魏楚大战后的形势

　　如此一来秦军不但难以攻入河西，就算进入河西，有长城的阻隔也很容易被切断归路，粮食辎重就更不可能顺畅输送。攻不能下坚城，守不能顾粮草。

　　以防御体系的搭建来说，龙贾的才华与廉颇类似。后来长平之战廉颇修筑的丹河防线也是立体架构，易守难攻。

　　秦国变法的成效，在两年后的几场大战中逐步显现出来。

　　公元前 354 年，魏国围攻赵国都城邯郸，魏国不但派出中央军在邯郸城下苦战，甚至抽调了小部分河西的兵力去支援。

　　此时不攻河西，更待何时？秦孝公立即发兵，趁魏军东部主力不能西顾，意图夺取河西。

　　关中平原某处练兵场上，15 万秦军列成队形，接受检阅。秦孝公与卫鞅登上设于小丘的高台阅兵，但见黑色旗帜飘扬，军势极盛，二人相视一笑。

　　在清晨的阳光下，将士们士气昂扬，高唱战歌："王之兴师，修我戈矛。王之兴师，整我盔甲。王之兴师，催我战骑。"口号响彻平原，令人热血沸腾、壮怀激烈。

　　这次大会战，秦孝公兵分两路，一路由公孙壮统领，连续渡过洛水与黄河，攻打河东中条山脉附近的焦、上枳、山氏等地，另一路由秦孝公亲自统领，攻打河西。

　　先行的公孙壮统领的便是这声势浩大的 15 万大军，目标是用 15 万大军营造 20 万以上的声势，吸引魏军主力。公孙壮领军以雷霆之势进入魏境，旁若无人地渡过黄河，到达河东。

在人数众多、气势凶猛的秦军面前，魏军并不惊慌，毕竟此前的多数大战，魏军对秦军是胜多负少。公子卬调动河东守军，再从河西抽调部分军力组成 10 万人的大军迎战。公子卬绝对没想到，魏国的河东军还未东渡黄河，秦孝公忽然统领 20 万秦军主力突入河西境内。

两路大军，次序一先一后，偏师与主力，军力都大得惊人，魏人一时之间乱了节奏。

卫鞅变法前，除去各地守军，秦军不可能短期内召集超过 30 万的兵员。卫鞅变法后，秦军在不断损耗兵力的同时，屡屡能够组织大会战，甚至超过 60 万的兵力陈兵数年都有几次。

此番秦孝公 20 万大军杀出来，让魏军猝不及防。这支军队一部分来自咸阳和各地守军，另一部分则是隐藏在民间的民兵，军事素质也不低。

自卫鞅变法之后的 130 多年中，秦国一直实行的是军国奴隶主义，全民皆兵。在男人作战、女人耕种的模式下，秦军的动员能力超过其他任何诸侯国。在长平之战、灭楚之战等标志性的大会战中，秦军往往能依靠兵力优势和后勤优势占得先机。

在秦国两路大军面前，公子卬担心河西有失，急令从河西赶来的援军立即回援，自己则以河东军抵挡秦军公孙壮所部。

摸清秦国军力之后，公子卬表面虚张声势做出准备大战一场的姿态，实则高筑营垒拒不应战。

此时秦、魏大战分为两个战场，东线是河东战场，西线是河西战场。

东线战场，公孙壮军大开大合，在中条山两侧的焦、上枳、山氏等地陈兵，面对不敢贸然迎战的魏国各个城邑，气势上占了绝对上风。

西线战场，秦孝公亲自统率指挥。魏国河西军一部两万人，本是开往河东援助公子卬的，现在正回撤河西。这一部分回援的先锋军约 7000 人，在河西元里城下，他们遭遇了 10 倍于自身的秦军的包围。

由于两军绝对数量的差异，秦军在元里城下击溃魏军，斩首 7000，并攻克元里。

随后魏国在河东河西的守军皆死守不出，秦孝公未能扩大战果。不过一场小胜也足以令秦孝公心满意足，这是他即位后首次击败魏军。

卫鞅虽然没有指挥这场战争，但是自他变法以来秦军兵力猛增，对这次战争的胜利起到了决定性作用。若不是秦军能够从容组织 35 万大军，兵分两路进击，要取胜谈何容易。

战后卫鞅再次升迁，秦孝公特地新设一个爵位叫大良造，卫鞅是首个大良造的得主。

围魏救赵时，赵国的求援使臣分别到达秦、齐、楚三大诸侯国，只有秦国第一时间出兵，齐、楚却在观望中等待时机，等魏国在邯郸城下伤亡惨重、进退维谷之时，再趁机发难。

秦国在西线的这次胜利鼓舞了齐、楚救援赵国的信心。既然秦军能在西线击败魏军，齐、楚两个传统大国为何不能在东线和南线击败魏国呢？

公元前 353 年，齐国派田忌、孙膑出兵，与魏国展开了桂陵之战，重挫魏国中央军。同年楚国派景舍出兵，攻占原楚国睢、濊之间的领土。

魏国三线同时失利，从神坛上跌落，魏惠王不得不坐下来与各方谈判。

魏军虽然被齐军重挫，但齐国并未攻占魏国的领土，魏、齐之间经过一番拉锯战，最终还是和解。魏军撤出赵国的邯郸，从齐国换回名将庞涓。

魏国与楚国之间的和谈也比较顺利。楚国攻占的睢、濊之间的土地面积并不大，魏国不想多线作战，放弃了这一小块领土。

魏国在西线却并无谈判的前提，因为若秦国在河西有元里这个据点，魏国整个河西都会非常危险。

名将庞涓亲自挂帅，统领十余万魏军前来河西，与魏国守军一起对元里发动了收复战。在强大的魏军面前，秦军战败，元里又被魏军夺回，秦、魏恢复了之前的对峙局面。

以军事才华而论，卫鞅绝对不能算顶级，与龙贾都有差距，跟庞涓就更不能比。一年前攻克邯郸的庞涓，收复一个元里城，可以说势如雷霆，气贯长虹。

大国之间的博弈就像是一盘围棋，秦、魏两国对河西的争夺不分胜负。而在围棋棋盘上的另一区域，秦、魏又展开了生死博弈。

为了防御秦国，河西太守龙贾沿着洛水东岸修筑长城。起初是在河西的洛水东岸修筑，秦军试图绕过这道长城，于是沿着洛水西岸北上，征服了一些戎人部落，计划从没有魏国长城的地方渡河。龙贾只好不断延伸城墙，在整个上郡的洛水东岸都修筑了长城。这好比围棋中黑白双方，你一个子我一个子，摆成长长的一排，形成对峙之势，谁能比对手多一个子，谁就能占得先机。

在这场竞赛中，虽然龙贾善于搞建筑，但修筑长城消耗的民力物力太大，筑城的速度终究赶不上秦国在洛水西岸扩张的步伐。秦人最终还是在洛水的上游，没有魏国长城的地方渡过洛水，攻占了魏国上郡最北部的固阳城。

龙贾深知上郡北部的重要性，秦军还未休整好，龙贾就统领河西守军前来收复固阳了。

龙贾在北方屯兵数月，魏国的河西和上郡只丢失了一个固阳，魏国与秦国达成了一个新的战略平衡，很难说秦国占到多少便宜。

卫鞅颖悟绝伦，但他的才华主要体现在变法上，在战争中他还无法达到名将的水准。面对龙贾修筑的密不透风的长城，无论是秦孝公还是卫鞅，都陷入无计可施的状态。

此后的 10 年，秦国屡屡发兵攻打河西，可是魏国那条越修越坚固的长城防线，成了秦国无法逾越的一道坎。而这 10 年，大良造卫鞅有了一个新的任务：负责咸阳的修建工作。

30 多年前秦献公迁都栎阳，带有临时性质，为的是对魏国动兵时能够迅速行动。迁都咸阳，是出于地缘和风水方面的考虑，咸阳离西周镐京旧址不远，是传统的政治和地缘中心。

咸阳地处关中中部，位于泾水与渭水汇流处，在无山脉可依托的关中，河流是最好的天然防御线，后来汉朝新建的长安城，也是在这块宝地上营造起来的。

咸阳城摒弃了中原城郭相连的设计，继承了秦国雍都那种内外城结合的风格。

卫鞅为秦国修建新都，兢兢业业，咸阳这座战国名城就这样建造起来。公元前 349 年，秦孝公迁都咸阳，迁都后的秦国范围如图 2-18 所示。

图 2-18　公元前 349 年秦孝公迁都咸阳后的范围

　　公元前 341 年，魏国攻打韩国，秦、齐、楚三强同时动兵攻魏。

　　与上次攻打赵国一样，这次魏国攻打的是韩国，上次齐国围魏救赵，这次齐国围魏救韩，上次齐国桂陵之战击溃了魏军，这次齐国马陵之战打残了魏军。

　　魏国为了防御齐国进一步进攻，从西部抽调部分守军来到东部。

　　秦孝公等了整整十年，怎能错过这个良机。他立即令大良造卫鞅统兵 20 万，进入魏国河西。

　　卫鞅选择的攻击方向并不是河西或上郡，因为那里已经被龙贾打造成一个铁桶，曾经的漏洞全部被补上了，即便闯进这个铁桶，也很难戳破它。

　　越过河西到河东去，面对公子卬，卫鞅并没有在战场上击败对手的能力，但二人渊源不浅。

　　当初卫鞅在魏国，与公子卬同在相国公叔痤帐下用事，两人常促膝谈心。别人不待见卫鞅，公子卬对卫鞅却非常友善，两人经常开怀畅饮，对酒当歌，属杵臼之交。

　　于是卫鞅设了一个"鸿门宴"，他写信给公子卬，希望结盟罢兵！

　　公子卬以为商鞅不忘故旧，但实际是卫鞅出云入泥。一个冷血的变法者，岂会感情用事。公子卬在"鸿门宴"上被生擒，接着卫鞅挥师攻打群龙无首的魏军，小胜对方。

　　卫鞅俘虏了公子卬，魏军河西统帅龙贾却丝毫不乱阵脚，故而秦军气势虽旺，却也占不到便宜。粮草耗尽之后，卫鞅只好退兵。

此战秦军虽然没有取得任何城邑，但也俘虏了对方一个公子，士气大振。秦孝公加封卫鞅为列侯，号商君，封地便是六百里商於之地。卫鞅此后便被称为商鞅，在秦国他是一人之下万人之上。

● 商鞅之死，他的逃跑路线是怎样的？

公元前 338 年，秦孝公离开人世，太子秦驷即位，是为秦惠文王。

秦孝公是一个标志性人物，在他的坚持下，秦国变法实行了军国奴隶主义，增强了军力，走上了一统天下的漫漫长路。

秦孝公去世，有些事情必须重新洗牌，有些人不得不重新定位自己。相国商鞅，无疑是首当其冲的。

商鞅的封地是 600 里商於之地，有 15 座城邑。商於之地由商密和於中两块组成，早在秦穆公时期，楚国在商密筑城，晋国在於中筑城，楚、晋两国针锋相对。

到了邲之战，楚庄王击败晋国称霸，晋国将於中献给楚国，600 里商於之地成了楚国的一个整体的地理单元（如图 2-19 所示），大致范围就是今天陕西省商洛市。

后来楚国国都被吴国攻破，秦国派大军帮助楚国复国，作为回报，楚将商於之地赠给秦国。

商鞅的封地商於之地号称有 600 里之大，在秦岭东部，位于秦、楚、魏三国交界地带，战略地位重要。商於之地，南北两头都依险要地形修筑了要塞，如果有几万兵力镇守，绝对可以自成一国。

不过战国时期封地的自主权不如春秋时期完整。战国时期的封地多是食邑，战国早期封君可以掌控一些戍守军队，到后期则几乎没有兵权。

商鞅拥有这么广大的一块封地，表面上风光无限，实际上他入秦近 20 年一直过得很辛苦。

商鞅入秦的前两年不得秦孝公重用，郁郁不得志。等到秦孝公任命商鞅为左庶长开始变法，商鞅手中有权了，却发现变法的阻力很大，碍手碍脚，好梦难成。

除了秦孝公，几乎所有秦人反对商鞅变法。秦国的大臣当中，甘龙和杜挚是坚定反对商鞅变法的，他们认为商鞅的军国奴隶主义是愚民苦民之策。秦国的宗室也极力反对商鞅变法，因为变法削弱了贵族的势力。权力集中到了国家和国君手中。甚至秦国的普通百姓也对商鞅变法怨声载道，因为商鞅变法扰乱了他们宁静的生活，绝大多数秦国男丁被武装到军队，造成无数家庭夫离子散。

商鞅在秦国的日子一直不好过，朝堂上没有一个是志同道合的朋友，起初秦人只是排斥他，随着变法的深入，想杀他的人越来越多。商鞅怎能不知很多人欲杀他而后快，他的应对办法是雇佣一批武力高强的勇士，贴身保护自己。

图中标注：关中平原　渭河　黄河　中条山　华山　丹江　商於之地

图 2-19　商於之地

自从得封商於之地，有了自己的食邑，商鞅府中的金库便非常充足。他出门总有几辆高大战车、数十勇士随行保护。只要离开商於之地，便有数十辆裹着铁甲的战车、数百勇士手持利刃，前呼后拥地保护。商鞅貌似威武，实则胆怯心虚、色厉内荏。

秦国变法之后，调动国家军队只要达到 50 人以上，便需要秦国国君的虎符。秦孝公不会杀商鞅，其他人要杀商鞅只能动用自己的私人武装，要突破数百勇士的严密保护杀商鞅，几乎是不可能的。

商鞅在秦国如此不受欢迎，秦孝公是否会在去世之前给商鞅安排一条生路呢？答案是否定的。秦孝公不但没有给商鞅留一条活路的打算，甚至亲手给商鞅安排了一条必死之路。

秦孝公与商鞅，这一对秦国变法的君臣，在外人看来，是圣君贤相，秦孝公怎会置商鞅于死地呢？

原因不外乎两条，一是商鞅的封地与郡县制背道而驰，二是商鞅必须成为变法的替罪羊。

商鞅的封地，地方600里，自他入秦以来，秦国总共也没有扩张600里地，然而他却获得600里商於之地。秦国最终是要实现国君直辖的郡县制，商鞅的封地与秦的郡县制背道相驰，这是商鞅最大的死因。

秦国在统一过程中，不仅商鞅有封地，另有几个大佬的封地都不比商鞅的差多少。

魏冉，秦昭襄王的舅舅，封在当时天下最富裕的地方陶郡。这是原宋国的一个郡，各路诸侯都想得到这个富甲天下的地方，齐国、魏国、秦国为了争夺陶郡，都付出过惨重代价。魏冉最后没有善终，他的陶郡被秦昭襄王收归国有。

吕不韦，他的功绩不用多言，可以说没有吕不韦就没有秦庄襄王，更不会有秦始皇。吕不韦的封地有3大块，第一块在洛阳盆地，10万户，人口不下70万；第二块在关中的蓝田，号称12个县；第三块在东部的河间，由燕国赠送的10个城和赵国赠送的5个城组成。吕不韦封地广，最终的命运也不过如此，流放到四川，封地充公。

嫪毐，秦始皇母亲赵姬的男宠，获封太原郡。嫪毐最后的下场与商鞅一样，车裂而死，封地充公。

魏冉、吕不韦、嫪毐等人，作为商鞅的后来人，即便知道封地与时代格格不入，还是控制不了内心的贪欲，抱有侥幸心理。

商鞅是第一个吃螃蟹的人，他有资格得到封地，却不能阻挡历史发展的车轮。

秦国获得封地的人远不止以上这些，若所有人的封地得以保留，那么秦国统一天下之后，秦朝会变成第二个周朝，秦人辛辛苦苦打下来的江山，最后还是会被林立的诸侯所瓜分。这种局面是秦孝公绝不愿意看到的。只有收回商鞅的封地，秦国的郡县制才能执行下去，否则削弱老贵族，又扶持一批商鞅这样的新贵族，秦人的努力就白费了。

秦孝公要杀商鞅的第二个原因，是责骂声一片的变法需要一个替罪羊。

在军国奴隶主义之下，商鞅将秦国的百姓全部武装成了国家的奴隶，男人负责打仗，女人负责农业生产。稍有怠慢或不满，杀之。

商鞅曾经在渭水河畔一次性处决了700多"犯法"的百姓，当时渭水尽赤，罪犯家属的号哭之声动于天地。如此好杀，商鞅在秦国不得民心，人人喊打，很正常。

不但秦国的百姓，秦国的旧贵族也对商鞅恨之入骨。秦国变法后，包括封君和封地逐渐不再世袭。这限制了贵族的权利，对国君是好事，商鞅却得罪了一大批权贵，包括被他削掉鼻子的公子虔（qián）。

在民怨沸腾之下，秦国变法必须有一个替罪羊，这个替罪羊不可能是秦孝公本人，只能是商鞅。也就是说，杀了商鞅，秦人对变法的抵触情绪将大为降低。

可是秦孝公不能杀商鞅，至少他自己死之前不能，因为他当年写的招贤书上明确有这四个字："与之分土。"秦孝公招揽东方人才入秦，如果他杀了商鞅，谁还敢到秦国来效力。秦孝公必须为秦惠文王继续变法减轻压力，但杀商鞅必须在他过世之后。果然秦孝公刚过世，秦惠文王第一件事情就是准备铲除商鞅。

秦国咸阳，王宫之内的密室。秦惠文王与几个秦国宗室重要成员商议用什么理由处死商鞅。

一位秦国宗室成员道："卫鞅割据600里地，雇佣勇士，心怀不轨，不如治其谋反之罪！"

谋反？就凭商鞅那几百个雇佣兵，简直就是笑话。

又一人建议道："卫鞅割据600里地，造成国贫民困，不如治其贪贿之罪！"

商鞅的封地是秦孝公封的，虽然并非心甘情愿，若以这个作为理由，日后怕是没人敢来秦国了。

其他人也陆续发表意见，但他们提出的罪名都有些牵强，不足以治商鞅的罪。

秦惠文王有个异母弟弟——公子疾，他智计多端，人称智囊。此人年少老成，深有城府。他与惠文王从小一起长大，哥俩亲密无间。

众人发表完看法，都没了主意，公子疾才不慌不忙道："主公，可曾记得太傅所受之刑？"

几年前秦惠文王当太子的时候，犯了一些小错误，按照秦法应该受到惩罚，结果商鞅给太子免罪，却把他的太子太傅，也就是叔父公子虔的鼻子给削了。

秦惠文王咬咬牙道："怎敢忘记，太傅此后再未出过府门！"

公子疾问道："以此为理由杀商鞅如何？"

密室中立即炸开了锅，难道秦惠文王还没有正式即位，就要背一个公报私仇的黑锅吗？

秦惠文王却没有说话，一副若有所思的样子。

公子疾接着道："以国仇而治商鞅之罪，列国人才必远遁。以私仇而治罪商鞅，只损一时之名声尔。"

一阵躁动之后，密室当中每一个人都在细细品味公子疾的话。若秦惠文王肯背上一个公报私仇的黑锅，确实是给商鞅定罪的好办法。

秦惠文王沉吟片刻，斩钉截铁地说出一番话："此事就如公子疾所言去办，众卿一定谨守消息，待国丧完毕，即可发兵捉拿商鞅！"

秦孝公去世，商鞅留在自己的封地，他不敢去咸阳吊丧，因为他已经获得了秦惠文王要对付自己的消息，惶恐不安，决定逃亡。

商鞅究竟犯了什么罪，导致他放弃封地，远走逃亡呢？要说商鞅犯了什么具体的罪，谁也说不上来，或许商鞅犯的罪就是犯了众怒，得罪了秦国所有人。

商鞅绝不想坐以待毙，他一直做着死里逃生，或者胜利大逃亡的尝试。

商鞅的封地商於之地，地方不小，处于秦、楚、魏三国的交界。商於之地西北是秦国的关中，东南是楚国的南阳，东北是魏国的上洛，西南是秦岭。

商鞅如果逃跑，似乎只有楚国方向和魏国方向两条路。

向楚国方向逃跑，是最先被商鞅否决的方案，因为在商於之地和楚国南阳之间，有一座秦国的要塞武关，商鞅仅以他的几百雇佣军，哪怕再加上戍守的1000多军队，到了武关这种要塞，毫无疑问也只能是"人为刀俎，我为鱼肉"。

即使商鞅侥幸通过武关，后面还得通过楚国的方城（长城）。即使他最后到了楚国，被遣返的概率也会非常大。因为新即位的秦惠文王，早在当太子的时候，就订下秦楚联姻之亲。楚国公主芈八子一直被秦惠文王宠幸，生了3个儿子，其中一个就是后来的秦昭襄王。秦楚关系自春秋以来就很不错，现在又有共同的敌人魏国，商鞅被遣返的概率还真不低。

于是魏国的上洛方向就成了商鞅重点考虑的方向。可惜，魏惠王却并不愿意接纳商鞅，上洛的守将坚决遵从王命，不放商鞅进城。上洛处在险峻的秦岭之上，虽然守军不多，但魏军专门选择险要之处修筑堡垒，一夫当关万夫莫开。如果上洛的守军不配合，山高水险之下，商鞅纵然能逃出去，其万贯家财也绝对要留在秦岭之中，这条路走不通。

那么，商鞅还有第三条逃跑路线吗？商鞅足智多谋，他规划了这样一条路线：从商於之地北上进入关中，然后向东到达黄河，再走水路通过崤函通道，到达韩国境内。当时的崤函通道为魏国控制，走陆路是不行的，只有沿着黄河东下才是唯一的出路。黄河水流湍急，当年晋国公子重耳流亡也走过这条水路。

商鞅如果到了韩国，既可以选择留下，也能借助韩国四通八达的交通网走水路到故国卫国，或去楚国、赵国甚至齐国。天下之大，相信还是有商鞅的容身之地的。

商鞅规划的逃跑行动分为3个阶段：第一阶段，从封地"商於之地"到关中；第二阶段，向东到达黄河；第三阶段，走水路到韩国。其逃跑路线大致如图2-20所示。

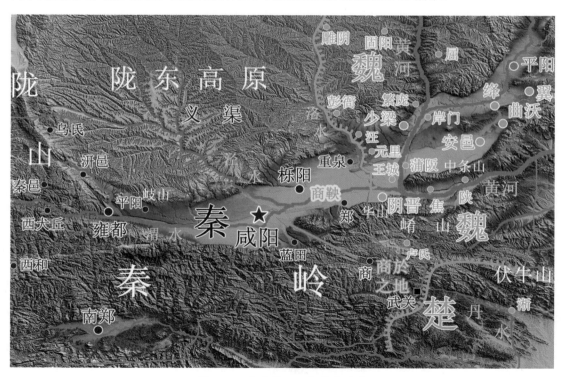

图 2-20　公元前 338 年商鞅逃跑

规划好路线，商鞅率领他的数百雇佣军，外加 1000 多商於之地的守军，总兵力 2000 余人，开始了逃亡之旅。

商於之地的青壮年都已参军，商鞅只能组织 1000 多老弱病残的当地守军跟随他一起逃亡。

商鞅的逃跑路线可谓独辟蹊径，只要他进行速度足够快，咸阳来不及派追兵，他就能迅速到达崤函通道，而秦军是绝对不敢进入追击的（当年崤之战全军覆没的惨痛代价，秦人不会忘记）。进入魏国的崤函通道，然后制造木筏沿着黄河而下，理论上魏军攻击他的可能性也不大。因为魏惠王只是不愿接纳商鞅，并没有想置他于死地。如果魏惠王有心害死他，肯定早就把他忽悠到上洛动手了。崤函通道的魏国守军，在没有获得魏惠王明确截杀商鞅的命令前，绝不会贸然动手。只要魏军不攻击，商鞅就能进入韩国境内，选择就很多了，肯定可以逃出生天。

商鞅的豪华车队载着几十车财物辎重，以他们能够达到的最快速度，北上到达关中后，立即转而向东，马不停蹄地行进。

当时普通的战车，一辆车配置 4 匹马，唯独商鞅的马车由 8 匹高头大马拉着，骏马不时发出短嘶声。车队的车身也比普通的马车更高更宽，车轮是红色的，车架和车帷却是黑色的，红黑相映，显得极其威武。车队承载着商鞅毕生的财富，也装载着商於之地 15 个城邑多年的税收。

商鞅逃跑的第一步，从商於之地北上进入关中，由于来得突然，秦惠文王毫无准备，商鞅成功了。接下来是第二步，从关中抵达魏国的崤函通道。

从关中进入魏国，商鞅会路过一座重要的城池，叫郑城，过了此处不远就是魏国境。郑城是西周时期郑国的都城，郑国东迁之后，秦国占领关中，在这里设置郑县。郑城在秦魏交界线附近，离魏国的军事重镇阴晋不远，虽然秦国的主力部署在重泉，但郑城这个地方的兵力也不下 5000，商鞅必须高度重视这里。

商鞅的军队到达郑城附近，按照军国奴隶主义，禁止任何人随意离开自己的居住地，商鞅没有秦王颁发的调动文书，郑城守军不放车队过境。在交涉无果的情况下，商鞅迅速启动了 B 计划，强行通过郑地。

商鞅判断，郑城的守将不敢将 5000 兵力全部调往城外，让郑城成为一座空城，给不远处的魏军捡便宜的机会。他断定，能够阻止自己车队的秦军，可能只是执行检查任务的寥寥数十人，即使有几百人，也问题不大。商鞅的目的并不是打败秦军，而是向东走，因此强行通过这里，既是唯一的选择，也是正确的选择。

郑城外负责查验的军士一开始的确只有数十人，但是当商鞅的车队意图强行通过时，郑城守将立即调动城内 2000 余守军前来拦截。当时有规定，调动秦国的军队，超过 50 人，就必须有秦王的虎符。此时秦惠文王可能还不知道商鞅逃跑了，自然来不及调动郑城守军阻击商鞅。所以，阻挡商鞅的这支郑军，也是冒了一定风险的。他们锚定商鞅这是在以身试法，才不顾一切要阻止商鞅逃跑，并与商鞅的军队正面交锋。

双方兵力对比，秦军出城阻截的兵力 2000 余人，商鞅总兵力 2000 余人，表面看来双方的实力旗鼓相当，秦军要阻止商鞅车队突围当不在话下，但是要将商鞅个人拦下，却很难做到。

军国奴隶主义中的军功爵位制规定，杀敌有巨大的封赏，郑城守军因此奋不顾身，全力阻击，绝不放走商鞅这块肥肉。而商鞅这边的雇佣军是拿钱办事的，平日狐假虎威，真到拼命的时候积极性远不如秦军高，他们并不想成为商鞅的牺牲品。而且，商於之地戍守的军队本身就是正规军淘汰下来的，老弱病残居多。这场小规模战争的结果，军国奴隶主义下的军队大胜雇佣军！这个结果似乎也昭示，日后秦军能够依靠军国奴隶主义下的军队横扫东方。

商鞅面对败局却临危不乱，他还有 C 计划：一旦不能保全车队而退，那就自己突围，留得青山在！

商鞅的十几个死忠将商鞅的战马团团围住，边与秦军力战边保护商鞅向东撤退。

战争进行到这里，双拳已经难敌四手，随着商鞅的死忠一个个倒下，他终于意识到，自己一手创立的军功爵位制可以激发出多大的潜能。

郑城的守军明白，抓住商鞅，即意味着功名利禄爵位田产到手，可以少奋斗 20 年。

商鞅被抓住那一刻，2000 多同来的军队，逃走数百，剩下 1000 多人被杀得一个不剩，现场还有许多秦军士兵在割取他们的头颅，以便日后论功行赏。

商鞅嘴角露出一丝诡异的苦笑，自己设计的军功爵位制最终把自己给套进去了，而这种制度激发出的能量也让商鞅坚信，秦国必将统一天下。

几天后商鞅被带到咸阳，在数万围观者面前被执行车裂，这就是成语"五马分尸"的出处。这种酷刑因其刑具昂贵，费时费力，普通囚犯享受不到，只有地位特别而且十恶不赦的人才有资格获得。

商鞅被车裂后，秦国百姓争啖其肉，其中有不少人就是当年商鞅一次性处决的那 700 多人的家属和朋友。商鞅的家族也被屠了个干净，秦人对他的仇恨之深，难以用语言形容。

商鞅死后，秦国百姓歌舞于道，如释重负。六国人闻之，亦皆弹冠相庆。

商鞅死后，他的封地商於之地回到秦国怀抱。二十多年后，纵横家张仪用 600 里商於之地忽悠楚怀王。楚怀王垂涎商於之地，引发秦楚之间的丹阳、蓝田之战。楚国的大军就是从商於之地攻入关中，与秦国进行蓝田之战。

到了秦汉之际，商於之地的战略价值再次放大，刘邦攻克武关，从这里率先进入关中。

从商鞅得到如此重要一块战略要地，到其家族被诛，短短三年，呜呼！

● 雕阴之战，两翼齐飞，斩首 8 万

公元前 337 年，惠文王即位，年仅 19 岁，并未亲政。通过车裂商鞅，惠文王逐渐掌控了兵权。他仿效父亲秦孝公，继续从东方招贤纳士。

此时从魏国来了一个人，叫公孙衍。此人是魏国阴晋人，在阴晋的守军中号为犀首，熟悉河西魏军防御布局。

阴晋是魏国河西南部的军事重镇，既能阻挡秦国进入崤函通道，又能威慑关中。这个地方不东不西，夹在关中与河西之间，语言文化更接近秦国，这是公孙衍后来在秦国成功的基础之一。

犀首是一种荣誉称号，魏武卒中出类拔萃者才会被称为犀首。犀牛体型大，高 2 米长 5

米，头上的尖角足以洞穿任何森林动物，再加上皮粗肉厚，当者披靡。号为犀首的魏武卒，在整个魏国都罕见，他们身披重甲，冲锋时带一小队魏武卒，可凿穿敌人任何坚固的方阵，千军万马取敌将首级如探囊取物。

秦惠文王求贤若渴，立即委以公孙衍要职。此前秦王最得力的助手是公子疾，现在公孙衍和公子疾成为秦惠文王的左膀右臂。

公元前334年，魏惠王和齐威王在齐国的徐州互相尊称对方为王，史称"徐州相王"。这一年秦惠文王22岁，举行了冠礼，完全掌控了秦国兵权，历史即将翻开新的一页。

此时魏国镇守河西郡和上郡的，依然是宿将龙贾，这个让秦孝公和商鞅20年不能收复河西的老将，仍然老当益壮，坚守魏国西部自己一手规划和建造的防线。

公元前331年，秦军兵分两路，由公孙衍率先统领一支秦军，约8万人，北上到达洛水上游，东渡洛水向魏国北部的雕阴进攻。计划等公孙衍吸引魏国的援军之后，公子疾统领秦军12万，攻击魏国南部重镇阴晋。

龙贾虽然防守手段高明，但抵不住秦军人多。秦军利用河西和上郡的纵深，南北同时进击，让龙贾南北不能相顾。两翼齐飞，又有先后顺序，这是一场精心策划的战争。

雕阴城外，天空飘着小雨，公孙衍的大军分几批陆续抵达，砍树，扎营，收集石块，建造投石车，繁忙而有序。

雕阴城中，魏军也在紧锣密鼓地准备弓弩、滚木、礌石、沙土、热油、草垛等一应防御设施，丝毫未有慌乱。

以军力对比而言，秦军8万，魏军仅有4000，是20倍的差距！然而雕阴城的守将却信心满满，他本人是魏武卒出身，对魏军单兵作战能力相当自信，而这雕阴城中的魏武卒数量还不少。

魏国的武卒由名将吴起创立，约占魏军十之三四，河西是魏武卒的发源地，河西和上郡的魏武卒比例更大一些。雕阴城的魏武卒数量超过一半，足有2200余人。

两天前，见到先头部队之后，雕阴城的守将已经派斥候前往河西少梁城，禀报河西太守龙贾知晓。此时秦军已经全部到齐，8万整。

雕阴城守将已将每日一发的军情改为每日三发，上百斥候驰马穿梭于上郡雕阴与河西少梁之间，个个寡言少语，生怕耽搁一秒钟耽误军机。

不过雕阴城守将只报军情，却未向龙贾求援。当年吴起在河西的时候，魏武卒对秦军大多数时候都是以少打多，还能屡屡得胜，那个时代建立的心理优势得到传承。

第四天清晨，公孙衍下达攻城令。这个魏国人，在面对旧主时，绝没有心慈手软。

公孙衍身形伟岸，比周围的将士要高出一头，自有难以言述的逼人气势。他亲自登上战车，指挥秦军攻城。秦军旌旗蔽日，征鼓喧天，四面围城。

公孙衍有办法破局，却必须留一手，否则攻克雕阴，就达不到调虎离山的效果，不将龙贾的主力吸引到上郡北部，公子疾的南路军也无机可乘。

如果秦军不顾一切攻城，一定能拿下雕阴。

随后秦军筑垒城，每日挑战。公孙衍不时令死士攀城，不惜牺牲部分军士的性命，攻得很猛。

十多天过去，魏军损失 2000，秦军损失则超过 5000，倔强的雕阴城守将，终于撑不住了，准备派人向龙贾求援。

三月初一夜，月黑风高，雕阴城中火把点点，守城的魏军将士强打精神，密切关注着城外的动静。

"有情况！"一个魏武卒洞若观火，远处点起一个火把，他第一时间就发现了。

一阵紧急的鼓声响过，数百守军登上城头，滚木、礌石、沙土、热油，瞬间准备妥当，就等秦军前来。

连日来秦军攻得急切，白天攻，晚上还攻，魏军已经习惯这种节奏，迅速作出回应。

此时远处的火把已经一片片点亮，而且还在不断增加，有如万家灯火一座城。本来寂静乌黑的夜空，被强大火力照耀，亮如白昼。魏军守将举手投足间虽然镇定，但在火把的映照下，脸上还是露出了一丝慌张的神色。

不过谁也没想到，这些火光并非来自秦军，而是魏军发出的。

魏国河西太守龙贾，在秦军连续攻城 5 天之后便判断雕阴城有危险，秦军不会轻易退却，于是从少梁发兵 5 万，亲自领兵前来救援。他走之前下令从河西其他城邑调集两万余人来镇守少梁，这样少梁的总兵力亦有 3 万。

老将军龙贾这才统率 5 万大军，向北支援雕阴城。龙贾补足了雕阴城的守军，剩下的 4.8 万人，修筑了两个巨大的垒城方阵，与雕阴城形成三足鼎立之势。

魏军的方阵由数十个垒城组成，每个垒城约 1000 人，远远看去层峦叠嶂，连绵横亘，就算一点不懂兵法的人都看得出这是大师级的手笔，让人不寒而栗。

此时一个消息同时传至双方的中军大帐：秦国公子疾统兵 12 万，进击魏国河西郡南部重镇阴晋。

龙贾从河西各地调遣人马驻防少梁，而针对阴晋，则让守将按兵不动，为的就是防御秦国这一声东击西的手段。

公孙衍得到消息，立即通告全军，以此鼓舞士气，再加上秦军对魏军的战法已逐渐习惯，军心总算是安定下来。

阴晋城那边，秦惠文王的亲弟弟公子疾统领 12 万大军，在城外安营扎寨。前日两军在城外已经有过小规模交锋，秦军以绝对优势兵力击败小股魏军，之后魏军再也不出城迎战，一副据城坚守的姿态。

阴晋是座大城，内有守军 2 万余人，公子疾若是像公孙衍那样攻城，无异于拿很多鸡蛋去砸一块石头。

两翼齐飞，两翼都遭到顽强抵抗。临阵因势而变，不循规蹈矩，这是名将的特征。在阴晋城下逗留仅两日，公子疾便挥师东进，深入崤函通道，攻打其中两座小城——焦城和陕城，吸引阴晋城中的魏军尾随而来。

焦城和陕城，各只有千余魏军把守，是两座比雕阴城更小的城邑。12 万秦军以迅雷之势拿下了两座城。此时魏国河西的战局就蔓延到河东了。当年晋国假虞伐虢，从河东穿越中条山脉，进入崤函通道。如今公子疾拥兵 12 万，足以反向沿着当年晋军的道路，穿越中条山脉，进入河东，攻击魏国旧都安邑。

魏国河东守军的战斗力不如河西守军，当年秦献公在河东石门斩首魏国河东军达 6 万之多。公子疾拿下这两座小城后，立刻派小队人马向北翻越中条山，营造要攻打魏国河东安邑的声势。

从阴晋退兵到攻克两座小城，再到虚张声势进攻河东安邑，这一系列军事行动，只用了短短 3 天！

阴晋城的守将焦急万分，空有两万余兵力（其中还有 1 万多是魏武卒）却发挥不了作用。

在丢失焦城和陕城之后，阴晋的地缘位置也恶化起来。黄河在这里拐弯，阴晋城虽属于河西管辖，但是与河西隔着一条黄河，与关中倒是陆地相连的。阴晋几乎成了一座孤城。北面是黄河，南面是秦岭，东西两面都有可能遭受秦军袭击。

不过龙贾与阴晋守将早就算到了这个局面，料定公子疾只不过是在玩调虎离山之计，只要不搭理他，防线无忧。

秦魏四军在南北两个方向对峙起来。时间一晃过去了半年，战争形势对魏国不利起来，公子疾几乎切断所有通向阴晋的粮草通道，阴晋就像悬在秦国的一座魏国兵营，离断粮已经不远了。

到这一年的隆冬，秦军没有退兵。两军对峙，先泄气的一方，可能会迎来满盘皆输的严重后果。率先求变的是魏军，再有一个月就要断粮的阴晋守军终于坐不住了，老将军龙贾策划了一场运粮的大场面。

魏军先是由河东的守军营造声势，小股河东魏军试图翻越中条山脉来袭击秦军，被秦军击退。河东军目的是将公子疾的秦军留在中条山脉，可是公子疾的注意力一直都放在阴晋这座城池上，从来没有转移过。

隆冬季节，黄河结冰，1 万余阴晋守军踏着坚冰，迅速而悄然地向少梁进发。万余人到达少梁，再从少梁派出 1 万守军，共计 2 万余人，运送足够阴晋守军过冬的粮草，火速返回阴晋。

即便秦军出动一两万人来抢粮，魏军两万余人的队伍也足以保证粮草抵达阴晋。

而秦军的部署，是在崤函通道中，从阴晋不远处，到焦城、陕城，几百里分散扎营，给魏军营造一种秦军重点不在阴晋的错觉。

1 万多魏军趁着夜色过了黄河，进入河东去搬粮食，两万余人运粮返回，公子疾预料到了，但对方兵力比他预料的要多。

公子疾当时正在靠近阴晋的一支秦军当中，这支队伍只有 1 万多人，以这个兵力去抗衡有 1 万多魏武卒的两万余魏军，肯定是惨败。

事发突然，公子疾率领这 1 万余秦军走上黄河冰面，在魏军回来可能经过的地方砸穿了河中心的冰面。

一般来说，河水中心的冰面要比岸边薄得多。秦军就在黄河中央架锅烧开水，然后砸开冰面，硬生生砸出许多冰洞。要阻止魏军过河，光有冰洞还不行，必须把冰面彻底砸出一条小河。秦军选了水性好的数百军士，跳下冰冷的黄河，用手臂粗的绳索将冰洞链接起来。冰面上则由上百号人，像拔河一样，将相隔几丈远的冰面彻底拉成碎冰。

忙活了一整天，秦军在黄河的冰面之中造出了一条宽十余步的人造河流，这样一来魏军就不可能成功运载粮食渡河了。

在夜色的笼罩下，2 万多运粮魏军赶到黄河边，发现了秦军的杰作，纷纷破口大骂。可是，骂又有何用，这条天然障碍长达 20 多里 ①，魏军想绕不太可能。

魏军当然不会坐以待毙，他们手持强弩，到达黄河中心，向缺口对面的秦军施射，暂时将秦军赶到了南岸。

这条人工小河如果要重新结冰，那得整整一个晚上，魏军将领下令，紧守河道，不让秦军再破坏冰面。

公子疾则令秦军在南岸生火烤热身体，就地休整，等待第二天的大战。

待天色朦胧亮时，几个魏军已经蹑手蹑脚通过前一天秦军制造的小河，估计再有一个时辰，魏军即可运载粮草渡河！

半个时辰之后，魏军试探性地开始渡河，首批 5000 魏军，运载着 100 多车粮草，小心翼翼地在冰面上通行。

战争的形势又发生了变化，此时 12 万秦军有 3 万已经赶到战场，两万驻扎在黄河南岸，一万在北岸虎视眈眈，等公子疾一声令下，就会对魏军发起猛攻。

这一日一夜间，公子疾令崤函通道中的秦军悉数赶来。在与时间的比赛中，秦军后来居上，占了上风，公子疾的临场指挥已经有了名将的风采。

两万余魏军，其中有一万多魏武卒，对阵 3 万余秦军，若是在开阔地上，魏军摆开他们操练多时的方阵，这 3 万余秦军恐怕还是会吃败仗。不过这一次形势大为不同，魏军要护送粮草，无法展开阵形。

见魏军首批 5000 人已经开始运送粮草，公子疾哪能给魏军机会渡河，他果断下令火烧粮草，杀光魏军！3 万余秦军，一人一个火把，没有火把的，就用木条夹着炭火，向魏军运粮大军压迫而去。

"嗖、嗖、嗖……"先是一阵火箭射出，后面秦军立即跟上，在魏军忙着救火的时候将火把和炭火扔到一车车的粮草堆中。一时浓烟滚滚，魏军急红了眼，这些粮草可是他们日后的口粮，阴晋城中还有一万多魏军也要靠这些粮草度日。

魏军一面救火，一面与秦军作战，战斗力陡然下降，秦军以优势兵力迅速对魏军发起攻击。

这场本来应该是魏军占优的战争，由于那些起火的粮草而变得势均力敌。随着秦军增援的军队陆续加入战场，形势逐渐对秦军有利起来。

一天鏖战之后，两万余魏军以"粮在人在，粮没人亡"的壮烈方式，告别了战国这一璀璨的历史舞台。公子疾在河西斩首的魏军总人数达到 2.5 万人。但是秦军的伤亡也不小，足有

---

① 注：秦朝 1 里约等于现在的 415.8 米。

2万人阵亡。公子疾打了一场胜仗，杀敌一千，自损八百。

休整几日之后，公子疾调动所有秦军，约9万人，向河西郡的治所少梁城进发。

少梁城原本有3万余守军，抽出一万护送粮草，现如今仍有两万余人，足以抵挡秦军的攻势。相当于公子疾两翼齐飞的战术，就成功了一翼，北线均衡的格局也因此迅速被打破。

公孙衍和龙贾几乎是同时得到消息。公孙衍立即布告于秦军各营寨，秦军将士群情激昂，个个摩拳擦掌，跃跃欲试。龙贾则只通知几个重要将领，封锁消息。

十二月初八，是秦魏两军得知公子疾向少梁进兵的日子。到夜间，寒风凛凛，刮在人脸上像冰刀一般。7.5万秦军借着夜色的掩护，顶着寒风，向南疾行50里，再次简单地安营扎寨。

龙贾在秦军一有动静时便已知晓，然夜黑风高，稳妥起见，只令各营垒坚守不出。到清晨，老将军彻底明白，公孙衍是要往南，与公子疾配合夹攻少梁，两支秦军加在一起十六七万人马，少梁城只有2万余守军，危矣！

"贼！"与秦军对峙几十年，老将军龙贾也学会了用秦腔骂人。

"众将听令，弃沉重物资，备5日干粮，寻秦军主力一战，杀光秦人！"

"杀光秦人！杀光秦人！"各级将校，带领近5万魏军，喊着响亮的口号，山川为之撼动，河流为之激荡。

短短一番话，老将军龙贾将心态处于劣势的魏军士气拔高到顶点，不愧是身经百战的宿将。龙贾要舍弃那20万秦军也难以攻破的坚固防御阵地，只为牵制秦军南进的步伐。

在魏军的紧密尾随之下，连续3天，公孙衍的秦军每日只能向南推进20里。按照这个速度，要与公子疾夹攻少梁，也是一个多月以后的事情了，那时恐怕魏军亦已抵达少梁城，5万魏军入城，秦军就只能无功而返。

公孙衍也不敢分出一军先行去少梁，以公孙衍的7.5万秦军，对阵龙贾的4.8万魏军，鹿死谁手，犹未可知。

魏军不但有一半体能、速度、力量俱佳的魏武卒，而且他们多年坚持操练阵法，在战场上不需要指挥，就能形成小到两人、大到数百人的组合方阵，以集体的力量进行搏杀。魏军用了上百年才锤炼成如今这种相互弥补、相互配合的整体作战风格，既有整体性，又有魏武卒的勇悍。秦军在整体性方面与魏军差距很大，这是在两支军队中都效过力的公孙衍得出的结论。

魏军中军大营，老将军龙贾正仔细地察看羊皮地图，食指在地图上不停地滑动，这里的每一寸土地都是他的防御范围，每次看到河西郡和上郡的地图，总会涌起老当益壮的澎湃心潮。

魏军紧咬秦军，秦军若回头反击，老将军就会以魏武卒打头阵，毫不客气地来个迎头痛击；秦军若按部就班去少梁，魏军亦可回到少梁。只要少梁不失，过去的败仗皆可挽回。

不过老将军还是有一点担忧，少梁城一日三报的军情已经中断了一天一夜，料想是秦军中途劫击，这些斥候只怕是凶多吉少。

正思量间，帐外小兵报，有少梁斥候赶到，报告了一个令魏军惊惧的消息："少梁城中秦军细作放火烧粮，城虽未破，但城中不知藏匿了多少秦军细作，少梁危在旦夕。"

3个时辰之后，又有抄小路而来的斥候禀报了少梁城的情况：城中细作看来数量不少，每次趁着秦军攻城，锣鼓震天，喧杂无比，便出来杀害百姓，放火烧粮。少梁城太大，少梁守将没办法每一处都安排魏军岗哨，因此秦军细作们在少梁城中甚是猖狂。

老将军龙贾立即改变战术，令青年将军公孙喜领 5000 魏武卒，不分昼夜尾随骚扰秦军，自己统领 4.3 万魏军，由两位斥候带路，抄小路回援少梁。

一天之后，上郡的崇山峻岭之中，老将军龙贾统领的 4.3 万魏军被公孙衍的 7 万秦军伏击这就是公元前 331 年的秦魏雕阴之战，如图 2-21 所示。这是怎么回事呢？

图 2-21　公元前 331 年秦魏雕阴之战

当年公孙衍到秦国，并非孤身一人。他在秦国受到重用后，以各种手段从魏国挖人，几年之间数十个魏人前来秦国投奔。公孙衍找出几位曾经担任过魏军斥候的，来蒙骗老将军龙贾。

伏击战，战况通常都是一边倒的，这场秦军伏击魏军的战争也不例外。4.3 万魏军，被假斥候带到狭长的山谷之中。战争打响，魏军在山谷当中被秦军分割成若干段，虽然魏军仍然能组织小型方阵进行抵抗，但秦军居高临下，士气旺盛，魏军减员非常快。

经过大半天厮杀，到这天夜晚，魏军已经被杀得七零八落的，100 人以上的团队已经找不到了。

老将军龙贾在数十位将军、裨将、校尉的贴身保护下，向南突围。这些将校们大多身中箭矢，却奋不顾身，拼力保护老将军突围。

魏军将校一个个倒下，突围的曙光却依然没有见到。老将军龙贾知道大势已去，看着眼前这十几个熟悉的面孔，正气凛然道："死，何惧哉，为国捐躯，死而无憾！"

将校们也知此番定然没有活路，跟着老将军高喊："为国捐躯，死而无憾！为国捐躯，死而无憾！"

喊声招来更多的秦军箭矢，将校们的声音越来越微弱，直至最后一人倒地。悲壮的魏军，走完了他们的最后一程。

不远处一个小山头上，公孙衍率一众将尉观战。秦将均是彪悍强横之辈，但站在公孙衍身旁，像是群狼追随头狼。

公孙衍自言自语道："若有犀首开路，或许有一线生机。"魏军将校们最后的呐喊，以及身边秦将的欢呼声，淹没了公孙衍轻声的话语。

战斗戛然而止，取而代之的是秦军将士漫山遍野的欢呼。作为一个曾经的魏国武卒，公孙衍落下一滴同情、忧伤、矛盾、孤独的泪水。

话说公孙衍探知魏军抄小路而去，立即引7万大军前去伏击，只留5000守军，却大张旗鼓营造几万人的阵势。而魏军留下的魏武卒，也是5000。一个昼夜下来，魏武卒没有停止过骚扰，为的也是营造声势。到第二日清晨，魏军主将公孙喜已经察觉到，秦军绝对没有数万之众，顶多不过1万人上下。于是公孙喜令魏武卒试探性进攻，在取得几番小胜之后，立即驱兵狂进。训练有素的魏武卒，在秦军伏击魏军时，用一场酣畅淋漓的胜利挽回了一丝颜面。留守的秦军哪里是魏武卒的对手。5000秦军，阵亡3000，其余被杀散，这也是秦魏两军在整个河西上郡大会战中，魏军赢得的唯一一场胜利，可惜没能改变整个战局，这场胜利来得太晚了。

指挥这场战斗的，便是日后名动天下的魏国将军公孙喜，以后他还会给秦国、楚国等诸侯带来巨大的灾难，这是后话。

公孙衍伏击魏军主力之后，留下负伤不能动弹的秦军，其余秦军挥师北进，袭破雕阴城，斩首4000魏军。而魏军仅存的公孙喜军则南下驰援少梁，保住了少梁这个河西的象征所在。

现在该统计这场耗时大半年的鏖战双方各自伤亡的人数了。南线，公子疾共斩首魏军2.9万，秦军自损2.4万。北线，公孙衍斩首魏军5.1万，并俘虏重伤的魏军大将龙贾，秦军自损2.8万。南北两线，秦军共计斩首魏军8万，自损5.2万，无论是斩首数和自损数都创了纪录。

战后，公孙衍因功被封为大良造（二十级军功爵位制第十六级），领秦国相国之位。跟随他的诸将皆有封赏，获得爵位的军士达1万多人。公子疾兵力多过公孙衍，本为主将，也打了一场胜仗，但自身受损严重，他和帐下将士受封的不多。

雕阴之战，因战争发起点为公孙衍攻打雕阴而得名，是一场教科书般的两翼齐飞战役。这场战役后，魏军在河西和上郡的主力不复存在，而魏国那个悬在黄河南岸的阴晋城也因为粮草不济而岌岌可危。

● **边打边谈，收复河西**

公元前330年春，魏惠王将阴晋城献给秦国，秦军退出焦、陕两座小城。秦魏雕阴之战后秦国的范围如图2-22所示。

图 2-22　公元前 330 年秦魏雕阴之战后的范围

　　魏惠王作出以大换小的决策也是无奈，当时阴晋东西两侧全部控制在秦国手中，阴晋以南是华山，以北是黄河，阴晋完全是一座孤城，失守也只是时间问题。

　　此时秦国对魏国的河西形成了北、西、南三面合围之势，秦国光复河西指日可待。

　　不久后魏惠王任命青年将军公孙喜为河西太守，接过老将军龙贾的重担。公孙喜就是那个在雕阴之战中为魏国挽回尊严的青年才俊。

　　面对雕阴之战阵亡 8 万的残局，公孙喜迅速收拾了河西这个烂摊子。他放弃了过去全面设防的战略，以四万余兵力重点防御河西郡治所少梁，在周围各处要塞辅以两万余兵力，收缩防线，以一个郡不到 7 万人的兵力与数十万秦军抗衡。

　　经过一年紧张的调度和调整，公孙喜重新构建了魏军在河西的部署。

　　秦军也休整完毕，将士们个个精神抖擞。在雕阴之战中获得爵位的弟兄，准备争取更高的爵位，而那些没有获得爵位的，则摩拳擦掌，跃跃欲试，立誓要赢得一个爵位。

　　公元前 329 年春天，秦惠文王再次起兵，分两路向魏国开战。

　　秦军北路统帅还是公孙衍，他领兵 8 万渡过黄河进入河西；南路统帅还是公子疾，他领兵 12 万，再次攻打焦、陕，欲打通崤函通道，挺进中原。

　　北路公孙衍军进入河西之后，没有攻打少梁城和其周边要塞，而是长驱直入，渡过黄河，将岸门附近的汾阴、皮氏两座微型城邑拿下。岸门是黄河边上魏军的一个要塞，城不大，有几千驻军，而汾阴和皮氏则是两座各只有数百守军的小小城邑。

南路的公子疾军进展也非常顺利。公孙喜采用重点驻防战略，对地处崤函通道的焦城和陕城只派了当差的城守，各领100人马，相当于仅是行政上的统治。这两个远离少梁城的小城，部署100人和部署1000人区别不大，都只有挨宰的份儿。当公子疾军浩浩荡荡开过来，两个城守一个自杀，一个跑路，秦军兵不血刃就拿下了这两座小城。

一个多月下来，秦军便在魏国建立起南北两处屯兵之地，这次他们不求速战速决，而是准备一口一口吃掉河西。

此时秦惠文王的诏书到了，令两位统帅停止进击，就地待命。原来惠文王在出兵的同时派张仪出使魏国，一边打一边谈判。在形势不利的情况下，魏国同意放弃上洛之地。

张仪是魏国宗室后代，家道没落。不过他是鬼谷子的高徒，是纵横家，庞涓和孙膑是他的师兄，苏秦则是他的师弟。张仪先投在楚国令尹昭阳门下，后被怀疑偷了和氏璧，遭一顿毒打，逃到秦国。

崤函通道被秦国占领之后，上洛之地成了魏国的一块飞地。上洛之地位于秦楚韩三国之间，魏国放弃上路之后，楚韩两国就要直面秦国了。

张仪代表秦国开出的条件是由秦国相国公孙衍，统率魏国皮氏附近青壮年一万人，外加百乘牛车，帮助魏国去攻击楚国。

魏国（包括晋国）与楚国争霸中原几百年，战争频发，魏国都城大梁是从楚国夺来的，魏国要为大梁增加纵深，就必须蚕食楚国领土。而楚国人时刻都想反攻魏国，收复失地。

魏国能得到一万军力去攻击楚国，也算是得到补偿了。把雕阴之战的功臣公孙衍支走，魏惠王放下心中一块石头。而秦国白得了上洛之地，至于送给魏国的军队、兵车，借给魏国的公孙衍，那本都是属于魏国的。

第二年，公孙衍率领魏军在陉山击败楚军，魏国这笔交易似乎也不算太亏。

秦军方面，公孙衍离开后便由公子疾统率，再次开拔，进入河西。此时的河西和上郡仍然有一半的城池还掌握在魏国手中，像少梁这种重镇依然被魏国牢牢控制，秦国要是强攻，可能还要花上几年，付出数万生命的代价。

张仪则悄然来到大梁，与魏惠王再次和谈，希望魏国把飞地河西割让给秦国。秦惠文王在做太子时同时娶了魏国公主和楚国公主，张仪本来就是魏国宗室，深谙其中的利害关系。他开出的条件是，秦王立魏国公主为王后，从此秦魏结盟，而且秦魏边界也不再相连，秦国将转而出兵赵韩两国。

魏国的飞地河西，现在由公孙喜率几万人苦苦支撑，丢失也只是时间问题。如果能保全公孙喜这支军队，再把赵、韩两个兄弟拉下水，魏国在中原扩张的压力就会减少许多。

分析清楚这些微妙的局势之后，张仪居然以三寸之舌让魏惠王将河西和上郡之地拱手相送。

从秦穆公占据河西开始，到秦简公失去整个河西，再到秦惠文王收复河西，历史在拉锯中前进，河西这块要地从此再也没有离开秦国版图。秦国收复河西后的范围如图2-23所示。

图 2-23　公元前 328 年秦国收复河西后的范围

事后秦惠文王大宴群臣，对张仪进行了三重封赏。首先是提升张仪为相国，有人认为张仪支走原相国公孙衍去魏国，早就算到了这一步。其次是封张仪为列侯（军功爵位制的最高级），号武信君。秦国历史上只有 4 位是带武字的封君，分别是武信君张仪、武安君白起、武成侯王翦、通武侯王贲。最后是赐 5 座城邑给张仪作为食邑。

张仪的收获非常大，但其他秦军将士却没有寸功，也没有任何人加官进爵，秦军上下对张仪心存芥蒂，尤其是公子疾、司马错等秦军青年才俊，求功的心情非常迫切。

● 修鱼之战，兵进中原，斩首 8 万

公元前 328 年，秦国兵不血刃取得河西的这一年，急切想要获得爵位的秦军将士，从上郡北上，再东渡黄河，攻克赵国在黄河东岸的要塞蔺。蔺城是蔺相如的故乡，位于黄河东岸，是赵国的西大门，这里失守意味着黄河的天然防线已经没有意义，这对赵人的心理影响很大。

秦军继续东进，攻克另一座要塞离石，斩杀赵军统帅赵疵。此时秦国的范围如图 2-24 所示。

相国张仪在秦国颇为得志，他可能没有想到，被他挤走的公孙衍在魏国也位居高职，很快就会在合纵连横的外交场上与张仪一较高下。

图 2-24　公元前 328 年秦国攻占赵国蔺、离石后范围

公孙衍本来是秦国的相国，因为张仪一番话，被秦惠文王送到魏国为将，取代他的相国之位的正是张仪。

若是张仪与公孙衍在战场上交锋，多少个张仪也不是公孙衍的对手。张仪学的不是兵法，而是纵横术，两人并没有机会在战场上对峙。

公孙衍虽然在魏国担任相国，但对张仪夺走自己秦国相国之位耿耿于怀。公孙衍想跟张仪斗一斗，不比兵法，就比纵横术。

历史上的合纵连横，西部的轴心始终是秦国，东方六国重心则在魏、楚、齐、赵之间切换，这一时期东方合纵的重心在魏国。

由于秦魏两国已经公开结盟，秦魏合纵连横之争，秦在明，魏在暗，魏国的目标是要将齐、楚、赵、韩、燕拉到自己阵容下，再挥兵与秦国决战。

秦国与魏国达成同盟，随时可以出兵赵国，继续蚕食赵国的领土。赵肃侯恰在这时候去世，少年赵武灵王还掌控不了一个大国，赵国的处境非常不好。

武信君张仪正忙着给秦惠文王举行称王仪式。秦国咸阳郊外，张仪令人筑一高台，四方四正，算上围栏东西与南北各 3 里。

加冕大典当日，秦惠文王登台，用天子仪仗，文官武将叩拜，高声三呼万岁，声闻数里。台上台下旌旗飘扬，众臣皆依次排列，宦官捧进冠冕诏玺。按照礼俗，秦惠文王三次谦让，最后才"勉强"同意加冕王位。

高台之上，秦惠文王南面而坐，受文武百官拜贺，即王位。

至此，秦国由西陲之地，到伯爵加身，再到加冕王位，一步步完成蜕变。下一步就是统一天下了。

而此时魏国在合纵连横的道路上步步为营，走得非常扎实。

魏惠王将太子魏嗣送到齐国作人质，将公子魏高入质于楚，魏国与齐、楚两个大国结盟，与赵、韩两个兄弟国也重归于好，五国合纵的形势逐渐形成。而曾经的魏国犀首、秦国相国，如今的魏国相国公孙衍，往来于魏、赵、韩、楚、齐、燕之间，诸侯对他敬重备至。公孙衍出行，仪仗旌旄，前遮后拥，车骑辎重，连接 20 里不绝，威仪如同王侯，一路官员望尘下拜。

有一回公孙衍路过东周洛邑，周显王派人清扫道路，设供帐于郊外以迎之，给足公孙衍面子。

公孙衍逐渐成为东方六国炙手可热的大人物，可谓失之东隅，收之桑榆。几年前被张仪从秦国挤走，如今比在秦国时还要风光得意，真不知是否要感谢张仪。

公元前 323 年，魏国作为东道主发起了一场称王运动，魏、韩、赵、燕、中山共同称王，且得到齐国的首肯，合纵形势一蹴而成，公孙衍的号召力不言而喻。

魏国都城大梁附近，公孙衍指挥民力筑坛布位，以待诸侯。

先后到来的诸侯有 5 位，除魏惠王外，还有赵武灵王、韩威侯、燕易王、中山王厝。

盟会的日子到了，大诸侯们各登盟坛，依位排立。

公孙衍在台阶下面宣读："诸君都是山东大国，位皆王爵，地广兵多，足以自雄。秦乃牧马贱夫，据咸阳之险，蚕食列国，诸君能以北面之礼事秦乎？"

诸侯闻言，皆表态，不与秦国为盟友，更不向秦国称臣。

公孙衍捧盘，请五王依次歃血，拜告天地及五国祖宗，互相承认王位，并约定若一国背盟，则四国共击。写下誓书五卷，五国各收一卷，然后皆大欢喜地就席。

三晋本是一家，与燕国和中山国结盟解除了赵国北患，如此赵魏韩便一心对付秦国。但魏楚矛盾深厚，几百年的恩怨在那儿放着，公孙衍只好亲自出使楚国。

公孙衍在楚国给楚怀王戴足了高帽子，请楚怀王为诸侯之首的"纵约长"，等于是请楚怀王当了合纵国的最高指挥官。

公元前 317 年，公孙衍的合纵战略终于修成正果，魏、赵、韩、齐、楚五国联军浩浩荡荡在韩国集结，准备杀奔秦国。但在集结的过程中，五国互相推诿，谁也不愿充当先锋。尤其是楚国，在接到张仪从秦国发来的密信后，竟然率先退兵。楚怀王的妹妹芈八子是秦惠文王宠爱的夫人之一，秦楚两国关系不错，楚怀王曾将张仪留在楚国的妻子礼送到秦国，并且责备昭阳不该殴打张仪。

对公孙衍来说，楚国即便是退了兵，只要不背后捅刀，也算是合纵军的胜利。而对于张仪来说，用一封书简就让楚国退兵，也是一场胜利。

合纵国剩下的四国中，齐国与秦国没有地缘冲突，反而与三晋发生过不少战争，此番也是抱定作壁上观的打算。于是，真正的合纵国只剩下魏、赵、韩，三晋本一家，唇亡齿寒。三国联军以魏国为首，公孙衍任主将，赵国派公子赵渴，韩国派太子韩奂，组成二十余万大军，兵临函谷关。

秦国这边，公子疾临危受命，前往函谷关，担纲御敌大将。

公子疾和公孙衍曾联手在雕阴之战中击败魏军，当年的生死好兄弟现在成了敌手，战争就是这么残酷。

两边的大军在函谷关对峙，联军强攻数日未果，关前道路狭小，根本摆不下千军万马。

相持数日之后，公子疾派出的小股奇兵沿着秦岭不断骚扰联军粮道，公孙衍不得不派重兵把守粮道，守住联军的生命线。

战争的转机在这时候出现了：公孙衍在合纵连横的外交中获得了重大突破，他派出的使臣抵达秦国北方部落联盟义渠，说服了义渠王，共同出兵秦国。

义渠一直是秦国北方的不安定因素，不过这些年义渠处于衰退周期中，近一百年的时间没有大举南侵关中，这次在公孙衍的合纵大计蛊惑下，义渠王决定豪赌一把。

由于义渠人加入联军，公孙衍在战略上作了重大调整：三晋先向魏国方向撤军，吸引秦军主力尾随，然后在远离秦国本土的修鱼阻击秦军主力，此时义渠趁机南下关中。若秦军主力回援关中，三晋则穷追猛打。

公孙衍的计谋非常毒，他对中原地形的把握也目知眼见。修鱼地处黄河分汊之处，黄河和济水围成一个三角，秦军若进入这个区域，退兵是非常困难的。

身在函谷关，却在千里之外的修鱼设下包围圈，公孙衍真是用兵如神。当年雕阴之战，本来公子疾是主将，但是头功被公孙衍夺走，这绝对不是偶然。

公孙衍令三晋大军有秩序撤退，他此前游走列国，对赵、韩的各级将领都不陌生，这位担任过秦军统帅的将领，指挥起联军来也驾轻就熟。

当三晋大军撤退之时，秦军公子疾立即挥师追击。不过三晋的军队退而不乱，秦军虽然紧追不舍，却没有找到很好的战机。

联军每隔 10 里就凭高筑有烽火台，台上备有柴草烟火和牛皮大鼓。若见敌踪，白天发烟，晚上举火，按预定信号显示来敌人数与距离、远近等情报。

三晋联军白天行军，晚间休整，后队将一辆辆战车结阵，形成一道长达数里的防线，撤退的队形非常严密。联军还在沿途遍布陷阱尖桩，减缓秦军的追击速度。

其实联军撤退的速度并不快，公孙衍特意放慢节奏，以免秦军跟不上，修鱼之战打不起来。

不过公子疾也没那么容易上当，他与公孙衍曾并肩作战多年，知道公孙衍行兵布阵常出人意表，不可能就这么一直退兵到大梁，这中间肯定有什么奇谋诡计。

当三晋之军抵达韩国境内，韩军过新郑而不停留，继续往魏国方向撤退，公子疾就几乎可以断定，三晋联军将在前方某处阻击秦军。于是他当机立断，下令就地扎营，不再追击联军。同时派出大量斥候，乔装前往联军前方，打探联军的伏击地点。

公孙衍见秦军不再追来，知道撤退的戏演不下去了，也令联军扎营，准备就在韩国境内阻击秦军。此处联军离魏国已经不远，公孙衍虽然没有把秦军吸引到修鱼，但也基本达到了远离秦国关中的目的。

公孙衍并不急于发起进攻，他在等待关中的消息。义渠南下关中，就是三晋发起总攻的时候。

双方在韩国对峙数天之后，一个消息从关中同时传到两军的中军大帐：义渠数万骑兵从北方隆隆而下，直奔关中！

形势急转直下，对秦军非常不利：20万大军陈兵韩国，关中却被义渠袭击！

公子疾令封锁消息，以免扰乱军心。恰在此时，秦军斥候探知，魏国在修鱼（今河南原阳西南）附近秘密囤积粮草，修筑工事。秦军撤退是绝对不行的。秦军重攻轻守，军士的盔甲只覆盖身前，若背对敌人，那就是灾难。公孙衍也清楚这一点，才设计了这么一个让秦军被迫撤兵的境地，然后挥师猛击。

公子疾作出一个果断的决定：不退反进，越过联军，攻入魏国，抢占修鱼！一支5000人的骑兵以迅雷不及掩耳之势奔赴魏国，随后数支骑兵先后向魏国进发，目的是偷袭修鱼。

秦人本是陇西高原下来的，骑兵的发展一直领先于其他诸侯。这回骑兵派上了大用场，连续几波骑兵开拔修鱼，三晋的军队根本阻止不及。秦军闪击修鱼，占领修鱼城及其附近几个据点，截获粮草物资不少。随后公子疾率领的秦军分批陆续开拔，目的地仍然是修鱼。以秦军自带的粮草，再加上在修鱼缴获的粮草，秦军在修鱼坚持两个月不成问题，这坚定了公子疾要与联军在修鱼决战一场的决心。

接下来的数日，秦军陆续抵达战场，三晋的军队也在按计划合围秦军。魏军依托修鱼城修筑营垒，将东面围起来；赵军沿着黄河修筑壁垒，将西北方向围起来；韩军沿着济水修筑壁垒，将西南方向围起来。三晋将秦军围在一个三角形之内，达到了公孙衍在战前的部署。

现在的形势与公孙衍规划的完全不同。联军丢了修鱼，秦军却主动钻入包围圈，毫无回援关中之意，联军没有机会在背后追击秦军。秦军取得了修鱼城，有了充足的粮草补给，反客为主。联军丢失了许多修筑壁垒的器械和物资，包围圈势必不会那么坚固，防线搭建起来也更加费时。

实战当中，联军的先锋军抵达战场的第一天，公子疾就指挥秦军对北岸的赵军进行突袭。赵军还没来得及修筑壁垒，就在人数不占优的情况下遭遇了一场败仗。

第二日，秦军又对南岸的韩军进行打击，双方不分胜负，但韩军未能形成战略包围。

修鱼之战仅开始两天，秦军就在南北两线捅破了两个缺口，而且派驻军队镇守缺口。

三晋联军若要继续合围大计，只能再投入重兵，与秦军争夺南北两面这些缺口。修鱼之战，一场大规模的人口绞杀大战拉开了帷幕。修鱼之战形势图见图2-25。

图 2-25　公元前 318 年秦与赵魏韩修鱼之战

在黄河与济水沿岸，每一个山头，每一片密林，每一块土丘，都成为秦军与赵、韩两军反复争夺之地，双方你来我往，杀得天昏地暗，日月无光。

公孙衍指挥魏军对秦军大营发起攻击，而秦军则依托修鱼城，利用缴获的物资修筑起一座座垒城，挖了数条壕沟，阻止魏军的进击。

秦军与三晋的军力总体上相当，秦军 20 万，联军也只有 20 余万，一场势均力敌的攻防战正在上演。

秦军来自同一国，归公子疾统一指挥，而三晋联军来自 3 个诸侯，赵国方面由公子赵渴统领，韩国方面由太子韩奂统率，公孙衍既非太子也非公子，在实际指挥过程中，并不能让这些出生在王宫的子弟完全听令。公子疾利用三晋这个破绽，以 12 万人的兵力登陆黄河北岸，冒险袭击赵军。赵渴哪肯放过半渡而击的大好时机，他下令对秦军痛下杀手。《孙子兵法》说过，投之亡地然后存，陷之死地然后生。秦军处于死地，若不全力重挫对手，连撤退的机会都没有。

此战赵军本有先机，却欠缺拼命的气势，若主将能亲自披挂冲锋，或许真能压制住秦军。结果秦赵各自斩首对方两万余人，秦军占据滩头壁垒。等公子赵渴重新收拾残局时，赵军的气势已一泻千里。

公子疾又用同样的兵力渡过济水，狠狠地打击了韩军。许多秦军士兵，身上挂着血淋淋的赵军人头与韩军作战。韩军虽然骁勇，却也没见过这么野蛮的军士，这就是军功爵位制的威力。此战韩军折损达 3 万余人，损失将近一半兵力，连大将申差都被俘虏了。

在这个过程中，韩国太子韩奂多次派人请求公孙衍出兵相助。公孙衍为了整个战场局势，并未发兵支援，而是加大攻打秦军壁垒的力度。但秦军利用坚城和壁垒，防守也很坚韧，虽然损失不小，依然守住了阵地。

这场战争的胜负手，就在掌控修鱼战场的先手上。如果公孙衍占据修鱼城，秦军将变得极为被动，现在情况反过来，公子疾先一步抢占修鱼城，这才没有让三晋的包围圈给困住。

三晋当中，韩军损失最重，太子韩奂在没有魏军支援的情况下率先撤离战场，领残兵回国。随后赵国公子赵渴也撤兵，只剩下公孙衍孤军一支。

公子疾考虑到秦军自身伤亡非常大，没有与老朋友公孙衍继续鏖战，而是火速撤兵，去对付义渠人。公孙衍军力不如秦军，自然也没有拼死追击。

修鱼之战，秦军斩首韩军 3.6 万、赵军 3.2 万、魏军 1.2 万，合计斩首 8 万。

秦军在统一的过程中，不断刷新着斩首的记录。

此战秦军自身亦损失超过 7 万人，与三晋接近，是一场惨胜。

当公子疾率军回师秦国，义渠人已经在关中小村李帛击败了前去平乱的秦军。面对十几万回援的秦军，义渠人识趣地离开关中。

若算上义渠人对秦军造成的损失，整个三晋合纵攻秦的战役没有胜利者。从单个国家的损失来看，秦国反而伤亡最大，其次才是韩国和赵国。

修鱼之战，三晋第一次合纵对付秦国，不分胜负。公子疾在这一战中没有升爵，20 万秦军损失近 8 万，生还的人进爵名额非常少，军功爵位可不是那么好得到的。

这个时代，公孙衍和张仪的合纵连横煊赫一时。他们一纵一横，声势足以倾动天下。他们一怒而诸侯惧，安居而天下宁。此战之后，张仪和公孙衍逐渐退出历史舞台，取而代之的是公子疾和公孙喜。

第三节 秦楚恩怨

● 南下巴蜀，占据四川盆地

修鱼之战后，秦国与魏国的同盟彻底破裂。秦国短期内没有继续东进，而是南下巴蜀，因为楚国已经先一步进入四川盆地。

我们来看巴国和蜀国的情况。

巴国地处四川盆地东部，是一个古老的诸侯，春秋时期曾沿着长江东进，与楚国交战。进入战国时代，巴国西面要防御强盛的蜀国开明王朝，东面要抵御楚国的进犯，国势渐微。

楚怀王即位之前，楚国已经逆长江西进，攻取巴国的旧都枳（今重庆涪陵），如图2-26所示。涪陵是巴国人心中的圣地，巴国的宗庙陵墓多在这里，若非实在无力抗衡，巴人是不会放弃涪陵的。

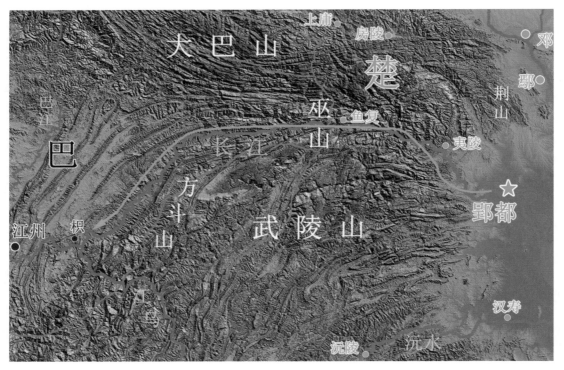

图2-26 公元前340年楚国取巴国涪陵

而咄咄逼人的楚国正谋划着西进彻底灭亡巴国，为躲避楚国的锋芒，巴国将都城由江州

（今重庆）沿嘉陵江北上迁移到阆（làng）中。

巴人迁都的举措等于给楚国让出了更大的拓展空间，楚人西进灭巴国，然后再灭蜀国占领整个四川盆地，似乎也只是时间问题。

四川盆地的面积约为3个关中平原的大小。若这个天府之国被楚人占领，楚国的面积就相当于三国时期蜀国与吴国的总和，而曹操的魏国，则被秦国、赵国、魏国、韩国、齐国、燕国6个诸侯瓜分，楚国一统的趋势到时候恐怕无人能挡。

其他诸侯与巴蜀两国不接壤，当下能够直接阻止楚国占领四川盆地的诸侯，只有秦国！

再看蜀国的情况。自秦惠公晚期秦国夺取蜀国汉中之后，蜀国退守葭萌，实力并未受损多少。实际上蜀国国力强盛，将巴国挤压在东方的丘陵之中，四川盆地的霸主无疑是蜀国。

到了公元前368年，蜀王杜尚封其弟为汉中侯，屯兵葭萌。葭萌在蜀国北部，地处蜀国北方唯一交通要道——金牛道的末端，是蜀国的北大门。如此重要的地方，只有宗室才能让蜀王放心。

而汉中侯这个称呼，意味着蜀王将汉中也遥封给了他的弟弟。将敌人的土地封给自己人，这种遥封在中原很普遍，周天子就曾将岐山以西的土地遥封给秦国。

蜀王本意是很好的，但是到了第二代蜀王和第二代汉中侯，两地巨大的贫富差异让这两个同根生的国度产生了剧烈矛盾。

蜀国地处四川盆地，粮食充足，人口稠密，而苴国地处大巴山脉米仓山西段，境内尽是险峻山峰，可耕地少得可怜，甚至都不能自给自足。

苴国国君想不通：我为蜀国把守北疆，粮草辎重总要支持我吧。可是蜀王有自己的想法：你是分封出去的诸侯，还伸手找我要，当然不能给。

于是，苴国名为蜀国诸侯，实际上已经翻脸。而苴国北面是秦国占据的汉中，夹在中间的苴国两头不讨好。

恰在这时，巴国迁都到阆中，距离苴国的葭萌不算远，且都在嘉陵江的中上游。两个难兄难弟又在同一条河上，巴国与苴国很自然地结了盟。四川盆地呈现蜀独大，巴国苴国结盟抗衡的态势。

秦国如果要赶在楚国完全控制四川盆地前进入天府之国，苴国是必经之地，要么灭亡苴国，要么与苴国结盟再假苴伐蜀。

这个备受大宗歧视的苴国，一下子变得非常重要，巴国和秦国纷纷前来赠送美女和物资，苴国上下心态膨胀起来，与蜀国对立的情绪日渐加深。

现在秦国朝堂之上存在两种截然不同、针锋相对的声音。相国张仪主张立即攻打韩国，从韩国打开突破口，进军中原。青年将军司马错则认为应该抢在楚国之前拿下蜀国和巴国，若是让楚国占领了四川盆地，后患无穷。

秦惠文王早已不是20年前那个玉面少年，公子疾也已经是秦军中的一号人物。秦国军方一向不喜辩士，平日在朝堂之上，公子疾对相国张仪不屑一顾，与之说话看都不看对方，一副傲世轻物的样子。

张仪虽然贵为相国，终究是个外人，在秦惠文王面前逐渐失宠，早已没有 10 年前获得爵位时的意气风发。他的身份不比公子疾，就连司马错都比不上，司马错是公子疾的得力干将，又是土生土长的秦人，颇受秦惠文王喜爱。

司马错的意见似乎更合理，更利于秦国长远发展。日后任何时间秦军都可以攻入韩国，但若错过入川的机会，等楚国先入川，将后患无穷。

秦惠文王拒绝了张仪的提议，决定采纳司马错入川的建议。

司马错曾经派人乔装入川，对沿途的地形做过细致研究。

战国时期的蜀道如图 2-27 所示，下面我们来看看从汉中入川的两条道路：金牛道和米仓道。

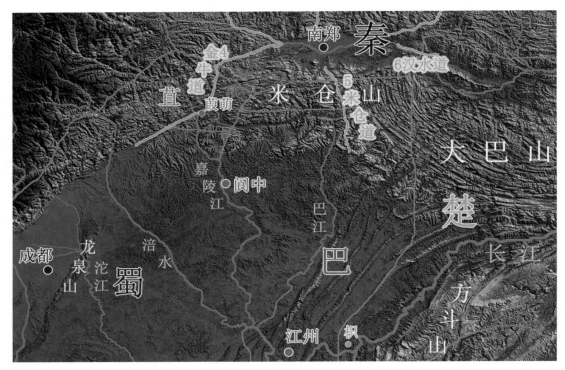

图 2-27　公元前 317 年战国时期的蜀道

金牛道得名是因为司马错入川前，秦惠文王赠送蜀王金牛，金牛道以前的名称已经失传。金牛道的南面是苴国的关塞葭萌，一夫当关万夫莫开。

米仓道则是一条横峰侧岭、地远山险的道路，可以直通巴国。三国时期占据汉中的张鲁被曹操打败，狼狈中迫不得已选择从这里逃入巴蜀。

蜀道难，难于上青天。一条是要塞镇守的鬼门关，另一条是野兽出没的峭壁峻岭。

金牛道的两侧有一些河谷，有比较充沛的水源，其地势也相对平坦一些，因此被当作秦军入川的唯一通道。

秦国要从汉中经金牛道入川，须解决两个问题：一是金牛道需要重修，不然秦军许多大型的攻城设备（如床弩）都无法运输，二是必须顺利通过关塞葭萌。

秦王与蜀王此前的关系不好不坏，两国之间夹着一个苴国，领土并不接壤，利害冲突不如几十年前苴国未受封时。为进一步麻痹蜀王，试探蜀国的实力，秦惠文王邀请蜀王到汉中狩猎。

此时的蜀王是开明王朝第十二任国君，他是个雄心勃勃的家伙。蜀王得秦王之邀，屯兵十余万在葭萌关附近，然后领一万精兵前来汉中赴约。东道主秦惠文王也引兵数万迎接，秦王与蜀王会猎于汉中，各色旌旗四处飘扬，盛况空前。

汉中属于亚热带气候，北部冷空气被秦岭阻挡，气候温和湿润，被誉为天然温室。独特的气候和地理位置使这里成为南北动植物共存的地区，也是狩猎的好去处。

汉中南部的褒谷一带南依大巴山，属于低山丘陵地带，没有秦岭的险峻，野兽也多，是绝佳的天然狩猎场。秦王与蜀王会猎地就选在了这褒谷之中。

秦王与蜀王各引数百骑进入谷中，后面步军上万，浩浩荡荡跟着。

有斥候来报，前方发现羚牛，秦王与蜀王相视一笑，驰马疾奔，后面马队很识趣地保持着安全距离，以免赶走猎物。

两骑跟着羚牛的脚印进入密林深处，被一群野狼给盯上了。几头，十几头，数十头，越来越多，不动声色地跟着。后面的马队相隔几里，即使两王各吹一声号角，马队赶过来恐怕也要半炷香功夫。

秦惠文王额头冒汗，他侧眼望去，只见蜀王已经张弓搭箭，反身一箭命中一头大黑狼。秦惠文王回过神，也不甘示弱，弯弓一箭，又一头大黑狼重重跌倒。部分野狼停止尾随二王，守护受伤的同伴，为同类哀号。

二王用这个方法摆脱了狼群。蜀王可是打猎的高手，不但知道如何对付狼群，还率先射中并用长矛刺杀了几头羚牛。

一天的短暂时光在紧张刺激的狩猎中度过，两军将士扛着二王的战利品，精神抖擞地回到了大营。

星月笼罩下，两军大营洋溢热闹欢乐的气氛。

羚牛、山羊、野兔，各种野味香气四溢，一堆堆的篝火，四处挥舞的火把，把广及数里的营地照得通亮。

秦军中军大帐，秦惠文王对蜀王推崇备至，请蜀王上座，席间多次奉承蜀王之英勇，并赠送蜀王豪礼：5座大石牛。要知道，石牛在古代是神的化身，很多王公贵族的陵墓前都会放几头石牛来镇鬼镇妖。现代牛依然被赋予美好的意义，股市上涨的时候称为牛市，这算是现代人的一种图腾。

巨大的石牛，屁股底下还放了金子，意思是这石牛能拉出金子来。蜀王当然不会去验证是否石牛真能拉金子。这么巨大的石牛，本身就是权力的象征，蜀王没有理由不收下这个重礼。

由于石牛太大太重，必须要修一条坦途才能运回蜀国。于是蜀王下令修道，蜀国动用大量人力，在大巴山西段重修金牛道。

蜀王如此大胆地下令重修金牛道，难道他不怕秦军打过来吗？

在这一点上，蜀王自信心很足，蜀国一直是四川盆地的霸主。论兵力，蜀国与秦国是同等数量级的；论领土面积，蜀国也与秦国相当。即使修好了道路，苴国的葭萌关也是秦军不可能跨越的天险。站在蜀王的立场来看，金牛道修好后，反而方便蜀国北上重夺汉中。

公元前 316 年 7 月，金牛蜀道刚修好，蜀王还没来得及把石牛运回家，司马错便率领 20 万雄师翻越秦岭，进入苴国。

在这条金牛道上，秦国军队滚滚南下，势如破竹，苴国沿途设下的关卡和据点没有丝毫防备，在秦国虎狼之师面前一触即溃，形同虚设。秦军一举攻到葭萌关（今广元市昭化镇），也就是苴国的都城，才遇到真正的抵抗。

葭萌关三面环山，两面临水，是蜀国的咽喉所在。几任苴侯在这里镇守了几十年，兵强马壮，秦军攻到这里终于碰到了钉子。

虽然此前苴国与秦国关系尚可，反而与蜀国关系紧张，但外敌当前，苴侯还是站在自家人的队伍里。苴侯在葭萌关顽强抵抗几天之后，蜀王御驾亲征，20 万蜀兵赶到。

蜀王没把秦军放在眼里，下令全军出关，与秦军对攻。秦蜀两军排开阵势，一场决定古蜀国开明王朝命运的大战，就在葭萌关外的旷野河谷上开始了。

双方的战车开不到山区里面来，主要是步兵在战斗。两强相争勇者胜，特别是在平原上面对面肉搏，就看哪一方更加勇猛。

秦军前列，是司马错着力打造的铁鹰锐士，只有 300 人。

战国时期，天下一共有 4 支最为强大的军队：魏武卒，胡刀飞骑，技击之士，铁鹰锐士。

魏国的武卒，最早是吴起训练的，他们手执一支长戈，身上背着 50 支长箭和一张硬弓，同时携带 3 天的军粮，总重 50 余斤，连续急行军 100 里还能立即投入激战。

赵国的胡刀飞骑，最早是赵武灵王训练的，全部是轻骑兵，机动力强，来去如风，李牧用他们斩首匈奴十余万。

齐国的技击之士，是配合战车作战的轻骑兵，个个武艺高强，弓马娴熟，剑法超群，熟练掌握军阵阵法，是最具技巧性的兵种。

秦国的铁鹰锐士，最早是司马错训练的，选材综合了前三种精锐的标准，都是勇冠天下之士，人数很少，只选出区区 300 人，秦国全盛时期也不过 1600 人左右。

葭萌关外，双方大战一触即发。

秦国的铁鹰锐士，在一般的战斗中，也就是几个铁鹰锐士在前面带领冲锋，像魔兽一样杀开一条血路，后面的大部队趁机掩杀。此次入川之战，司马错带足全部铁鹰锐士，300 铁鹰锐士悉数参战并冲锋在前。

当铁鹰锐士半人半鬼般把蜀军撂倒一大片时，蜀国军队才意识到这些人个个都是杀神，想避开已经来不及了。

葭萌一战的结果不言而喻，蜀王大败南逃。秦军乘胜掩杀，穷追不舍，不给蜀王半点喘息之机。开明王朝的全部家当在此一战中灰飞烟灭。

秦军从葭萌关一直追至武阳（今四川彭山县东北一带），杀了蜀王，全歼蜀军。蜀国王子安阳王带领残部辗转南迁，一直流亡到交趾（今越南北部）才落下脚。

100年后，安阳王的后代又被秦始皇帐下将军赵佗击败，逃到海上，开明王朝就此没了音信。

秦军取得蜀国之后，一举东进江州和阆中，灭掉了巴国。至此，巴蜀两国皆灭，如图2-28所示。

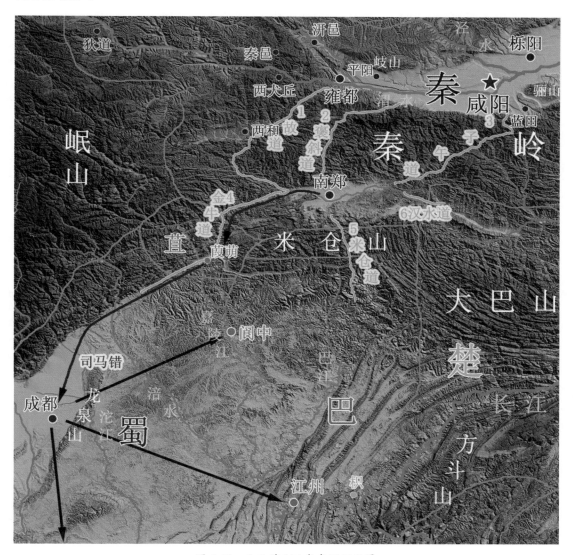

图2-28　公元前316年秦国灭巴蜀

相对前几年发生在中原的战争，这一战秦军除了在葭萌关折损不少人马，后续进展非常顺利，因此加官进爵的将士比较多，司马错更是升到了左更（二十级军功爵位制第十二级）。

秦国攻占蜀国和巴国后，面积扩大了一倍左右，综合国力大幅提高。此时秦国北有上郡，南有巴蜀，东有黄河与函谷关，地势易守难攻，是名副其实的"天府雄国"。加之商鞅变法所创造的军事和农业条件日臻成熟，秦国脱颖而出，一跃成为超级大国。

秦国入川之后，并未完全使用秦国的国策来统治川民，而是使用一种羁縻（jī mí）政策，即基本政策与秦国一致，但统治阶层仍然会起用原蜀国和巴国的旧贵族。

秦惠文王封原蜀国公子通为蜀侯，留守成都，保留其高贵血统，这在西周时期很常见，到春秋年间还有不少案例，但战国时期难得一见了。秦惠文王这么做，是担心蜀人难以从心理上接受秦国的统治。

同时秦惠文王又派陈壮出任蜀侯的相国，名为辅佐蜀侯，实际起监视作用。更绝的是，秦惠文王任命张若为蜀郡太守，无论是秦军镇守在蜀国的兵力，还是蜀国本身的军队，都只受太守张若节制。

张若在蜀国经营数年，修筑城邑无数，包括成都城。后来第二任太守李冰修筑了都江堰，将成都平原作为粮食基地，虽然粮草运不出去，但足以养活大批人口，为秦军提供统一天下的兵源。

秦国抢在楚国之前占有巴蜀这片广袤之地，对楚国取得地缘上的优势，获得从水路进攻楚国的长江通道，拿下四川盆地的战略意义非凡。

● 丹阳之战，斩首 8 万

秦国拿下巴蜀之后，天下形势波谲云诡，秦楚之间的战略关系更是风云突变。

秦国据有巴蜀，领土扩充一倍，而且大多是肥沃的耕地，天下的巨无霸不再只有楚国一个。如果说楚国是南天霸，秦国就称得上西天霸。统一天下的决战，将在秦楚之间展开。

秦楚之间一直是秤不离砣的关系，整个春秋时代和战国初年，两国都在称兄道弟——楚国为兄长，秦国为其弟。秦楚之好保持了几百年，维系两国同盟关系的润滑剂，便是不断地和亲，秦惠文王宠爱一个楚国美女十几年，那女子便是楚国公主芈八子。

随着秦国的崛起，秦楚之间的友好关系还能一如既往吗？答案是否定的。

随着秦国拿下汉中和四川盆地，我们来看看两国漫长而相邻的国境线上，三块重要的矛盾冲突地域，如图 2-29 所示。

秦楚冲突地域之一，是丹水上游，秦国商於之地与楚国南阳的交界地。

商於之地本属楚国，春秋末年秦国帮助楚国复国之后，楚国将这里送给秦国。秦国在商於之地东侧修筑武关，楚国也对应地修筑方城（南阳长城），方城防秦国也防韩国。重新强大起来的楚国人不甘心商於之地被秦国控制，楚怀王对这里垂涎三尺，这一点后来被张仪所利用。

秦楚冲突地域之二，是汉水上游，秦国占据汉中（西汉中）是近几十年的事情，而楚国在春秋时期就占据上庸（东汉中），两国在这一地区的地缘矛盾逐渐形成。

东汉中和西汉中拥有同一条河——汉水，它们属于同一板块，有着统一的诉求。汉朝时期，西汉中的南郑与东汉中的西城、上庸、房陵都属于益州汉中郡。

秦楚冲突地域之三地处四川盆地长江上游与中游结合部，秦国南下巴蜀之后，巴国旧都江州（今重庆）为秦国所占，另一个旧都枳（涪陵）早前为楚国所占。重庆和涪陵同属四川盆地，秦楚在这里存在激烈冲突。秦国想把楚国彻底赶出四川盆地，楚国想以涪陵为据点与秦国争夺四川盆地。

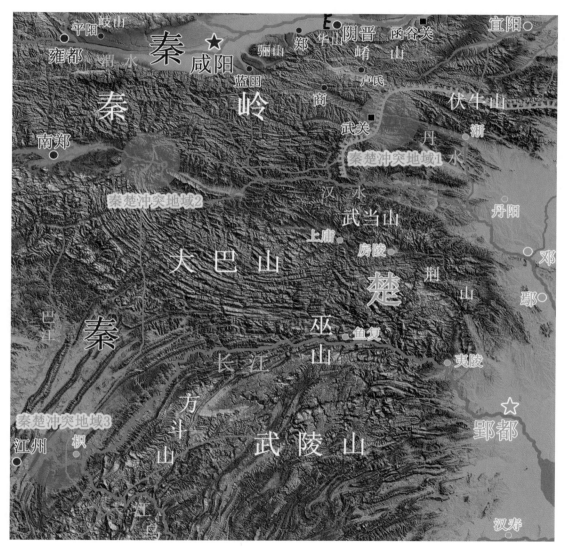

图 2-29　公元前 313 年秦楚地缘冲突

三个地缘冲突地点，有两个共同特点。特点一，都有河流，分别是丹水、汉水、长江，而且都是由西向东的走向；特点二，秦国都在上游，楚国都在下游。

这两个特点意味着，在秦楚地缘冲突中秦国占有地理优势，楚国则处于极为不利的局面。楚国必须通过一些方式来扭转不利的局面。

这时候的楚国，正在规划一盘经天纬地的棋局。

楚怀王即位十多年来，楚国一直做着努力，东线计划灭亡越国，西线计划灭亡巴国蜀国，无论东线还是西线取得预期效果，无疑都会占据围棋当中的一个金角。

现在虽然西线被秦国抢先，楚国入川半途而废，但在东线仍存在一个巨大的战略目标——越国。楚国若要东进灭越国，还得看另一个大国的脸色，那就是齐国。

这时候燕国爆发了令人匪夷所思的禅让事件，燕王哙不知道被催眠还是洗脑，竟然将王位禅让给大臣子之。此后燕国大乱几个月，燕王哙、太子燕平、新燕王子之都死于乱军之中，齐国乘虚而入，占领了大半个燕国。齐宣王奇迹般地与楚怀王结盟，只求楚国不要干涉齐灭燕，齐国也不会干涉楚灭越。

越国在楚国东方，国土广阔到比魏、韩、燕都大，每当楚国在中原鏖战正酣，越国总是不失时机地在楚国背后捅上一刀。楚国如果能消除越国这个隐患，将越国国土并入版图，不亚于秦国兼并巴蜀，或齐国兼并燕国。

但越国并不是任人宰割的羔羊，楚国灭越的时机并没有成熟，于是楚怀王先行派出很多人到越国当间谍，刺探越国军情、民风。

齐楚各怀鬼胎，结为同盟。为了瓦解齐楚的同盟，秦惠文王派相国张仪到楚国游说楚怀王。张仪奉命到楚国，提出只要楚国与齐国断交，秦国就将六百里商於之地送还给楚国。

春秋战国时期，人与人之间交往极讲究信用二字，所谓"君子一言，驷马难追"，国与国之间更是一言九鼎。

商於之地本就属于楚国，作为商鞅曾经的封地，战略地位非常重要。楚国如果得到这里，可以威胁到关中，抵消在汉水和长江流域的不利地缘环境。如果与齐国断交就能获得商於之地，对楚国来说自然是好事。楚怀王将信将疑，一面派人与张仪去秦国交割领土，另一方面在张仪的要求下，写了一封与齐国断交的信，差人送往齐国。

楚国的使臣跟随张仪回到咸阳，并没有被秦惠文王召见。张仪告诉楚国的使者，楚怀王听错了，自己说的是 6 里地，而不是 600 里地。同时，张仪派人到齐国大肆造谣，说楚怀王已经与秦国结盟，楚国的使臣已经到达咸阳，楚国将会与齐国断交。

楚齐的关系，自春秋战国以来一直不算好，楚齐在几百年里都是敌对国。楚怀王知道自己被张仪忽悠了，并不感到意外，他终于有了一个发兵秦国，扭转与秦国之间地缘劣势的机会。张仪忽悠楚怀王，成了楚国发起丹阳之战的导火索。公元前 312 年，楚怀王令上柱国、名将景翠统兵二十余万，北上进入韩国，抵达韩国的雍氏（今河南禹县东北）。

此时齐国已经在秦、赵、魏、韩共同施压之下从燕国退兵，齐宣王并没有把战略重点放在北方。因为当时的燕国并不富裕，领土也不是很广阔，齐军将燕国抢掠一空后退兵。

也就是说，现在天下分成两大派：秦、赵、魏、韩为一派的连横国，楚、齐为另一派的合纵国。

景翠挥兵进入韩国，对以秦国为首的连横国发起挑战。同时齐宣王也派兵抵达齐魏边境，以支援楚军的行动。

面对合纵国的挑战，连横国这边，赵国正酝酿胡服骑射。赵武灵王的主要目标在北方，他并不想参与中原的战争。剩下的三国，魏国能够抵挡齐国已然不错了，韩国自然不是楚国的对手，关键时刻还看秦国如何应对。

此时秦惠文王已经病重，但他还是毫不犹豫地令公子疾领 15 万大军赶往韩国。

当秦楚两军在韩国对峙的时候，楚怀王使出早就拟好的一个狠招。他早前派人前往秦国蜀郡，秘密游说蜀侯通国。现在秦楚在韩国交锋，蜀侯通国果然准备造反。

虽然蜀郡太守张若、蜀侯通国的相国陈壮，这些蜀郡骨干力量全都是秦惠文王指派的人选，但蜀侯通国在这个时候蠢蠢欲动，委实给秦国增添了麻烦。秦惠文王令咸阳守军进入戒备状态，随时准备令司马错南下平定叛乱。

秦国并不怕蜀侯通国叛乱，只是眼下这个时间点发生叛乱，等于牵制了司马错将军和几万秦国精锐。

恰在此时，楚怀王令将军屈丐统领 15 万人马，从南阳攻打武关，意图杀入商於之地，北进关中。

楚怀王的战略好毒啊。他先把公子疾和秦军主力吸引到韩国，接着用蜀侯通国牵制司马错和秦军几万人马不敢调动，继而在武关打响第二枪，的确让秦国防不胜防。

屈丐作为楚国三大氏之一屈氏的当家人，统领 15 万申息之师，以几十倍的兵力优势迅速攻下要塞武关，进入商於之地。楚国调虎离山的战术成功了。那么，秦惠文王会如何应对呢？作战既需要将领，也需要士兵，可是这两样，秦惠文王都捉襟见肘。

先看将领的人选。司马错随时要入川，他不能动。相国张仪推荐了魏国人魏章，他在军中供职多年，现在爵位已经是左庶长（二十级军功爵位制第十级）。魏章来自魏国，是张仪引荐的，在秦国朝堂和军中都受到排挤。尽管如此，魏章的战功还是不少，绝对是个人才。

魏章统领的兵马，以北地郡、河西郡这些魏国旧地的守军为主力，再加上蓝田等地的守军，凑足 8 万人。至于拱卫都城咸阳的几万人马，那是绝不能调动的。万一哪条战线失败，国都起码能保住，而且司马错一旦入川，还得从这里抽调人马。

几天之后，魏章的 8 万秦军与屈丐的 15 万楚军，就在商於之地对峙上了，双方各自利用地形修筑壁垒，都很谨慎。

如果这场战争是一盘象棋棋局，现在就到了难解难分的中盘期，谁要是能再下出一步好棋，或者多出一个马或炮来，整个棋局都会因此逆转。而楚怀王恰在此时多出一只马来——他派出此战的第三路大军，由令尹昭鱼亲自统领 10 万大军，从上庸（东汉中）进攻秦国的汉中（西汉中）！

秦惠文王手中已经没有多少可调动的兵员了，这些年秦国与三晋战争频繁，伤亡比较大。前几年修鱼之战，秦军总体损失超过 8 万，入川之战损失以及驻兵也有数万。现在两路已经派出去 23 万大军，除了咸阳城的五万多守军，其他地方的兵力非常匮乏。

不得已之下，秦惠文王动用了咸阳的一万守军，又调集了故土陇西 5000 兵力，外加汉中的守军，一共两万余人，前往汉中与上庸之间的山谷御敌。

在将领的任用上，秦惠文王再出奇招，起用楚国人甘茂为将，统领这两万多人去完成艰巨的任务。甘茂孔武有力，是个勇冠三军的勇士，他在熊黑百万的秦军中都是不可多得的猛将。

但甘茂曾在楚国军中效力，是楚怀王的心腹之一，他跟随楚国公主芈八子来到秦国任职。若是甘茂在前线直接投降楚国令尹昭鱼，那么秦国整个战役就面临崩盘的危险。秦惠文王敢于在这个时候起用甘茂，其胆量之大，让人不能不佩服。

甘茂到了汉中，立即利用山谷险峻的地形加强防御。或许甘茂用兵的能力一般，但是带领将士勇猛作战却是一把好手。

昭鱼在挥兵攻打关卡几日之后，发现秦军士气旺盛，楚军折损了不少兵士，于是停止了进击。

昭鱼派人到秦军关前企图游说甘茂，许诺给他一个楚国左尹的高位，让甘茂回到楚国怀抱，转身领着楚军北上关中！

左尹是令尹的副手，也就是昭鱼的副手，这个职位肯定比甘茂在秦国的地位要高得多。楚国职权最大的三个职位分别是令尹、上柱国、莫敖，昭鱼并未许诺这三个职位给甘茂。

昭鱼不知道的是，秦惠文王同样许诺了甘茂一个秦国相国之位。

甘茂在汉中会作何种选择，就不言而喻了。

当然甘茂必须要庆幸，眼前跟自己对阵的并不是昭氏最有军事才华的昭滑，而是性格比较懦弱的昭鱼。昭滑此时正在越国，被楚怀王派去长期出使越国，熟悉敌情，以便他日灭亡越国。

昭鱼的父亲昭阳也是一位很有军事才华的名将，不过昭阳几年前去世了，昭鱼顶替父职，担任令尹之职。

丹阳之战全面打响（如图 2-30 所示），秦楚两军精锐尽出，在三条战线同时对峙。双方兵力对比如表 2-5 所示。

三条战线上的将领，秦国任用了一个公子，一个魏国人，一个楚国人，可谓三国统帅，由公子疾统筹指挥。楚国则由昭、屈、景三大宗室家族各出一人为将，由令尹昭鱼总揽全局。

兵力方面，楚军 45 万，秦军 25 万，楚军优势明显。楚国号称带甲百万，果然名不虚传。

在全面对峙的状态下，就要看谁的将领更出色，更有军事头脑。

实战当中，最先打破僵局的，是魏章与屈丐的商於之地战场。

魏章以魏武卒的标准，从 8 万大军当中挑选了 5000 死士，这些人大多来自魏国旧地河西和上郡，熟悉魏武卒的战法。魏章令这 5000 奇兵抄小路前往楚军屯粮点，只管放火烧粮。

楚军留在屯粮据点的人马足有 3 万，这一战秦军 5000 勇士活下来的不多，但也把楚军的粮草烧了个十之七八。

楚军失去粮草供应，屈丐打算撤回到方城以内再作打算。为了迷惑秦军，屈丐撤兵的速度并不快，随时准备反身与秦军进行决战。

魏章则根本不为所动，他将秦军分为若干组，不正面与楚军交锋，而是在丹水两侧的高山上穿行，意图赶在楚军全部撤退之前，将部分楚军围在商於之地，再歼灭之。

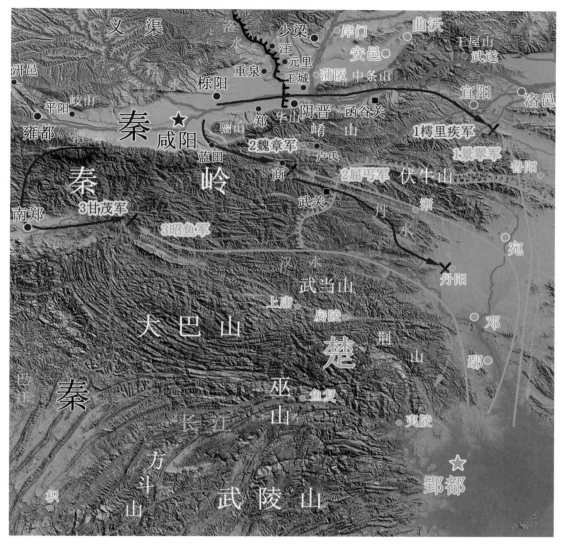

图 2-30 公元前 312 年秦楚丹阳之战

表 2-5 丹阳之战秦楚兵力对比

地点	秦国将领	兵力 / 人	楚国将领	兵力 / 人
韩国	公子疾	15 万	景翠	20 万
商於之地	魏章	8 万	屈匄	15 万
汉中	甘茂	2 万	昭鱼	10 万
合计		25 万		45 万

当楚军知道秦军的意图后，再也做不到有序撤退了，屈丐指挥的无能开始暴露。来不及撤退的 3 万多楚军，被秦军围在商於之地，忍饥挨饿，被秦军全歼，但秦军也付出了不小代价。

随后魏章不依不饶，继续尾随楚军。若是屈丐能够稳住阵脚，在武关阻击秦军，此战楚军倒也不会吃多大亏，可惜屈丐平时在楚国耀武扬威，到了战场却仓皇无措。他见楚军士气低迷，便撤离武关，退到方城（楚国长城）之内的南阳郡。

在屈丐看来，战争结束了，自己不久以后可以回到宛城，继续过封疆大吏的日子。魏章却并不给屈丐这个机会，虽然他的兵力不占优势，却还是挥师攻打方城，并且打开了几个缺口。

楚国方城西侧是一座绵延几百里的长城，楚军不可能在每一段都派重兵防御，再加上屈丐也没有增兵防御方城，才给了魏章攻入方城的机会。

现在屈丐统领的楚军人心惶惶，只盼着早日退回宛城，结束这段不开心的日子。

屈丐下令继续退兵，兵力处于明显劣势的魏章紧随追击。楚军丢盔弃甲，不成体系，四散往南阳各地逃跑，屈丐夹在军队当中一直逃到丹阳附近。

谁也没想到，魏章派出一支秦国骑兵，冒险绕道来到丹阳，在这里伏击并俘虏了屈丐。

此战楚军 15 万人，阵亡 8 万，将军屈丐、裨将逢侯丑被俘，70 多个中高级将领或战死或被俘。

秦军在统一的过程中，又一次刷新了斩首的记录。

魏章的中路军取胜了，另外两个战场上的楚军就不能再继续对抗，否则等魏章重新集结军队，秦军就有可能来夹攻楚军。

身在韩国的楚军主力在景翠的指挥下撤兵，虽然公子疾紧贴尾随，但并未找到攻破对手的良机。

汉中战场，昭鱼也指挥楚军后撤，甘茂苦于兵力严重不足，也不能给楚军以有效打击。

丹阳之战的总指挥公子疾，在魏章击败楚军之后并未收兵，而是趁势发动了一轮酣畅淋漓的攻势。公子疾与魏章合兵一处，20 余万人挥师东进，进击齐军。

当时齐军正与魏军对峙，作为丹阳之战楚国的盟友，齐国派出的兵力虽然只有几万，但有名将匡章坐镇，魏军并未占得上风。

20 余万秦军抵达战场之后，整个战役的平衡迅速被打破，秦魏联军在濮水流域大破齐军，杀齐国将军声子。齐国战神匡章遭遇了为将生涯中唯一的一次败仗。

消息传来，秦国举国振奋，秦惠文王立即拟下旨意，封公子疾为列侯，号严君，封地在樗里，因此公子疾又称樗里疾。

丹阳之战中居功至伟的魏章却在战后被剥夺兵权。他是张仪举荐的，且一直不肯与张仪脱离关系，因此遭到弃用。

另一员大将甘茂，秦惠文王曾许诺秦国相国之位，也就是说用甘茂替换张仪，也只是时间问题。

在魏齐边境击败齐军之后，公子疾又回师上庸，与甘茂一起拿下楚国的上庸（东汉中）。

至此丹阳之战结束，秦楚在战国时代第一次大交锋，秦军大胜。

● 蓝田之战，秦楚韩魏百万大军鏖战

第二年开春，秦国咸阳王宫内，冰冷的积雪早已被温暖的阳光融化，历经一个寒冬的各种树木花草，抖擞精神准备绽放美丽，几只小鸟在宫中花园里飞舞游戏，一派生机盎然的景象。

与生机勃勃的大自然相比，宫内的宦官宫女个个脸色灰暗，行走匆匆，人人心系日薄西山的秦惠文王。自丹阳之战初时，到如今近两年，秦惠文王一直在病榻上，与病魔和命运做最后的抗争。

王城的寝宫内外，数处都燃烧着牛油炭火，单衣的宦官和宫女守候在宫内，有些人已经汗流浃背。

秦惠文王平躺在龙榻上，意识已经模糊，干瘪的身躯轻飘飘地浮在棉被上，嘴里含糊不清地念叨着"冷，冷……"

亲近的宦官快步走入宫内，小心翼翼地来到秦惠文王身边，俯身在秦惠文王耳边说道："我王，大好消息，我军攻占楚国上庸，楚军毫无还手之力。"

迷糊中的秦惠文王闻之，忽然双眼一睁，身体一抖，接着逐渐平静，闭了双眼，走完了人生最后一程。

秦惠文王死后，18岁的太子荡即位，是为秦武王。

蜀侯通国抓住这个国丧期发动了叛乱，司马错将军统领5万人马南下巴蜀平乱。

同一时间，楚国发起蓝田之战（如图2-31所示）。此次楚军倾全国之兵，足有50万之众，由令尹昭滑统领。

由于上一年的糟糕表现，令尹昭鱼被迫退位，楚怀王从越国召回昭滑为新的令尹。

当樗里疾在魏国击败齐军之时，楚国正紧锣密鼓集结军队。当樗里疾夺取楚国上庸之时，楚国按兵不动，他们正进行最后的训练。

蜀郡叛乱之时，楚怀王大手一挥，令尹昭滑统领50万楚军，打响了秦楚之间的又一场大战——蓝田之战。

楚军的10万先锋军，由上柱国景翠统领，短短几天之内就连克武关和商於之地，到达关中南部的蓝田城外。

楚国的行动迅雷不及掩耳，打了秦国一个措手不及。

年轻的秦武王紧急调动8万秦军，由甘茂统领，匆匆赶到蓝田。不过蓝田城根本容纳不下多少军队，秦军只能驻扎在城外，与楚军对峙。

双方都还未来得及安营扎寨，立即展开了激烈的搏杀。

蓝田城下战鼓咚咚，两拨人马为了争夺有利地形，对每一个小山头都进行了数回合的争夺，大军踏起的尘埃，让天空变得黯淡无光。

随着秦军大将樗里疾和楚军令尹昭滑的主力抵达，30万秦军和50万楚军对峙蓝田，小小的蓝田城成为飓风中心。

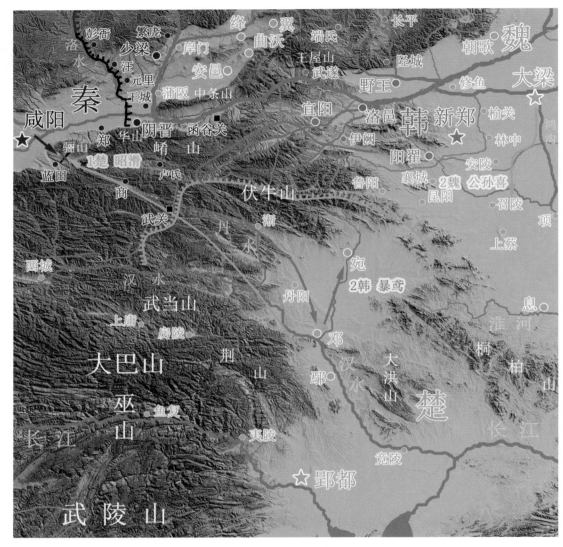

图 2-31　公元前 312 年楚秦蓝田之战

　　数十万人脚踩大地的震动声，数万匹骏马的喘息声，还有厮杀声，让蓝田城颤抖不已。城中的几千守军，能感觉到地面和空气中传来的震动和摇晃，心情处于极度紧张亢奋状态。

　　公子樗里疾早已扬名中原，眼下这一次秦楚大战是他一生当中面临的最大考验。

　　自西周以来，楚国能兼并大大小小数十个诸侯，成为威震南方的霸主，绝对不是偶然，而是历经多少代人付出无数生命代价换来的。

　　楚军的战术和勇气，正如中原人给他们的称呼"南蛮"一样，霸道不讲理。随着一通鼓声响起，楚军像大潮一般气势骇人地汹涌而来，烟尘滚滚之下，根本不给秦军任何喘息的机会。

　　就在秦军陆续修筑营垒的时候，楚军发动了一浪高过一浪的攻势，占据秦军的营垒，插上楚军的军旗。

楚国令尹昭滑真不愧是后来灭亡越国的名将，他知道楚军远道而来，如果让秦军修好营垒，对楚军是极为不利的。昭滑下令一面猛攻秦军营垒，一面在秦军各处营垒间修筑楚军的营垒。

这样一来，秦楚两军成百上千个营垒交错，你中有我，我中有你，秦楚两军零距离全面大战到来。

许多秦军的垒城还未来得及修筑完毕就被楚军所攻破，城头立即变换大旗。在楚军这种无厘头暴力打法面前，公子樗里疾也下令，去夺取楚军营垒。

这下可好，双方都下血本去攻击对方的垒城，而垒城又修筑得不如普通城墙高，一人脚踩另一人肩膀便能攀上垒城，城里的守军最多能顶住第一轮攻势，等第二拨人上来就只能任人宰割了。

在方圆十余里的土地上，秦楚两军不断袭击对方的营垒，挖陷阱，放暗箭射敌，劫粮草，很多垒城的旗号一天三变。

狰狞的面孔、嗜血的眼神、浸血的戈矛、兽性的怒号、漫天的尘雾，整个蓝田城被这摄人心魄的血腥之气笼罩。

秦楚双方都有巨大伤亡，相比之下秦军伤亡更为惨重，而楚军虽占据人数优势，也只能说是惨胜。

如果战争一直这么打下去，楚军可能会以微弱的优势获胜，但是也不可能继续在关中攻城略地。到那个时候，楚军将已经占领的商於之地纳入楚国版图，耗时两年的丹阳蓝田之战，就会以秦楚各取对方一块要地结束，可以说两败俱伤。

但是，战国七雄之间的大战，很少出现一打一的局面，很多时候都是几方鏖战，这大大增加了胜负的悬念。

此时战国七雄中另外两个诸侯的态度，对这场战争的结果将产生巨大影响。

韩国和魏国这两个三晋兄弟，巴不得秦楚打一个两败俱伤，最好各自损兵30万。现在秦楚双方虽然损失没有韩魏希望的那么大，也已经各有数万人阵亡，最重要的是双方谁也不能从容退出。对韩国和魏国而言，帮一方打败另一方，趁机削弱秦楚，壮大自己，这种机会不多。

如果韩魏帮助楚国，统兵攻入关中，蓝田可能会成为秦军主力的坟墓，届时联军还可以长驱直入关中，攻下咸阳也不是没有可能。问题在于，此番进攻的主力还是楚军，不论联军取得何种胜利，恐怕韩魏都难以得到秦国的半寸土地。

反过来，如果韩魏帮助秦国，在楚国背后狠狠来一刀，在楚国占到土地的可能性非常大，因为韩魏两国与楚国接壤地平原较多。

在蓝田局势紧张的情况下，年轻的秦武王同意韩魏使臣提出的条件，即不干涉韩国和魏国侵占楚国领土，而且等楚国退兵，还要派兵支援韩魏。

韩魏两国早已厉兵秣马，口头协议一定下来，两路大军立即开拔。

韩国方面派出的是将军暴鸢（yuān），统领12万人马，进击楚国南阳大后方。楚国人修筑了几百里的方城，目的之一就是防范北面的韩国人。

暴鸢，人如其名，性格暴虐，如猛禽一般，思维却非常缜密，他规划了一条可以避开楚国密集防御的路线。

楚国南阳守军，本来是均衡配置在方城北部、东部、西部各段，但此时方城守军主要集中在方城的北部和东部，因为楚军从方城西部出发进入秦国，秦军被压制在遥远的蓝田，楚军在这个方向上的防御力量非常薄弱。

暴鸢统领 12 万强弓劲弩的韩国材士，由东向西穿越洛阳盆地，再翻越秦岭进入商於之地，最后沿着丹水进入楚国南阳。

不出暴鸢所料，楚国方城西部的防御非常松散，韩军没有遭遇像样的抵抗便开进了南阳。韩军就像一条虫子，钻进楚国这个红润硕大的苹果，方城这块苹果皮就起不到任何防御作用了。

楚国南阳的防御也非常空虚，12 万韩军由暴鸢统领，过淅、丹阳等要塞而不攻，直取楚国重城邓城。

韩军抵达邓城脚下，依然是过而不攻，大有继续南下，沿着汉水去取楚国郢都的势头。

与此同时，魏军由名将公孙喜统领十余万大军，从大梁出发，进入楚国北境，攻克十余个小城邑，逼近楚国的召陵。

公孙喜曾任魏国河西太守，河西归秦之后，公孙喜上调到大梁，成了魏国中央军的头号大将。公孙喜曾得魏国宿将龙贾提携，能力犹在龙贾之上。

蓝田之战打到这个份上，如果楚国令尹昭滑坚持在蓝田与秦军鏖战，那么韩魏两条虫子，就有可能大快朵颐，一口一口吃空楚国这个大红苹果。

昭滑自然要撤兵，可是四十几万大军撤退谈何容易，而且秦楚的阵地纵横交错，一旦离开垒城和壕沟，立即会成为对方弓弩手的靶子。

楚国令尹昭滑并不是一介莽夫，在楚国陷入全面大战的不利局面时，他并没有慌乱，而是派人与樗里疾进行谈判。

其实樗里疾同样有和谈的诉求，若是与楚军继续鏖战下去，秦军损失将会非常严重，恐怕接下来的十几年都无法大规模东征。无限壮大韩、魏两个对手，也是秦人不愿意看到的事情。

秦楚蓝田谈判分为两个部分，一是战争，二是国土。战争方面，秦国允许楚国从"你中有我，我中有你"的阵地中撤退，楚军则必须全部退到方城以内。国土方面，楚国归还商於之地，秦国归还上庸（东汉中），双方的国界恢复到丹阳之战前。

秦楚双方谈判的过程中，韩军兵锋回转，兵临宛城之下。宛城是南阳的治所，这次暴鸢不再过而不攻，而是挥师猛攻。

宛城与其他楚国城邑一样，多数兵力被抽调到前线，如此重要的战略要地居然只有数千人守御，韩军不到两天就攻克此城。

魏军方面，公孙喜不愧是名将，他率部一举攻克楚国北部重镇召陵。

等楚军陆续撤退到南阳，韩国名将暴鸢已经依托宛城建造了数个大型垒城，与宛城交相辉映，打造成一个坚固的防御体系。12 万韩军把守这个坚固的防御体系，纵然楚军有 40 余万疲惫之师，要打破这个体系也非常困难。

另一条战线，公孙喜同样以召陵为中心，打造了类似宛城的防御体系。

而秦军方面，并没有就此退兵，先前秦国与韩魏有协议，秦军必须协助韩魏作战。樗里疾刚与昭滑签订城下之盟，秦武王便令甘茂这个未来的相国领十余万人马抵达武关，随时准备进入南阳支援韩魏联军。

现在楚国人进退维谷，三条战线，那便是集中攻击一个方向，也不是一时半会就能拿下的；若分兵去攻打，便会彻底失去兵力优势。

楚怀王也好，令尹昭滑也好，不得不忍气吞声，收缩战线，放弃夺取被韩魏攻占的领土，而是增兵现有的城邑，保住现存的领土。

蓝田之战是战国史上影响很大的一次战役，参与方有四家——秦，楚，韩，魏。

先来看看蓝田之战的赢家：韩国攻占了楚国的宛城，魏国夺取了楚国的召陵。韩国和魏国所取得的先机，不仅仅是两座城邑这么简单，同时也为下一次大战——垂沙大战做好了铺垫。

10年后的垂沙之战，齐、魏、韩联军能够轻松地进入南阳，给楚军致命一击，就是因为韩国此时突破了楚国方城，占据了楚国南阳的治所宛城，其他诸侯必须重新审视韩国的实力。

秦国是这场大战的输家，不但折损近10万兵力，而且不得已将丹阳之战攻占的上庸（东汉中）归还给楚国。

秦国在丹阳、蓝田两场大战役中，损失近20万兵力，以至于未来的20年，其东进步伐缓慢，只有6年后攻占韩国宜阳一次值得称道的胜利。

至于楚国，在丹阳、蓝田之战中，兵力损失超过20万。而且丢失了两座重要的城邑，南阳门户大开。不过楚国毕竟是面积第一大国，恢复能力令人惊叹，6年后楚国灭越国，失之东隅，收之桑榆。

此消而彼长，另一个大国齐国，未参与蓝田之战，未来的20多年，齐成为战国七雄中最风光的一个。

蓝田之战时，四川盆地也在进行另一场战争。

6年前，秦军进入四川盆地，秦惠文王封原蜀国公子通国为蜀侯，任命陈壮为相国，张若为太守，两个秦人辅佐蜀侯。

战国中后期，各国的军政分开，军队由将军统领，内政由相国统筹，蜀国就是由将军张若统领整编后的蜀军，相国陈壮治理巴蜀，监督蜀侯。张若和陈壮一个在外一个在内，成为蜀国实权代表。

蜀郡的军队数量不下20万，绝大多数是本地人，但蜀军中的中高级将校大部分是秦惠文王派来的秦人。蜀军的最高统帅，即蜀郡太守，则是秦惠文王很信任的青年将军张若。

表面上看，张若控制着军队，陈壮把控着朝堂，蜀侯通国只不过是瓮中之鳖，可以活得很久，却没有自由可言。

令人不可思议的是，短短几年时间，蜀郡小朝廷的相国陈壮居然被蜀侯策反了。蜀郡各地低级别军官在蜀侯通国号召之后，纷纷带领蜀军发动兵变。

秦惠文王令司马错统率5万大军，兵发蜀郡。

张若令人向叛军射入竹简，写明秦国大军很快将至，希望叛军投降，投降者免罪。叛军之中意志不坚定的将校，闻讯带领本部人马返回驻地。

跟随蜀侯叛乱的几个秦国官员，包括相国陈壮，此刻都在给自己盘算，看怎么与蜀侯撇清关系。

相国陈壮此时如梦方醒，杀了蜀侯通国，将首级送往成都，向张若邀功。张若一面派人好言抚慰，一面派人将此事报于司马错将军。

司马错岂能被陈壮给忽悠了，他兵抵成都，迫使叛军四散，将蜀相陈壮就地正法，平息了这场叛乱（如图 2-32 所示）。

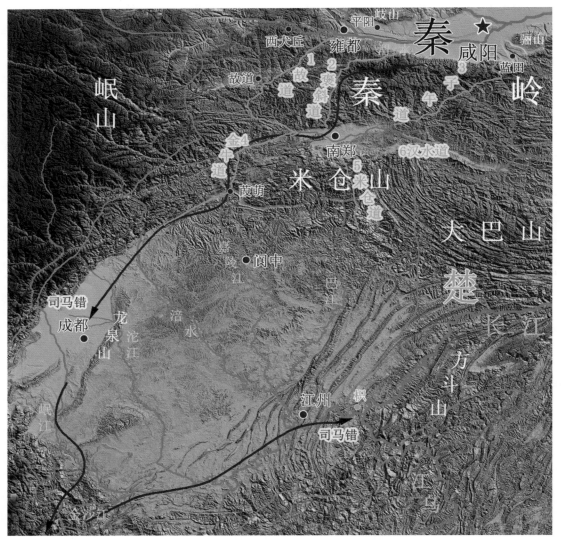

图 2-32　公元前 311 年司马错平蜀乱

太守张若安抚蜀民，对参与叛乱的将校既往不咎，以仁义治蜀郡，蜀郡叛乱的火焰很快熄灭。

此时蓝田之战已经开打，秦国关中的局势非常凶险。为了牵制楚军，司马错统领这支秦军进入巴郡，猛攻楚国占据的涪陵。楚国在涪陵部署的兵力也有 1 万人，涪陵是作为进攻秦国所占巴蜀旧地桥头堡的，不过秦国还是率先发力，拔掉了这个跳板，让楚国失去了四川盆地的据点。

公元前 308 年，蜀郡叛乱发生 3 年后，秦武王再次分封了一位蜀侯——辉，保留了蜀国宗室血脉。

然而，秦武王对蜀侯的"仁慈"并未换来蜀侯的知恩图报，蜀侯辉从上任伊始就着手进行一次更大力度的反叛。公元前 301 年，即位 7 年后，蜀侯辉利用秦昭襄王即位不久，齐、魏、韩准备出兵秦国之际，秦国政局不稳，带领他的子民发动蜀郡的第二次叛乱。

令人诧异的是，此次追随蜀侯辉叛乱的大臣大多是秦人，他们在蜀侯手下当了几年臣子，马上翻脸不认秦国，跟随蜀侯辉造反。

蜀郡太守张若虽然有 10 万大军，但是蜀人居多，无法控制叛乱的局面。秦昭襄王再次令老将军司马错下巴蜀平乱，杀蜀侯辉，并将追随他的 27 个文武大臣斩首。同时任命蜀侯辉的儿子绾为蜀侯。

10 多年后，蜀侯绾再次发起叛乱，激怒了秦昭襄王，开明王朝彻底废止，从此只派张若为蜀守。

秦国先后杀死 3 个蜀侯，巩固了在巴蜀的统治。

● 宜阳之战，楚人帮秦国打天下

蓝田之战结束，蜀国叛乱平定，秦武王终于可以坐稳秦国国君之位。

来看秦武王的身世。

当年秦惠文王有两位王后候选者，一位是魏国公主，一位是楚国公主，他们分别为秦惠文王生了 3 个儿子，见表 2-6。

表 2-6　秦惠文王的儿子们

序号	儿子	母亲
1	公子荡（秦武王）	惠王后（魏国公主）
2	公子壮	惠王后（魏国公主）
3	公子雍	惠王后（魏国公主）
4	公子稷（秦昭襄王）	芈八子（楚国公主）
5	公子芾	芈八子（楚国公主）
6	公子悝	芈八子（楚国公主）

两位公主在后宫斗得翻天覆地。几年之后，秦惠文王与魏国结盟，兵不血刃取得魏国河西，作为条件立魏国公主为王后。

当时魏国宗室张仪为相，封武信君，在秦国朝堂有着举足轻重的地位。张仪自然支持魏国公主，此后秦国王后与相国张仪联手发力，将芈八子的长子公子稷送到遥远的燕国为质。

随着丹阳之战、蓝田之战开打，秦楚地缘矛盾爆发，秦楚关系深度恶化，芈八子彻底失去击败王后的机会。

秦武王目光如电，肤色偏黑，脸上有猛兽的抓痕，体格健壮。按照秦惠文王的遗愿，秦武王罢黜了张仪的相国之位，拜叔父樗里疾为右相国，将军甘茂为左相国。为什么要把相国一分为二呢？樗里疾在雕阴之战、修鱼之战、丹阳之战中战功显赫，功高盖主，又是公子身份，不得不加以防范。至于甘茂，秦惠文王曾许诺过，此番正好用他制衡樗里疾。

算起来张仪还是秦武王的远房娘舅，秦武王能够成为秦王，张仪功不可没。但张仪是靠舌头吃饭的纵横家，即使秦惠文王没有留下遗愿，秦武王也不喜欢他。

武信侯张仪匆匆离开秦国，连5座城邑的封地也不要了。当年商鞅被车裂的惨状，张仪虽没有亲眼看到，却时刻让他不寒而栗。另一个魏国人魏章，本是一位不可多得的战将，在丹阳之战中曾经立下首功，由于是张仪的死党，也只好随张仪一起投奔故国。不久之后，曾经为秦国立下汗马功劳的张仪和魏章，先后在魏国离奇身亡。

甘茂孔武有力，力拔千斤，是个猛将。他是楚国人，此前一直站在芈八子一方，支持芈八子的儿子即秦王位。秦武王启用甘茂，除了兑现此前的承诺，还有一个用意，就是让大家知道自己不计前嫌。既然秦王大位已经确立，只要大家同心协力，在秦国就有自己的位置。

随着秦武王走马上任，秦国朝堂之上魏、楚两派的斗争也宣告结束。

秦武王早在当太子期间就收容了一批天下勇士，名扬天下的有三个：乌获，任鄙，孟说。

乌获，一个擅长养马的乌氏族人，不仅骑射功夫好，且力大无穷。别人驾车用4匹马，他能一人驾驭8匹马。乌氏家族在秦国西北部养马，专供秦国军队，家族在秦国很有实力。乌获凭借自己的本事，加上家族撑腰，很快成为秦武王的贴身近臣。

任鄙，一个楚国贵族，其先祖任不齐是孔子的弟子。任鄙出身不错，力气大到能把牛按在地上，深得秦武王喜爱。

孟说，齐国人，天下第一勇士。他曾经将两头正在角斗的野牛按在地上，一头牛服输，另一头牛还在反抗。孟说一怒之下将牛角生生拔出，野牛身亡。

乌获、任鄙、孟说三人虽说没有多少战功，却能够出入朝堂，名价日重。加上左相国甘茂以勇猛著称，秦国朝堂之上龙虎风云。此时东周形势如图2-33所示。

公元前308年，休整3年之后，秦武王决定挥师东进，目标韩国宜阳。

统兵的大将并不是最有资历的右相国樗里疾，而是左相国甘茂。秦武王弃用樗里疾，意在削弱其兵权，消除其对自己王位的威胁。

秦武王以甘茂为主将，向寿为副将，两个楚人统领12万秦国健儿，浩浩荡荡向东进发，经过函谷关，进入韩国境内。

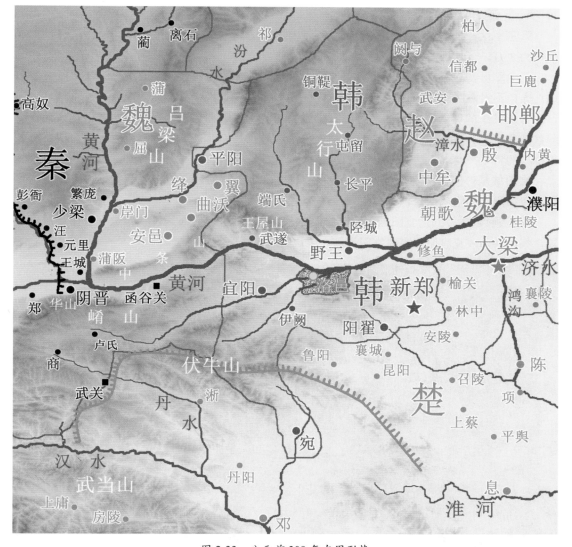

图 2-33　公元前 309 年东周形势

　　向寿是芈八子的亲属，与芈八子的同母弟魏冉一样，跟随芈八子到秦国，得到重用。

　　甘茂和向寿都是楚国人，都曾站在秦武王的对立面，此二人得重用，还有什么理由不为秦武王肝脑涂地？

　　现在我们来看看韩国的防御体系。如果将韩国分为几大军区，那就是新郑军区、宜阳军区、阳翟军区、野王军区、上党军区。

　　新郑军区，以都城新郑为核心，是韩国第一大军区，驻军超过 10 万。

　　宜阳军区，以旧都宜阳为核心，是韩国的西大门，驻军约 10 万，重点防范秦国。

　　阳翟军区，以旧都阳翟为核心，外加新攻占的楚国南阳领土，是韩国的南大门，驻军约

10 万，重点防范楚国。

野王军区，实际上就是河内郡，这里土地肥沃，经济发达，面临的军事压力暂时不大，驻军约 8 万。

上党军区，包括上党郡以及河东的旧都平阳，是韩国的北大门，地域广大，不过多是山地，人口不多，驻军约 5 万。

甘茂进击的韩国宜阳军区对韩国来说至关重要。韩国若是丢了宜阳，西部门户大开，洛阳盆地将不保。韩国人当然明白这个利害关系，早在几年前蓝田之战结束后，韩襄王就派如日中天的将军暴鸢，抵达宜阳军区布防。

宜阳城是韩国旧都，堆金积玉，富可敌国。加上暴鸢这几年的苦心经营，城方八里的宜阳，包括附近的附属城邑，有材士 10 万，粟支可供数年消耗。

甘茂领兵 12 万到达宜阳城附近（如图 2-34 所示），他急于表现，决定放弃宜阳卫星城不攻，集中兵力攻克宜阳。只要宜阳城破，周边的卫星城将不攻自破。

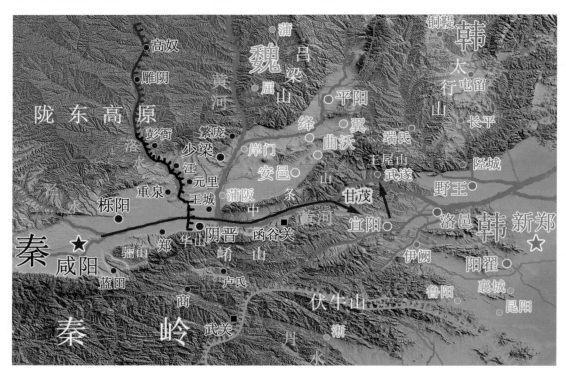

图 2-34 秦韩宜阳之战

秦国大军驻扎之后，砍伐树木，收集巨石，建造投石车。3 天之后，第一批投石车造好，甘茂下令攻城。

秦军一阵忙碌，将数排投石车摆好之后，宜阳城突然城门大门，放下吊桥，数千韩军涌出，迅速形成方阵，手持盾牌向秦军压过来。

甘茂令秦军前部出动，一面护着投石车，一面准备对前来挑战的韩军实施弓弩射击。

韩军在离秦军300步的地方忽然停止前进，城头上扬起尘土，韩军率先使用投石车，城外的韩军也坐在地上张弩，向秦军射击。

一时间秦军前队人仰马翻，韩军的投石车射程比秦军的投石车远，弓弩的射程也是如此，看来秦军操之过急，投石车的规格不够大。

韩军每人射完20支弩箭，便在投石车的掩护下安然退去，一开战就给了秦军下马威。

秦军伤亡数百人，甘茂气得破口大骂，但也没有办法，只能把攻城器械的规格提高。

5天之后，宜阳之战第二个回合打响。

这几日秦军不但为投石车增加了射程，还截断了宜阳护城河的源头，让护城河变成一条泥泞的大壕沟。

甘茂的中军布在一个小丘上，以骑兵为主，重装备的盔甲军为副。他大手一挥，秦军前部开始了进攻。秦军前部以盾牌兵、弩兵为主，配备云梯、楼车等攻城的必备工具。在投石车的掩护下，秦军开始了第一波攻势。

十几万秦军一齐发喊助威，战马狂嘶，宜阳城外风云变色。

韩军在城头上利用投石车反击，由于城头面积不大，在城墙的后面街道上密密麻麻地摆了许多投石车，大大增加了韩军的抵御力度。操纵投石车的军士，根据城头上的令旗调节着投石车的射程，一时间石如冰雹急旋而下，甘茂等秦军将领觉得石头多得有点不可思议。

秦军用竖起的大木板作掩护，逐渐往前推进，不久便抵达护城河附近，后面秦军的投石机也陆续架好，开始与城内的投石机对攻。

最先抵达护城河的秦军，抛下随身携带的20斤重沙袋，然后放下云梯，强渡护城河。

城头上忽然鼓声大作，韩军立即用箭矢回击，很多秦人士兵被射中，跌落护城河，还好护城河中没有水，只有淤泥，既淹不死也摔不死。

韩军先发制人，从城头射出带倒刺的钩子，勾住一条条云梯，在城墙上使劲一拉，云梯翻倒，上面的秦军随即掉入护城河中。

连续几轮攻势之后，护城河的部分区域已经被沙袋、死人、云梯等东西塞满，秦军在上面铺上木板，推着楼车攻到城墙下边。楼车是参照宜阳城墙高度建造的，它的主楼比城墙高五尺，每个主楼里面藏有五名先登之士。只要靠近了城墙，这些勇士就会居高临下越上城墙，给韩军狠狠一击。

可是韩军怎能让秦军轻易靠近城墙呢。他们不断地射出长钩，从侧面拉倒一个个楼车，一时之间城墙下到处是摔坏的楼车和伤残的秦军士兵，战况惨烈。

为了避免误伤，秦军的投石车已经不再发射，要想登上城头，只能依靠城下秦军不断的弩箭支援，没有第二个办法。

可韩军根本不给秦军登城的机会，一天激战下来，秦军损失很大。

南方远处一座土丘上，匍匐着几个楚军的斥候。当宜阳大战开始的时候，楚军由上柱国景翠统领10万楚军，越过方城，驻扎在伏牛山以北，随时准备对失利一方来个落井下石。

夜间，乌云密布，星月无光，宜阳城外火把点点。

甘茂令秦军不间断进攻，夜色的确对进攻方有利，韩军看不到秦军的进攻体系，也不知道秦军距离城头还有多远。

城墙上火把猎猎高燃，城下却漆黑一片，只有投石机的机栝声，车轮与地面摩擦发出的尖响，石头撞到地上或墙上的轰然巨震，战场形势很诡异。

部分秦军在夜色掩护下，上通过楼车，下利用钩锁云梯，成功登城，但迎接他们的不是欢呼，而是无情的刀剑。

韩军在城头外侧布置了相当数量的倒刺，人踩在上面，铁钉立即穿脚而入。一批批攻上城头的秦军士兵大多数出师不利，成了韩军的靶子。

忙活一夜，城上城下伏尸处处，战况惨烈至极，无论是城里的韩军，还是城外的秦军，人人神色凝重。

随后的几个月，甘茂挥师猛攻，宜阳城多处城墙被攻破，随即又被韩军收复，城里的韩军做好了城在人在的打算。

有可能支援韩国的军队只有魏军，但楚国上柱国景翠的 10 万楚军让魏军不敢轻举妄动。景翠完全没有救援韩国的打算，他只是想伺机而动，若韩国宛城的守军去支援宜阳，景翠军正好去收复宛城。

楚军仅有 10 万，这也不像"带甲百万"的楚军应有的规模，因为此时昭滑正整军备战，楚国屯兵东南，做着兼并越国的最后准备。为了迷惑越国和其他诸侯，昭滑才派景翠领偏师10 万，造成楚国要救援韩国的假象。

秦、楚、韩、魏派出各方面的斥候，穿梭于各军的中军大帐，展开外交攻势，给对手施压。

楚国的 10 万生力军在宜阳城旁虎视眈眈，给秦韩都造成了巨大的威慑。甘茂不得已，用原魏国东部的小城煮枣（今山东东明）作为报答，要求楚军按兵不动。

甘茂和向寿是楚人，帐下楚国人很多，秦楚战时谈判桌上坐的都是楚国人。景翠本就没打算救援宜阳，因此借故与"自己人"进行拉锯式谈判，只求获得更多利益。

甘茂在谈判桌上拖住楚军，猛攻宜阳 5 个月，秦军伤亡甚重。久攻不克，伤亡过大，不满情绪在军中蔓延。甘茂一味求快，反而欲速则不达。现在伤亡这么多，只能向秦武王请求援军。

秦国朝堂之上，反对的声音一直就没有停止，现在甘茂碰了钉子，右相国樗里疾等人觉得出了一口恶气。

秦武王却下定决心弃用自己的叔父，但他也不想放弃宜阳，于是令自己的 3 员虎将——孟说、乌获、任鄙，统兵 5 万，由孟说为主帅，前往宜阳援助甘茂。

宜阳城下，甘茂得了生力军，再度挥师猛攻。孟说等人毫不吝惜帐下将士，下令拼死力战。不过谁也没料到，暴鸢指挥的宜阳守军如此坚韧，很多次秦军登上城头，被韩国守军抱着腰摔下城墙，同归于尽。

宜阳之战，已经不是战略战术的较量了，完全就是意志的较量。谁能扛到最后，谁就能获得胜利。

一日，宜阳城下，鼓声响起，十来万秦军却置若罔闻，不肯前进，以此表达对这几个外来主将的不满。二鼓起，三鼓起，秦军将士纹丝不动，宜阳城就像一座坟墓，谁也不愿去送死。

甘茂大惊失色，难道天要亡我？

还好副将向寿头脑清醒，沉声道："将军莫急，今日先稳定军心，明日再攻不迟。"

甘茂只能收兵，当夜把众将尉招来，许诺将自己与向寿的家产全部拿出来犒劳将士。甘茂和向寿到秦国时间都不短，又身居高位，家产不少。这种散尽家财的做法，极大地激励了秦军将士。次日清晨，秦军将士饱食一顿之后，准备做最后一次冒死攻城。

甘茂站在战车上，对将士道："今日若攻不下宜阳，大家把宜阳当作我的坟墓，把我埋在这里！"

甘茂破釜沉舟不留后路的勇气感动了秦军将士，孟说、乌获、任鄙三员猛将更是亲自带队攻城，后面将士紧紧跟随。

这是日月无光的一天，是震动天下的一天。这一天，宜阳城破，宜阳之战终于在残酷的屠杀中结束。

战后清点伤亡，韩军前后总计阵亡 5.5 万，秦军的损失也不相上下。秦国前来增援的三虎将之一乌获阵亡，战况惨烈。

可惜韩军统帅暴鸢在侍卫的保护下逃离战场，一条大鱼没有网到。

不远处楚国的军队见宜阳城破，也撤兵归国。

甘茂好不容易拿下宜阳，但功过相抵，自然要利用机会再建功勋。他看中了宜阳以北，韩国的一个战略要点——武遂。

武遂在黄河以北，在轵关陉以东，秦国如果占据这里，魏国的河东郡会成为一块非标准的飞地，到时魏国只能翻越太行山来沟通东西了。

甘茂迅速组织一支秦军，北渡黄河。武遂的守军数量只有 5000，根本抵挡不住秦军的虎狼攻势，很快就落入秦人手中。

至此，宜阳之战结束，韩军被斩首 6 万，秦国一统天下又迈出坚实的一步。

● 东周洛邑，秦武王举九鼎

宜阳之战结束，甘茂可以名正言顺地担任左相国，楚国帮也跟着扬眉吐气。秦武王以甘茂的副将向寿为宜阳太守，负责秦国东大门的安危。

宜阳是新战区，秦国必须防备韩国反扑，向寿的任务是以宜阳城为核心，打造一个防御体系，压力并不小。

得到宜阳之后，秦国通往东周洛邑的道路就打通了。宜阳之战后东周形势如图 2-35 所示。

秦国历任国君，有娶东周公主为夫人的，但却没有一个国君到过洛邑。如果能到天下的中心洛邑去看一看繁华的市场，与天下共主周天子见个面，参观东周的神器青铜九鼎，想想都让人心驰神往。

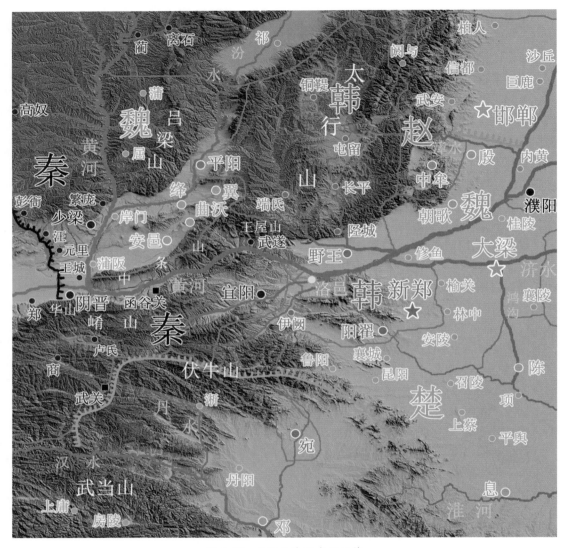

图 2-35　宜阳之战后东周形势

　　秦武王作出大胆决定：亲自前往大周王朝都城洛邑，看看那里究竟是一番什么景象。他令左相国甘茂留守咸阳，令右相国樗里疾做先锋前往洛邑，为自己稍后的行程做好安排。

　　樗里疾战功赫赫，但在秦武王任上却过得恓恓不乐，战争中不让他领兵，却在这种无关痛痒的事情上用他。还好樗里疾是识大体的人，否则以他的实力和威望，确实有可能扳倒秦武王，自立为王。

　　樗里疾统领兵车100乘，约7500人，前往东周洛邑。宗室开路，秦王随后，倒也合乎情理。

　　这时候的东周，已经是历史上最后一个天子周赧（nǎn）王在位了，当然他并不知道自己是末代周天子。

当年东迁的时候，东周王朝占据着洛阳盆地，也就是三川郡与河内郡，拥有8个军10万人，各方诸侯继续尊周天子为天下共主，谁也不敢造次。

此后东周的领土屡屡被晋国公卿侵占，东周只剩下洛邑和附近几座小城。

到了周赧王的祖父周显王时期，东周所剩不多的领土又分封了两个诸侯——西周和东周，他们的国君分别是西周公和东周公。

这样一来，洛邑就成了西周公的封国，洛邑以东的城邑属于东周公。周显王彻底成了光杆司令，他住在洛邑，由西周公供奉。

到周赧王，已经是第三代光杆司令，他只有几个随从，外加几个对周朝死心塌地的老臣。

周赧王害怕诸侯，更惧怕秦国，得知秦国右丞相领兵前来，他急得在府中不停地踱步。几个忠心的大臣劝他用洛邑所有兵力来保护自己。

周赧王无法调动洛邑的兵力，只好请西周公出兵。西周公立即清点洛邑守军，周平王东迁之时足以容纳10万大军的洛邑城，如今只剩下3000兵力。

周赧王与西周公领着几个大臣，3000兵力，匆匆出了洛邑城，郊迎秦国右丞相樗里疾。这个架势，似乎是一个地方诸侯在迎接天子。

樗里疾感慨万千，他由周天子如今的窘境想到自己这几年的失势。同是天涯沦落人，他并未难为周赧王，令秦军大部驻守城外，只领数十亲兵进城。

进入郭城，但见六街三市车马行人往来如织，房舍极具规模，与抑制商业的秦国相比，不愧是繁华大都市。咸阳城虽然不比洛邑小，但是除了守军，平日只能见到几个匆匆行走的路人，樗里疾流露出一丝羡慕的神色。

再入王城，只见高堂邃宇、层台累榭，栋宇连云，真是帝都景象。

东周虽在政治军事上衰落了，但洛邑依然是天下的经济文化中心，周天子名义上仍是天下共主。最重要的是，战乱之时，洛邑是一个类似当今瑞士一样的中立地，不受战火影响，因此各国贵族商贾都乐意于在洛邑购置房产，以备不时之需。

樗里疾风光进洛邑的消息传到咸阳时，秦武王正在与秦岭头狼搏击。秦武王好武，不但喜欢招揽勇士，还经常与勇士们一道，和野狼进行搏杀。

狼这种动物适应性强，既耐寒又抗热，嗅觉听觉视觉俱佳，速度快体力也不差，且其追逐猎物的恒心让人瞠目结舌。如果要给狼找个缺点，那就是体格不如老虎黑熊大，否则森林之王非野狼莫属。

狼或许也发现了自身的这个唯一缺点，所以经常结群出没，少则三五头，多则上百头，狼群在自然界是无坚不摧的。

秦武王派了许多人，从秦岭当中捕获了数以百计的野狼，用来与之徒手搏击。

野狼群当中一般会有一匹特别聪明勇猛的头狼，指挥狼群行动。而狼群有时候会数群联合在一起对付强敌，指挥多个狼群的便是狼王。

当秦军斥候到达围栏旁，见秦武王正与一头凶猛的狼王肉搏。秦武王的手臂和胸前明显有狼爪留下的道道血痕。他聚精会神，在围栏中央与狼王对峙。狼王大概也明白自己的命运，横竖是个死，死前拉人类的一个王来垫背倒也值得。因此狼王神色霸道，不时愤怒长啸，让人不寒而栗。

围栏外的神箭手神经紧绷，随时准备在狼王危及秦武王生命时射出一箭。他们又怕射得太早，扫武王的兴，被秦王怪罪。

肉搏进行了小半个时辰，狼和人的战斗激情丝毫不减。秦王多处挂彩，狼王也被数次踢中身体，厚厚的黑白毛皮底下，隐隐也能看到血气外溢。

接着的这个回合，狼王狠狠扑向对方，秦王麻利闪身，同时重重一脚踢到狼王腹部。那狼王瞬间两眼发黑，肚子里翻江倒海，在地上翻滚两周跟跟跄跄又站起来，狠狠盯着秦王。

栅栏外一片欢呼，秦王看看差不多了，从旁取出宝剑，只两个回合，就斩狼王于剑下。随后一身血腥踏出栅栏，周围又是一阵高呼"万岁"，秦武王才令斥候报来。

闻叔父樗里疾之风光得意，秦武王豪气冲天道："即刻准备，寡人欲东临洛邑，一观九鼎！"

鼎，三足两耳，和五味之宝器也。通俗的说法：鼎就是三条腿，有两个提手，做菜用的器皿。最早的鼎是黏土烧制的陶鼎，后来逐渐有了青铜鼎。九鼎是大禹时期所造。大禹令人先把全国各州的名山大川、形胜之地、奇异之物画图成册，然后令能工巧匠将这些画仿刻于九鼎之上。大禹随时可以看到自己统治下的山川名胜，正所谓"普天之下，莫非王土"。

大禹将天下分为9个州，九鼎分别代表一个州，九鼎放在一起就代表整个天下。九鼎表示的9个州分别是冀州、兖州、青州、徐州、扬州、荆州、豫州、梁州、雍州。在战国时代，青州所在大致是齐国，荆州所在大致是楚国，雍州所在大致是秦国。

九鼎不仅做工精美，体积庞大，更重要的是，它代表了至高无上的权力！谁拥有了九鼎，谁就被奉为天子。

夏朝、商朝至周朝，都把定都或建立王朝称为"定鼎"。商朝灭夏朝，九鼎迁于商都殷；周朝灭商朝，九鼎又迁于周都镐京；周平王东迁，九鼎也就搬到了洛邑。

春秋时期，楚庄王帮助东周进击陆浑之戎，楚军到达洛邑附近，楚庄王表达了对九鼎的野心，他问东周的大臣，这九鼎有多大，多重。当时负责接待楚庄王的王孙姬满是个脑瓜特别灵活的人，他摆摆衣袖，微笑道："鼎的大小轻重不重要。有德，鼎再轻也重；无德，鼎再重也轻。先祖曾占卜，大周王朝可传世30代，享国700年（当时大概已经400多年），此乃天命也。天命未改，鼎之轻重，未可问也。"

王孙姬满本意是"楚国没有资格问九鼎的重量"，不过他把话说得颇具智慧而且冠冕堂皇，倒也没有激怒楚庄王。楚庄王放弃了一窥九鼎的想法，将野心深藏于心。最终楚庄王还是称霸中原，威震四方。

公元前403年，战国开端，三家分晋时期。某个雷雨交加的黑夜，一个闪电居然穿透大殿的屋顶，击中九鼎，闪起一片火花，九鼎因此摇晃了一阵，这让守鼎的侍卫惊慌不知所措。

赵、魏、韩的国君得知这个奇异事件，借题发挥，一起派人到洛邑，请求周威烈王册封他们为正式的诸侯。周室衰微之际，周威烈王见传国重器震动，也感到东周统治的力不从心，就册封赵、魏、韩成为正式诸侯。

神奇的九鼎，对秦武王的吸引力不言而喻。秦武王兵进洛邑，他对城市的繁华景象视而不见，直奔东周太庙，冲着九鼎而去。

秦武王身形雄伟挺拔，双目如电，声音里透出强大的气势和信心。

东周庙堂之内，并无想象中那般富丽堂皇，长案竹席、青铜灯柱、丝麻幔帐，处处透着一股没落的大气。

山河千里国，城阙九重门。不睹皇居壮，安知天子尊。

大殿之中，但见九座宝鼎一字排列，整齐威严。九鼎之上的图文，载着九州的山川人物、贡赋田土之数。鼎的三个脚和两个鼎耳上都有龙的图案，所以九鼎又称为"九州鼎"，不愧是镇国之宝器。

秦武王立即被九鼎吸引，他绕着九鼎走了一圈，赞叹不已。秦武王走到有"雍"字的鼎前，手抚大鼎，感慨道："此雍州之鼎，乃秦鼎也！寡人当携归咸阳尔。"

周赧王闻秦武王要将雍州之鼎带回咸阳，心中难受不已，借故走出庙堂。

秦武王想起当年楚庄王曾经问过九鼎的重量，便问守鼎的小吏："此鼎多重，曾有人能举之否？"

小吏不敢怠慢，叩首答道："自有九鼎以来，从未有人移动。每鼎有千钧之重，谁人能举？"

小吏本是实话实说，对秦武王来说却像是激将法，他回头扫视两位猛将任鄙和孟说，笑道："二位爱卿，能举此鼎否？"

任鄙本出身贵族，遇事比较谨慎，他知道秦武王恃力好胜，推辞道："臣力止可胜百钧，此鼎 10 倍之重，臣不能胜。"

孟说号称天下第一勇士，喜欢挑战自我，他挽起衣袖上前道："臣请试之，若不能举，我王休得见罪。"秦武王点头默许。

孟说命左右取青丝为巨索，系于鼎耳之上，自己在一旁将腰带束紧，卷起双袖，用两只铁臂套入丝络，喝一声："起！"那鼎离地约半尺，孟说力不支，铜鼎砸回地面，地砖瞬间破裂，3 个大坑呈现在眼前。孟说用力过猛，眼珠迸出，目眦流血，脸色吓人。

秦武王笑道："既然爱卿能举起此鼎，寡人难道不如！"

以往在咸阳与野狼徒手搏击，任鄙、孟说负责对付头狼，那头狼中的狼王由秦武王亲自来解决。既然孟说能举起这鼎，秦武王信心十足，必须一试。

身旁任鄙见比自己力气更大的孟说如此惨状，知道举鼎比搏杀狼王更危险，立即劝阻："大王万乘之躯，不可轻试！"

秦武王执意要试，他卸下锦袍玉带，再束腰身，然后缚衣袖，准备工作不敢怠慢。

任鄙的右眼皮一直在跳，他似乎预感到什么，跪地拖住秦武王的衣袖，请秦武王放弃。

秦武王就想痛快一把，见任鄙没完没了，生气道："你不能举，难道嫉妒寡人乎？"

任鄙只好退下，不敢再言。

秦武王大踏步向前，也将双臂套入丝络，心中暗忖："孟说能举起这鼎，我举起来之后，偏要再走动数步，才能全胜。"

秦武王闭眼，屏一口气，用尽平生神力，喝声："起！"雍州鼎再次离地半尺。

秦武王正欲前行，不觉力尽失手，鼎坠于地，其中一个鼎的脚正压在他的右足上，"咔嚓"一声，秦武王的胫骨被压个平断，相当于小腿以下截肢。

秦武王只叫了一声"痛哉"，便昏死过去。

秦国一干大将，还有那周赧王和一帮大臣，个个吓得脸色铁青，众人手忙脚乱将秦武王安顿在洛邑王宫的寝宫龙榻之上。

迷糊中秦武王想起自己进入洛邑之前的一番话："若能进东周洛邑，一观九鼎，寡人死而无憾矣。"

难道上天特意这么安排，一切都是天意？

最终太医回天乏术，秦武王血溅东周龙榻，当夜便气绝身亡。随后周赧王布衣前往王宫，哭吊尽礼，与秦武王作最后告别。

樗里疾也在洛邑，他作为右相国和秦国宗室老臣主持大事。樗里疾将惹事的孟说囚禁起来，后来带回咸阳，抄家灭口。而任鄙则因为直言劝谏，升为汉中太守。这些都是后话，暂不详言。关于九鼎，却是最后一次见于史载，此后便神秘失踪，再也没有任何记载。

有关九鼎的传说倒是不少，最有名的一说是，秦始皇将九鼎搬到咸阳，将其置于秦始皇陵之中，让九鼎与之同生共死。另一个说法是项羽入咸阳，将九鼎带到西楚都城彭城，让其沉没在泗水之下，意思是别人永远都别想带走西楚霸王的九鼎。

如果以上两个传说有一个是真的，相信随着科学技术的进步，九鼎终有重见天日的一天。

还有一个很有意思的传闻，周赧王这个光杆司令，眼看九鼎保不住了，便将九鼎熔为一堆青铜，然后打造成青铜币，过了几十年舒服日子。

● 争秦王之位，楚女也疯狂

秦武王举鼎意外身亡，留下一个难解的悬念：谁来继承秦王之位？

秦武王天生神力，可徒手搏狼王举九鼎，夜御七女而早朝不误。22岁的青年却偏偏没有儿子，一个都没有，天意弄人。

新的秦王，可能是秦武王的叔父樗里疾，也可能会在秦武王的兄弟中产生。其实樗里疾如果要当秦王，4年前秦惠文王刚去世的时候是最佳时机，那时只要杀了秦武王，谁敢不服他？

虽然秦武王打压了4年，扶持了不少反对樗里疾的势力，这位老公子的实力大不如前，但他也是可以争夺王位的一支重要力量。秦惠文王去世之后，老公子感觉自己也老了，没有青年时的朝气蓬勃、壮年时的高视阔步，他并不打算在自己晚年再夺个王位。

秦武王去世时年仅22岁，其母慧王后生有3个儿子，一个是秦武王，另两个是公子壮和公子雍。

公子壮像极兄长秦武王，力大无比，勇武好斗，年少便担当庶长，有统兵作战的经历，被秦武王封为季君。如果公子壮即位，秦国国策应该能得以延续，勇士会得到重用，秦军会不断东进、东进再东进。

慧王后执掌朝政 4 年，公子壮又掌控部分兵权，秦国的王位继承似乎板上钉钉，不容置疑就是公子壮。

然而此时一个疯狂的楚女，携一家四口，来争夺秦国王位，掀起滔天巨浪。这个楚女就是楚国公主芈八子。秦宫后妃有多个级别，从大往小依次是王后、夫人、美人、良人、八子、七子、长使、少使。芈八子初入秦宫地位并不高，不过她容貌姣美、智慧机敏、能歌善舞，通兵略、知权谋，是楚国宗室公认的倾国美女。

秦楚关系自春秋以来就一直不错，互相通婚，芈八子被楚国宗室选中，教以房中术，远嫁秦国惠文王。入秦宫以来，她与秦惠文王浓情蜜意，卿卿我我。

秦惠文王迎娶魏国公主和楚国公主，她们各生下 3 个儿子。此后数年，惠文王的龙榻就由两位公主所垄断。

后来秦惠文王立魏国公主为王后，楚国虽然国土比魏国大，芈八子还是只能屈居慧文后之下。

芈八子得宠，但执掌后宫的仍然是慧文后。虽然芈八子在秦惠文王跟前哭得梨花带雨，肝肠寸断，秦惠文王还是咬咬牙，将公子稷送到燕国作人质（如图 2-36、图 2-37 所示）。

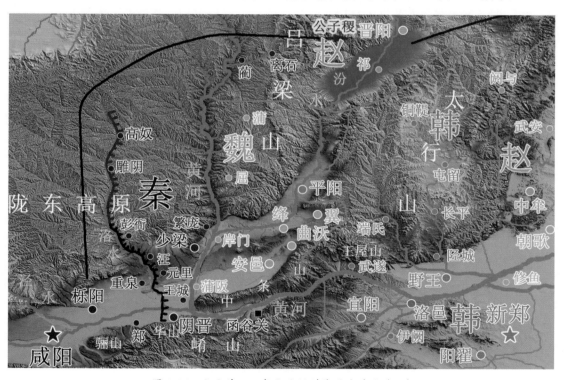

图 2-36　公元前 315 年公子稷到燕国为质子（一）

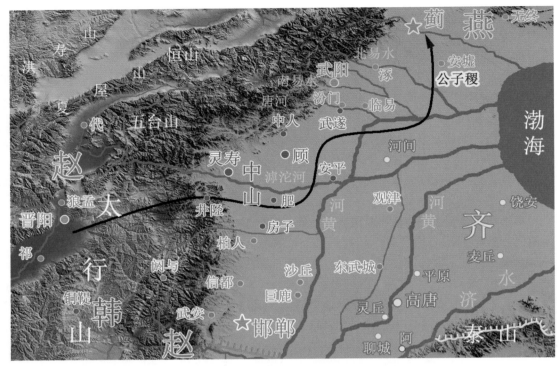

图 2-37　公元前 315 年公子稷到燕国为质子（二）

　　为什么是燕国？因为燕国距离远，实力弱。作为大周王朝最北方的诸侯，若不是战国中期有一次五国伐齐，让诸侯感觉到它的存在，燕国恐怕不能入选战国七雄。

　　无毒不丈夫后，秦国公子质于魏国的比较多，送到天涯海角的燕国还是头一次。几十年后燕国太子丹来咸阳作人质，算是礼尚往来。

　　在继承权的争夺上，慧文后真是毫不含糊。如果没有秦惠文王的干涉，她会直接杀了这 3 个楚崽子。秦惠文王驾崩，慧文后的儿子秦武王顺利即位，这场王位争夺战以慧文后的胜利而偃旗息鼓。

　　4 年过去，如今秦武王出了意外，南国佳人芈八子决定豪赌一把，她要与慧文后争夺太后之位。

　　要豪赌，筹码就要"All In"（意为压上全部筹码，一次性赌上所有资源），芈八子决定把远在燕国的公子稷接回来夺位。要是能争取一两个诸侯外援，那就谋无遗策、十拿九稳了。

　　公子稷在燕国，燕昭王是燕国史上最有为的一位国君，他修筑了战国第一大都城武阳，之后发起五国伐齐的军事行动，差点灭了齐国。

　　秦武王出了意外，燕昭王也有自己的算盘，他的想法与芈八子不谋而合，那就是护送公子稷回国夺位，秦燕结盟。于是燕昭王派人与另一个盟友赵国商议此事。此时赵国的国君，是胡服骑射的开创者赵武灵王。

自燕昭王即位之后，燕国与赵国辅车相依。忙于胡服骑射的赵武灵王得知燕昭王的想法，非常赞同，甚至越俎代庖，要求由赵国派兵护送公子稷。燕昭王发现自己连兵马都不用安排，就能与秦国这个强大的盟友结好，乐不可支。

公子稷承诺赵武灵王，只要自己顺利即位，在赵武灵王有生之年，秦国绝不侵犯赵国。在一诺千金的时代，赵武灵王要的就是这个承诺，此时他正在集中军力猛攻中山国，确实没实力与秦国开战。

随后赵武灵王派相国赵固到燕国接公子稷，再领兵护送公子稷回国。赵固从燕国接了公子稷，一路南行到达邯郸，随即又沿黄河而上，跨越燕、赵、魏、韩、周，总算到达秦国新攻占的宜阳。

宜阳守将向寿出城90里，以君臣之礼远迎公子稷。

赵固告别公子稷回国，赵人不会直接出兵干预秦国王位继承，以免后患无穷。

如果芈八子依靠赵国、燕国来夺取王位，那指定鸡飞蛋打。芈八子能依仗的，只有她自己的人马。现在来看看芈八子手中有些什么底牌，让她敢于拿全家性命去豪赌。

第一张牌，是戍守秦国都城咸阳的将军魏冉，他是芈八子的同母弟，身强力壮，又有军事头脑，是秦武王喜欢的将领。魏冉成为戍守咸阳的将军，慧文后并没有反对，一方面因为魏冉确实有才，他有能力辅佐秦武王，另外秦武王大权在握，不用担心芈八子的问题。

第二张牌，是镇守东部宜阳的将军向寿，他也是芈八子的亲属，与左丞相甘茂关系特别好。当甘茂在宜阳遭到顽强抵抗一筹莫展之时，其副将向寿出谋划策，最终夺取韩国宜阳。后来甘茂举荐向寿，秦武王令他镇守宜阳。

芈八子的两张大牌统领了两支军队，内外兼有，这就是她敢于与慧文后叫板的底气。此外，左丞相甘茂身居高职，虽然没有多少兵权，但他在朝堂上的影响力是有的。

向寿本应镇守宜阳，但他还是擅离职守，分出一半兵力（3万），护着公子稷到达咸阳，给秦武王发丧。不过向寿有镇守宜阳的重责，只留下小部分兵马保护公子稷，立即率大部队返回了宜阳。

这时候公子壮和公子稷都还没有对外宣称即位，因为秦武王尸骨未寒，从礼制上还得到第二年才能正式宣布即位，双方暗地较劲。

另一场风暴在秦国朝堂中刮起，左丞相甘茂与右丞相樗里疾一直在明争暗斗，现在秦武王不在了，两人势必要争个你死我活。

樗里疾知道甘茂是秦武王用来牵制自己的一个棋子，这个棋子令人生厌。如今甘茂的后台秦武王倒了，樗里疾要找甘茂算总账。秦武王意外身亡，本来左右丞相应该一起主持大局，可是右丞相樗里疾却以秦国宗室自居，不让甘茂参与秦武王的丧事。

其实甘茂也不容易，自秦惠文王时期入秦，一直作为秦军的二线将领，十多年间兢兢业业的，大战一场都没有落下。如果甘茂不是楚人，而是秦人，或许他会成为司马错那样的人物，不会为秦国宗室所不容。

甘茂不甘心放弃左丞相之位，十多年的奋斗，难道真的要从头再来？

一个不服气，一个不甘心，秦武王去世之后，秦国朝堂风起云涌。樗里疾在秦国宗室的支持下，不仅处处占上风，而且暗中阻止公子稷即位。如果让这半个楚国人登基，势必又会重用甘茂，这个事樗里疾怎么可能妥协？

为了让自己的儿子即位，芈八子派人联络樗里疾谈判，给出的条件是只要樗里疾不支持公子壮，芈八子就劝说甘茂退位，并且让他永远从秦国消失。

站在樗里疾的角度，兵不血刃能处理甘茂倒是一件好事。樗里疾并没有偏爱酷似秦武王的公子壮，芈八子的条件只是让他不支持公子壮，等于是无条件，樗里疾怎会拒绝。

芈八子出手，甘茂自知大势已去，只好离开秦国，到齐国去谋生。人情冷暖，几个月前甘茂还是秦武王身边的大红人，秦武王去洛邑，留甘茂在咸阳戍守。现在他虽然高居左丞相之位，苦于手上没有兵权，远没有魏冉、向寿等人重要，被芈八子抛弃。

牺牲一个甘茂，能够让樗里疾不再强烈反对公子稷即位，芈八子这一招绝对精准且泼辣，此女深有谋略，且不近人情！

如此一来，樗里疾成为秦国唯一的丞相，他对秦国国君的继承权有相当的发言权。起初樗里疾与甘茂敌对，才反对公子稷，现在芈八子让步，樗里疾不再有明显的偏袒，保持了中立的态度。

公元前 306 年，秦国都城咸阳，两位秦王并立，同时任命樗里疾为丞相。

公子壮有太后和武王后支持，控制王城以及咸阳城的部分兵力，尽管不能一口气吃掉对手，但他在咸阳城还是有很大的优势，因此在王宫中称秦王。

公子稷有咸阳戍守的将军魏冉支持，控制咸阳外城的部分军队，虽然在咸阳的势力不及对方，但他有向寿支持，总兵力并不亚于公子壮，在公子府中称秦王。

两个秦王各有一套文武大臣班子，出入宫门或府门皆有数千精锐大军保护。

慧文后参与朝政多年，她想到了一个可利用的人，此人就是来自北方的义渠王。

义渠之于秦国，就像匈奴之于汉朝，犬戎之于西周。

匈奴来自北方草原，一直是中原的宿敌。强势如汉武帝，也只是将匈奴赶到漠北，始终不能让这个游牧民族彻底灭亡。犬戎是生活在陇山两侧的游牧民族，他们将周人赶下高原，并与之进行了几百年的鏖战，在周幽王时期甚至走下高原灭了西周王朝。在犬戎全盛时期，这个团结了几百年的游牧民族联盟，在成功击败老对手西周王朝之后瓦解了，其中的一个部落义渠因此得以独自发展。

义渠的诞生时间，与秦人得到爵位几乎在同期，都在春秋开端。此后义渠和秦国这两个地理环境不同的民族，开始了大扩张、大兼并。

春秋时期，义渠统一陇东高原大大小小的部落，成为一个新兴的游牧民族部落联盟。秦国则在春秋时期完成统一关中的重任，并不断消化和融合各方势力，试图争霸中原。

春秋末年，义渠和秦国这两个山上和山下的霸主，领土大幅接壤，地缘矛盾凸显，双方的冲突不可避免地到来。

公元前 444 年，秦刺龚公时期，秦军第一次大规模伐义渠，虏其王。公元前 430 年，秦躁公时代，义渠对秦国实施了一次报复，攻到渭水河畔。

公元前 331 年，义渠几个部落为争夺王位发生内斗。这一年秦国与魏国的河西争夺战进入白热化阶段，公子疾和公孙衍领南北两路大军，正与魏军激战。

秦惠文王在兵力捉襟见肘的情况下，将秦国最后一拨预备军交给庶长国。两线开战，当年秦国就平定了义渠的内乱，将义渠分割为 3 个区域分治。第二年，秦军大胜魏军，斩首魏军 8 万。

公元前 327 年，秦国首次在义渠置县，将靠近秦国的 1/3 义渠领土置入秦国直接管辖之下。

公元前 319 年，秦国再次在义渠置郁郅县，将靠近秦国的另外 1/3 义渠领土置入直接管辖之下，义渠国土严重缩水，只剩原来的 1/3。

这时候的义渠人如梦方醒。

公元前 317 年，秦国与赵魏韩的修鱼之战爆发。义渠抓住这千载难逢的好机会，南下关中，击败戍守李帛（地名）的秦军，给了秦国一次不大不小的打击。这次秦军大败三晋，斩首 8 万，义渠只好撤兵。

公元前 315 年，秦国起三军，一次性攻占义渠全部领土，拿下其城邑多达 25 个！义渠王降格为臣，名义上是义渠王，实际是个光杆司令，有名无实，取而代之的是几个秦国的县令。

义渠此前领土广袤，秦惠文王将这里置为北地郡，作为秦国北方的一个大郡。不过惠文王还是保留了义渠王，筑一座大屋，给十余骑兵，让其在高原上自生自灭。

老义渠王很快过世，小义渠王即位后领着十余骑，猎杀狼群，追逐猛兽，人马不多，却也有些名望。高原上的秦国官吏对他睁一眼闭一眼。

慧文后要利用的，就是这新的义渠王。

得慧文后的密信，义渠王驰马高原，上荒山，下沟渠，召集义渠各部落遗民。

义渠王身高九尺（2.08 米），碧眼浓眉，声若洪钟，威风凛凛，天生领袖风范，他无论出现在哪儿，都是众人瞩目的焦点。

旬月工夫，义渠王便招揽 2000 余骑，军威浩大，气势汹汹。北地郡的秦国官吏，因义渠王身份特殊，又牵涉到秦国宗室争斗，不敢阻挡，各城邑闭门自守。

义渠王挥师南下，以无人阻挡之势入关中，抵达咸阳北门，将兵马屯于咸阳北门外，数十骑入咸阳城，进王城见了公子壮。

公子壮银甲在身，从宫中出迎，一路行来，势如奔马。

见到公子壮，义渠王很吃惊，他自诩义渠第一勇士，此番暗忖："此子真乃天人也，我若与其一搏，胜负难料。"

义渠王当即一番言语表忠心，得公子壮许诺，事成后必厚赏。

公子壮赐酒，义渠王一番痛饮之后拜谢而去，仍然屯兵北门，准备策应公子壮行事。

黄昏时候，勇士来报，公子稷令人送夜明珠数颗、蓝田玉数枚，请义渠王赴夜宴。

一月前他还只是一个仅有十余骑的首领，纵有雄才大略，也没有机会施展，今日却如鱼得水，左右逢源，义渠王春风得意，立即领 200 骑赴约。南门外，公子稷亲迎义渠王进城。

公子稷面如美玉，相貌堂堂，一双星眼，炯炯有神，身材虽然魁梧，但比起公子壮还是要逊一筹。光看长相，以义渠王的喜好，自是更喜欢一身戎装的公子壮。

义渠王并不多言，心想且看这公子稷如何说法。

公子稷一路以礼相迎，却也不失王家风范，将义渠王迎到府中寝室，那里早已备好佳肴美酒。

进得寝室，公子稷微笑道："请将军入席。"

义渠王步入宽大的寝室，跪坐于席上，这才看清楚香烟弥漫之中，案几旁还有一佳人。

义渠王回头一望，公子稷早已不知去向，只听佳人柔声道："妾为将军弹奏一曲，请将军饮酒品味。"

佳人弹曲，义渠王毫不客气，举盏痛饮。看那佳人模样，娇娇滴滴，不似北方人氏，义渠王暗忖："秦国不愧是大国，今日得见南国女子，果然美丽非凡。"

一曲罢，佳人道："妾今无主，今夜欲侍将军，不知肯纳否？"

义渠王明白了，这是美人计。定神一看，眼前女子气质华贵，料想她是侍奉过达官贵人的，只是看不出实际年龄。

义渠王不急不慌，灌一口美酒，欣然道："汝乃何人之妇？"

佳人燕语莺声回道："妾乃故惠文王之夫人，芈八子是也。"

义渠王吓了一跳，那个灭亡义渠的秦惠文王，这是他的夫人？义渠王从席上跳了起来，即便秦惠文王早已不在人世，也足以吓到这位北地豪杰。

义渠王慌忙拱手道："我乃小臣尔，汝是国母，臣失体统，罪该万死。"

如果秦惠文王还健在，义渠王确实死定了，但如今形势不同，芈八子需要他的帮助。

芈八子不知何时飘到了义渠王跟前，纤纤玉手拉住义渠王衣袖，柔声道："方今天下，别无英雄，惟将军耳。暮夜无他人，唯我二人而已，将军何必拘谨。"

义渠王感动万分，当即拜倒，醉眼蒙眬道："臣愿效犬马之劳！"

芈八子站立着，将义渠王的虎头揽入怀中，义渠王哪受得了这个刺激，如拎起一只小鸟，借着酒劲，将芈八子抱向床榻。

自这日起，义渠王便对芈八子死心塌地。芈八子用身体将慧文后的援兵化为己有，然而义渠王的力量还不足以改变咸阳城的局势。

能让公子稷登上秦王宝座的，还得靠拥兵数万的宜阳守将向寿。镇守宜阳这 3 年，向寿一直在安插自己的人马，至此军中实际掌权者，多为向寿的铁杆拥戴者。

公元前 304 年，齐、魏、韩三国连横，准备南下楚国。也就是说，韩国绝对不可能另有兵力来收复宜阳，这正是向寿举兵咸阳的大好时机。

夜深人静，向寿发兵 5 万，人尽衔枚，马皆勒口，悄然无闻直抵函谷关。关口守将也是向寿的人，开关门放行，大军如群虎直扑咸阳，一路有义渠王的骑兵接应，畅行无阻。

咸阳南门，魏冉放大军入城，公子稷亲自登上城头，炯炯目光扫视大军，连声高呼："斩公子壮者，赏千金，众军士皆赐爵一级。"

几路精锐迅速合并，军士大呼："只取公子壮，余皆无罪！"

城外旌旗蔽野，剑戟横空，源源不断涌入久经战阵的边军。公子壮的人马危急之际都想明哲保身，任凭边军占据城墙各处险要，既不与边军死战，亦不放下戈矛盾牌，只组成战阵自保。

忽然金鼓齐鸣，人声鼎沸，公子壮和公子雍各引数千人马杀将过来。公子壮的人马见主将亲临战阵，士气上窜，纷纷组成方阵，高举戈矛，向边军和魏冉军逼近。

公子壮大呼杀敌，向矛戟林中横冲直撞，如入无人之境，麾下将士无不振奋，大开杀戒。

这边向寿、魏冉、义渠王都调出精锐之师，向公子壮方向合围，仗着人数优势，逐渐占得便宜。向寿带来的宜阳边军大多经历过惨烈的宜阳攻坚战，熟悉巷战，他们占据有利地势，居高临下，将公子壮围在垓心。

最终公子壮身中数枪，血盈袍铠，遂自刎而亡。另一个方向，公子壮之弟公子雍也被渴求立功的边军斩杀。余下数万公子壮的军队尽降公子稷。

咸阳外城很快被公子稷的几路大军所控制，向寿军攻入王城，只留太后寝宫，众军士不敢造次，向寿派人禀报公子稷，自己守在太后寝宫之前。

一阵脚步声从寝宫之内传来，军士都举起弓弩，准备迎接对方的突围。

慧文后领着儿媳武王后，以及数十宫女宦官，奔寝宫大门而来。

华贵的衣服之下，慧文后不怒自威，将军向寿两腿竟然不听使唤地跪下，周围军士尾随而拜。

20年的王后，4年的太后，真不是白当的。慧文后冷冷道："先王待将军不薄，为何要反？现领兵讨反贼，未为晚也。"

向寿跪于地，不知如何回答。此时一阵急促的脚步声响起，芈八子和魏冉、义渠王赶到。

芈八子厉声道："将军乃功臣，切莫听妖言惑众。"一面又向魏冉使眼色，魏冉举剑刺向慧文后。武王后吓得昏厥过去，芈八子令人囚禁之，不日送归魏国。

历时3年的秦国王位之争落幕，公子稷进入王宫正式即位，是为秦昭襄王。其母芈八子晋升为太后，是为宣太后。

宜阳守将向寿居功至伟，封左相国，替代原来的甘茂，仍然镇守宜阳。

宣太后异父长弟魏冉封穰侯，主持朝政；同父弟芈戎封华阳君；两个儿子嬴悝封高陵君、嬴芾封泾阳君。此4人号称秦国四贵。

宣太后当政的数十年间，秦国斩敌上百万，拓地千里。

宣太后与义渠王的爱情故事也一直在继续，后来宣太后为义渠王生了两个儿子。

30多年后，公元前272年，秦昭襄王将两个同母异父弟斩杀，将跟自己差不多大的继父义渠王杀于甘泉宫，再嫁祸给母亲宣太后。

义渠，这个西周时代犬戎的传承者，这个战国时代显赫一时的部落联盟，就这样融入秦国这个多民族文明当中。秦国统一之后，这里是秦朝的北地郡。

芈八子，宣太后，这个女人的一生亦可谓轰轰烈烈！

第三章 从秦王到始皇

第一节　战　神　白　起

● **伊阙之战，斩首 24 万，战神诞生**

公元前 303 年，秦昭襄王立足刚稳，便令秦军东渡黄河攻击魏国河东，夺取蒲阪（今山西永济西北）要塞，兵威赫赫。

公元前 301 年，蜀侯煇利用秦军东进，伺机谋反，这次规模比上次更大。蜀郡太守张若虽有 10 万大军，但其中蜀人居多，无法控制局面。这一年，司马错再下巴蜀，杀蜀侯煇，并将追随他的 27 个文武大臣斩首。

当司马错的大军在蜀郡平乱时，齐、魏、韩的联军趁机南下与秦国的盟友楚国鏖战。

几百年来，秦楚关系一直都很好，除去丹阳、蓝田之战那几年，秦楚一直保持着互盟的关系。此时秦国太后是楚国人，国君有一半的楚国血统，右相国向寿也是楚国人，"四贵"自不用多言。

大概在 3 年多前，秦昭襄王刚击败公子壮，便赶到楚国南阳黄棘（今河南南阳南）与楚怀王结盟。这次秦昭襄王又迎娶楚国宗室美女为夫人，后来的秦国太子安国君，以及太孙异人，甚至秦始皇，都有楚国血统。

在这次结盟中，楚怀王将太子熊横，送到咸阳作为人质，以表达诚意。

现在楚国遭受三国联手攻击，楚怀王向秦昭襄王请求援军，可是秦军 10 万绝对主力已被司马错带到蜀郡，一时半会儿不可能抽调回来援楚。前几年秦韩宜阳之战、争夺秦王位之战，秦人损耗也不小。再加上秦国在北方的战线太长，若是勉强凑齐 10 余万军力，在超过 40 万的联军面前，也绝对处于劣势。

也就在这一年，联军击溃楚军于楚国的南阳垂沙，杀死楚国大将唐眜。

楚军大败后，楚国发生了规模浩大的农民起义。庄蹻率众起事，居然攻到楚国都城郢都，义军一度攻入城中，与守军进行巷战，战况激烈。其他方面的义军，则将楚国分割为四五个地缘板块，楚怀王与各地的联络中断，楚国大乱，宛、叶以北的土地也为韩、魏两国取得。

齐国名将匡章，魏国名将公孙喜，韩国名将暴鸢，这些人可都是当世豪杰，随便来一个都让人倍感压力，何况这 3 个人还聚齐了。

天下没有一成不变的外交策略，秦昭襄王和他的楚国帮决定放弃楚国这个盟友，与齐、魏、韩一起瓜分楚国。同年，秦昭襄王令庶长奂进入楚国，浑水摸鱼，进攻楚国的新城。

不过楚军并没有想象中那么不堪一击。大将景缺率 5 万人马开赴新城，景缺并没有保守地防御重镇淅城，而是开赴边境的新城，可见其根本不把秦军放在眼里。

蜀郡的主力暂时不能抽调出来，庶长奂的兵力也只有 5 万多人。在新城之下，秦军遭遇了楚军的顽强抵抗，虽然斩首楚军多达 2 万，自身付出的代价却更大，庶长奂只得收兵。

偷袭楚国不成功，反而破坏了两国邦交，右相国楚国人向寿下课，取而代之的是秦昭襄王的舅舅魏冉。看似是裙带关系的一个任命，实际上魏冉上任之后干得相当不错，他日后建立的战功绝不亚于商鞅、张仪、范雎、吕不韦、李斯这些秦国外来相国。

此时樗里疾已经病逝，魏冉成了秦国唯一的相国。

第二年，秦昭襄王从蜀郡陆续调回部分秦军主力，令舅舅华阳君芈戎统兵十万，再次出武关，攻击楚国穰城。在楚国土生土长的芈戎对楚军的情况颇为熟悉，他利用优势兵力围困穰城，城破后再屠城，斩首楚军 3 万。

楚国大将景缺本有机会逃走，但是他放弃了，他选择了与穰城共存亡的壮烈方式，告别战国这个乱世。

在今天河南襄城县，人们为以身殉国的景缺修建了将军祠。2000 多年过去，这座将军祠不断翻修，景缺的忠义永存。历史会铭记成功的英雄，也不会遗忘那些虽败犹荣的英雄，历史更需要我们尊重对手。

秦军进入楚国南阳，获得了一个重要的据点。楚怀王见秦国落井下石，怒火中烧，不但与秦国断交，还将太子熊横送往齐国为质。合纵连横的局势，可能会演变成楚、齐、魏、韩四国共同对付秦国。

这个太子熊横，一年前还在秦国为质，不过他杀了人，怕秦人追究，便逃回了楚国。

合纵连横又来了，这次的主角是齐国的孟尝君田文。这位战国四公子中最年长的公子，很快就组织起了齐、楚、魏、韩四国同盟。因为赵国正在进攻中山国，故而没有参与同盟。

四国结成的这个同盟委实有些可怕。秦国新任相国魏冉立即作出应对之策，将"四贵"之一，秦昭襄王的同母弟径阳君送到齐国为质。虽然宣太后一百个不乐意，但为了秦国的邦交，还是勉强同意了。

但事情并没有朝着秦昭襄王希望的方向发展，四国合纵被破坏。齐国与魏、韩厉兵秣马，准备攻打秦国，楚怀王也逐步招降起义军，恢复秩序。

对于秦国来说，如何破坏四国同盟是首要大事，相国魏冉想出了一个极为毒辣的主意。

秦昭襄王组织了一次与楚怀王的会盟，地点是秦国的武关。在这次会盟中，秦国囚禁了楚怀王，要挟楚国放弃与齐国结盟。倔强的楚王宁可在秦国老死，也不愿与秦国再度结盟。

这个结果其实秦昭襄王与相国魏冉早就预料到了，他们的真正目的是让楚国再次乱起来，这样四国同盟就会瓦解。

当时楚国的太子熊横还在齐国，国内的几大势力蠢蠢欲动，民变也没有完全平息。虽然齐国派兵护送熊横归国，但楚国的形势如秦昭襄王和相国魏冉所料，大动乱又来了，楚国想要参与合纵连横也是有心无力。

公元前 298 年，趁楚国局势大乱，秦军隆隆开动，由相国魏冉亲自统兵 15 万，从武关入楚，攻打楚国南阳重镇淅。

魏冉的军事能力先且不论，识人方面绝对不差，经他一手提拔的白起、胡阳等人，日后都将成为秦国的栋梁。

此战秦军大败楚军，攻克包括淅城在内的 15 座城邑，斩首楚军 5 万。魏冉因功封为穰侯（二十级军功爵位制第二十级），他帐下的大将白起也因功封为左庶长（二十级军功爵位制第十级）。

就在秦国上下沉浸在胜利的喜悦中时，坏消息传来：齐、魏、韩三国的大军，气势汹汹开过来，分别由齐国名将匡章、魏国名将公孙喜、韩国名将暴鸢各领 10 万，足足 30 万，开到函谷关之下。

函谷关易守难攻，秦军只要不开关迎敌，远道而来的联军首先会因缺粮撤兵。

秦昭襄王是这么想的，相国魏冉也是这么想的，但是联军这边想法大不一样。韩国为了夺回武遂，魏国为了夺回蒲阪，免费供应齐军在前线的粮草辎重，三国联军此次决心很大。

冬去春又来，联军忍受着严寒，硬是让这场战争变成了跨年度大战。谁也不曾料到，三国联军在函谷关前度过了两个春节。公元前 296 年，联军奋力攻杀，最终攻破函谷关。

秦相魏冉难辞其咎，不得不戴罪立功，去与三国谈判。最后秦国用韩国的武遂、魏国的蒲阪换回了函谷关。

公元前 294 年，函谷关大战两年后，秦昭襄王令镇守宜阳的大将向寿出兵，开启重夺武遂的战争。

向寿自秦武王时代就参与了攻打宜阳和武遂的战争，后来一直镇守宜阳。15 年过去，虽然短暂担任过秦国相国，大多数时间还是担任宜阳军区的守将。向寿对这一地带非常熟悉，自然是攻打武遂主将的极佳人选。

魏冉派帐下第一猛将白起，领一支偏师，到韩国境内，以防韩国人救援武遂。

武遂的数千守军自然不是数万秦军的对手，向寿顺利夺取武遂。韩军派一支军队前来增援，被白起军埋伏，大败而归。韩国只好暂时放弃武遂，但他们仍在等待机会，重新夺取武遂。

武遂旁边的轵关陉关系到魏国河东郡与中原的交通，魏国人非常在意武遂的得失。魏国的河东郡在太行山以西，与魏国大梁地区的联系所依仗的几条道路，全部要经过韩国。在这些道路当中，南部的轵关陉是路途最短、最坦荡的一条路，其他道路无不要翻越太行山。

如果武遂不在韩国手上，从魏国的河东郡通往魏国本土就只能翻越太行山，河东郡有什么重大军情，魏国根本无法实施救援。

韩国则意识到，武遂若不夺回来，整个黄河以北都将面对秦军的锋芒。魏国人更意识到，如果不帮助韩国收复武遂，魏国河东也将成为秦国的口中肉。

武遂之于韩魏，就像人的咽喉一样重要。就在秦军拿下武遂不久，韩国魏国各发兵 15 万，总兵力达到 30 万之巨，在韩国的伊阙集结，准备与秦军大战一场，重夺武遂。

对秦国来说，要想守住武遂，恶战难免，问题是该派谁出战。向寿或许是个最佳人选，宜阳和武遂的防务都是由他负责的。但是此番韩魏联军多达 30 万，名将公孙喜和暴鸢统率强弓劲弩的武卒和材士，向寿能否与之匹敌，秦国朝堂上下心中没底。

7 年前，齐、魏、韩三国联军进逼楚国，魏国和韩国的领兵将军就是公孙喜和暴鸢。那一战，联军攻入楚国方城，大破楚军于垂沙，并杀楚将唐眜。公孙喜和暴鸢名声大噪，成为魏国和韩国首屈一指的大将军。

5 年前，齐、魏、韩三国联军陈兵秦国函谷关外，魏国和韩国领兵大将又是公孙喜和暴鸢这对搭档。联军整整封锁秦国近 3 年之久，最后还攻破了函谷关。

秦国自名将樗里疾去世之后，再无名震天下的战将，以秦国眼下的实力，很难与公孙喜和暴鸢统领的 30 万魏韩联军较量。

秦昭襄王想用向寿或司马错，因为向寿熟悉韩国的方方面面，不求大败敌军，只要顶住对手的进攻，迫使其退兵即可；而司马错战功赫赫，比起翻越秦岭和大巴山，从关中到韩国腹地路途平坦多了。

相国魏冉的想法却不同，他举荐了白起。在重夺武遂的战争中立功后，白起的爵位又升了两级，为左更（二十级军功爵位制第十二级），与宿将司马错等同。

白起只有 30 多岁，与老江湖向寿相比，作战经历还有所欠缺。

经过一番商议，秦昭襄王相信舅舅的眼光，启用年轻将军白起，将秦国生死一战的指挥权交给了白起。

一个好的国君并不需要自己有多少雄才大略，最重要的是眼光要准，要会识人。秦昭襄王这次慧眼识人才，不但成全了白起，更成就了自己，造就了一个崭新的秦国。

白起临危受命，统领 15 万秦兵出函谷关，到伊阙迎战魏韩联军，如图 3-1 所示。

现在来看看伊阙这个地方。洛阳盆地有两条重要的河流——洛水和伊水，洛水的河道更宽，水流也更大一些，以至于洛阳盆地、洛邑，都被冠以洛字。

另一条河伊水，在上古时代并没有流入黄河，而是在洛邑以南，遇到山脉阻挡，形成一个湖泊。当雨水充足的时候，湖水就会蔓延到整个洛阳盆地，给农耕文明带来毁灭性的打击。

在上古时代，洛阳盆地并不适合人类居住。大禹治水，地点之一就是伊水。大禹治伊水的思路很清楚：既然河道被山脉阻挡，那就在山里挖出一个巨大的缺口，修筑人工河道，将伊水之水引向母亲河黄河。两山夹峙的地方在古代叫阙，因此伊水这个有缺口的地方就叫伊阙。

通常我们难以理解，舜帝禅让，为何不禅让给一个会统兵作战的大将，而禅让给会治水的大禹。了解大禹对伊水的治理，我们大概能够揣摩到，洛阳盆地从此之后成为绝佳的农耕区，大禹在这里是万民敬仰、奉若神明的存在。而大禹治水的足迹踏遍华夏大地，他即位成为帝王，是民心所向。

在伊阙，魏韩的两位名将晨兢（jīng）夕厉、步步为营，他们就地修筑营垒，以逸待劳等待秦军。

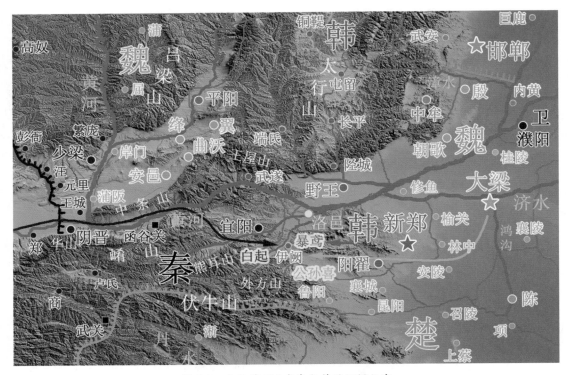

图 3-1 公元前 293 年秦与韩魏伊阙之战

白起站在高耸云天的望楼上,远眺伊阙附近伊水沿岸,只见松柏成林,郁郁葱葱之间魏韩两军依山而建的垒城连绵起伏,30 万魏韩联军就隐藏在这秀丽的风景之中,若不到近处细看,都难以发现人迹。即使没有多少军事经验的新兵,亦能看出这种布阵有名将的风范,几乎毫无破绽。白起皱了皱眉,陷入沉思。

经过几天望表知里的观察,白起根据秦军斥候的汇报,基本弄清了魏韩两军的分布,他们两军各自扎营修垒,方便两位统帅指挥调度。

以 15 万兵力去攻打 30 万修筑完好的营垒,如果不是白起,恐怕就要撤兵了,但白起有化腐朽为神奇的能力。

一日黄昏时分,天上的云层缓缓下降,河中的水气渐渐升起,两下相遇,在地面凝聚成浓雾,视野一片朦胧。

入夜,燃烧着牛油灯的秦军中军大帐内,白起右手掌猛然劈下,两万秦军先锋轻装疾进,其余人马分成四组,紧随其后杀将过去。

秦军的目标是魏军营垒,两万先锋到达魏军营垒之前突然原地隐藏,剩下 12 万则从 4 个方向同时进击。

白起的战术是:在大雾中只攻魏军,韩军一时摸不清秦军动向,不敢弃垒前来支援。这样秦军就能在数量上与魏军等同,难度下降一半。

魏军主帅公孙喜可是赫赫有名的老将，区区一个大雾天气怎能难倒他。各处营垒传来的暗号表明秦军正从四面围攻而来，在公孙喜看来，这是自杀式袭击。

公孙喜稳坐中军大帐，笑令鼓手击鼓，各营垒坚守不出，只等秦军以卵击石。

秦军也确实是在"猛攻"，征鼓喧天，呐喊震地，12万人营造出20万人的声势，但真正去攻打营垒的秦军寥寥无几。

小半个时辰，秦军一个营垒都未攻克，倒是秦军后方传来喊杀声，冒死在山岭中穿梭的魏军斥候立即向各营垒报告：韩军支援魏军了！

公孙喜端坐中军大帐，不慌不忙对众将道："就让暴鸢这老小子抢点战功吧。"公孙喜言外之意，对暴鸢这个老搭档不请自来不太介意。得知韩军只有数千，公孙喜和众将都放下心来，公孙喜令击鼓，向韩军传递信号，不必派人支援，以免秦军偷袭韩营。

然数千韩军，却在此刻与秦军展开胶着战，一度杀进魏军满山的阵地当中。

魏军各营垒，弓弩早已准备就绪，可是大雾弥漫之中能见度极低，三尺开外便看不清东西。魏军发现部分突进的秦军，亦摸不清秦军的具体人数，只发暗号给中军大帐告知发现了敌情，并未出营垒阻击。秦人和韩人厮杀在一起，魏军也不敢施射。

此刻的局势大致是秦军四面围攻，2万秦军先锋精锐与数千韩军混战到了魏军的营地之中。白起中军只剩下几千人，此刻若韩军挥师来攻，秦军就会溃败，历史就会改写，白起也是兵行险着。

公孙喜大致掌握了情况，仍然按兵不动。如果说魏军有什么弱点，那就是这浓雾天气所造成的天时，让魏军各处所探情报总是比实际战况晚半拍。

待到公孙喜略觉不妥时，数千韩军和两万秦军已经毫无伤亡地通过魏军营垒的重重封锁，到达中军大帐所在营垒之前。

庶长胡阳统领两万精锐以及假扮韩军的数千精锐，每人将随身背负的20斤沙袋垒起，瞬间便直达垒城之上。

魏军中军大帐营垒也不过5000余人，兵力上秦军占了绝对优势。

当魏军中军大帐响起集结的鼓声，秦军前部已经登城，接下来就是一场以多打少的屠杀，公孙喜的几个得力干将无一幸免，公孙喜被俘。

白起上一年与韩军有过一战，获取了数千破碎的韩军军服，他令人秘密修复保存，此刻派上了大用场。

魏军中军既失，余者却并未望风披靡，毕竟魏武卒的底蕴犹在。只是各营垒将校失去中军大帐的指挥，意见并不统一，有魏军开始出城迎战，有魏军抱定与垒城共存亡的决心。

两万秦军精锐，此刻又有部分人假扮成魏军，一边与秦军交战，一边向周边营垒呼救。见同伴孤军奋战，有些营垒的将校忍不住出营垒施救，此时秦军12万大军已杀入魏军营垒之间，魏军陷入了秦军与"自己人"的围攻之中。

秦军伪装的魏军背后都有一条黑带，魏军一时不能识别，秦军却认得自己人，此时的魏武卒是荆天棘地、进退失据。

大雾延续了两天，这两天中喊杀声和兵器交接声不断，到第三日午时，战场逐渐安静下来。韩军那边一直按兵不动，暴鸢将军知道魏军在与秦军交战，他对公孙喜和魏军充满信心，他正在等待一个渔翁得利的好时机。

大雾逐渐散去，漫山遍野弥漫着血腥味，魏军与秦军的大决战肯定有一方损失惨重，或者双方两败俱伤。暴鸢以为，主攻的秦军损失会更大一些。

果然如暴鸢所料，据斥候来报，能见到零星的战斗，都是魏军在追击少数秦人，而秦军的中军大帐肯定非常空虚。

韩军的斥候观察得很仔细，他们看到魏军追杀秦军，确实是真的追杀，因为白起下令，让部分穿着魏军军服的秦军追杀穿着秦军军服的魏军俘虏。

有些韩军斥候冒着生命危险，借着大雾的掩护，到秦军中军大帐附近观察敌情，虽然有的被发现没能回来，但还是有机智勇敢的斥候赶回，报告说秦军中军大帐最多不过5000人！

事到如今，暴鸢几乎可以断定，公孙喜不通知自己攻秦，是想独吞功劳，若此时再不攻，那就不是暴鸢了。

15万韩军，派出5万全力攻往秦军中军大帐。暴鸢不愧是名将，这个时候还慎终如始，保留10万大军按兵不动。

5万韩军分五路，互相策应，攻入秦军中军大帐。

数千秦军奋力抵抗，终因寡不敌众，大多数人牺牲了，余者保护一位貌似主将的统帅仓皇逃往宜阳方向。

白起这场戏演得真实，就在于他舍得牺牲，他真的安排了3000死士在秦军中军大帐接受被歼灭的命运。舍不得孩子套不住狼，战场是残酷的，如果存在一丝恻隐之心，是当不了名将的。

韩军损失2000多人，但端了秦军的中军大帐，这是事实。暴鸢下令，除了数千伤员和亲卫，能战的14万人全力追击残余秦军。这个时候的暴鸢怎能在主场把大功让给魏国人，他大有一举收复宜阳的雄心壮志。

暴鸢的军令下达后两个时辰，秦军主力即从小路包抄过来，数万秦军包围了韩军的中军营垒。

如梦方醒的暴鸢方知自己遇到了杀神，立即率领数千亲卫突围。韩军将士死战力保，暴鸢带领300余骑杀出重围。

各路韩军前方追击扑空，后方失去统帅，一时间进退失据。若韩军全力反扑，仍有获胜希望。不过多路韩军意见并不统一，秦又以优势兵力伏击试图前来挑战的几路韩军，屡屡取得胜利。

伊阙之战的结果是，魏军15万全军覆没，主帅公孙喜被生擒。韩军损失约9万，主帅暴鸢收拾残兵败将撤回新郑。魏韩联军被斩首24万，相当于每个秦军要砍掉近1.6个敌军的人头，真不知道白起是怎么做到的！

秦军方面的损失也不小，15万人伤亡超过10万。战争就是这么残酷，不战而屈人之兵的说法，更像是纸上谈兵。

秦军在统一的过程中，再次刷新斩首记录。

当数量处于劣势的秦军与庞大的魏韩联军遭遇在伊阙，此前无比强大的魏韩联军似乎一夜之间便成了乌合之众，名将公孙喜和暴鸢似乎也犯下莫名其妙的低级错误。

公孙喜和暴鸢合作至少有 8 年了，按理说配合应该相当娴熟，他们居然还像首次合作一样生疏。

暴鸢虽然逃回去，但从此没有了名将的精气神，后来屡屡在秦军面前吃败仗。名将暴鸢成就了一位堪称战神的名将白起。

● 取陶郡，扎进中原腹地

伊阙之战后，白起升为大良造（二十级军功爵位制第十六级），在秦国朝堂中越来越有话语权。白起认为，虽然秦军 15 万人伤亡超过 10 万，但趁韩魏没有从巨大损失中恢复过来，应再给其致命一击。

利用敌人短期的败局再次扩大战果，是白起的一个特征鲜明的战略思想，后来他会多次运用这个思路扩大战果。

公元前 292 年，伊阙之战后一年，秦国对魏韩进一步实施打击。

秦昭襄王给白起攻打魏国和韩国的兵力还是只有 15 万，捉襟见肘。不过谁也未料到，白起统领这支以新兵为主的军队，攻入魏国河东郡之后，仅用几个月就豪取大小城邑 61 座。在战神的统领下，秦军的战斗力令人惊叹，平均两到三天就能攻克一座城。

这场战役打完，魏国在河东 2/3 的领土被秦军攻占。由于武遂以及轵关陉都为秦国占领，魏国河东郡剩下的领土完全成了飞地。

大良造白起匆匆派人回禀秦昭襄王，请求派官员和守军前来接管魏国的城邑，他几乎没有停顿，统领剩下能作战的十余万人又兵发韩国。

白起既没有攻打黄河以北的重镇野王，也没有攻打黄河以南的新郑和阳翟，而是选择了一条距离最远的攻击路线，进攻韩国南阳的宛城。

宛城本来是楚国南阳的治所，在蓝田之战时被韩国攻占，韩军在这里没有"人和"的优势。

白起统领秦国新军，以不可一世的锋芒攻取韩国南阳的宛城。

为了配合白起的孤军，秦昭襄王废掉了蜀郡的蜀侯绾，将蜀郡彻底郡县化，把老将司马错和十多万秦军解放出来。

秦昭襄王接着从蜀郡调回司马错，令其统领 10 万人马，从武关出发攻入楚国南阳，占领丹阳、邓城等楚国要塞。秦对楚韩魏的压迫如图 3-2 所示。

白起再立神功，被封为关内侯（二十级军功爵位制第十九级），只差一步就能登顶列侯。司马错在攻打楚国城邑时损失过大，没有得到封赏，仍然是左更（二十级军功爵位制第十二级）。

这场战争打完，楚国南阳地区全部为秦国所有，为十多年后秦国攻克楚国都城奠定了地缘基础。战争结束，收获最大的并不是白起，也不是秦昭襄王，而是秦国"四贵"。秦昭襄王将南阳的治所宛封给同母弟泾阳君，第二大城邓城封给另一个同母弟高陵君，两个舅舅的待遇稍差一些，魏冉封于穰城，芈戎封于新城。偌大一个楚国南阳郡，基本上都封给了秦国"四贵"，也就是秦国的楚国帮。

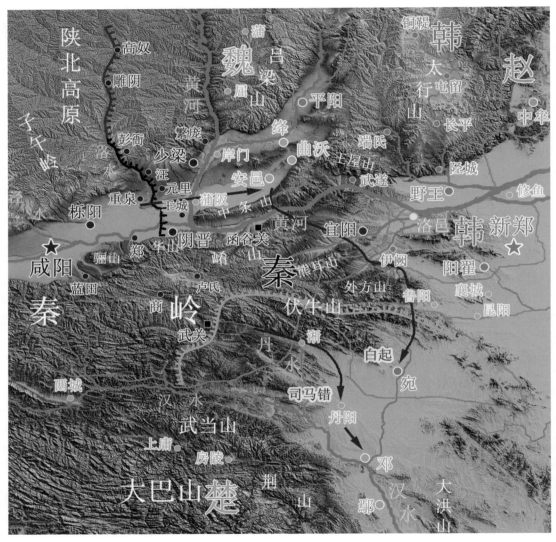

图 3-2　秦对楚韩魏的压迫

前方白起高歌猛进，后方魏冉也给予充分的外交支持。在魏冉的周旋下，魏国同意放弃河东郡剩余的领土。公元前 290 年，魏国迫于秦国强大的军事压力，将河东剩下的 400 里地全部拱手送给秦国。秦国并楚国南阳郡和魏国河东郡后的东部范围如图 3-3 所示。

图 3-3 秦国并楚国南阳郡和魏国河东郡后的东部范围

魏国河东郡入秦对魏人来说某种程度上也是好事，他们的国境将不再与秦国接壤。自北而南，赵、韩、楚三强，成为秦国最有可能打击的目标，而魏国有了二次创业的机会。后来魏昭王正是利用这个机会全力在东方拓展，魏国的版图又扩张不少。

此时的赵国，赵武灵王去世不久，在他的推行"胡服"教练"骑射"改革后，赵国拓地2000 里，实力大增，成为秦国的一个劲敌。

而秦昭襄王当初承诺，在赵武灵王有生之年不与赵国交兵，现在赵武灵王不在了，秦昭襄王不必顾忌这个承诺，秦赵的矛盾尖锐起来，合纵连横马上又会到来，秦赵两国分别联合其他诸侯针锋相对。

在赵国相国李兑的号召下，魏、韩、齐、楚纷纷站在赵国一方。秦国在这件事情上不如赵国，这里面有三晋本就一家的独特因素，也有秦国近几年扩张过于迅速的原因。

不过秦国相国魏冉并非一无所获，他与战国第八雄宋国结盟。宋国分别与齐、楚、魏、鲁接壤，地处要冲，秦国在中原有这么个盟友，战略上多了一些选择。

这些年秦国扩张很快，太史多次向秦昭襄王进谏："三皇五帝，现在秦国的王位不如帝位显得尊贵，现在秦王的功绩足以流芳百世，秦王应该称帝。"

在巨大的荣誉感诱惑下，秦昭襄王经不住太史的反复劝谏，决定称帝。

公元前288年，秦国咸阳城外搭建起一座高台，准备举办一场盛大的称帝仪式。

阳光普照下，文武百官齐集台下，秦昭襄王立于高台之上。钟鼓齐鸣，御炉香绕。群臣拜见完毕，文官个个衣冠齐整在东，武将个个剑佩铿锵在西，高呼万岁。

秦昭襄王称帝时，魏冉正在齐国谈结盟事宜，他怂恿齐闵王与秦昭襄王一起称帝。

齐国在这十几年间收获也不小，借着垂沙大战击败楚国，将楚国的淮北之地纳入版图。从实力上说，齐王也够得上资格称帝。不过齐闵王对秦国非常戒备，他短暂称帝之后便去了帝号，与赵国结盟。

这时候齐、楚、赵、魏、韩组成五国同盟，经过两年的精心准备，赵、魏、韩出兵攻秦，楚国在秦国的外交攻势下打了退堂鼓，齐国则另有图谋。

公元前286年，齐国趁三晋进攻秦国，对宋国痛下杀手，灭了宋国。此时宋国亦称得上是战国第八雄，又与秦国结盟，如此轻易被齐国灭亡，令天下震动。

在齐国灭宋国既成事实之时，列国考虑的主要事情是如何通过军事外交途径从齐国这里分一杯羹。

事情也凑巧，当时有一个纵横家叫苏秦的，此人是鬼谷子的高徒，张仪的师弟，策划了一场大阴谋。

公元前284年，在苏秦的策划下，由燕国总领大局，燕、赵、魏、秦、楚五国共同出兵攻打齐国。

在这场战争中，秦国派出的大将是国尉斯离，他领兵5万参加了五国伐齐的战争。这次秦国的准备显然不足，未曾料到联军进展会如此顺利，以至其他四国瓜分齐国的时候，秦国没有得到一寸土地。

那么五国伐齐，各国对于宋国旧地是如何划分的呢？

首先是楚国。宋国在垂沙大战后，乘机夺取楚国300多里淮北地，楚国此刻不但收复了旧地，而且还收复了被齐国占领的淮北地，并且再向北推进数百里。

魏国也赚得钵满盆满。宋国旧土全部被魏国占领。魏国将宋国划分为3个郡，最富裕的郡与魏国相邻，叫陶郡；以方与为中心，包含滕国旧地，叫方与郡；都城睢阳和彭城所在，叫大宋郡。

燕国占领齐国七十几座城邑，包括大半个齐国旧地，领土翻倍有余。

赵国由廉颇领兵，占领齐国阳晋等地，收获比以上三强小。

战国七雄中的六雄，除了秦国和韩国，其他四国都参与瓜分齐国。韩国实力稍弱，与齐国又不相邻，还情有可原。可是秦国这个超级大国居然没有分到一杯羹，简直荒谬绝伦。

重新瓜分齐国领土对秦国来说是理所当然的，但是对其他四国来说，绝对寸土不让！

秦昭襄王派人到赵国，协商齐宋领土瓜分相关事宜，随后赵国派人回访秦国。赵国派来的蔺相如可不好对付，他将和氏璧带到秦国，完成了"完璧归赵"的壮举，被传为佳话，可见赵国毫无妥协的意思。

秦国希望魏国让出陶郡，遭到魏昭王一口回绝。

在这种情况下，相国魏冉发兵，一路由白起统领攻入赵国太原郡，另一路由斯离统领进攻魏国都城大梁。

进攻太原郡是为了报复赵国，秦赵两国自秦昭襄王即位的二十来年从未交兵，战争就这么一触即发。

进攻魏国都城大梁，因秦国上下对魏国所攻占的宋国旧地垂涎三尺，宋国本身领土不小，还有富甲天下的陶郡。几年前秦相魏冉还与赵相李兑光明正大地谈论，希望将来有一天能把陶郡作为自己的封地。

秦国两路大军，西路白起军进展顺利，攻取蔺和离石。几十年前秦军曾经攻克黄河边这两个据点，但是赵武灵王护送秦昭襄王归国即位，为了感恩，秦昭襄王将这两座小城还给赵国。只是白起此战伤亡过大，因此没有进一步加爵位，否则他就该是列侯了。

东路斯离这一军运气就要差得多。当时灭齐的战争还未完全结束，谁也没有想到，联军的统帅乐毅大将军居然将灭齐的重任放在一边，统领燕赵两国大军，来到魏国与秦军较量。

由于燕、赵、魏的联军数量远在秦军之上，斯离一度被围困在大梁附近的林中城，情势非常危急。秦昭襄王和相国魏冉竭尽全力使用外交手段，才让乐毅有所忌惮。联军最终放开一个出口，任十余万秦军退兵。否则这十几万秦军将士很有可能被联军包饺子，后果不堪设想。

这件事过后，国尉斯离再也没有统领秦军作战，从此淡出秦国军事指挥中心。

魏冉痛定思痛，决心倾尽全力与赵、魏掰手腕。秦国如果出兵魏国，前提是赵国不能出兵相救。要让赵国不来救援，谈判是没用的，只有让赵国害怕。

魏冉令白起统领一支军队攻入赵国的太原盆地，魏冉则亲自统领秦军主力去夺取魏国占领的陶郡。

此前秦国攻入赵国，一直止步于吕梁山脉的西侧，也就是攻克黄河东岸赵国的蔺和离石，现在攻入太原盆地威胁到了赵国的旧都晋阳，若赵国胆敢救援魏国，白起军肯定会攻打晋阳。

白起统领一支 8 万人的偏师，越过吕梁山脉，攻克祁城。这一轮攻势突破了吕梁山脉这个天然障碍，并且在太原郡腹地取得据点，这对赵国太原郡，乃至整个赵国的局势都产生了巨大的影响。

只是赵军比预想中还要顽强，白起的伤亡也很大，依然没有晋升爵位。

这个时候的赵国，还在派廉颇、赵奢等将领猛攻齐国的城邑，无法双线开战。

燕国方面，乐毅30万燕军分两路围困齐国两个大都——即墨和莒，若无赵军支援，燕军绝不可能前功尽弃而南下。

白起拿下赵国的祁城之后，相国魏冉亲自统领15万大军开进魏国，却不攻打大梁，而是过大梁去攻打宋国旧地陶郡。

魏冉有陶郡情结这是众所周知的，陶郡作为宋国旧土，此前无论是归于齐国还是魏国，都不能让陶郡百姓信服，而秦国在此前的几十年恰好是宋国的盟友，秦国接管陶郡，陶郡百姓自然容易接受一些。

铁血雄师15万，外加"人和"的优势，魏冉最终拿下陶郡。秦国夺得陶郡后的东部范围如图3-4所示。

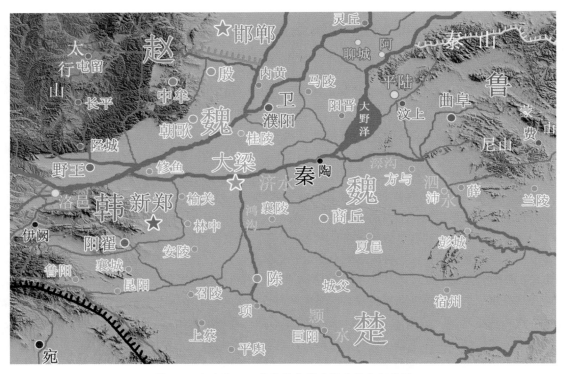

图3-4 公元前281年秦国夺得陶郡后的东部范围

我们来看，魏国的领土结构大致分为三部分。首先是从晋国继承的领土，包括东郡的朝歌、殷等地，这部分占不到1/4；第二部分是从楚国夺取的领土，包括国都大梁，这部分占了将近一半；第三部分是从宋国占领的领土，约占1/3。

魏国经过100多年的扩张，从楚国和宋国夺取大片领土，完全可以弥补旧都安邑所辖河东和河西领土损失。魏国在得到宋国的方与和大宋两个郡后，呈现复强的态势。

若秦国不虎口拔牙，从魏国手中夺取陶郡，将魏国东西方向隔断，魏国恐怕会二次崛起，成为秦国东进的拦路虎。

秦国取得陶郡，除了削弱魏国，更重要的是在东方建立起一座巨大的兵营。有了这个军事基地，秦国在中原调兵遣将将会更加得心应手，对周边诸侯形成排山压卵的气势。

● **鄢郢之战，斩首三十余万**

五国伐齐，围绕齐国的一场大瓜分结束之后，齐国展开绝地反击，在田单的率领下成功复国。秦人的视线，又转向南方。

秦国十多年前攻克大半个南阳郡，特别是得到邓城之后，边境距楚国的都城郢都就不太远了。只要沿着汉水南下，然后在竟陵向西南方向挺进，理论上可以攻到郢都附近。

楚国在失去南阳这个屏障后，都城距秦国就很近了，一旦郢都失守，东部广袤的地盘可能都将不保。于是楚国先发制人，从长江流域攻入秦国。

秦楚之间广袤的土地上，领土相接地带连绵不绝，地缘冲突特别严重。在这些冲突中，秦国几乎占据所有河流的上游，占据了地缘上的绝对优势。

楚国人当然清楚这个局面，他们在灭越国并充分消化之后，又从齐国掠取了不少领土，国势复强。虽然楚国丢失了南阳郡，但从越国和齐国取得的领土比南阳郡广阔得多，楚国也想早日改变与秦国之间的不利地缘关系。

当初司马错平定蜀乱之后，曾领兵攻取楚国在四川盆地唯一的据点涪陵，将楚国人彻底赶出四川盆地。现在楚国趁秦国在北方作战，从涪陵入手，攻入四川盆地，在秦国的侧后方捅上一刀。

楚国领兵的大将叫庄蹻，此人曾是农民起义的领袖，后来被楚顷襄王招安。此人临阵不带兵书，行军路线常出其不意。

公元前 279 年，楚军沿长江西进，攻克原巴国旧都涪陵。楚国重夺涪陵，对巴蜀之地的图谋是显而易见的，秦国如果丢掉巴蜀，再说统一天下就是笑谈。

巴蜀两郡是秦国决不能丢的两个郡。秦昭襄王令老将军司马错统领陇西和蜀郡两地的军队共十余万人，去与楚国争夺长江流域。

这个时候秦国还有一支军队，约 15 万上下，由白起统领，在赵国太原盆地防御赵军反扑，秦国的军力有些捉襟见肘，以至秦昭襄王不得不从秦人的发源地陇西调遣部分兵力充实司马错的大军。

司马错整顿兵马，将士们斗志昂扬，都希望这次能一战成功，为自己后半辈子谋个爵位。

不过秦军将士很快就发现，这一重拳打在了棉花上。原来庄蹻不知何故，竟然放弃涪陵，楚军撤退得干干净净，一个不留。

秦国的军功爵位制是以斩首对方人数来论功的，攻克一座空城等于无功。收复失地本来应该庆功，秦军上下却垂头丧气，兴师动众满怀壮志而来，结果要空手而归了。

司马错的中军大帐前，不时有前来请命的中高级将领，大家都期待深入楚国，建功立业。

老将军理解这些子弟兵的心情，于是收集战船，囤积粮草，沿江而下，直扑楚国在长江上的第一个要塞——鱼复城（白帝城），其地形如图 3-5 所示。

图 3-5　白帝城地形

鱼复地处长江三峡起点，从这里开始，江面变得非常狭窄，江水湍急。楚国人将第一道防线选在这里，是充分利用地缘优势的理想结果。

三国时期夷陵之战，刘备就是逃到鱼复城（白帝城），在这里郁郁而终的。

司马错和所有秦军都没有想到，庄蹻连鱼复这么重要的要塞都不守，而是分两路退防：一路退往长江三峡的终点夷陵，另一路南下翻山越岭退入黔中郡。这不是给秦军各个击破的机会吗？

司马错长期驻扎在蜀郡，对长江上游沿岸颇有研究，他看透了一点，那就是直接穿越三峡攻击夷陵是不可取的。几百年后的三国时期，刘备走的就是这条路线，要为关羽报仇，结果陆逊在夷陵大败刘备。几百年后的结果，印证了老将司马错的判断。

三峡两岸都是陡峭的山崖，如果只有战船，岸上不派人沿途护送，很容易中了对方的埋伏。如果沿途安排大量护送队伍，一来荒山野岭中行军速度太慢；二来水军单薄，一旦遇袭，岸上的人就断了粮草供应；三来这一带树林茂密，容易遭火攻，陆逊正是"火烧连营三百里"击败了刘备。

穿过长江三峡去攻打夷陵，这个方案被司马错放弃。他决定取另外一路——南下深入黔中郡，寻找另一半楚军，争取获得足够的斩首数量，为自己和帐下将士谋得军功。

黔中郡是苗族和土家族的根据地，楚人与苗、土两族相处融洽。

司马错的大军翻越几百里山地，到达黔中郡的北部，等待他们的是肆虐的疾病和楚军疯狂的反扑。

楚国在黔中郡部署的兵力虽然不多，但黔中郡都是崇山峻岭，秦军以往以战养战的作战方式根本无法解决粮草问题。楚军在当地军民的支持下，将秦军拖入万劫不复的深渊，后来秦朝统一之后，几十万秦军在岭南也付出同样的代价。

秦军败了，不过老将军在败局已定的情况下仍组织了严密的撤退队形，他自己亲自统领两万大军殿后。尽管如此，秦军能够突破楚军和大自然封锁而突围的仍为少数，十几万大秦子弟兵，多数人融入了黔中郡的青山绿水中。

司马错老将军遭遇了他的滑铁卢，与那些随他征战多年的好弟兄一起化为红土，永远留在了黔中郡。

回过头来看，楚国大将庄蹻的军事才华，早在十几年前就得到证明，他绝不是等闲之辈。当年他率领农民起义，将楚国分割为四五块，差一点颠覆楚国政权。庄蹻兵行诡道，甚至一度攻入郢都，与楚国守军进行巷战，只是在最后时刻，被楚顷襄王招降。

这场战争结束，秦国朝野震动。秦国多少年都没遭遇这样的惨败，即使当年齐、魏、韩三国联军攻破函谷关，也未造成如此大的减员。

此时白起统率十几万秦军，在赵国的太原郡打了一场大胜仗，斩首赵军 3 万。在这种情况下，秦昭襄王立即叫停对赵国的战争，与赵惠文王在渑池相会。

盟会之时，秦昭襄王请赵惠文王鼓瑟一曲，赵惠文王又请秦昭襄王奏盆缻一曲。两大巨头剑拔弩张，气氛紧张，不远处两国大将白起和廉颇厉兵秣马，磨刀霍霍，大战差一点打响。

不过秦昭襄王和赵惠文王事先都很清楚，此次盟会无论气氛多么不和谐，都只能成功，不许失败。秦国着急让白起南下对付楚国，以免楚军乘胜攻入巴蜀；赵国则急于兼并齐国的领土，无法双线作战。

一年以后的事实证明，秦昭襄王叫停对赵国的战争是非常正确的决定，而盟会上忍一时之气，也是绝对明智的选择。

就在白起向楚国进军途中，秦国得到一个重要消息：庄蹻统领的那一半楚军并未回到郢都，而是向西经过沅水，攻入夜郎国，一直攻到云南滇池。

庄蹻此举并非一时冲动，而是计划周详的一个军事行动，意在从夜郎国北进入川，在秦国的大后方烧一把猛火。

不过庄蹻的军队经过与秦国和夜郎国的两场战争，折损严重，要北进入川尚需时日，这等于是给白起减少了十几万楚军对手，短期是好消息。但从长期来看，如果白起不能南下打出一片天，庄蹻军对巴郡和蜀郡的威胁非常大。

白起军在赵国也有折损，经过南下沿途不断补充，补足 15 万，抵达南阳的邓城。随后白起军顺汉水而下，攻击楚国的陪都郢都，如图 3-6 所示。

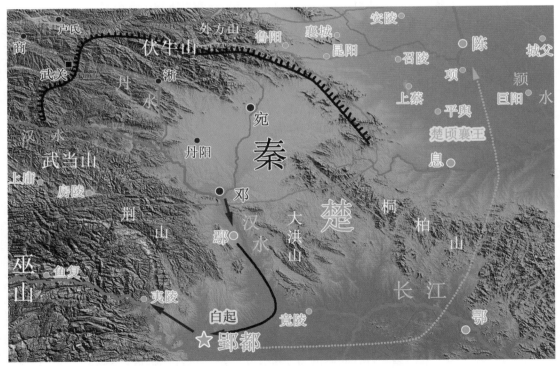

图 3-6 公元前 279 年秦楚鄢郢之战

这鄢都可不好攻，因为楚国在丢失南阳之后，就在这里布置了重兵。鄢都不但城大，而且护城河与汉水相连，要填河或者抽水都不可能。城内有十余万楚军，居民 30 万，要攻下这么一座坚城，白起这十几万人远远不够。鄢都的守军早就计划好坚守不出，看你秦军能奈我何。

鄢都附近的山头上，白起立于蒙蒙细雨中，凝望着远处的鄢都城。细雨洒落在白起沧桑的脸上，他像一座雕像，巍然不动。

种种破城的画面在白起脑海中像幻灯片一样滑过，最后停留在三家分晋，智瑶水灌晋阳的场面。鄢都这一带的水资源并不比晋阳少，水淹鄢都是可行的。接下来的工作，就是修水库，挖长沟。

足足3个月，十几万秦军修了数座大水库，并挖出一条40里长的人工河，从水库直通鄢都城西。此人工河后来被命名为白起渠，至今古迹犹存。

决堤的那一刻，山呼水啸，带着秦人攻破鄢都的坚决意志，冲向鄢都城西。

大水冲垮城西的城墙，泛滥的洪水将鄢都军民从城西卷往城东，多数尸体为城东城墙所阻，堆积如山。少数军民手抱着木头或木板，随水漂流十几里才得以保命，30余万军民在此次水战中丧生。

鄢都城破，白起荣升为武安君，终于到了二十级军功爵位制的最高峰！

原本这场战争到此告一段落，但楚顷襄王忽然带领群臣从郢都东逃，然后北上到陈城。郢都附近的楚军大多被楚顷襄王带走。

武安君白起岂能错过这个良机，他立即领军沿汉水南下，先攻占竟陵，然后向西南攻克空虚的楚国都城郢都。

在郢都，白起下令烧毁楚国的宗庙和陵墓，借此给楚人的心理以重创。接着从郢都西进，从夷陵守军永远都想不到的方向攻克夷陵。

至此，鄢郢之战宣告结束，楚国遭此重创元气大伤，秦国得到郢都和周边地区，建立了一个新的郡，叫南郡。

鄢郢之战，秦军总体损失也不小，白起令大军就地休整，消化广袤的新占区。

秦楚之间的战争并没有因此而结束。为了进一步控制楚国西部，秦昭襄王令蜀郡太守张若发兵攻取楚国的黔中郡和巫郡（秦朝将黔中郡和巫郡统称为黔中郡），断了楚国大将庄蹻的归路。

张若攻下黔中郡之后，楚顷襄王也发兵，一度收复黔中郡的15邑。

这场持续3年的战争，鄢郢之战的后续战争，以秦军的胜利而告终。楚国西部尽为秦国所有，包括安康、上庸、房陵等地，由于成为飞地，其守军皆望风而降。黔中郡归属秦国后，庄蹻的归路被断，他借机在滇地称王，号称滇王（或称庄王），都城在云南晋宁。鄢郢之战后秦国东南范围如图3-7所示。

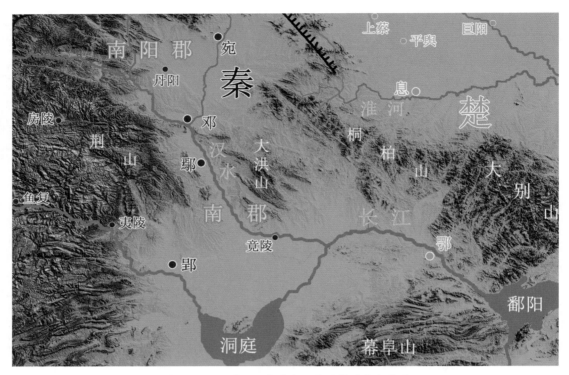

图 3-7　公元前 275 年鄢郢之战后秦国东南范围

● 华阳之战，斩首 15 万

鄢郢之战后，秦国忙于消化楚国的领土，在新国土上设置官吏，同时防止楚国反扑，忙得不亦乐乎。

这时候魏国却在打秦国的主意。前几年他们拿下大半个宋国，秦国在宋国旧地上割据一个陶郡，将魏国分为东西两部分，这让魏国如鲠在喉，时刻想要攻克陶郡，打通东西的交通。

魏国厉兵秣马，秦国上下很紧张，尤其是相国魏冉，陶郡可是他的封地，一旦陶郡有闪失，他这个相国的损失最为惨重。

为迫使魏国放弃陶郡，魏冉亲自领兵攻打魏国都城大梁。为确保万无一失，相国魏冉还把武安君白起从南方调过来，保护他的封地陶郡。

魏国立即向赵国和韩国求援，赵国派廉颇领兵 10 万，韩国派暴鸢领兵 8 万前来支援魏国。三晋在整个战国时期，面对强敌的时候都非常团结。

前几年赵国在连续攻打齐国的同时，还派兵攻击魏国。廉颇在两年之内攻克魏国的几座小城（几邑、房子、安阳）。不过赵国为了安抚魏国，随后又将这些城邑归还，魏安釐（xī）王与赵惠文王结盟。

三晋之间因为地缘矛盾突出，国土纵横交错，所以冲突不断，但关键时刻都能化干戈为玉帛。不像其他诸侯之间，如秦楚、秦魏、秦赵、燕齐、魏楚等，都有着血海深仇。

魏国方面坚壁清野，历来他们就是这么防御秦国的。大梁被围攻也不是一次两次了，事实证明这是一座非常坚固的大城，只要稳守不出，即使武安君白起也无计可施。

赵国方面廉颇非常谨慎，只派军队驻扎在边境，高筑营垒，做策应大梁的动作，却并不真正出兵。

只有韩国的老将军暴鸢，统领8万韩军，杀奔至大梁城下。18年前在白起面前惨败，被斩首24万，暴鸢一直憋气窝火，要找白起复仇。

伊阙之战暴鸢碰到白起，在兵力占优的情况下以惨败告终，何况此番兵力欠缺。大梁城下，暴鸢又被克星白起打爆，韩军被斩首4万。与上次相比，老将暴鸢唯一的进步就是逃得快，没有全军覆没。

韩釐王气得七窍生烟，他气魏安釐王不讲义气，如果大梁城中的魏军能够出城支援韩军，暴鸢绝不至于输得如此惨。

权衡再三，韩釐王在病榻上派出使臣带着重金到秦国，目的是暂时稳住秦国，毕竟现在韩国是离秦国最近的诸侯，一着不慎就面临秦军的大兵压境。

秦军这次也折损了不少人马，武安君白起作战能力虽强，但他也有蚂鼻之缺，就是从不顾及伤亡，在多次战役中，都是用部分己方军队的牺牲来作诱饵。

此战之后，秦军进入休整阶段，魏冉和白起也回到咸阳。

韩国开始向秦国献媚，这引起了三晋另外两个兄弟赵魏的不满。为迫使韩国兄弟脱离秦国的影响，赵魏两国动兵了。

公元前274年春天，赵魏两国各起兵10万，总计20万兵力，兵进韩国境内，如图3-8所示。

赵魏联军抵达韩国都城新郑以南，抵达华阳要塞（或称华、华下，今河南新郑北），魏国领兵的将军是芒卯，赵国领兵的将军是贾偃。

韩釐王病重之下还在生气，尽管赵魏联军对新郑形成很大压力，他还是不为所动，只派出使臣前往秦国搬救兵。韩釐王的意思，是让秦国来与赵魏打一场，让赵魏也付出代价，这样才能平息他的怒火。

韩国相国每天派出两批使臣前往秦国求援，一时之间韩国的使臣冠盖相望于途，营造了一种形势急迫的气氛。

穰侯魏冉找来武安君白起商议，两人决定即刻发兵，救援韩国。韩国华阳要塞附近，联军正在魏国司徒芒卯和赵国将军贾偃的统领下攻城。

一日黄昏，天色灰暗，斥候来报，秦军白起统兵前来支援，前锋胡阳部已距华阳不远。武安君白起和左更胡阳，分别位列秦国军功爵位制的第二十级（最高级）和第十二级，在秦军中再无大将的爵位超过他们。

魏军统帅司徒芒卯早年跑到秦国捞金，投奔了左相国甘茂。他阿谀谄媚、巧言令色，得到重用。秦武王举鼎意外身亡，樗里疾迫使甘茂逃亡齐国，芒卯又投奔了魏冉。白起攻入魏国河东，夺取大小城邑61座，芒卯代表秦相魏冉到魏国谈判，迫使魏国割让河东剩下的400

里地。魏冉则出兵，帮助魏军一举攻占齐国 22 座城邑。

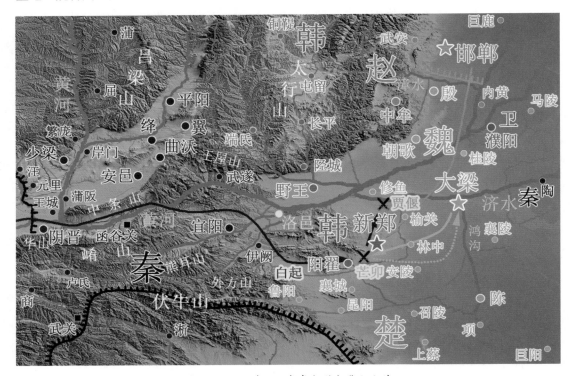

图 3-8　公元前 274 年秦与魏赵华阳之战

芒卯荣归故国，魏昭王拜为司徒（丞相）。芒卯高谈阔论、乖嘴蜜舌、夸夸其谈，绝非战将。

闻秦军逼近，芒卯惊魂不定，幸好暗淡的日光掩盖了他煞白的脸色，没让帐下将领看出来。思想斗争一盏茶的工夫，芒卯下令数千先锋人马连夜开拔，为随后大军撤退做好沿途的准备工作。

次日清晨，一夜没睡好的芒卯下令大军全线撤退，只派人通知赵军大将贾偃，至于贾偃是否撤退，他可管不了。

秦军胡阳的前锋部队此时已经赶到华阳附近，哪能给魏军从容逃跑的机会。

如果芒卯不事先派数千人开道，在必经之路上挖陷阱布障碍，他恐怕插翅难逃。这回魏军折损过半，芒卯吉人天相，但他的风光仕途也到此为止了。

再看赵军主帅贾偃，他的运气就没这么好了。赵国一向出名将，此时赵奢、廉颇、乐乘都是当打之年，他们日后也将因战功而封君。只是韩国并非赵国的主战场，赵国这一年由将军燕周统领主力，攻克齐国五都之一的高唐，名震天下。

贾偃能从名将扎堆的赵国脱颖而出，成为指挥这支赵军的大将，他的能力也不会低。不过芒卯突然一退，让贾偃茫然不知所措，也只能撤兵。

再说秦国这一次出兵，白起主打一个"快"字。秦军轻装疾进，8天就从咸阳赶到韩国，为的就是要打魏赵联军一个措手不及。

赵军10万大军撤退，仓促间自然分裂为几部分，其中贾偃所部两万人，在黄河边准备渡河木筏时被白起的秦军追到，逃无可逃。

贾偃领兵奋起反抗，但因军力严重不足，结果两万赵军塞满黄河，天地为之动容。

如果说白起是历史的宠儿，贾偃绝对是历史的弃儿，他在史书上出现的唯一一次就日月无光，兵败如山倒。

华阳之战，魏赵共计损失15万大军。

白起再次大杀四方，声震天下，可惜二十级的军功爵位他已经到了最高级，否则又该加官进爵。

胡阳则爵升一级，从左更到中更（二十级军功爵位制第十三级），此后的大小战争，魏冉和白起都放手让胡阳去干。

● 长平之战前传，赵国获韩国上党郡

公元前269年，秦赵之间的阏（yān）与之战爆发，秦国主将胡阳殉职，约10万秦军阵亡，这是秦军东进以来最大的一次惨败。反过来赵国那边，赵奢一战成名，封马服君，天下震动。（阏与之战的细节，请参考本作长平之战中赵括的相关内容）

阏与之败，赵国固然强悍，但与秦国不停地改变对手，去年攻楚国、今年攻韩国、明年攻魏国、后年又攻赵国，战线长、对手多、士卒疲惫不无关系。还有一个重要原因，四贵在封地上屯重兵自保，仅穰侯在陶郡就有近10万人，四贵合计屯兵15万至20万，导致秦国兵力匮乏。要是有15万秦军策应胡阳，何至于惨败？

只要秦国的宣太后仍在垂帘听政，四贵就会肆无忌惮。秦昭襄王终于下决心削除四贵兵权，于是启用了魏国人范雎（jū）。

范雎本是魏国相国魏齐的门客，曾出使齐国，因为某些原因被魏齐打得死去活来，后为好友郑安平所救。秦使王稽来到魏国，郑安平引荐范雎，范雎便来到秦国。

王稽向秦昭襄王举荐了范雎，可是整整一年范雎都未能见到秦王，于是他写了一封竹简书信，请王稽秘密上奏。范雎提出两条建议，一是远交近攻，集中兵力攻击距离国都最近的韩国；二是秦国兵力不足，主要受限于四贵，只有扳倒宣太后、相国魏冉，才能解决兵力问题。

秦昭襄王不想对母亲和舅舅动手，便没有理会范雎的建设。但是阏与之战惨败，秦昭襄王必须面对现实，于是他召见了范雎。

咸阳秦宫，秦昭襄王远观范雎一路不急不慢走来，一副马脸，下颚长着一撮浓密的山羊须，一对眼半开半合，瞪大时却精光闪闪，阴沉难测。

范雎首次拜见秦昭襄王，便语出惊人："对面可是秦王乎？小臣以为秦国只有太后和穰侯尔。"

秦昭襄王不悦，冷冷道："先生何出此言，可是魏国派汝来离间寡人！"

范雎虽然人品没下限，水平还真有两下子，随口就来一句经典名言："木实繁者枝必披，

枝之披者伤其心。都大者危其国，臣强者危其主。"意思是：大树长得挺拔，枝叶必然茂盛，但是枝叶太茂盛，必然遮当阳光和雨水，对大树本身是有伤害的。大树好比秦王，枝叶好比宣太后和穰侯。

看秦昭襄王脸色稍缓，范雎继续道："大王，可知为何穰侯多次攻打魏国，兵围大梁，却一无所获？"

此前魏冉确实有很多次攻打魏国，战果还算可以，比如华阳之战。范雎却说穰侯攻打魏国一无所获，只能从攻城略地来理解了，因为秦国确实没有从魏国东部占到多少领土。

这个问题秦昭襄王自然有考虑，每次穰侯兵进魏国，魏国大小城邑都闭门不出，穰侯也一筹莫展。

见秦昭襄王若有所思，范雎一语道破天机："穰侯攻打魏国，只是为了牵制魏国兵力，扩大他的封地陶郡！"

范雎的话真是石破天惊，秦昭襄王早有耳闻，但随着白起等将不断胜利，掩盖了这些矛盾，而且没人敢当着秦王的面揭露这些事情。

范雎抱定不成功便成仁的决心，继续道："如今秦国大小官吏，包括大王的亲随，到处都是相国的人。今天秦国没事则已，要有事，大王的名字……"

范雎故意停顿下来欲言又止，待昭襄王怒视，才道："大王见过赵武灵王，是否英明神武有霸王之姿？可赵武灵王是饿死的，大王若不听小臣忠言，只怕日后的谥号正是秦灵王！"

"放肆！给我轰出去，轰出去！"

几日来，秦昭襄王反复思量，越发觉得范雎所言有道理，遂复召范雎，商议治国之良策。

范雎还是那副德行，阴沉沉道："穰侯私家富重于王室，大王若要有所作为，必先扳倒太后与穰侯。"

秦昭襄王即位时不到 22 岁，宣太后与秦王共同把持虎符，控制秦国军事与外交。宣太后占有欲很强，不但在后宫与义渠王养了两个儿子，还一直把持着一半的秦王权力。

至于"四贵"，光是相国魏冉的陶郡就足以富甲天下，魏冉曾经多次从陶郡发兵，攻战齐国的土地，目的正是为了壮大自己的封地。

从范雎的角度来说，若穰侯一直担任相国，他就根本没有出头之日。只有穰侯倒了，他才有机会担任相国，才能实现"只攻韩国"的抱负。于公于私，范雎都必须挫败穰侯魏冉。

而秦昭襄王也早想将宣太后和"四贵"的封地和兵权收回来，此番正好利用范雎来达成心愿。经过一番精心准备，秦昭襄王一举击垮控制秦国朝政 40 年之久的楚国帮。

宣太后的爱郎义渠王被砍头，她与义渠王所生的两个儿子也同时被杀，宣太后哪还有半丝留恋人间的念想，很快便去世。

至于"四贵"，全部削官返回封地。穰侯魏冉返回陶郡的时候，用 1000 多乘大车装载财物宝器，真是富可敌国。此情此景，当然逃不过范雎的眼睛。魏冉返回陶郡后不久便离奇身亡，陶郡重归秦国所有。

将穰侯一党铲除之后，秦昭襄王的权势和财富都增加了不少，范雎受到重用，封为应侯，任相国。

应侯为秦昭襄王谋划的远交近攻战略便是夺取韩国上党郡，由此引发战国最大的一场战役——长平之战。

韩国的地形像一个葫芦，上下两头大，中间小，为此秦国制定了一个"半韩"的实施方案。所谓"半韩"，就是占领韩国一半的领土，即攻占韩国上党郡。

研究长平之战，重点是韩国上党郡，只要将太行山南部上党郡研究清楚，长平之战的前因后果就逐渐清晰。

上党号称"天下之脊"，自古为兵家必争之地。

太行山南部的韩国上党郡，在三家分晋之后将魏国和赵国分割为东西两部分。如果秦国占领上党郡，将从南太行山切断赵国晋阳与邯郸的联系，下一步秦国可以沿汾水而上攻打晋阳，或分兵从太行山走滏口陉直扑太原盆地，赵国只能从北太行山的井陉绕路救援，相当被动。

攻占上党郡对于秦国来说有三重意义，一是削弱韩国，以进一步兼并韩国；二是从中间分离赵国东西领土；三是居高临下对赵、魏形成地缘优势。

关于太行山的得失，主要是围绕太行山10条通道的争夺。太行山10条通道，东西走向9条，南北走向一条。其中第二到第六条通道，与韩国上党郡有关。长平之战前上党形势如图3-9所示。

图3-9 公元前265年长平之战前上党形势

我们来看看这五条太行山通道：

轵关陉，太行山中最快捷的一条通道，连接河东郡和河内郡，山路短，通行速度快，当前已经被秦国占领。

白陉，西入口由秦国控制，东入口由魏国控制，中间的通道属于韩国上党郡。

羊肠陉，又称"羊肠坂道"，只有东侧一个入口，由赵国控制，山上的道路归属于韩国上党郡。

滏口陉，沟通赵国的晋阳与邯郸，是赵国的生命通道，东西两个出入口都由赵国控制，中间的通道属于韩国上党郡。

太行陉，太行山唯一南北走向的通道，与上党郡其他3条通道相通，仅有的一个出入口和通道全部控制在韩国手中。

从地图上看，秦国通向上党郡的唯一入口就是白陉的西入口，起初秦国正是从这里发起攻击的。

公元前265年，秦军从白陉登上太行山，攻占韩国上党郡西部的端氏，遭到了韩国的顽强抵抗。

如果把上党郡分为3个板块，那就是北部以屯留为中心的北上党，西部以端氏为中心的西上党，东部以长平为中心的东上党。

秦国攻占西上党端氏这个板块付出了比较大的代价，而当秦军继续东进，试图进入东上党之时，被韩国人依空仓岭修筑的高平关给阻挡。秦军伤亡惨重，韩军抵抗激烈，算下来秦军伤亡达到7万之巨，只攻下1/3个上党，而上党另外两个板块，韩军的防御力度明显加强。

来自韩国本部的援兵和物资源源不断，韩军利用有利地形负隅顽抗。秦国如何实现"半韩"战略，而又自身损失最小呢？

秦昭襄王、武安君白起、相国范雎重新规划了进攻上党郡的策略，新的战略是：改变进攻方向，将兵力转移到太行山南部，猛攻韩国中部狭窄处的各要塞，最后攻占中部的大城野王，将韩国分割成都城新郑所辖区域和上党郡南北两块土地，这样一来上党郡就成为韩国的一块飞地，然后再迫使韩国将上党郡这块大蛋糕拱手送上，秦国就能占领一半韩国的领土。

我们注意到，太行陉的南端有一个陉城，"陉"原是指山脉中断之处，陉城就是太行陉入口所在要塞，这里是太行陉的咽喉。如果秦国攻占陉城，韩国将失去唯一一个通往太行山上党郡的入口，上党郡将成为一块巨大的飞地，因此陉城是此次"半韩"战略的重中之重。

我们再用图3-10来演示一下上党郡的通道。

从图3-10看，韩国上党郡的道路大致构成了一个"王"字，秦国只要攻占陉城，这个"王"就成了瓮中之王，随时可能被秦国吞食。

为了加快实现"半韩"战略，秦昭襄王调遣有病在身的白起干起一个普通将军干的活：

攻城拔寨。

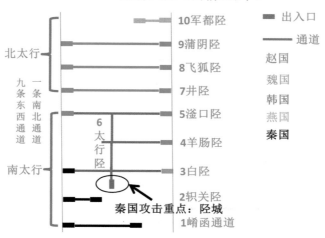

太行八陉（约前265年）

- 10 军都陉
- 9 蒲阴陉
- 8 飞狐陉
- 7 井陉
- 5 滏口陉
- 4 羊肠陉
- 3 白陉
- 2 轵关陉
- 1 崤函通道

6 太行陉

北太行

南太行

九条东西通道

一条南北通道

■ 出入口

—— 通道

赵国
魏国
韩国
燕国
秦国

秦国攻击重点：陉城

图 3-10　公元 265 年上党郡通道示意图

公元前 264 年，白起统领的大军开赴韩国河内郡，重点进攻陉城。

滚滚烟尘中，白起稳坐战车之内，瞳眼黑白分明，想起了老部下："若是中更胡阳不死，我这把老骨头就不用这么折腾了。"

朝去暮来，驰骋战国 30 余年的武安君，白发悄然爬上双鬓，过去的战友所剩不多，白起也渐感去日无多。

韩国人清楚陉城对上党的重要性，丢失陉城恐怕上党也将不保，因此在陉城战区布置了足足 5 万兵力，加上方圆数十里的垒城要塞，依托险山恶水组成一个钢铁般的防御体系。

武安君一生打了无数大仗硬仗，然而眼下韩人抵抗的决心让他暗暗吃惊。白起在绝对优势兵力下，耗时一年，经过多次浴血奋战，方以惨痛的代价攻克陉城防御体系。韩军也非常悲壮，以"城在人在，城丢人亡"的坚强意志，全军殉国，被斩首 5 万。

可是身在战地的武安君很快发现，熟悉太行山地形的韩国人并没有因为太行陉被切断而与上党郡完全失去联系。韩国人利用对山势的熟悉，通过丹水、沁水以及悬崖峭壁上的小路，依旧与上党郡保持往来。白起立即下令，继续攻打河内郡其他城邑，并且封锁河流水道。

公元前 263 年，秦军攻占太行山东南的修武等城邑，韩国河内郡只剩野王一座孤城。

公元前 262 年，秦军攻占河内郡的核心城邑野王。野王是丹水与沁水汇流之地，秦军攻占这里，不但意味着将河内郡全部拿下，而且彻底切断了韩国本土通往上党郡的水上通道。

连续三年，武安君白起疯狂攻打韩国中部要塞，终于将韩国一分为二，完成"半韩"战略最艰难的一步，如图 3-11 所示。

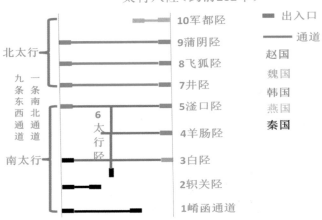

图 3-11　公元前 262 年秦国完成"半韩"战略

上党郡的北上党和东上党彻底成为孤地，疲惫不堪的武安君回到咸阳疗养，剩下的事情就交给那些靠嘴吃饭的使臣了。

秦国使臣接二连三到韩国，给韩桓惠王施压，让韩国割让飞地上党郡给秦国。

韩桓惠王在任期间，韩国是战国七雄中最弱的，且处于秦国东进的枪口上，韩军屡吃败仗，韩桓惠王总是被人小看。实际上这个韩王很不简单，他后来将女儿嫁给秦庄襄王，又怂恿秦国修郑国渠，表面上唯秦国马首是瞻，实际上外宽内深，老谋深算。

上党郡所辖领土，比韩国的新郑、阳翟所辖加起来还大，韩桓惠王怎舍得白白送给秦国。但他必须将上党送给秦国，否则近在黄河对岸河内郡的秦军恐怕还会挥师渡过黄河来攻打新郑。

韩桓惠王制订了一个完美的计划，可以一石三鸟：第一鸟是不交出上党，第二鸟是不开罪秦国，第三鸟是将战争祸水引向兵强马壮的赵国。

韩桓惠王表面上对外宣称放弃上党郡，但又秘密给上党太守靳（jìn）黈（tǒu）下令：不得投降秦军。于是靳黈公然"违抗"韩王旨意，拒绝投降，誓与上党郡共存亡，坚决与秦军抵抗到底。秦军此时已在休整，白起也回到咸阳，这下反而进退两难。

秦昭襄王继续派人给韩桓惠王施压，并派将军王龁统领秦军，在河内郡营造声势。

接下来，韩桓惠王又大张旗鼓派自己的亲信、将军冯亭去接管上党郡，并公开要求其将上党郡献给秦国。

冯亭到上党郡接替靳黈，成就靳黈"忠贞之士"的美誉。但他接任后立即"抗令不遵"，拒绝投降，誓与秦军对抗到底。在韩桓惠王"紧逼"之下，冯亭出了个上上之策：把上党郡献给赵国。

此时的赵国，赵孝成王即位不过 4 年，但赵国的综合国力已经是史上最强。平原君赵胜主持大局，名将有廉颇、乐乘、李牧等，一番龙举云兴的景象。

对于上党这个飞来的横财，到底收不收呢？收了，等于和秦国翻脸，难免要与秦国大战一场；不收，又太可惜，上党郡有 17 座城池，这样赵国不仅土地面积大增，还能居高临下对秦国河东郡形成威胁。

平原君赵胜辅佐赵惠文王多年，作为战国四公子之一，自比周公旦，他认为收取上党郡机不可失。当年平原君的父亲赵武灵王敢冒充使臣前往秦国，若如今赵国不敢接受上党郡，那就太愧对先祖了。

年轻的赵孝成王听取叔父的意见，封韩国将军冯亭为华阳君，军事方面派出大将廉颇全面接管韩国上党郡，准备与秦国大战一场。

如此一来，韩桓惠王在自己没有任何嫌疑的情况下，将秦军的战火成功地引向赵国，高明！

韩国将军冯亭点燃了战国最大战役——秦赵长平之战的导火索，如图 3-12 所示。

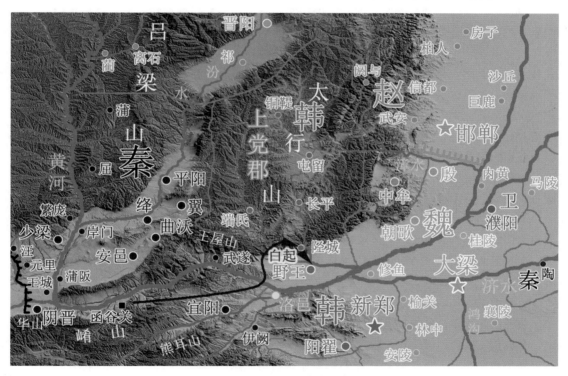

图 3-12　长平之战导火索

● **长平之战，王龁战廉颇**

赵国接收上党之后，勇将廉颇亲自挂帅，十余万大军开赴上党（后陆续增兵）。

我们来看看廉颇的履历。

公元前 283 年，五国伐齐时期，廉颇 31 岁，拜将军，率军攻入齐国。

齐国阳晋城下，廉颇在战前巡视全军，激励士气。只见他身形巨大，粗眉大眼，脸上的胡子像钢刷一般，步履有如龙行虎跃，极为生猛，赵军将士见者无不为其气魄所震撼。

这一年，将军廉颇攻取齐国阳晋（今山东郓城县西），出手不凡。这一战，廉颇打得是拔山盖世，把齐军给痛殴了一顿。《史记》对廉颇此战的影响，记载的是："以勇气闻于诸侯。"注意，以勇气闻于诸侯，而不是以智慧闻于诸侯，也不是以智勇闻于诸侯。这说明廉颇是以勇猛著称的，兵法韬略可能并非他的强项。

秦昭襄王派人到赵国，愿意用 15 个城池换取赵国的和氏璧。

和氏璧玉色光润无瑕，能够去尘埃，辟邪魅。冬天的时候和氏璧能够发热，代替炉灶，夏天则像冰块，带来凉爽。和氏璧百步之内蚊虫不入。世上的美玉不少，没有一件比得上和氏璧。

宦者令（太监首领）缪贤举荐自己的门客蔺相如带着和氏璧前往秦国，结果蔺相如完璧归赵。赵惠文王授蔺相如为上大夫，与廉颇的上卿相比档次还是低了几等。

公元前 279 年，秦昭襄王与赵惠文王在秦国的渑池（今河南省三门峡市）相会，两强正式休战。盟会之上，秦王请赵王鼓瑟一曲，蔺相如以搏命威胁秦王击缶一曲，为赵王挣回面子。回来后赵惠文王拜蔺相如为右上卿，位置在廉颇的左上卿之上，这让廉颇愤愤不平。

在渑池之会期间，廉颇选军中精锐五万送赵惠文王到中牟，以备不测。临别时，廉颇直率地对赵惠文王道："这次会盟，最多 30 天时间，如果大王 30 天还没回来，则请大王效仿楚国（秦国囚禁楚怀王），允许我立太子为赵王，以绝秦人之望。"

赵惠文王听了廉颇的话肯定不会舒服，回来后在朝堂上道："寡人得蔺相如，身安于泰山，国重于九鼎，群臣莫及。"这个群臣，自然包括廉颇。

廉颇性格直率，对外宣称："吾有攻城野战之大功，相如徒以口舌微劳，位居吾上。且其乃宦官门客，出身微贱，怎能位居吾之上？以后让吾见到相如，必击杀之！"

后来蔺相如屡次示弱，廉颇乃性情中人，吃软不吃硬，于是有了负荆请罪，两人结为刎颈之交。

公元前 276 年，廉颇统领赵国大军开赴齐国河间腹地，攻陷 9 座城池。

公元前 275 年，廉颇攻克魏国的几邑。

公元前 274 年，廉颇攻占魏国房子、安阳两座城池。

廉颇攻防俱佳，要么攻得雷霆万钧，要么防得滴水不漏。按照这个节奏，再有几年廉颇就能封君。

公元前 269 年，在秦赵之间的阏与之战中，廉颇与乐乘都认为阏与道路遥远、地势险峻，不应该救援，只有赵奢认为阏与必须救，并挑起了重任。战后赵奢封马服君，廉颇和乐乘遭到弃用，进入人生第一个低谷。年轻的李牧、赵括等人开始崭露头角。

这次赵孝成王重新起用廉颇，对廉颇来说可谓柳暗花明、峰回路转，他下决心要好好报效赵孝成王之恩。

赵国大军开进上党，但见旌旗蔽野、剑戟横空，人如猛虎、马赛飞龙，不战而得上党郡剩下的 17 个城邑，赵军将士心情愉快。

赵军在上党的部署集中在东上党这个板块，由于北上党的屯留并不需要直接面对秦军，东上党的长平就成为赵军主力部署地点，此后的长平之战就是围绕长平这个板块而展开的。

我们来看看赵军在长平的部署（如图 3-13 所示）。

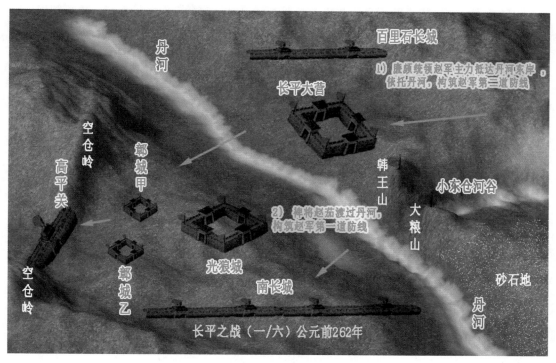

图 3-13　长平之战（一）

丹河将赵军的防线自然分割为两个部分，西南部是直接面对秦军的第一道防线，东北部是廉颇构筑的第二道防线。

第一道防线，由裨将赵茄镇守，以光狼城为中心，背靠丹水。防线南部是新修筑的长城壁垒，抵御从太行陉方向前来的秦军。防线西部是空仓岭上的高平关，抵御从白径方向前来的秦军。由于高平关比较狭小，只能容纳 5000 将士，因此又在高平关背后修筑了两座鄣城，补充高平关的人力物力。

第二道防线，由廉颇亲自坐镇，以长平大营为中心，面对丹水，北部是防御工事百里石长城，南部则有两座高山韩王山和大粮山。韩王山上修建瞭望台，主将廉颇在这里发号施令。大粮山则是赵军屯粮之所在，粮草辎重皆囤积在此。这两座山岭高陡峭，各有数万人把守，就是 10 倍的兵力也休想攻克。

赵军的布阵，即便不懂军事的人，也能体会到名将的风范，依山傍水，层层设防，滴水不漏。

秦国忙活数年，最后被赵国捡了便宜，如果就此罢手，那么上党郡三个地缘子板块，秦国只占最小的一个，赵国则占据两个较大的。

秦昭襄王龙颜大怒："寡人娶媳妇，赵国入洞房，岂有此理！寡人誓要夺回上党！"秦昭襄王本打算彻底打垮韩国之后，再对付赵、魏，现在赵国横插一杠，让当时军事实力最强劲的两个诸侯提前决战，长平大战一触即发。

公元前262年，由于武安君白起年老多病，秦昭襄王令秦军的二号人物，还在河内郡的左庶长王龁（hé）整顿军马，攻打上党郡。

王龁在秦国二十级军功爵位制当中居第十级，为左庶长，仅次于武安君白起。秦军此次的兵力约20万，比几年前阏与之战的规模要大。

左庶长王龁接到军令之后，第一要解决的问题，就是从哪个方向对赵军发起进攻。王龁有两个选择，一是南部的太行陉，二是西部的白陉。如果从太行陉发起攻击，将直面赵军的南长城，这条防线是由无数垒城组成的，赵军约两万人，战线很长，强攻的话，将步入苦战却不能攻下的节奏。如果从白陉方向发起攻击，将面对赵军西部的空仓岭防线。空仓岭是一座南北走向的山岭，山体石质，岭高陡绝。这道山岭从北向南蜿蜒80余里，岭中央有一道横贯东西的峡谷陉口，很早之前韩军就因地形建造了高平关。

高平关险峻异常，南面是峭壁，北面是陡涧，唯中间峡谷贯通东西。这道峡谷东西长约一里，南北宽约两里，是赵军咽喉之地。

高平关的东面，赵军裨将赵茄构筑了两座郫城，与高平关形成掎角之势，随时可以支援高平关。

为什么在雄关的背后还要修筑两座郫城？因为高平关规模不如函谷关、武关这种要塞，可容纳的军士仅5000上下，一旦开打，可以由两座郫城的将士来替换高平关上的伤亡者。

高平关的这个弱点被敏锐的王龁发现，并为此制定了一个战术。

王龁令秦军一部原地营造声势，然后统领主力从河内郡迁回到河东郡，再从白陉登上太行山，最后攻打高平关。

秦军中军大帐中，王龁踌躇满志，召集一众将尉，高声训话："好男儿建功立业，正在此时！"

将军们个个热血沸腾，高呼"踏平赵国"。一场大战即将开始。

赵军方面，赵茄发现秦军从西部发起进攻，于是亲自坐镇高平关。赵茄出现在战争第一线，赵军士气大振，人人慷慨激昂，欲与秦军决一死战。

可是赵茄却没有想到，秦军此次攻打高平关的，并不是先锋部队，而是王龁的主力军，人数是赵军的几十倍。

当秦军漫山遍野发起凶猛攻势的时候，赵茄意外地被流矢击中身亡。群龙无首，短期内对关上的赵军造成了严重的心理影响。

王龁锐眼马上就看出高平关上的异样，他哪能给赵军以喘息之机，立即下令不分昼夜轮番攻击。赵军主将廉颇还来不及派人接管第一道防线，高平关便被秦军攻克，关上5000赵军壮烈殉国。

　　从高平关开始，赵军防线依次是高平关、二鄣城、光狼城，三位一体的防御体系，如今高平关告破，后面的二鄣城、光狼城并无险峻山脉依靠，失守只是个时间问题。而赵军南线的长城防线，也很有可能会被秦军从背后攻击。

　　廉颇趁秦军休整之机，将南线的赵军全部调回丹河东岸，放弃第一道防线，固守第二道防线，如图3-14所示。

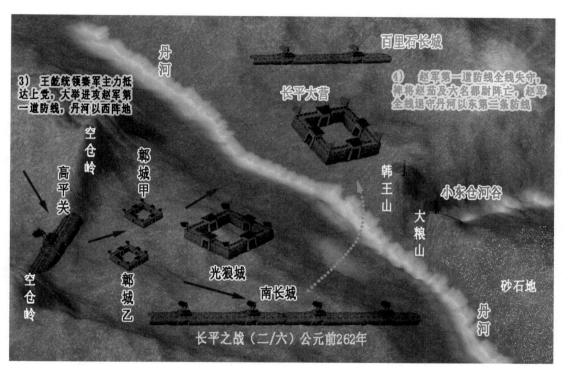

图3-14　长平之战（二）

　　王龁力图在赵军撤退之时扩大战果，为了让南长城两万赵军能顺利撤退到丹河东岸，二鄣城和光狼城的赵国守军根本就没有撤退的打算，他们视死如归，一直战斗到流尽最后一滴血。

　　几个月之内，王龁统领的秦军连续获胜，廉颇统领的赵军丢失上党郡丹河以西所有领土，折损一个裨将赵茄和6名都尉，阵亡将士超过3万人。

　　廉颇在丹河以西只驻扎几万人，这次损失赵军还扛得住。廉颇在连续失利的情况下，在丹河东岸组织赵军第二道防线，将秦军挡在丹河不能再东进。或许这就是名将风采，就算战局不利也绝不会崩盘。赵军主力犹存，留得青山在，不怕没柴烧。

　　王龁虽然攻占赵国丹河以西全部阵地，但秦军伤亡与赵军相当，接下来面对丹河以东廉颇的第二道防线，情况并不乐观。

从图上看，秦赵长平对峙的时候，秦军已经控制白陉的部分通道，如图 3-15 所示。

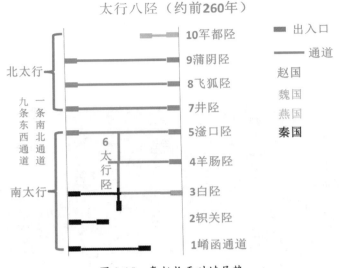

图 3-15　秦赵长平对峙局势

目前上党郡的局势：北上党控制在赵国手中，西上党控制在秦国手中，而东上党，则以丹河为界，秦赵各控制一半。

我们再来看丹河战场，赵军第二道防线的布局。

在第二道防线上，大粮山和韩王山不但是丹河东岸最高的山，也比西岸所有山都高，西岸秦军的动向通过这两座山看得清清楚楚。大粮山以南是面积巨大的砂石地，不仅地形复杂，还寸草不生，赵军在南线无须太多兵力防御。

可以这样说，第一道防线被突破，完全在廉颇的预料之中。只不过秦军来得比预期更凶猛，赵茄阵亡更是有些意外，第一道防线丢失得过快了。

廉颇利用丹河天险以及大粮山和韩王山的地利，将王龁的秦军阻挡在丹河以西。不过谁也没想到的是，这场以丹河为界的对抗，从公元前 262 年持续到公元前 260 年。赵、秦两军不断增兵，秦军总兵力约 50 万，赵军则超过 40 万。双方陈兵 90 万，让其他诸侯国汗颜。赵孝成王和秦昭襄王都想早点决出胜负，两国都已经被这场旷日持久的战争拖得不堪重负了。

双方各有几十万大军不能离开上党郡，每日消耗大量军粮和物资，造成国内农业生产滞后，商业萎靡，百姓苦不堪言，每个家庭几乎都有丈夫或者儿子在军中，社会问题层出不穷。

赵国的农业根基不如秦国，北方五原郡、九原郡、云中郡、雁门郡、代郡面积占赵国国土的一半，还要从中原各地调粮，因此赵国不得不从他国高价购入粮食，造成国库空虚，赵孝成王苦不堪言。

如果秦赵两军在丹河两岸再耗上 3 年，秦国会被耗穷，赵国会被拖垮。

为了击败秦军，平原君派使臣游说楚国、魏国、韩国、齐国，请他们出兵相助。

秦昭襄王得知此事，立即派使臣到各国，扬言谁敢帮赵国，等战争结束第一个收拾谁。

其他几国的心态如出一辙，都希望赵、秦双方火并，最好是双方主力全部阵亡，各国再派兵出战，渔翁得利。此时去助赵国，搞不好秦国撤兵来打自己，不划算。于是各诸侯没有一国动兵，继续充当看客观望。

赵孝成王问计廉颇，廉颇的态度很坚决："只要继续对峙，一定能逼退秦军。"

如果长平之战就此结束，以丹河为界，秦国将占有 1/3 强上党郡，赵国则占据 2/3 弱上党郡，赵国是不吃亏的。

为了停战，赵孝成王首先派使臣到秦国，请求和谈。秦国相国范雎双眼半开半合间，从山羊胡子上的嘴巴里吐出两个毒辣的建议：一是昭告天下，赵国派人来求和，以绝诸侯前往赵国的援军；二是迫使赵国换将，换上主战派的将领，再由武安君亲自挂帅，与赵军决战。

秦昭襄王下令好好款待赵国使者，又派人到东方各国大肆宣传，说赵国使者到咸阳求和，秦国可能会罢兵。本来就抱着观望态度的诸侯们闻讯，当然不会傻到在秦国即将停战时来支援赵国。

赵孝成王起初是赞成廉颇固守战略的，毕竟把大半个赵国的兵力都压上去了，万一有不测，那就会把几代赵王建立的雄厚家底输掉一大半。

随着赵秦双方对峙的时间延续，向各国求援军未果，求军粮被拒，赵孝成王开始改变态度，他要求廉颇寻机与秦军一较高下。

廉颇却认定这个对峙局面可消耗秦国的国力，是当下的最佳战略。

但赵国若不主动进攻，秦国会被拖穷，赵国则会被拖垮。与秦国眉来眼去的燕国，随时可能会在赵国背后来一刀。事实上长平之战和邯郸之战后，燕国在赵国背后捅过好几刀。

赵孝成王多次催战，廉颇置若罔闻，决心死守。要让赵军渡河决战，非得换一个主攻派的将领不可。

长平战场，日落西山。赵军丹河防线，韩王山的一座山峰之上，赵军统帅廉颇坐于巨石之上，雄伟如山的身体，与那巨石、山峰、夕阳浑然一体，他在赵军中的威信有如定海神针。廉颇俯视对岸秦军连绵数十里的营垒依稀飘扬的黑色大旗，始终找不到秦军的破绽，心中涌起一丝不安。

赵孝成王数次派人来催战，廉颇屡次违抗出战令，他和赵军的命运究竟会如何呢？

● 长平之战，白起换王龁，赵括换廉颇

眼看各国救援无望，而赵国的国力又不支持廉颇继续打持久战，赵孝成王迫不得已，用马服君的儿子赵括替代廉颇为将，不求大败秦军，只求尽早结束战争。

赵括是马服君赵奢的独子，他与人谈论兵法，没有人能超过他。赵人迷信赵括，主要是其父马服君赵奢 10 年前曾大败秦军。我们来看当时的情况。

公元前 269 年，武安君在养伤，秦昭襄王令中更胡阳出征赵国。中更是胡阳的爵位，秦国二十级军功爵位制第十三级，比秦国大将司马错、王龁的左更还要高一级。

很多时候，武安君白起作战时，都是与胡阳搭档的。白起是军中大将，胡阳便是执行白

起战术的将军，因此胡阳的战术思想与白起是一脉相承的。

果然胡阳一出兵，就彰显出与众不同的战术。胡阳领秦军自西向东登上太行山，横穿韩国上党郡，到达赵国中部的险地阏与要塞。

阏与位于漳水上游山地，距东南方向的邯郸300余里，是赵国的一道险关。胡阳就像一个拳击手，不打对方双拳护住的头部，而向对方的腹部抡起重拳。

胡阳将阏与围住之后，没有急于攻关，而是分一支秦军南下攻打要塞武安。从阏与沿漳水河谷南下200余里，再折向东百余里，便是邯郸西大门武安。武安东距邯郸不到百里，从这里秦军一天便可到达邯郸。

胡阳的想法是，把武安围了，围城打援。赵军若救援武安，就歼灭救援的赵军。如果赵军敢去救援阏与，则两路秦军夹击赵军，歼灭之。胡阳这一招颇得白起真传，意图不在攻城略地，而在歼灭对方人口。

由于廉颇和乐乘都不主张救援阏与，赵惠文王任命赵奢为大将，救援阏与。

赵奢早在赵武灵王时期就在军中担任要职，后来赵国发生沙丘之乱，赵武灵王被害，赵奢受到牵连，逃往燕国。随后燕昭王拜赵奢为将，镇守燕国上谷郡要塞。

赵惠文王亲政后，为那些逃亡在外的猛将平反，陆续号召他们回归赵国，赵奢怀揣一颗报国之心归国。

此时赵国除了名将乐毅，还有廉颇、乐乘、燕周等一批新将领，赵奢并没有立即被拜将，而是担任田部吏，负责征收部分税赋。

当时赵惠文王的亲弟平原君赵胜担任相国之职，地位仅次于赵王。平原君的家奴依仗平原君这块大招牌，拒不缴纳税赋。赵奢秉公执法，毫不留情，一口气连杀平原君9个家奴。

谁想，赵奢顶着随时要落地的脑袋执法，竟得平原君刮目相看，于是向赵惠文王举荐，将全国的税赋都交给赵奢管理。

赵奢在税赋总管的职位上待了不久，即被赵惠文王任命为将军，于公元前280年攻占齐国河间重镇麦丘，以一场胜利回归赵氏军旅当中。

阏与之战，赵奢临危受命，他年已过半百，中等身材，腰杆挺拔，神色冷峻，有一对使人望而生畏的眼睛。

此番赵奢立即整军从邯郸出兵，驻扎在邯郸以西30里，既不救援仅百里之外的武安，也不救援西北方向数百里的阏与。

安营修垒后，赵奢发布军令：不得擅自出战，也不得劝他出战，甚至不得进谏任何与军事相关的话题，有进谏军事者斩。这一举动让胡阳感觉到赵奢极难对付。

胡阳为了引赵奢来救武安，在武安东面设伏，在武安西面擂鼓示威，震得武安的房舍屋瓦直颤动。武安的赵国守军情绪紧张，武安城里的百姓惶恐不安。

赵奢军中有一位以勇猛著称的勇士进言赵奢，立即去救武安。赵奢背过身去，眼含热泪，却做出将此勇士处斩的手势。赵军中有一位军候打抱不平，抱怨道："武安这么危险，怎么还不救武安。"赵奢知道此事后，再次含泪将这位军候斩首示众，从此军中再也无人敢献策。

赵奢是一个非常严肃的人，他杀过不少人，除敌军之外，他还杀过平原君的家臣，也杀过自己帐下的军士。后两者其实可以睁一眼闭一眼，但他没有含糊，出手相当果断。

有这么严厉的将军，他掌控的赵军非常整齐划一，如臂使指。

赵奢下令大军每天只修营垒，不做其他事情，营垒越修越坚固，他却始终气定神闲，就是不去救武安。他料定秦军根本不可能攻克武安，秦军在武安鼓噪勒兵，只不过是诱敌之计。

胡阳作为白起的副将，各方面与白起极其相似。赵奢当然不会中了胡阳的道道，他按兵不动，着急的是胡阳。

胡阳当然不可能坐等时间流逝，他派间谍伪装成大商人，到赵奢营中一窥究竟。

大商贾在战国时期操奇计赢，奇货可居，尤其是那些掌握马匹、青铜铁器、盐业、粮食的大商人，他们在一定程度上掌控着各国的命运。

伪装成"大商人"的秦国间谍，花巨资见到了赵国的权贵，并得到赵惠文王的准许，这才见到赵军主将赵奢。

赵奢治军严谨，他本不齿与商贾为友，尤其是大战时期，但赵惠文王都应允了，也只好给面子会见一下。

赵奢对秦国"大商人"好生招待，此"商人"对赵军动向还比较关心，问起赵奢的作战方略。

赵奢只低声道："胡阳乃秦军宿将，不过本将军绝不上当，坚守邯郸和武安之间，胡阳粮断必然退军。""大商人"心中一怔，赵奢所言，正是胡阳最头疼的。

旋即赵奢又道："此乃军机秘密，还请保密行事。""大商人"连声称"诺"，动身告辞立即去胡阳处禀报。

胡阳得知诱敌之计已经失败，愤愤然道："赵奢不来救武安，那就麻烦您再往邯郸，多行金钱与赵臣，让他们游说赵王，催促赵奢出战。"

正当胡阳紧锣密鼓地作着部署，欲与赵军打一场持久战时，风云突变，赵奢的军队急趋阏与。

此时距离赵奢从邯郸出兵已经 28 天。当日送走秦国"大商人"，赵奢突然下令：全军轻装绕过武安，从武安北直接援救阏与。

胡阳闻赵奢急趋阏与，即刻撤兵尾追赵军。两天一夜后，赵军到达阏与附近。

白起用兵一向让对手算不到，这次胡阳用兵却被赵奢逼得手忙脚乱，胡阳比之白起，确实还是差了一些。不过胡阳并没有惊慌失措，他清楚自己统领的是一支身经百战的秦军精锐，纵然遇到数量超过己方的赵军，也不足为惧，大不了就是一场恶战，秦军早就习以为常。

赵奢先于胡阳到达阏与，这成了此战的胜负手。

一位叫许历的军士向赵奢进言："将军一定要集中兵力，将方阵集结厚实，才能与秦军作战，否则必败无疑。"

此前为了向秦军示弱，不得已处斩了自己的两名勇士，其实平日里赵奢爱兵如子，他经常把赵惠文王赏赐的财物拿来与将士们分享，当然他也喜欢听帐下将士的意见。许历的话与赵奢的想法不谋而合。赵奢当然明白，秦军的勇武超过六国中任何一国，赵军难以匹敌，何况赵军中还有不少新卒。

许历补充道："北山是这一带的制高点，先占领北山者占尽优势，必然取胜。"赵奢完全同意许历的看法。

许历又道："将军，我违反了军令，请将军将我军法处置。"

赵奢赞许道："等击败秦军，回到邯郸，再把你交给赵王处置。"

赵奢依许历所言，立即领大军占领北山，排出厚实的军阵等待秦军。

同一天，胡阳军尾随而至，他将武安和阏与的两支秦军集结，在北山下列阵。此时胡阳有两个选择，一是围山而不攻，二是立即攻山决战。

围山而不攻，将缺粮的赵军困死在北山上，似乎是个不错的战略，可是秦军同样缺粮，也很难熬。赵军占据北山这个制高点，秦军的一举一动都在赵军的眼皮子底下，这对秦军是非常不利的。而且赵军有北山野菜野果充饥，还有战马备用，没有几个月很难困死赵军。要是此时不攻，日后赵军在山上筑起营垒，那就不可能再攻占了。

此前无论是在阏与还是武安，赵军都用坚城高垒伺候秦军，秦军等赵军出垒决战已经等了很久，逮到这样的机会，胡阳怎肯错过，他立即下令攻山，与赵军决一死战。

赵奢立于山头，他一脸的刚毅严肃之色，虽已近花甲之年，仍然英气勃勃，对众将尉道："两强相争，勇者胜！"

秦军沿着山谷向上仰攻，赵军则从山上往下俯冲。如果是在平地，秦军可能稍占优势，可是在这一上一下之间，赵军借助俯冲的力道占了先机。

赵军将士喊着响亮的口号"勇者胜！勇者胜"，向山下进击。

山路狭窄，赵军将士作战经验参差不齐的弱点被掩盖了，双方只有最靠近前线的军士有搏杀的机会，赵军的新兵得以在后方运送弓矢石头，而赵军后队的弓弩兵利用地势之利，不断向狭路中的秦军施射。

此战当中，秦军由于不占地利吃了大亏。偏偏这支秦军中很多人追随白起胡阳征战多年，都是秦军中最不畏死的勇士，他们宁死也要往山上攻。秦人这种视死如归的精神把他们害惨了，不到一日，秦军将士就损失小半。

阏与要塞中的赵军见秦军现出败象，立即出来助阵，战况更加激烈。

秦军大败，主将胡阳战死，近 10 万秦军阵亡！赵秦阏与之战形势如图 3-16 所示。

阏与之战后，赵惠文王隆重表彰立下盖世功勋的赵奢，封其为马服君。

马服君赵奢将出谋划策的军士许历引荐给赵王，赵惠文王爱许历之才，拜其为国尉。

马服君赵奢无论人品还是战功都已封神，赵奢之子赵括人称马服子，在赵国自然受人敬仰。

长平之战赵国换将与能力无关，只是理念上的差异。主守派廉颇固守的战略让赵国撑不起，被迫换上主攻的赵括，以求早日结束战争。此时乐毅和赵奢都已过世。

赵孝成王要求赵括尽快寻机开战，打成平局就算胜利，只要让这场战争早日结束就好。

几乎同一时间，秦国迅速启用武安君白起。这次临危受命，除了白起的几个心腹大将，秦军自己都不知晓消息。这次换人就像足球场上的对位换人，对方用一个前锋换下一个后卫转守为攻，己方立即用一个射手换下一个前锋，以攻对攻。

但是这次换人内藏玄机。秦昭襄王对秦军内部将领下令，谁敢泄露武安君为将，立斩不赦。秦昭襄王这样做，有两层意思：

图 3-16 赵秦阏与之战

一是忌惮赵括。赵括用兵如何，谁也不知道，但此人早就声名鹊起，恐怕武安君白起心里也没底，能否全胜马服君的这个天才儿子。

二是担心赵括知道秦军换将后，龟缩不前。但这个可能性似乎不大，因为赵括来长平前线，就是来结束对峙的。赵国比秦国更耗不起，否则也不会把如日中天的廉颇给换下。

垂垂老矣的武安君，夺取上党之决心绝对不亚于秦昭襄王，他在上党忙活好几年，怎肯让赵国渔翁得利。

● 长平之战，白起战赵括

白起抵达上党，只见上党山势起伏延绵，草木茂盛，风光如画，他却没有心情欣赏。

武安君下令，加固光狼城附近的垒城，深挖壕沟，布置陷阱，等待赵军前来突击。

赵括抵达前线，也做了一番调整。

首先，赵括更换了部分将领，也更改了约束。

赵括说到底，也只有一个人一个脑袋，他要指挥四十余万大军，每个人都要如臂使指，就得依靠他帐下的这些将军，这些都尉、军司马、百夫长。如果算到百夫长级别，四十余万大军就有 4000 多个百夫长，要指挥这么多人，就要换上与自己一条心进攻的将领。那些还念念不忘廉颇，一心只想防守的将领，势必在进攻中不得力，与其战时拖后腿，还不如早些撤换。

至于更改约束，更加势在必行。因为廉颇此前的约束是以防御为主的，要进攻了，指挥号令当然要改成进攻为主的。

赵括就像一个足球教练，要求他将一支意大利式防守型球队改造成一支巴西式进攻型球队，不更换队员和改变战术，肯定是不行的。

每个将军都有自己的风格，赵括首次作为主将便指挥四十余万大军，没有发生什么乱子，倒也展现其大将风范。

稳定军心后，赵括指挥赵军渡过丹河进行大反攻，长平大决战终于登场！

赵军沉寂 3 年，突然之间发动反攻，势如排山倒海。赵军前部狂飙突进，如同一阵阵狂风卷起，往秦军壁垒冲来。如图 3-17 所示。

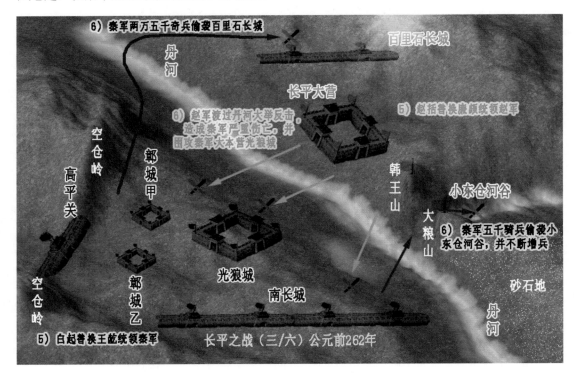

图 3-17　长平之战（三）

为诱惑赵军深入，王龁暗中调走部分丹河守军到光狼城集结，同时下令，任何情况下，所有守军必须坚守壁垒。

数十万人短兵相接，场面摄人心魄，双方直杀得尸横遍野，上党的大地颤抖不已。

秦军光狼城大营，黑色大旗迎风飘扬，上面绣着黑底白字的"王"字，秦军对内仍然隐瞒着武安君上任的消息。

秦军中军大帐，众将校憋了两年多，如今见赵军倾巢出动，纷纷请战支援前线。不料王龁却一反常态，坚持不支援，众将围住主将王龁，个个慷慨激昂、跃跃欲试。

一位裨将恳求道："大将军，赵军气焰如此嚣张，何时才能出战啊！"

王龁摇头示意坚守不战。

又一位将军郑安平质疑道："将军不救前方营垒，致我大军损兵惨重，究竟是何故！"

王龁不答话，不论怎样秦军确实损失不小，他这个主将难辞其咎。

郑安平脸现不屑之色道："将军胆怯的话，我郑某愿率一军前往迎敌。"说罢就欲出帐开战。

"放肆！"随着一声厉喝，一位头不大下巴尖尖的老将从屏风后面闪出，此人正是白起。

众将大惊："武安君！"那郑安平双腿亦像绑在木头上一样动弹不得。

"诸位将军，引诱赵军渡过丹河，退守空仓岭一线，是本侯的意思。"武安君正色道。

白起正待解析战术，听得帐外不远处鼓声、号角声四起。一名军士来报："禀报将军，赵军前部数千人攻打光狼城！"

帐中将校惧惊："赵军来得如此快！"

只有武安君笑道："本侯为何一退再退，马上就有答案了。诸位立即去指挥守垒，没有本侯的命令，不准一个军士出垒迎战。"

武安君作战的一贯思路是不惜军士性命，无论是对方的还是己方的。为了让赵军远离丹河，武安君令王龁将部分丹河守军召回，然后命途中营垒的守军坚守不退，但又不派援军，等于将几万丹河附近守军置于赵军的刀枪弓弩之下。

欲擒故纵，诱敌深入，若是不假戏真做，让赵军杀死几万秦军，岂能让赵括全军渡过丹水。

入夜，秦军光狼城大营，中军大帐，熊熊燃烧的牛油火炬将帐内照得宛如白昼。

帐内依稀可闻几里外赵军将士的呐喊"直捣咸阳"，听着分外刺耳，说明赵军主力已经到达附近。

大将王龁紧握拳头，对上首的武安君兴奋道："君上，赵军终于上钩了，此番定要杀他个片甲不留。"

白起压抑住兴奋之情，迅速安排将军王陵和司马梗两项任务，二人领命而去。

王龁对武安君佩服得五体投地，也为自己的轻率感到些许不好意思，高声请命道："君上，可有任务交予末将？"

武安君道："将军莫急，待赵军后撤时，将军可驱兵猛追。"

此时赵军大部反击至光狼城附近，遭遇秦军依城修筑的无数壁垒。

长平之战秦军损失惨重，从赵军开始反攻到遭遇壁垒，这一阶段已经让秦军付出惨痛代价，武安君布置的几万诱饵几乎全军覆没。

赵国朝堂之上，年轻的赵孝成王意气风发，对众臣道："马服子不负寡人之望，秦贼（秦则，即秦昭襄王），待赵括将军到河内将尔等生擒！"

赵国众臣纷纷道贺，赵孝成王踌躇满志，一副即将完成祖父、父亲未完成之功业的模样。

司马迁在《史记》中谈到赵括："赵括自少时学兵法，言兵事，以天下莫能当。"意思是赵括从小学习兵法，谈起用兵，以为天下无敌。

战场风云莫测，光狼城和附近壁垒，滚木、礌石齐下，赵军前部数万人不得不停滞。赵军还不知，光狼城附近的秦军数量要超出他们不少。

一支上千人的赵军追近，此时数万弩箭从天而降，黑压压的把天空都遮住了。黑云盖下，上千赵军竟是连呼喊哀号都没来得及发出，瞬息间就被屠戮个一干二净。

赵军震惊！全身汗毛都竖起的惊悚！秦军痛快！一口恶气出之而后快的舒畅！

这是整个战局的转折点。若赵军继续全线进攻，那1000赵军就是他们的前车之鉴。

赵括审时度势，下令全线退兵。兵法上说"不利则退"，赵括用兵法是没话说的。如果说在野战中赵军还占优的话，攻打坚固的壁垒，赵军损失就太大了。

这好比足球比赛中，一方大举进攻取得1：0的领先优势，立即转为防守。赵括并没有一味进攻。

然而，就在赵军取得局部胜利的同时，武安君白起的两路神兵从天而降，从两侧偷袭了赵军丹河东岸的大后方。

第一路秦军，司马梗统领2.5万人，从东北面绕到赵军百里石长城后面，切断长平赵军与邯郸以及北上党的联系。

第二路秦军，王陵领5000轻骑兵渡过丹河，切断长平赵军与大粮山的联系，大粮山是赵军屯粮所在。秦军虽然不能占领大粮山，切断道路却是可行的。

随着战况的深入，白起也对这两路神兵不断增援，力图困死赵军。

反过来赵军撤退，秦军追击。王龁岂能让赵军安然撤退，他统领秦军对赵军展开压迫式追击，不让赵军返回丹河东岸，为两路神兵争取时间。

赵军一面放火烧林，一面布置陷阱，用强弩兵断后，退得井然有序。秦军纵然能拖慢赵军的步伐，却未能大规模杀伤赵军。

赵括指挥的赵军在付出一定代价后，主力还是渡过丹河，又回到长平大营。在这一攻一撤过程中，赵军至少有数万人阵亡，秦军损失更大。

然而秦军的损失绝对值得，就在赵军退回长平大营时，秦军司马梗部攻克了北部的百里石长城，王陵部则切断了大粮山与长平大营的联络。此时形势如图3-18所示。

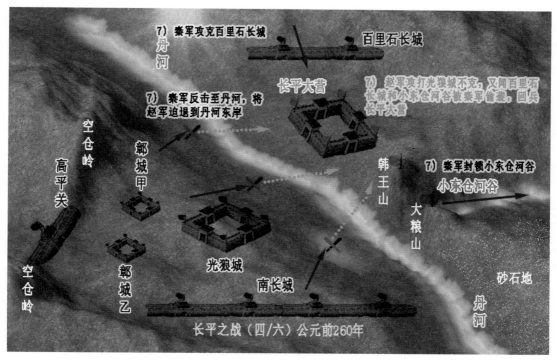

图 3-18 长平之战（四）

● 长平之战，赵括突围，斩首 45 万

现在战场的格局大为不同。就在赵军一攻一撤过程中，秦军已经完成对赵军战略包围，将赵军限制在百里石长城、丹河、小东仓河谷这个区域。

如今赵军与大粮山的屯粮点失去联络，若要打通粮道，赵军必须控制住小东仓河谷。然而小东仓河谷水虽不深，但两岸悬崖峭壁，怪石嶙峋，除偶尔冒出的几蓬杂草，别无他物。

要在毫无隐身之处的小东仓河谷运送粮草，赵军明知关山难越，也不得不奋勇突围。赵括令部分赵军分别向百里石长城方向和丹河方向突围，吸引秦军的注意力，同时派出一支精兵往大粮山强运粮草。

可秦军主帅是白起，哪能这么好糊弄。白起锚定赵军缺粮，他增兵最多的地方就是小东仓河谷。

赵军奋力抢运粮食，秦军拼命阻击，两军在小东仓河谷展开激战，河里和岸上一时喊声鼎沸，杀声震天。

小东仓河谷中尸积河道，血流成渠，极少数赵军血盈袍铠，也只扛了数袋粮草返回长平大营。

赵军大营还有 30 万人上下，千夫长就有 300 多个，这点粮食也就是千夫长们一顿的口粮，连赵军的燃眉之急都解不了。

白起令秦军守住各个山口要道，修筑壁垒，将30余万赵军困在长平。

白起用兵如神，虽然秦军此时还未获胜，秦军的伤亡数也大于赵军，但秦军开始掌握战场的主动权了。

面对秦军的包围，兵法造诣天下第一的赵括并没有第一时间选择向邯郸方向突围。

秦军据险而守，若赵军30余万人向邯郸撤退，难以调度，半途还要损失不少，突围并不划算。

赵括派人向邯郸求援求粮，此时若是邯郸方面派来一支数万人的军队，就能与长平军一起反包围秦军！只要邯郸运来粮食，长平赵军根本不怵秦军。

要说赵国的援军，只有李牧的边军实力比较强劲，其他的军队数量不足。生死存亡之际，将代郡、云中、雁门等地的李牧守军调来，也就是十几天的事情。可当时李牧还不出名，他要十多年后才会大破匈奴。若李牧军南下，也许可以改变长平战局，但匈奴亦有可能乘机南下。

权衡再三，赵孝成王与平原君还是不敢调动李牧的边军。

于是赵括下令修筑和加固营垒，以防秦军攻击。虽然援军无望，只要邯郸方面运来粮草，30余万赵军足以与秦军周旋。

赵军长平大营的余粮所剩不多，仅可维系一段时间。赵国动用了外交攻势，平原君派人到魏国、齐国、楚国借粮。可是长平胜负未分，这几个诸侯都不愿意借粮给赵国。赵孝成王下令从赵国各地征调粮草，准备给赵括雪中送炭。

然而此时，秦昭襄王却搞出了惊天动地的大动静：他将河内郡15岁以上的男丁全部征发到前线，每人赐爵一级，相当于每人要发一套田宅，一顷地。秦昭襄王深谙战争之道，他下了血本，决定与将士一起分享日后胜利果实。

河内郡原属于韩国，是野王城所在的郡，秦国这几年一直在攻占河内郡的领土，却并没有在河内郡征兵。河内郡靠近上党，秦昭襄王从这里就地取材，也是时间所迫。这时候时间就是生命，秦昭襄王要用这一支新军切断赵军的粮道。此时战争形势如图3-19所示。

赵国邯郸方面，此前运送粮草是先从羊肠陉和滏口陉运到北上党，再由北上党南下。但此时南北上党之间的百里石长城已经为秦军所有，那么赵军运送粮草只能通过魏国的白陉来实现。

秦昭襄王临时组建新军，目的就是将魏国的白陉堵死，对整个长平战场再进行一次外围的包围，阻止邯郸的援军，断绝长平赵军的救命粮草。

这支秦军数量足有8万至10万，虽然没有作战经验，但对付同样是民兵为主的赵国运粮部队不成问题。

战争打到这里，赵括的军队就难受了，无粮也无援军，但这并非全是赵括的错。年轻的赵孝成王比之老谋深算的秦昭襄王，确实逊色不少。像长平之战这样的旷世大战，后勤尤为重要。

危难时刻，赵军向着小东仓河谷的秦军发起猛烈冲击。血腥的味道弥漫在小东仓河谷的空气中。秦军用尸体组成盾牌阵，抵挡赵军一波又一波箭雨，接着双方刺刀见红，杀得沙石弥漫、天昏地暗，积尸多达数层，天地为之震撼。

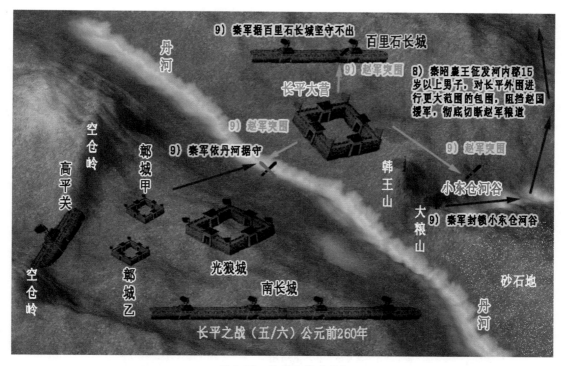

图 3-19 长平之战（五）

白起不断增兵，这才抵挡住赵军猛烈的攻势，重新控制住小东仓河谷。

不过这还只是赵军强力突围前的预演，赵括自然不会只有这点本事。赵军最为强悍的突围，在尸横遍野中隆隆开场。

4 万赵军精锐，披甲戴盔，整装出发。赵括将这 4 万将士分为 4 队，轮流冲击秦军营垒。每一队攻击一个时辰，然后休整 3 个时辰，轮番给秦军造成强势压力，每队冲击四五次之多，一共对秦军发起了了 16 到 20 次冲锋。也就是在长达两天一夜的时间里，赵军的猛烈突围有如长江黄河一般滔滔不绝。

在如此困境之下，赵括还能用尽兵法，秦军若不是秘密换上白起，恐怕数十万大军要栽在赵括手里。

秦军负责小东仓河谷防务的是王陵，此人出身于百炼成钢的铁鹰锐士，勇冠三军，若无他这样的猛将统领，小东仓河谷只怕早就失守了。

在赵军令人窒息的进攻中，王陵军顽强抵抗，无奈人的体能有限，每当赵军新的生力军上场之时，秦军就大吃其亏，所幸白起每个时辰都派新的援军前来加入战斗。

一天一夜之后，赵军利用生力军换班的时机突入秦军防线的几个缺口，秦军被杀乱，眼看防线要被突破。

王陵睁着嗜血的双眼，厉声喝道："陇山秦人，给我顶住！"

周围的秦兵闻主将就在身边拼命，陡然间声威大振，拼死抵抗，堪堪把赵军赶出阵地，守住河谷通道。

两天一夜，王陵精疲力尽，眼里布满血丝，背靠几具不知是敌是友的尸体，仰天叹道："武安君，末将尽力了。"

此时赵军一波攻势被挡住，王陵已经指挥不动双手双脚。若是赵军再来一番进攻，王陵也只能用嗜血的眼神去对抗赵军了。

可就在此时，赵军最猛的攻势来临，赵括亲率4000精锐将士作最后一次突围，如图3-20所示。

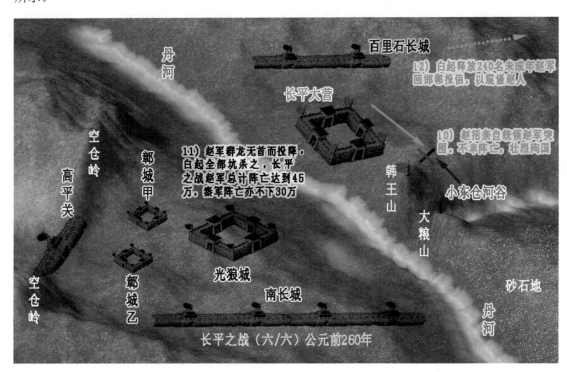

图 3-20　长平之战（六）

赵括的兵法造诣确实到了一定境界，在这种危急时刻还能有条不紊地组织突围。

赵括亲自上阵，说明赵军也到了最艰难的时刻。赵括抱着要么战死，要么突围的决心而来，王陵这回恐怕真要前功尽弃。

4000精锐分成4队，并不像之前那样分次突击，而是排开战线，全面出击。因为都是精锐，只要突破一点，就能以点带面突破秦军防线。

生死存亡之际，还是武安君料事如神，他不敢小觑马服子赵括，又一支秦军援军赶到，正巧遇到赵括的突围军。

赵括最后一次突围，被秦军乱箭射死，以身殉国。燕赵慷慨悲歌之士，又多了一个。

与之前的突围不同，这一次赵括是明知必死，却勇敢赴死。因主将不死这场战争就不会结束，赵括不死秦军如何能相信赵军会投降？

赵括阵亡，赵军在绝食的情况下，全军投降。赵括以自己的死，换取了20余万大军（40余万已经阵亡一半）的生命，其深明大义有几人能理解！

王陵成为长平之战的大功臣，日后他将有机会统领秦军主力围攻赵国邯郸，得益于他在长平浴血奋战的奇功。

如果长平之战就此结束，赵国却并没有输。就双方的伤亡而言，赵军损失二十余万，秦军损失近30万，秦军难言胜利。几个月前赵括上任之际，赵孝成王给他的任务是结束战争，哪怕是杀敌八百、自损一千的结果也可接受。赵括完成了赵孝成王给他的任务。

长平之战却并未就此结束，接下来最为高潮的部分到来。

如果赵括知道对方的主帅是白起，绝对不会轻易赴死，而会选择鱼死网破，一直突围，直到赵军全部阵亡。若赵军知道对方是白起领军，恐怕没有赵人愿意投降，这又反衬当初秦昭襄王封锁白起上任的消息绝对是必要的。

赵军投降之后才知道秦军主帅是白起，可为时已晚，缴械后饥饿的赵军，只有挨宰的份。

武安君白起有一个特点，从来不给对方留活口，不论是对方的军士还是俘虏，统统杀光。伊阙之战斩首24万，鄢郢之战斩首30余万，华阳之战斩首15万，长平之战斩首45万。

在长平之战中，秦军的伤亡一直都比赵军多，按照军功爵位制，杀敌一千自损一千是没有军功的，何况秦军是杀敌一千自损一千二百。但若是把长平赵军20万俘虏杀掉，秦军可以进爵位的人就比比皆是了。

秦军杀降卒是一种传统。白起自己已封武安君，但为了兄弟们的爵位，必须杀俘。

当然秦军杀俘的理由还有很多，比如粮草不济，比如降卒无法安置，但这些理由都无法掩饰白起心中那个真实的原因：军功爵位制。

秦军中军大帐，武安君背对众将，黑白分明的瞳子异常坚决，冰冷的嘴里吐出一个字："杀！"

20万卸甲去枪的赵军降卒，带着解甲归田的美好愿望，随着一阵阵漫天弩箭从天而降，几个日夜之间，全部被秦军或杀或坑。

为了计算战功，秦军将赵军的头颅集中，堆成一座座小山清点，其状若人间地狱、魔鬼之城。

为了打击赵国剩余军队的士气，白起释放了240个未成年的小军士，让他们回邯郸去给赵孝成王报告这个噩耗。

长平之战是战国史上伤亡最大的战争，秦赵两国70余万人阵亡，改变了200多年战国的格局。

长平之战前，秦赵两国的军事实力旗鼓相当，双方各有胜负，秦国稍占优势，但没有统一六国的必然趋势。长平之战后，赵国大量青壮年牺牲，中原再无一国可以独自抵抗秦国。

长平之战，秦军坑杀 20 余万赵军俘虏，是中国乃至世界战争史上规模最大、手段最残暴的一次杀降事件。

长平之战后，秦军几乎全据南太行山，"太行八陉"被秦国占据一半，如图 3-21 所示。

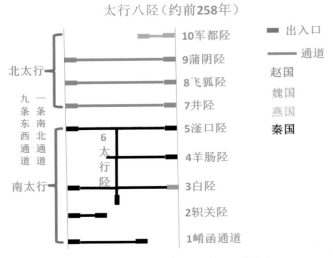

图 3-21　长平之战后秦军几乎全据南太行

● 邯郸之战，信陵君窃符救赵，白起之死

秦军在长平之战释放这些小赵卒回去，并不是突发慈悲，而是要让这些残兵将长平的噩耗报与赵人知晓，好打击赵军的士气，以便一举灭赵。

赵人闻长平之惨剧，惊骇万分，举国悲恸。

长平之战结束后，武安君白起回咸阳养病。这几年连续大战，尤其是长平之战，让老将军又苍老了不少。

秦军将士多有封赏。王龁在长平之战前期挫败对方丹河以西防线，在后来的大决战中也功劳不小，从左庶长升为左更，连升两级。王陵和司马梗在长平之战立下大功，双双升为五大夫（二十级军功爵位制第九级）

临行前白起迅速作出部署，王龁坐镇上党，指挥秦军继续作战，东攻赵国邯郸郡，司马梗则从百里石长城出发北上，攻击北上党和太原郡。

赵国人还没搞清楚长平之战的过程，只知道秦军斩杀长平 45 万赵军。正常赵人的思维不难得出这样的结论：长平秦军如豺狼虎豹，赵国任何城池的兵力都严重不足，即便都城邯郸内外也只有四五万守军，根本不是秦军的对手。

在这种情绪的影响下，赵军近乎绝望，士气萎靡不振，这正是白起期待的效果。

春秋战国史上最坚固的城池之一，赵国旧都晋阳城，空有坚固的城防，却没有士气高昂的守军，竟然被司马梗统领的秦军攻破。当年赵鞅和赵无恤都退守晋阳，才避免赵氏家族灭亡。晋阳这座赵氏家族标志性的城池，就这样落入秦人之手。

秦军另一路也很凶猛。王龁连克赵国要塞皮牢、武安两城。武安距离邯郸只有 100 多里，武安城破，邯郸岌岌可危。

赵孝成王派苏代携重金到秦国活动，意图阻止秦国继续进军。苏代是平原君的门客，他的哥哥苏秦，就是那位身挂六国相印，组织五国伐齐的纵横家。

苏代面见秦国范雎，离间其与武安君白起。范雎是个恩怨分明的性情中人，一饭之德必偿，睚眦之怨必报。成为秦国相国之后，范雎立即对当初在魏国迫害过他的魏齐等人展开报复。

范雎嫉妒白起的威望和军功，便在秦昭襄王面前进言，要求秦军暂停进攻赵国。范雎当然有充分的理由：秦军伤亡过半，休整一下可以挽救许多人的生命。

问题在于秦军如果休整，赵国也会借机得以喘息。范雎反对秦国继续用兵，主要是想压制白起。此人才智极高，但心术不正，所谓人无完人。

秦昭襄王也有自己的考虑。白起用兵从不考虑己方伤亡，以斩首敌军数为唯一目标，这方面秦王颇有微词。

公元前 259 年，赵孝成王亲自跑到咸阳，求秦昭襄王停止攻打赵国。这时候赵孝成王 25 岁，秦昭襄王六十有五，是赵孝成王祖父辈的人了。赵孝成王放下国君姿态来请求秦国罢兵，用 6 座城邑作为代价。

由于前面有了范雎的铺垫，秦昭襄王没有听从白起继续攻打邯郸的提议，而是决定休兵，接收赵国的 6 座城邑。白起继续攻打邯郸的计划搁浅，灭亡赵国的最好时机也失去了。

赵孝成王这一趟咸阳真没白跑，让秦军停止进军达 8 个月之久。邯郸方面带着悲痛而愤恨的情绪忙碌起来，他们利用这个时间差调兵遣将，囤积粮草，招募新军，形势大为改观。

赵国将全国可调动的军队和粮草都集中到邯郸、灵寿、中牟等几个战略要地，放弃全线防守，改为重点防守。

在邯郸全面备战的同时，秦昭襄王要求赵国割让之前承诺的 6 城，赵孝成王一再拖延，为赵国争取到了更充分的备战时间。8 个月之后，秦昭襄王终于意识到，那 6 座城池是子虚乌有的空中楼阁。

公元前 259 年九月，秦军又隆隆开动，左更王龁坐镇武安，五大夫王陵开始攻打邯郸。

从长平之战到邯郸之战，赵秦两国连年大战，战争的空气令人窒息。

秦军弓弩手，将数十万支箭射向邯郸城上，掩护步兵攻城。步兵分两队，一队肩扛云梯，强登邯郸城墙，一队推冲车直攻邯郸各城门。秦军不分昼夜轮攻邯郸。

在攻城战中，如果进攻方兵力达不到防守方 3 倍以上，是很难攻克的，况且邯郸还是赵国都城，城高池阔。王陵的兵力只不过略多于邯郸守军，其攻坚难度不言而喻。

一个月下来，秦军仅校尉就战死 5 名，伤亡近 3 万人。秦国的校尉与赵国的都尉兵权相仿，统兵数都在 5000 上下，是中高级将领。

一般来说，守城方的中高级将领肯定要亲自登城指挥防守，被流矢和乱石击中的概率与普通军士相差不大，而进攻方的中高级将领则只需指挥作战即可，但秦国的校尉居然身先士卒去攻城。

虽然王陵还想继续猛攻，但秦军已经力不从心，王陵不得不停下大规模进攻，转为小规模重点进攻，以挫邯郸军士气。

邯郸守军并没有坐以待毙，他们一再派出精锐步兵，甚至少量骑兵不断突袭秦军在邯郸外围的营栅，竟使秦军伤亡颇为惨重。

秦军日夜防备，人困马乏，精疲力竭，战争要这么打下去，秦军不但不可能攻克邯郸，反而有被赵军打垮的可能。

公元前258年正月，秦昭襄王请武安君白起出马，替代王陵为将，却遭到白起拒绝。武安君认为秦军错过了最佳时机，胜算不大。

秦昭襄王一怒之下令武安君不得居住在咸阳，白起只能归乡。同时让坐镇武安的左更王龁代替王陵为将，增兵继续猛攻邯郸。

从爵位来说，左更王龁位列秦军第二位，仅次于武安君白起。从兵力上来说，昔日长平之战秦军剩余的兵力都已经开到邯郸城下。不过邯郸军并没有因为秦军增兵而被打垮，反而有越战越勇之势。

邯郸城内，平原君令他的众多妻妾身穿军装，到军中给将士们缝补铠甲、搬运物资、救治伤员，此举感动了邯郸军民，于是邯郸军民一心，上下同力，坚决抵抗秦军。

平原君闻秦军增兵，散尽家财犒劳军士，将家丁和门客都编入军队。

战国时期除了国家拥有军队，一些豪族大户也有自己的私人武装。平原君手下的这些门客就有保护平原君的职责。平日国家之间发生战争，豪族大户一般不会投入自己的武装去战斗，平原君动用了自己的私人武装，体现出"家就是国，国即是家"的胸怀。

战国时期的这些私人武装，无论是谋略还是勇猛程度，丝毫不亚于正规军队。平原君组织3000人的敢死之士（主要来自他的门客），由家将李同率领，出城猛袭秦军，逼退秦军30里重新安营扎寨。

这次敢死队的行动让秦军与邯郸城有了一定距离，难以组织大规模攻势。敢死队同样伤亡惨重，领军的猛将李同阵亡！

战争打到这里，秦军灰头土脸。不但邯郸城没有攻下，反而离邯郸越来越远。

战报送到咸阳，秦昭襄王直眉怒目，让相国范雎向武安君白起道歉，并请其出战，不料还是被白起拒绝。

秦昭襄王龙颜大怒，下诏将白起贬为平民。

邯郸之战秦赵陷入相持状态，这期间平原君去楚国搬救兵，毛遂推荐自己跟平原君同去，这就是"毛遂自荐"的典故。

平原君到了楚国，毛遂果然挺身而出，一番慷慨激昂的陈词说服了楚王，最后平原君与楚王歃血结盟，楚国派春申君出兵救援赵国。

同时平原君还写信请魏王和信陵君发兵来救。

魏安釐王很清楚，赵国与魏国唇亡齿寒，赵国必救，于是派老将晋鄙（bǐ）统兵10万，前往魏赵边境的殷城驻扎。

晋鄙屯兵的殷城在漳水以南，只要渡过漳水，一天之内就可以到达邯郸。但是晋鄙听从魏安釐王的旨意，只在殷城屯兵，并不急于出战。

晋鄙年轻的时候追随魏国名将公孙喜，在伊阙之战中开始锤炼，10年后在魏国夺取宋国旧地时立下大功，还曾辅佐乐毅将秦军围困在林中城。晋鄙威名甚盛，天下畏服，是魏安釐王最得力的干将，也是魏王防范异母弟信陵君的一大倚仗。

魏安釐王刚即位时，有一次与信陵君下棋，有斥候来报紧急军情，说赵王亲自领兵来攻魏国。

魏安釐王闻讯，当即下令北方边境进入战备状态，之后他更是心神不宁，下棋的时候方寸大乱。

信陵君却气定神闲，悠悠然道："赵王是在打猎，不是进犯我国边境。"

魏安釐王将信将疑，以为信陵君是在安慰自己。

过了两个时辰，前方再次传来军情，说赵惠文王果然是在狩猎。

魏安釐王感到奇怪，询问其弟如何能够猜到此事。

信陵君实话实说："我的门客早已探听到此事原委。"

魏安釐王闻之，内心惊骇不已，再打量自己这个兄弟，只见信陵君身段颀长，微笑随时挂在脸上，两眼睛光闪闪，谈笑间顾盼生威，天生一副领袖气质。

魏安釐王心里很不舒服，表面却不动声色。信陵君在魏国的实力，比他想象的还要强大，单看他获取军事情报的速度，比魏国军方还要快得多，这总能让魏王心安。

晋鄙在殷城坐山观虎斗，其实也很危险。一旦邯郸城破，魏国的救援计划就会彻底失败。晋鄙等待的其实是一个时机，一个秦军达到最大伤亡的时机。

平原君多次派人到殷城请求晋鄙出兵，晋鄙都以魏安釐王没有下诏为由拒绝出兵。什么时候是救邯郸的最佳时机呢？

当年魏国攻打赵国都城邯郸，齐国围魏救赵。等到魏军攻克邯郸，兵力受损严重，还要分出大把军队看管俘虏、镇守城邑，孙膑却率齐军攻击魏国都城大梁。

在晋鄙看来，当邯郸城破的瞬间，转而进行巷战，此时秦军伤亡比较大，又抽不开身，才可围秦救赵，与赵军内外夹击秦军。当激烈的巷战结束之后，秦军的伤亡才真正最大化。而且秦军接下来不得不抽调兵力处置战俘、镇守城邑，这个时候是秦军伤亡最大，也是最虚弱的时候。

然而赵国平原君赵胜是魏国信陵君魏无忌的姐夫，两国王族经常通婚，很多魏国人都有亲属在赵国。在多次劝说魏安釐王未果之后，信陵君决定兵行险着。

魏安釐王最宠爱的妃子叫如姬，号称大梁一枝花，笑容比花朵还娇艳。

如姬小时候，其父为人所杀。如姬成为魏安釐王爱妃之后，为父报仇自然是一件必须做的事。

魏安釐王昭告全国捉拿凶犯，奈何嫌犯也是魏国的实力派，躲得很隐秘，又有死党庇护，虽然魏军对重点地区挨家挨户盘查，3年下来还是没抓到人。

后来信陵君的情报系统发现了这个人，而且这个情报系统只效忠信陵君，并未上报魏安釐王，信陵君乐意做一个人情，他派人秘密杀死如姬的杀父仇人，将人头献给如姬。

如姬大仇得报，深受感动，心中一直有报答信陵君的念头，可惜从未有机会。

如姬心中装着两个男人，一个是信陵君魏无忌，这是如姬可以为之付出生命的人，另一个则是枕边人魏安釐王，他在如姬的心中则要渺小得多。

满天星座，伴着一弯新月，好美的夜景。如姬侍奉魏安釐王看歌舞赏月色，直到魏王饮酒酣卧。随后如姬从书室中将魏王的虎符盗出，由宫中信陵君的亲信转交到信陵君手中。这就是"窃符救赵"的典故。

信陵君得到虎符，不敢声张，令其替身第二日在府中饮醉，自己则乔装打扮，星夜赶往殷城，他的随从除几个贴身亲卫，就只有帐下第一大力士朱亥。

银鞍照白马，飒沓如流星。一行数骑，在第五日日中时分抵达殷城魏军大营。

信陵君换回光鲜体面的衣裳，抖擞精神，带着几个亲卫进入魏军中军大帐。

见到晋鄙，双方礼毕，信陵君不紧不慢道："大王以老将军劳苦日久，遣无忌特来代劳。"随后一个眼色，朱亥会意，捧着虎符来到晋鄙跟前。

大将晋鄙取出自己怀中的另一半虎符，合在一起，天衣无缝。

晋鄙心中震动。信陵君一行几人风尘仆仆，本就非常可疑。魏安釐王猜忌信陵君的事情他非常清楚，若魏安釐王要以信陵君取代自己，不可能没有尺寸竹简文书，更不会不派一支军队跟随，此事岂可轻信。晋鄙打算等自己的人到大梁奏报魏安釐王之后再作计议。

晋鄙道："实不相瞒，此军机大事，鄙还要再行奏请，方敢交军……"

话音未落，朱亥从长袖中取出重40斤的铁锤向晋鄙当头一击，可怜老将军脑浆迸裂，当场气绝。

原来方才递交虎符的朱亥正好站立在晋鄙身旁，其他将领根本来不及阻止。

信陵君身材高颀，鼻梁高起，浓眉下眼神有藏而不露的锐利，扫视中军大帐。帐中诸将生死场面虽见得不少，却也为信陵君眼神和气度所迫，无人敢为德高望重的老将军出头。

信陵君令军中厚葬老将军，其他大小将领都知信陵君此番并非为己，而是为了救赵，三军安心听令，营中肃然。

信陵君下令："父子都在军中，父亲回国；兄弟都在军中，哥哥回国；家中只有一子者，回国。"这样魏国军队由10万精简到8万，信陵君率领这8万精壮之师杀向邯郸。

侠气凌今古，威名动鬼神。

公元前257年，魏国信陵君领8万精兵，楚国春申君领10万大军，一起救援邯郸（如图3-22所示）。

而秦国方面，秦昭襄王任命相国范雎举荐的郑安平为将军，统领最后两万生力军支援王龁。

图 3-22　邯郸之战信陵君窃符救赵

　　郑安平本为魏国人，此人身份并不高，他曾帮助范雎逃往秦国，范雎当上秦国相国后，举荐郑安平为将军。

　　邯郸之战的决战时刻将要到来，赵魏楚联军方面，有战国四公子中的 3 位。除已故的齐国孟尝君，赵国平原君、魏国信陵君、楚国春申君悉数到齐。

　　3 位公子光门客就有上万，他们的财富加起来堪比一个大国，他们中的信陵君和春申君都是名将级别的。日后信陵君还会组织一次合纵大败秦军，并攻占秦国的陶郡；而春申君则会攻灭鲁国。

　　将领方面，赵国有战国四大名将之一的廉颇，还有庞煖、乐乘等宿将，秦国则要稍逊一筹，只有左庶长（爵位第十级）王龁和五大夫（爵位第九级）王陵，彻侯（爵位第二十级）武安君白起并没有来。

　　兵力方面，赵、魏、楚三国兵力近 30 万，而秦军不足 20 万。

　　两相比较之下，联军名将更多，兵力更足，似乎预示着对秦军不利的结果。

　　邯郸城下，大战一触即发。信陵君率领 8 万魏军，春申君领 10 万楚军，杀向邯郸城外的王龁军，邯郸城内的赵军也攻出城外遥相呼应，联军在数量上占据优势。

　　邯郸城内的军士多有家属在长平之战中遇难，压抑三年的邯郸守军如猛虎出笼杀向秦军，联军在邯郸城外兵力达到近 30 万，且士气高涨。

秦军方面，王龁兵力不占优势，3 年围攻邯郸不下，士兵疲惫不堪，而且武安君被贬为平民，让本就低迷的士气更加不振。

双方交战之后，都有伤亡，联军由于士气旺盛，且魏楚的军队都是生力军，稍占上风。

秦军陷入困境之后，宿将王龁作出一个决策：撤向太行山，退到河东郡汾城，与将军张唐率领的数万秦军会合。

这样做的好处是显而易见的，到了汾城，己方可以增加数万生力军。联军如果追来，必须先分兵在邯郸驻扎部分兵马，其兵力必然减少。此长彼消之下，秦军翻盘获胜的把握大大增加。

王龁下令撤退，秦军大部分执行得很好，但郑安平从咸阳带来的这支援军却没有与秦军主力一起执行撤退命令。被 30 万联军团团围住，郑安平在权衡利弊之后，率 2 万秦军投降。

2 万秦军投降，在秦国历史上可以说是史无前例的耻辱。引荐郑安平的相国范雎也因为此事与秦昭襄王疏远。王龁率领的秦军，士气再遭重挫。

仗打到这儿，秦军已经输了，能否安全撤离赵国都是问题。

幸好秦军主将是王龁，这员宿将撤退的本领比司马错、胡阳、蒙骜等秦国名将要强得多。秦军在极为困难的情况下，翻越太行山，抵达河东郡。

秦昭襄王再令白起出战遭拒，邯郸之战秦军再无起死回生的可能，后续还要看王龁能否将残兵败将带回秦国。秦王发雷霆之怒，赐给武安君一杯毒酒，一代战神走到了生命的终点。

在秦军将士心中，武安君白起就是天神。武安君之死，给秦军士气造成了巨大的打击。

此后魏、楚联军乘胜追击，一直追到河东郡的汾城。河东郡在上党郡的西面，王龁这次撤退可真是彻底，竟然是千里大撤退。

不久魏、楚联军在河东郡斩杀两万秦军，只付出 6000 人的代价。这个消息让邯郸城上下狂热不已，四处可闻"万岁"的欢呼声。

河东郡是晋国旧地，当初晋国最富裕的一个郡。太守王稽是魏国人，也是范雎的人，秦昭襄王允许其三年不用汇报任何情况。

信陵君屯兵河东，与王稽互派使者。在王龁看来，王稽似乎与信陵君眉来眼去，万一王稽与魏、楚联军里应外合，秦军就连青山都不能留住。

王龁下令，秦军立即开拔，渡过黄河，撤兵河西郡。

王龁也是老谋深算的人，邯郸之战秦军一场大败，但王龁统领秦军主力且战且退，秦国大军才不至于溃败。

此后赵国征召各地青少年入伍，组织一支新军，由乐乘统领，逐渐收复北上党、太原郡。在这个过程中，攻克太原郡并镇守之的五大夫司马梗，由于兵力不足，又得不到赵国百姓支持，将生命和战功全都留在了这里。

秦国历经长平、邯郸之战的损失，再次大规模出兵，要等到 20 年后，新一代秦人成长起来。

第二节 秦王嬴政

● **秦异人逃回咸阳**

邯郸之战后，秦赵双方的国界大致回到长平之战前的状态。这几年双方加在一起损失的兵力超过 80 万，可以说是两败俱伤，这种局面倒是其他诸侯乐意看到的。

等到局势重新稳定之后，秦昭襄王将相国范雎撤职。范雎的罪状一共有三条，一是让秦军停止进攻大半年，错过灭赵的最佳时机。二是引荐郑安平，此人投降赵国，后患无穷。三是引荐河东郡太守王稽，其首鼠两端，与信陵君走得太近。

古代很长时间里实行的都是人才责任制（举荐制），大臣可以推荐人才，这些人才立功或犯罪，大臣连带会获得封赏或担负责任。

范雎因举荐人才而落马，所谓"物以类聚，人以群分"，范雎的朋友圈，人品实在不敢恭维。

整个朝堂之上，只有秦昭襄王一个人可怜范雎。在秦国军方的压力之下，秦昭襄王只好将范雎拿下，与王稽一并斩首。

赵国方面，赵孝成王亲自出邯郸城，牵着一驾满载好酒的牛车前来犒劳魏军。平原君则身负弩矢，为信陵君驾着马车参观邯郸城，邯郸军民皆大呼"贤公子"。

平原君驾着马车进入赵国宫殿，赵孝成王亲自清扫宫室，以迎信陵君，执主人之礼甚恭。

随后赵孝成王还挽着信陵君的手臂，一同跨进赵国王宫大殿，亲自为信陵君斟酒。他知道信陵君已经不可能回到魏国，当即封 5 座城邑给信陵君作食邑。信陵君将兵符交给将军卫庆，由其统领魏军归国。

赵孝成王封赏邯郸之战的功臣，其中平原君的门客组成的敢死队首领李同已经战死，追封李同的父亲为李侯。率两万秦军投降的秦国将军郑安平，封为武阳君。

赵国普天同庆，当时赵魏楚三军在邯郸城外集结，三位公子门客就达上万，兵荒马乱，鱼龙混杂。其中有两个人，吕不韦和异人，趁着兵戈扰攘从邯郸城开溜，逃回秦国。

吕不韦的父亲是卫国大商贾，他这个纨绔子弟爱好极广，读书、交友、追美女样样精通，特别热衷于囤积居奇，低买高卖，深得父亲真传。

吕不韦颖悟绝伦，他发现做生意绕不开官府，他虽然腰缠万贯，却难得官府认可，在贵族面前，有钱也难办事。

那的确是一个有钱买不动鬼推磨的年代，商人在那个时代人微望轻，军队抓壮丁，首先考虑罪犯、地痞、小商贩。

吕不韦认识到，要让生意更上一层楼，必须改变自己的身份，沾一点贵族的气质。

恰逢邯郸有一赵氏落魄贵族，家道中落，祖宗遗物斥卖略尽，难以为继。吕不韦在接济赵氏的过程中意外发现，这位老哥有个豆蔻年华的美丽女儿。于是吕不韦大张旗鼓，迎娶了贵族赵氏的女儿赵姬。

赵国繁华的邯郸城中，喜糖满街丢，彩花满天飞，大家都知道年轻富豪吕不韦娶了赵氏贵族女。

赵姬长相清秀，肌肤嫩白，未经人事，吕不韦只半年就把赵姬培育成一朵姹紫嫣红的鲜花。

美女对于吕不韦来说并非全部，交友，读书，低买高卖，一样都不能少。

吕不韦在邯郸待的日子长了，三教九流的朋友很多，结识异人这个朋友时，一心想进入名流贵族阶层的吕不韦怦然心动。

异人，秦昭襄王的孙子，秦国太子安国君的儿子，在赵国为人质。

此时正处长平之战前夕，赵国强盛，异人在邯郸过得并不好。异人很少出门，他每日在府中庭院踱步，修修花草，捉捉枝叶间的虫子，百无聊赖。

才思敏捷的吕不韦立即想到，如果异人有一天能当上秦王，自己就是头号功臣，那比娶100个赵国贵族女都要有效。为此，吕不韦还专门请教他的父亲。

邯郸吕府，吕不韦问："父亲，我们贩卖粮食，利润有多少？"

父亲寻思，你这都不知道吗，答："10倍。"

吕不韦又问："贩卖珠宝有多少倍利润？"

父亲觉得吕不韦明知故问，没好气道："100倍。"

吕不韦笑了笑，道："要是我们立一个大国国君，利润是多少？"

父亲微微一怔沉默了，看着这个心气很高的儿子，许久才挤出一句话："利润多得不可估量。"

既然父亲认为一本万利，吕不韦决定豁出去大干一次，但是在此之前，他要试探一下异人对朋友是否讲义气。

邯郸城，深夜，异人府上，"咚咚"的敲门声将异人吵醒。家奴打开府门，一名身材魁梧的中年男子满身伤痕，倒在家奴怀中。

借着微微月光，异人认出此乃一位恩人。一个月前赵国一位大臣的犬子在大街上找异人麻烦，十多人暴打异人及其随从，这位侠客挺身而出，救了异人。此后侠客不留姓名，也不接受异人财物，飘然而去。

异人倒是时常想起此事，不知英雄身在何方。他本人深居简出，不敢贸然出府，怕被人寻仇，没想到恩人忽然降临。

次日，吕不韦带一批勇士到异人府上要人，原因是这位侠客欠了一笔巨大的赌资。

头一次到异人府上，吕不韦用心打量，只见长案竹席，丝麻幔帐，整洁简朴，丝毫没有富丽堂皇的王室气派。谁能想到这里主人的祖父，正是当今的秦昭襄王。

见到异人，吕不韦神情轻松，笑道："原来是异人兄弟的府上，今日贸然闯入，吕某知错，还望海涵！"

异人拱手回礼道："吕兄言重了，我兄弟欠的债务，我担保一定还给你。"

吕不韦与异人对视互相打量。

吕不韦身材不是很高，但是腰杆笔挺，眉目炯炯有神，看似十分精干。异人则比吕不韦小几岁，面如傅粉，唇若涂朱，落寞之中不失贵族之气，举止有礼毫无王孙架子。

吕不韦见异人是个重感情之人，便将他的计划和盘托出，毫无保留。

一席话，如午夜的一个响雷震醒异人迷糊的梦，更如暗室的一道闪电照亮异人前行的路。

吕不韦选择异人投资风险很大，无异于闯龙潭虎穴，随时都有性命危险。

其实异人成为接班人的概率并不高，因为异人的母亲不受安国君宠爱，而且已经过世，安国君有 20 多个儿子，异人怎么也排不上号。

子傒是安国君的嫡长子，实力不俗，又得到安国君的相国杜仓的支持，要扳倒子傒太孙一党绝非易事。让异人当上安国君的太子，吕不韦不仅要花钱，还得把性命赌上。

另外一个重要的问题就是年龄。吕不韦赌秦昭襄王快死了，也赌安国君即位后不久就死，否则异人即使被定为接班人，恐怕吕不韦也熬不到那时候。

秦昭襄王后来又活了 10 年，不过安国君正式即位 3 天就去世，吕不韦总共只等了 11 年，他赌赢了。

按照吕不韦的计划，他先让异人拜在安国君最宠爱的华阳夫人膝下，再由华阳夫人出面，让安国君改封异人为太孙。

华阳夫人貌美如花，最得安国君宠幸，但是安国君夫人太多，儿子有 20 多个。他本人又过了五十天命之年，对床第之事自是热度大减，华阳夫人因此一直没有怀孕。

吕不韦计划安排异人拜华阳夫人为母亲，但是如何说服华阳夫人呢？人家是楚国公主，若贸然以金钱开道，容易给人留下穷儿暴富、小人得志的不良印象，结果适得其反。

吕不韦智商绝高，他先笼络华阳夫人的亲姐姐和弟弟阳泉君，不但用金钱开道，还讲了一番道理。

吕不韦半带恐吓地对阳泉君道："君上，您现在府藏珍珠宝玉，骏马盈外厩，美女充后庭，但若安国君驾崩，您就危如累卵了。"上来就说阳泉君有危险，但却说得文辞并茂，很文雅，也很清晰，吕不韦书没白读。

阳泉君虽然年龄不大，却也是个聪明人，一点就通，诚惶诚恐问道："先生有何良策？"

吕不韦一番慷慨陈词后总结道："如此，君上必长保富贵，无危亡之患矣。"阳泉君深以为然，表示对吕不韦的计策赞许并支持。

对华阳夫人的姐姐，吕不韦的手段又不一样，除了重金开道，还购置了一车奇珍异宝。女人总是喜欢珠宝首饰这些玩意，古今都一样，吕不韦可谓深谙女人心。

吕不韦对华阳姐姐所说最重要的一句是："他日若安国君驾崩，王后之门必生蓬蒿。"意思是等安国君驾崩了，华阳夫人门庭冷落，门口都要长野草。

吕不韦说话文绉绉的，华阳姐姐喜欢文艺青年。吕不韦还强调，异人是个重感情的人，对华阳夫人和华阳的姐姐肯定都会很孝顺，这下彻底说服了华阳的姐姐。

阳泉君和华阳的姐姐各自面见了华阳夫人。在双赢乃至多赢的情况下，又有兄弟姐妹力挺，华阳夫人自然乐意接受吕不韦之谋。

接着华阳夫人又在床榻之上多次软磨硬泡，让安国君放弃子傒，立异人为太孙。

大事成了一半，吕不韦回到邯郸，继续加深与异人的感情。

新的异人府由吕不韦出资购置，大气威严，尽显王室风范。府外加建高墙，宅内有宅，里外有 1000 上下的雇佣军守护，吕不韦和异人身边各有十几个亲卫轮班陪守。

吕不韦与异人每日长歌当饮，呼朋唤友，互相视为兄弟。

吕不韦为了进一步表达与异人同患难共富贵的决心，将自己的绝色美妻赠与异人，意思是咱哥俩什么都可以共享，包括最喜爱的女人，日后异人若得了秦国，当然也要与吕不韦分享土地。

那个时代女人如同商品，赠送美女在贵族商人之间也很流行。问题是邯郸人都知道赵姬是吕不韦的女人，后来还是给吕不韦带来了麻烦。

接下来的日子，吕不韦就和异人在邯郸城中逍遥快活。他们目标一致，就是等待秦昭襄王去世。

可是秦昭襄王健在，异人和吕不韦却危险了。长平之战后，由于赵军阵亡 45 万，很多人是投降后被坑杀的，赵人对秦人枕戈饮血，邯郸人恨不得把异人碎尸万段、挫骨扬灰。

邯郸之战，赵军守得滴水不漏，异人和吕不韦无法逃离。一直到邯郸之战后，吕不韦趁乱买通赵国的守卒，两人用假名狼狈逃出赵国邯郸。两人只带了几个贴身随从，没有带赵姬及刚出生的嬴政（赵人称其为赵政）。

到了秦国，在吕不韦的建议下，异人将名字改成楚或子楚，全称叫秦楚或嬴楚，这是为了取悦年轻的母亲华阳夫人，因为她是楚国公主。

● **灭东周，800 年的宿命**

长平之战，邯郸之战，秦国损失惨重，不但损兵折将，之前攻克的领土大多也丢失了，秦国只剩下白骨累累的东上党长平盆地，这块地方赵韩都无力来争，秦国才得以保留。事实上赵国的领土并没有减少。

另一个强国楚国，则在此时趁机灭了鲁国，呈现复强的势头。（关于这场战争的详细描述，请参阅《地图里的兴亡》中楚国的章节）

秦国面临的形势非常复杂，无力组织大规模的军事行动，眼看着赵国收复失地却无可奈何，这是自商鞅变法以来未曾遇到过的局面。

秦昭襄王很不甘心，他令王龁统领疲惫的秦军出兵，希望能再次横扫东方诸侯。公元前 256 年，王龁领秦国大军，攻克韩国的阳城、负黍，斩首 4 万（含百姓）。接着弃城不守，进入赵国境内，在二十几个县的范围内扫荡，总计斩首赵军9万（含百姓）。

王龁已经尽力，他的军队伤亡很大，不可能再发动战争，否则就是自寻死路。秦昭襄王却不满意，他令王龁去灭东周，毁灭东方诸侯合纵抗秦的中心。

我们来看看东周和韩国所剩的领土：

韩国失去了上党郡、河内郡和洛阳盆地的一半领土，只剩下新郑和阳翟所在地区，领土大概只剩下巅峰时期的1/5，人口也不到原来的1/3。

而东周方面，洛邑是天下的政治中心，也是南北交通中心，更是诸侯商议合纵抗秦的重要聚集点，只是周天子为自保很少直接参与合纵事宜。

此刻周赧王秘密与各诸侯约纵，请诸侯们出兵攻秦。不过合纵这种外交大事，要保密不那么容易，此事很快就被秦国知道了。

周朝初期，天下富庶之地全都被周天子和姬姓诸侯所占据，周人控制的领土范围远胜前面的夏朝和商朝。"普天之下，莫非王土；率土之滨，莫非王臣"，大周王朝曾经是如此的辉煌。

周朝是中国历史上时间最长的朝代，也是持续辉煌时间最长的朝代，再看眼前这个不能自保的东周，周朝从周武王灭商，到最后一任天子周赧王，是如何一步步走向灭亡的呢？

从西周分封来看，西周使用了当时极为先进的制度，保障其永不衰落。下面我们将按照时间顺序，逐一解读大周王朝从强盛到衰落过程中碰到的几大敌对势力。

1. 犬戎

周人本来是陇东高原的游牧民族，数百年前被犬戎赶下了高原。虽然周人后来在关中平原发展非常好，但是周人与犬戎的战争从来没有停止过。陇东高原故土的沦丧对于周人来说，是心中永远的痛。

在西周近300年的历史上，犬戎一直在骚扰关中，但它毕竟是游牧民族，在以车兵为主力的周军面前，从来不敢正面交锋。犬戎并不足以威胁西周在关中的统治，但可以威胁关中附近的其他诸侯。比起西周在关中的六军共7.5万人，其他关中的诸侯并没有多少兵力保护自己。

在犬戎面前实力受损最大的是公爵虢国，本来镇守关中西大门的虢国，在犬戎的骚扰下不得已迁移到关中东部。

在周幽王烽火戏诸侯之后不到10年，实力不弱的犬戎与申国合兵，声势浩大，攻杀周幽王。

可以这样说，周朝衰落乃至灭亡，首功应该记在犬戎身上。

2. 郑国

周平王东迁，西周灭亡，东周开始。那时东周有8个军足足10万人，实力依然强大。

然而周平王年少，东周被邻近的郑国绑架。郑武公是东周的卿士，他经常动用东周的军队，郑国因此在中原迅速崛起，兼并其他诸侯许多领土。

后来周桓王与郑庄公彻底决裂，两国兵戈相见。在长葛之战中，郑庄公击败周桓王，此后郑国又侵占了东周小部分领土，让周天子威信扫地，礼崩乐坏。

3. 晋国

东周第六代天子周襄王与其弟公子姬带争夺王位，给了晋国可乘之机。晋文公利用这个机会，帮助周襄王重新夺得天子之位，并且占领公子姬带的领地，也就是黄河以北的东周领土，相当于半个东周。

随着晋国不断壮大，晋国逐渐蚕食东周的领土，到春秋末期，东周只剩下洛邑附近的地盘。

经过犬戎、郑国、晋国的连续打击，大周王朝如今只剩下洛邑附近几十万人口。

我们再来看看东周的现状。

周赧王的祖父周显王时期，将东周所剩不多的领土分封给两个诸侯——西周和东周，他们的国君叫西周公和东周公。洛邑就成了西周公的封国，洛邑以东的城邑属于东周公。周显王彻底成了光杆司令，他住在洛邑，由西周公奉养。

周赧王是第三代光杆司令，他寄居在洛邑西周公这里，只有几个随从，外加几个对周朝死心塌地的老臣。除了祖庙还算他的资产，其他田产、宫室、财物等都是西周公的。因为没有封地，就没有田资和税收，史上最穷的天子就这么产生了。

年轻的周赧王即位不久，公元前 307 年，秦武王在洛邑举鼎意外身亡。

周赧王和西周公，以天子葬礼对待，披麻戴孝，痛哭流涕。堂堂天子为了保全性命，不得不去哭诸侯，让地下的周武王情何以堪？

不久后，关于象征天下九州的九鼎有了一个传说：九鼎被周赧王熔为铜水，铸成铜币，花掉了。

周赧王真的有那么穷吗，连祖宗留下的宝器都能毁掉？事实上周赧王此后的人生经历，多与谋生求财有关。

东周都城洛邑又是另一番情景。洛邑自周朝开国就是东都，约 800 年没有遭过兵灾。洛邑就像当今的瑞士，不论一战还是二战，地处战争中心的瑞士都没有遭到入侵。

瑞士交通发达，地处德国、法国、意大利 3 个大国之间，到哪儿都很方便。洛邑何尝不是如此，地处黄河沿岸，沿河而下，能够到达韩国、魏国、赵国、齐国；沿河而上，则是秦国地界；若是向南，也只需 200 千米就能进入楚国。

瑞士弹丸之地，却有 800 万人口，土生土长的瑞士人并不多，以德国、法国、意大利的富豪移民及其后代居多。而洛邑也有这种现象，全城有 10 万户，人口超过 70 万，但是归属周朝的却只有 3 万多人，其余多是各诸侯国的贵族富商。

鸡蛋不能放在同一个篮子里，对豪族们来说，将部分家族财物和人口适当转移到安全地带，这在古今中外都不足为奇。

洛邑这座坐拥 70 万人口的大城，只有寥寥两三千士兵，不足以抵抗任何诸侯的进攻。

周赧王借了洛邑许多豪门的铜钱，这些人担心周赧王出事，借出去的钱打水漂，于是纷纷上门讨债。

洛邑太庙之内有一座祭祀用的高台。可怜的周赧王终日躲在高台之上不敢下来，担心被债主们寻到，这就是成语"债台高筑"的由来。

一个美丽的月圆之夜，周赧王躺在高台之上，欣赏着满天星辰，脑子里是西周开国之时的盛况，只是主角非周武王，而是他周赧王。

蝉儿鸣叫，夜风拂过，非常舒服，周赧王带着笑意入睡。

忽然脚步声响起，惊醒了周赧王的美梦，难道是被追债的人发现了？

周赧王竖起耳朵，精神紧张，只听脚步声越来越近，似是来人正往高台上攀登。周赧王快要绝望了，堂堂天子竟然为了几个铜钱躲无可躲！

此时那脚步声明显放慢，来人喘着粗气呼喊："大王，大王，好消息啊！"

多么熟悉的声音，周赧王听出来，是贤臣綦母恢。他从魏国能带来什么好消息呢？原来綦母恢出使魏国，请求魏昭王将洛邑以北，魏国的温囿送给周赧王。温囿相当于一个国家森林公园，里面建有林池、离宫、亭榭，养有鸟兽，以供贵族们狩猎、游乐。温囿里还有农田，租给农民种植。温囿所产生的收入，当然是归魏国王室所有。

綦母恢对魏昭王道："大王从温囿所得，每年为 80 金，若送给天子，天子每年缴纳 120 金税收给大王，大王可以多赚 40 金，何乐不为？"

后来周赧王以天子的名义在洛邑做了一番宣传。洛邑商贾大族纷纷到不远处的温囿狩猎游乐，不但上缴的 120 金不成问题，周赧王还大赚了一笔，最终皆大欢喜。

以上是东周、洛邑、周赧王的大致情况，接着看秦国如何面对周赧王合纵抗秦的事情。

周赧王参与合纵，最主要还是为了从诸侯那儿捞好处，像温囿这种事情多多益善。秦昭襄王得知周天子参与合纵，瞋目切齿，他令王龁整顿军马，尽快占领洛邑，省得周天子再生事端。

秦军厉兵秣马，洛邑城中风声鹤唳，800 年来从未如此接近一场战争。周赧王与西周公不等秦军出兵便派人求和，同意献城投降。

周赧王和西周君带着地契到咸阳，将东周最后的领土（如图 3-23 所示）——洛邑及附近的小城邑共 36 个，以及 3 万东周人口，全部献给秦昭襄王。这一年，两个光杆司令——周赧王和西周君，双双"病逝"，800 年大周王朝寿终正寝。

一首小诗道尽周朝：周武成康昭穆共，懿孝夷厉宣幽终，以上盛周十二主，二百七十五年逢。东迁平桓庄釐惠，襄顷匡定简灵继，景悼敬元贞定哀，思考威烈安烈序。显子慎靓赧王亡，东周廿六凑成双，系出喾子后稷弃，太王王季文王昌。首尾三十有八主，八百七十零四年，卜年卜世数过之，宗社灵长古无二。

这时候大周王朝的两座都城镐京（在关中咸阳附近，此时已成废墟）和洛邑，都在秦国的控制之下，秦国统一天下是大势所趋。

图 3-23　东周最后的领土

● **异人即位，取东郡，横断天下**

秦昭襄王最后几年，秦军相对疲弱，秦人短暂地退出中原的纷争。这几年列国诸侯之间反而是征伐不断，赵燕互殴，魏楚相杀。

公元前 251 年，秦昭襄王在位长达半个多世纪之后，与世长辞。太子安国君即位，是为秦孝文王。

按照礼制，这一年秦孝文王还不能正式即位，不过相国这个职位却是可以立的。填补相国空缺的，正是秦孝文王夫人（华阳夫人）的亲弟弟阳泉君。

秦孝文王性格和善，重感情，缺少当国君的霸气，而相国阳泉君早就大富大贵，有钱且爱钱。

秦孝文王和阳泉君绝对没有想到，一场灭顶之灾正悄然临近。

十多年前，吕不韦在王孙异人身上下了血本，将全部家产都搭进去。现在秦孝文王掌权，表面虽对救回儿子的商人执礼甚恭，内心却视如敝屣，吕不韦普通客卿的身份丝毫没有改变。

为了等待异人即位，吕不韦从俊朗的青年等到不惑之年，如果再等个十几年，吕不韦即使不死，也要进入风烛残年了。

形势逼迫吕不韦，一不做二不休，他给秦孝文王下了一种慢性的毒。这种毒药无色无味，采自南方，吕不韦走南闯北多年，身边也不乏奇异人士，这个毒居然没有人察觉。一年以后，秦孝文王登基大典后三日，毫无征兆地突然驾崩。

秦国军方王龁、王陵等人坚持要彻查此事，但秦孝文王近一年的饮食非常规律，而且宫中食物也是让猎犬尝试过的，没有发现什么破绽，只好作罢。

即位的是子楚，也就是异人，是为秦庄襄王。

秦庄襄王是个念旧的人，即位后第一件事是封吕不韦为文信侯，封地是天下的重心洛邑；第二件事是将赵姬和赵政从赵国接回来，立赵姬为王后，赵政为太子。

吕不韦没看错，异人是个重感情且念旧的人，吕不韦随便要什么，一律答应。

吕不韦早就计划好，如果中原还有一块从未遭受兵灾的地方，那就是车水马龙的洛邑。东周帝都有 10 万户居民，70 万人口，超级大都市。

吕不韦第一块封地就是洛邑，以洛邑为中心，他的生意滚雪球般迅速壮大。当年父亲对他说过的，利润不可估量，这回他是真做到了。

吕不韦的封地当然不止洛邑 10 万户的封邑，在关中他还有蓝田 12 个县，以及赵燕之间河间 15 个城。当年散尽家财，与异人豪赌命运，今日终于得到厚报。

秦庄襄王给吕不韦一个意味深长的称谓——"仲父"，意思是吕不韦的地位有如嬴政的父亲一般。不过吕不韦在秦国朝堂中的地位并无大的变化，秦国军方依旧看不起他，相国阳泉君也有意打压他。

秦国还是无法对东方发起大战，由于吕不韦并不掌权，一旦发起进攻，功劳势必被王龁、王陵、阳泉君等人窃取，吕不韦在秦国将永无出头之日。

在秦庄襄王的暗中帮助下，吕不韦向阳泉君发起挑战，经过一年多尔虞我诈的较量，吕不韦取代阳泉君，成为秦国新的相国。此事秦国军方乐于坐山观虎斗，这给吕不韦提供了良机，他不但斗倒了阳泉君，还收编了阳泉君的许多宾客资源。

吕不韦总结前面三任秦国相国的得失，得到一个启示：此三人之所以功亏一篑，未能善终，一个最重要的原因，是因为他们得不到秦国军方的支持。

然而秦国军方一向敌视外来客卿，根本不可能被金钱收买，吕不韦要在秦国军方立足，就必须在军方安插自己的人，于是他物色并提拔了蒙骜（áo）。

蒙骜原是齐国人，精通大型攻城器械的制作和使用，擅长攻城拔寨，是个不可多得的进攻战人才。只是齐国近几十年都奉行"兵不出国"的政策，采用消极防御战略，蒙骜在齐国根本没有用武之地。

吕不韦高价招揽蒙骜到秦国，安插到秦国军中为将。很快蒙骜就统兵 3 万，兵发韩国。

蒙骜头一次为将便令人刮目相看。区区 3 万兵，不到一个月，就攻克了韩国皋、巩两座城邑。

当然此次出征，目的并不在攻城略地的数量，而是要给蒙骜证明实力的机会，让吕不韦在军中立威。既然目的达到，蒙骜很快就回师咸阳。

对于吕不韦来说，蒙骜在秦军中当一个将军是远远不够的，他需要蒙骜成为秦军独当一面的大将，有统领数十万人的兵权，这样他才可以高枕无忧。

蒙骜需要一次更大的机会来证明自己，此前韩国一战只能算小试牛刀。

秦国休兵几年后，我们来看看东方诸侯的形势。天下大势与几年前又有所不同，赵军以十几万兵力击溃燕国 60 万大军。赵国的廉颇和乐乘都围困过燕国下都武阳，两人连番攻击，攻克燕国的汾门、临乐、龙兑等城邑。燕国屡屡派来使臣，请求秦国出兵相助。

赵国离秦国最近的地方便是旧都晋阳所在的太原郡，此前秦多次攻入太原郡，也曾一度拿下晋阳，可是赵国每次都能顽强收复。

秦国此次出兵赵国，最佳的攻击地仍然是太原郡。为了阻止邯郸方面的援军，有必要再派一支大军攻入北上党，切断南太行山所有通道。

按照这个计划，两支大军的兵力应该相当。一支大军主攻太原郡，这里有赵军十余万据城坚守，并不容易攻克。尤其是晋阳，是春秋战国出名的坚城。另一支攻打北上党屯留、铜鞮等地，控制滏口陉等通道。赵国邯郸方向的军队如果要增援太原郡，不得不绕道井陉，这让赵军增援太原郡的可能性降低了许多。

秦国的两路大军，各 15 万，一路由吕不韦的爱将蒙骜统领主攻太原郡，另一路由宿将王龁统领，主攻北上党，如图 3-24 所示。

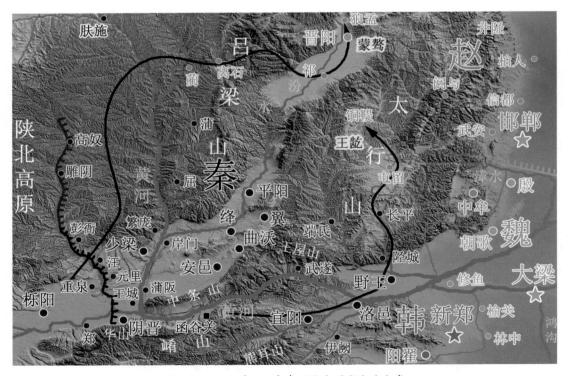

图 3-24　公元前 248 年秦国取太原郡和北上党

王龁军在北上党进展比较顺利，因为赵军在这里布置的总军力不超过 3 万。虽然赵军据险而守，王龁却不急不慢，以控制道路为主，对各处关卡要塞进行包围，打算以最小的代价控制北上党。

另一路蒙骜军，在 3 个月内攻克太原郡全部 37 座城邑，威震天下。

蒙将军只用 3 个月，就跨入秦国名将之列，若只论攻城拔寨的能力，蒙骜绝对是一流名将的水准。

有了攻克太原郡这个大功，吕不韦在朝堂上气势大涨，此后他可以名正言顺地让蒙骜担当秦军主将。吕不韦在秦国军方终于站住脚。此后各方势力都来归附，吕不韦的实力迅速膨胀。

这个时候的赵国正在猛攻燕国，迫使燕国用武阳、葛、平舒换取汾门、临乐、龙兑三地。

燕国下都武阳是战国时代最大的一座城邑，也是燕国的第二政治中心，更是燕国的经济中心和军事中心。燕国连下都武阳都割让了，可见在赵国面前败得有多惨。赵国没有派援军来对抗秦国的两路大军，还真得感谢燕国的牵制，燕国用惨重的代价为秦国赢得了几个月宝贵时间。

随后，魏国信陵君合纵，联合五国与秦国作战。在那一战中，蒙骜和王龁都不敌信陵君，秦军折损兵力 15 万。魏军还乘机攻取了陶郡，魏国从这次大战中再次崛起。

随后吕不韦休战，着手做两件事情：一是兴修郑国渠，二是修编《吕氏春秋》。通过兴修郑国渠，可以从长远提高关中的产粮能力，同时增强吕不韦对秦国物资和人员的控制权；而修编《吕氏春秋》，则提高吕不韦在秦国的威信，提升其在列国的影响力。

● 秦国王位之争

公元前 247 年，秦庄襄王驾崩。秦国王位之争，就在长安君成蟜与太子嬴政之间展开。此时吕不韦已经在秦国自成体系，无论朝堂还是军队，都有其一席之地。

邯郸之战前，异人和吕不韦逃离邯郸，迫于形势丢下赵姬和刚出生的嬴政（秦始皇，又称赵政、秦政）。

随后的邯郸之战，秦赵双方杀得难解难分，其他诸侯魏国、楚国、韩国也不是无所事事。

魏国和楚国忙于调兵遣将，准备救赵国于水火，韩国则在忙另一件事情。

这一年的初夏，日光柔和地洒落在韩国都城新郑，城内人头攒动，人们喜气洋洋，喧闹声、吆喝声、欢笑声此伏彼起。宫廷乐队环城演奏，方圆百里内的百姓闻讯赶来，敞开肚皮吃着免费的喜宴，车马人流挤满新郑的大街小巷。

韩国人这是在庆祝什么？是庆祝秦赵大交兵吗？当然不是。

异人确立为秦国太孙，韩桓惠王见风使舵，立即准备了丰厚的嫁妆，将自己美丽的女儿嫁过去，自然是要风光体面地办喜事。当时新郑人乘坚策肥、钟鸣鼎食，令前来迎亲的秦国大臣都感叹韩国挥金如土！

异人当时 24 岁，没有带赵姬回秦国，回国后自然免不了三妻六妾，但正妻只有一个，这一点被敏锐的韩桓惠王抓住。

新郑通往咸阳的大道上，200辆大车装载着陪嫁的物品，浩浩荡荡开赴秦国。韩桓惠王倾全力来办这桩婚事，好在秦国种下一颗韩人的种子。

这边吕不韦也是大财主，渭水河畔迎亲的队伍同样壮观。冠冕堂皇之后，韩国公主就成了异人明媒正娶的夫人，名为秀丽夫人，很快便生下嫡长子成蟜。

此后8年，秀丽夫人从太孙夫人晋升为太子夫人，再升为秦王夫人。之所以说是夫人，因为秦庄襄王还没有正式封她为王后。

尽管还没有王后的名分，秀丽夫人以她高人一筹的出身，仍然是秦庄襄王后宫的实际掌控者。她的儿子小小年纪便被封为长安君，食邑在长安县（今西安市长安区）。

理论上，出身高贵的秀丽夫人总有一天会成为秦国王后，长安君成蟜升级为太子也只是时间问题。可是这时候，不和谐的因素爆发出来。

秀丽夫人在秦国这8年，网罗了一批忠实的簇拥者，追随者都看好长安君能当上太子，先行站队，以便日后鸡犬升天，这其中包括将军壁。

秀丽夫人在秦国内外的势力盘根错节，而且自成体系，这让急于掌控秦国军政大权的相国吕不韦极为不满。

吕不韦虽是商人出身，但玩权术同样也是高人。他向秦庄襄王提议，从邯郸接回赵姬母子，赐赵姬为王后，赵政为太子，好让天下人赞叹秦王有情有义。

秦庄襄王本身是个重感情的人，吕不韦即使不提此事，他也会接回赵姬母子。如今为了报答吕不韦，对其言听计从，立即将赵姬母子接回秦国。

让毫无根基的赵姬回来当王后，吕不韦自然更容易只手遮天。不过吕不韦心中还隐藏着一个秘密，就是被文人骚客猜测了几千年的秦始皇身世。赵政到底是吕不韦的儿子，还是秦庄襄王的儿子，这个秘密或许只有赵姬知道，或许连赵姬都不清楚。

秦国咸阳，巍峨壮丽的王宫之内，册封王后和太子的大典如期举行。

秀丽夫人，二十四五岁光景，发长7尺，光可鉴人，眉目如画，端庄如女神，一出现就是母仪后宫的王后气场。身旁的长安君成蟜，年方8岁，身着华袍绣服，玉面粉脸，举止得体，也是一派少年帝王气质。

但是这一天，终究不属于秀丽夫人和长安君成蟜。

大殿的另一侧，赫然站立的，就是赵姬和赵政。

赵姬头顶金光高髻，身着黑衣红带，触地裙裾非常显眼，笑脸明媚照人，美艳不可方物。赵姬立于大庭之上，隐约显出纤腰丰臀，偶尔轻移莲步便是迎风摆柳，风姿绰约，论风情绝对在秀丽夫人之上。

10岁的赵政则一脸严肃，脸上写满坚毅，对他来说，即便逃离了邯郸，也难以忘掉那个苦涩的童年。后来秦军攻克邯郸，秦始皇找到昔日欺负他和母亲的仇家们，屠了个一干二净。

当内侍高声宣布"册封政为太子"之时，赞赏和恭贺之声不绝于耳，一队美丽的宫女缓缓而入，翩翩起舞，册封大典场面热烈。

秀丽夫人脸色极不自然，作为公主她深知后宫争斗的残酷，若不能当上王后，就只能任人宰割。

秦国王后和太子册封尘埃落定，秦王后宫的这场战争却刚刚开始。

秀丽夫人没有当上王后，她的心情非一般人能理解。努力8年，功亏一篑，就像一个小孩，将一块糖果揣在怀里几个小时，最后被别人吃了。但她并没有放弃，很快便与父亲韩桓惠王一起，为长安君成蟜造了一场势。

为了突出成蟜的能力，秀丽夫人派不足10岁的儿子出使韩国。

在韩国新郑，成蟜的外祖父韩桓惠王特意安排了一场表演，主角就是他和他的外孙成蟜。表演的结果是：成蟜以三寸不烂之舌说动韩桓惠王，赠送100里地给秦国。一个不足10岁的小孩，几句话就能说来100里地，长大还得了？

秀丽夫人设计的这场戏，编剧不够高明，故事过于直白。若是能有个连环套，比如韩国通过某种交易，让魏国割去100里地给秦国，那就有分量得多。现如今人人都知道长安君成蟜与韩桓惠王的关系，韩国的100里地只能是白送。

秦庄襄王在位3年多去世，秦国的后宫之争，秦王的继承权之争进入白热化阶段。

从年龄上看，嬴政14岁，成蟜12岁，都远不到22岁举行冠礼的年龄。秦王的大位实际上是空着的。

此时太子嬴政还小，吕不韦仗着与太后赵姬的暧昧关系而一手遮天，秦国任何大事的决断权都在吕不韦手里。

吕不韦长年行商，年轻时往来列国各地，对各国山川地势有深入的了解，他制定出来的战略与列国地缘有着密不可分的关系。

此时秦国已经占据韩国黄河以北所有领土，如果再接再厉，夺取魏国黄河以北的领土，秦国就能将东方六国的领土隔断，北部是燕、赵、齐三国，南部是魏、韩、楚三国，如此东方六国将难以再组织对秦国的合纵，秦国就能顺势而为去完成大一统的霸业。

这几年秦国最怕信陵君合纵东方六国，当信陵君去世的消息传来，秦国上下都松了一口气。吕不韦也不用再抱头缩项，他决定放手一搏，令蒙骜出兵魏国东郡。

与此同时，吕不韦与燕国再次结盟，他要求燕军在另一个方向大举进犯赵国，为秦国攻打魏国赢得时间。

燕国的情况非常微妙，就在秦国休养生息的这几年，赵国以武阳为基地北上攻占燕国的上谷郡。按照这样的节奏，赵国全据燕国领土恐怕也不会超过10年。

燕王喜渴望秦国攻击三晋，为了表示结盟的决心，燕国出兵牵制赵国，并将太子丹送到秦国为质。秦国则派老将张唐到燕国担任相国，重点负责与秦国的合作事宜，可谓专人专岗。

燕国牵制赵国的兵力有10万上下，由原相国剧辛统领，燕王喜对这次南下寄予厚望。

与此同时，蒙骜的大军已经开进魏国东郡。由于魏国东郡与大梁所在的核心区域之间隔着一条宽阔的黄河，魏国对东郡的支援并不容易，而且东郡的地势相当平坦，魏军没有任何山脉可以依托。

蒙骜军的人数远在魏国守军之上，魏军又分散在朝歌等城邑之内，秦军可以说是志在必得。

蒙骜真是位攻城拔寨的好手，就在赵军与燕军作战的这两个月，他以雷霆之势拿下包括朝歌在内的魏国东郡，割断了赵国与魏国的联系。为了扩大东郡的范围，蒙骜还拿下了魏国的附庸小诸侯卫国，将濮阳纳入秦国版图（如图3-25所示）。卫国国君卫元君迁徙到河内的野王，卫国灭亡。

兵之情主速，乘人之不及。列国还没来得及组织救援，魏国的东郡就丢了。

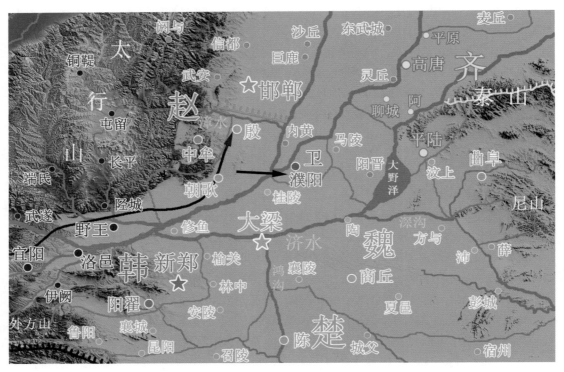

图 3-25　公元前 242 年秦国取魏国东郡和卫国

从地图上看，秦国拿下东郡，局部切断赵国和魏国的联系，将三晋拦腰截断。六国合纵的核心是三晋合纵，齐楚燕不背后捅刀就算合纵成功。三晋中韩国力量较弱，赵魏联合出兵才是根本。现在赵国邯郸与魏国大梁之间要绕开东郡和卫国旧地，三晋合纵乃至六国合纵的局面就很难形成了。

大局上更是截断南北诸侯之间的联络，把天下一分为二，北方是赵、齐、燕三国，南方是魏、韩、楚三国，东方六国之间不能像以前那样畅通无阻，也不似以前那样容易发起合纵攻秦。总的来说，占据东郡是"断齐、赵之腰，绝楚、魏之脊"，截断"山东六国合纵之腰"。

吕不韦这一着截断中原的战略，可以说是拊背扼喉，为以后秦王统一中原创造了有利条件。

同一时间，燕赵之间的战争以赵国老将庞煖大败燕军，燕军主将剧辛阵亡结束（如图 3-26 所示）。事实证明燕军朽木难雕，别说击败赵军，暂时牵制赵军都难如登天。

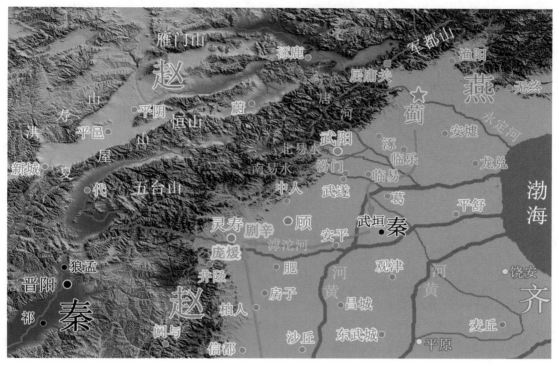

图 3-26　庞煖战剧辛

秦国拿下魏国东郡之后，吕不韦声威大震，其在秦国的地位已不亚于当年的商鞅、魏冉等人。

国难思良将，赵国老将军庞煖脱下战袍，化身纵横家，奔波于各诸侯国，用了近一年的时间，终于组成合纵之势。

庞煖有三篇兵法和两篇纵横法收录在《庞煖》一书中，足见他在兵法和纵横法上都有很深的造诣。

除了齐国未置可否，赵、魏、韩、楚、燕五国多者四五万，少亦二三万，总兵力 20 万，组成战国最后一次合纵攻秦的大军，如图 3-27 所示。

为了笼络楚国，老将军庞煖放弃合纵联军统帅之职，而是推楚国春申君黄歇为统帅，号令五军。

联军的挂名统帅虽然是春申君，但在实际行动中指挥作战的还是庞煖。统兵作战可是马虎不得的，就连春申君也甘愿听令。

庞煖先拿下防御松懈的蒲阪关，再渡河攻克临晋关。临晋关与蒲阪关是隔着黄河修建的两座关卡，战国初期秦魏对峙之时，这两座雄关发挥了重要作用。

图 3-27　战国最后一次合纵

随后联军不作停留，快速推进，一路攻向咸阳！

关中一马平川，联军一路势如破竹，攻到咸阳附近的蕞（zuì）（今陕西临潼东北），这才碰上蒙骜的秦军主力。

骊山，夜晚的风格外寒冷，蒙骜站在山头，遥望联军的营垒。

联军 20 万人，五国各自扎营，像五朵盛开的菊花，相互映衬。菊花之内的花瓣，正是各国营垒中的营帐，火把一片，如列星之状，分外耀眼。

蒙骜是攻城的好手，他打过一次大型遭遇战，输给信陵君。这是蒙骜与东方名将的第二次大型遭遇战，他格外小心。

这次蒙骜的战术是很有针对性的。春申君是名义上的合纵统帅，蒙骜就兵分几路猛攻楚军的营垒，再伏兵在周围伺候其他援军。

庞煖自然不会让秦军轻易得逞，他从其他四国各抽调精兵一万，分头袭击秦军，意在分散秦军兵力，等待时机。

按照庞煖的规划，楚军的营垒只要能坚守住，合纵军便可在关中以战养战，让秦人也尝尝白骨露野、满目凄凉的感觉。关中狼烟四起、兵荒马乱，战争持续越久，对秦国的损害就越大。

蒙骜三面合围楚军营垒，留下向东的缺口，猛攻楚军 3 天。春申君一心保存实力，3 天后拔寨而起，夜驰五十余里，再缓缓而行撤兵。

五朵金花，现在只剩下四朵，其他四国统帅都大骂春申君不够义气，但也于事无补，联军的挂名统帅撤兵，联军也不适宜再硬撑下去。

在关中战场上，庞煖指挥四国大军后退，各国的军队呈齿轮状撤退，各支军队环环相扣，紧密相连，没有露出明显的破绽。

而追击一方蒙骜，经验没有庞煖老到，采用了全面追击的方式，以图多斩首敌军，获得更高的爵位。

蒙骜亲自引领一支精兵加入追击阵容，这可正中了老将军庞煖下怀，合纵联军辨明蒙骜军的方向，佯装后退，对蒙骜军形成"围之数重"的大合围。

后面的情况很简单，蒙骜这支追击小分队全军覆没，蒙骜本人身上的箭矢如刺猬之毛。继胡阳之后，蒙骜也成为秦国牺牲的又一员高级别将领。

蒙骜一死，合纵军自然可以从容撤退，战国最后一场合纵抗秦大战就此结束。

蒙骜本是齐国人，在齐国不得志，投奔秦国吕不韦麾下。开始，蒙骜备受秦国本土将领排挤，所幸他有吕不韦撑腰，建立赫赫战功。反过来由于蒙骜的战功，吕不韦在朝中的地位稳如泰山。

蒙骜的死，让吕不韦失去秦国军方的支柱，少年嬴政少了一个强大的支撑，引发后来与长安君成蟜的火并。

● 长安君成蟜，秦王之弟

秦国内部，随着长安君和嬴政年岁渐长，两人都明白一旦王位争夺失败，绝对难逃一死，因此明争暗斗愈发厉害。

长安君成蟜的实力近年来突飞猛涨，这得从秦国几位将军说起。近 10 年，军中有三位大将，分别是王龁、蒙骜、壁。

王龁是白起时代就战功赫赫的宿将，在秦军中影响力无处不在，只是这几年身体不佳，已逐渐淡出军政领域。

蒙骜本是齐国人，一直不得志，来秦国后得吕不韦提拔，顶替王龁成了秦军的首要将领。这些年蒙骜打下过赵国太原郡和魏国东郡，战功赫赫，与吕不韦互相依靠，把持朝政和军队。

将军壁不像蒙骜、王龁是有氏也有名的人，他只有一个名叫壁，没有氏，说明他的出身一般。

将军壁原本不是秦军大将，论资历他远不如王龁，论在朝中的影响力他不如蒙骜，论战功比这两人更差得远。将军壁的出身和能力自己最是清楚，他很早就投奔了秀丽夫人，成为秦国几位主要将领之一，他也只能继续追随长安君成蟜，要么青云直上，要么灰飞烟灭。

其实在秦国军队当中，有明显政治倾向的将军很少。在这几十年间，主要是蒙骜死心塌地追随吕不韦。长安君成蟜与将军壁也算是一对铁杆搭档。

公元前 241 年，将军壁迎来仕途中的大好机会。这一年五国合纵，秦军大败，蒙骜阵亡。不久之后王龁也病亡，将军壁奋斗多年，终于成了秦军的老大。

此时秦国大概分为四大势力集团：嬴政、长安君成蟜、文信侯吕不韦、长信侯嫪毐（如表 3-1 所示），这四大势力互相倾轧，却谁也奈何不了谁，一直到蒙骜阵亡，形势才发生改变。

表 3-1　秦国四大势力集团

	地位	支持者
嬴政	太子	李斯、王翦、桓齮（yǐ）、杨端和
吕不韦	文信侯	蒙骜
嫪毐	长信侯	太后赵姬、卫尉竭、内史肆、佐弋竭
成蟜	长安君	将军壁

嬴政即位以来，虽然倾力培养亲信，文的有李斯，武的有王翦、桓齮、杨端和，但这些人尚年轻，在秦国朝廷和军队中的话语权并不大。

吕不韦依靠与秦庄襄王的关系才混到今天权倾朝野。嬴政即位他居功至伟，再加上嬴政与他有说不清道不明的血缘关系。若嬴政不当秦王，除非吕不韦自己上，否则不论谁当了秦王，吕不韦都难逃一死。

当有外人来抢嬴政的国君之位时，吕不韦绝不含糊地站在嬴政一边。换句话说，吕不韦只能允许两个人当秦国国君，一个是嬴政，一个是他自己。

嫪毐傍着太后赵姬才有今天的地位，太后的态度决定了嫪毐的前途。

嫪毐与太后生了两个儿子，在太后眼中，只有这三个人可以当秦王：嬴政、她与嫪毐的两个儿子。当有外人来抢嬴政的秦王之位时，太后赵姬也直截了当，坚决站在嬴政一边。

蒙骜阵亡，王龁淡出之后，长安君成蟜与将军壁迅速崛起，这让另外三方坐立不安。

成蟜身边不但有将军壁，还有一位大商人蒲鹖（hè），此人与吕不韦一样，意图通过在成蟜身上的投资取得厚报。

有兵权，有财团支持，有韩国力挺，成蟜的力量非常强大，他的谋臣为他策划了一个夺权的毒计。这个计划大致如此：先逃离漩涡中心咸阳，到边地训练兵马。等咸阳的三方争斗到鱼死网破之时，再统领大军前来平乱。很快，成蟜的智囊们就找到一块这样的屯兵宝地。

公元前 240 年，长安君成蟜与将军壁统领数万人马，名为攻伐赵国，实际是屯兵北上党，窥探关中局势，随时打算返回咸阳。北上党位于秦国的东部，核心城邑是屯留（如图 3-28 所示），因此北上党又称屯留盆地，西周时期属于赤狄人的领土，到春秋时期为晋国所占。

屯留城在历史上小有名气，晋国最后一任国君晋静公就是在这里寿终正寝的。赵、魏、韩三家分晋，将晋国国君安置在这里，最大的原因是地理因素。

屯留盆地总面积不小，但可耕种面积不大。韩国继承晋国的上党郡之后，这里是韩国的最北方，在韩国都属于边地。从屯留盆地出去，只有四个路口，晋国国君被困在这个巨大的笼子里，那是插翅难飞。

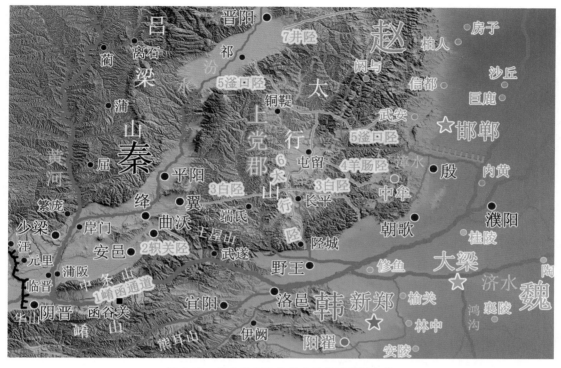

图 3-28　公元前 240 年长安君成蟜割据屯留

屯留盆地向北，滏口陉的东西两侧入口当时都为赵国所控制；向东，羊肠陉的东入口也为赵国所控制；向南，沿太行陉，屯留盆地与长平盆地相连的丹水河谷狭长险峻，韩国人设置了关卡。

长安君成蟜帐下确有高人，将屯留盆地的地缘特点看得一清二楚。

我们再来分析屯留盆地当前的地缘，路还是那几条路，只是控制出入口的势力变了。

屯留以东，滏口陉的东侧和羊肠陉的东入口还是控制在赵国手中。长安君成蟜割据屯留盆地的时候，得到了赵国方面的大力支持，赵悼襄王将饶城（今河北饶阳东北）遥封给长安君成蟜。

屯留以西，滏口陉的西侧本是赵国的太原郡，后被秦国攻占。如今这里有个令人发指的名字——嫪国，因为太原郡封给了嫪毐。

早在长安君成蟜打算割据北上党之前，成蟜一党与嫪毐的关系就是若即若离的，他们有一个共同的敌人——嬴政。

太原郡作为嫪毐的封地，不但租税归嫪毐府库，这里戍守的军队也受嫪毐的节制。

虽然太原郡戍守的军队少得可怜，只够官吏们管理之用，但若嬴政的军队从这里攻击北上党，只要嫪毐适当为难一下，或者在物资供应上做点手脚，就足以令秦军不战而退，料想嬴政不敢让秦军从这里进兵。

北上党最后一个通道，就是南部的太行陉。从上党通往长平盆地，要经过一段群山环绕，狭长而险峻的河谷，这就是太行陉的一段。如果长安君成蟜在这里布置一支军队，依托要塞据守，秦国大军也难以进入北上党。

当年晋国国君被囚禁在北上党，如今长安君成蟜不想让外敌进来，皆是利用北上党特有的地形。

成蟜不但有如此地利，更重要的是蒙骜和王龁都已不在世，先不论秦军有无担纲大任的将领，就影响力而言，鲜有人能够超过将军壁。

长安君成蟜据北上党拥兵自重，时间上和地缘上都把握得非常精到，他帐下的确是有高人。

接下来长安君成蟜要做的就是以不变应万变，或者说静观其变，看嬴政、吕不韦、嫪毐三大巨头能将关中搞得多乱，最好能够三败俱伤，让嬴政死于乱军之中，这样成蟜就可以名正言顺地回咸阳为秦王报仇了。

不过长安君有一点没有算计到，吕不韦、太后、嬴政这3人有可能就是一家三口，即便不是一家人，感情也非同寻常，不是那么容易离间的。当长安君成蟜威胁到他们的地位和生命时，嬴政、吕不韦和赵姬心照不宣地开始抱团取暖。

公元前239年，在准备了近一年之后，秦国主力大军隆隆开动，从咸阳直取屯留。

这次秦军开动的速度出乎长安君成蟜的预料，他绝对想不到吕不韦会大力协助嬴政，甚至连嫪毐也给嬴政提供了方便。

长安君成蟜恼羞成怒，发檄文布告天下，说秦王是吕不韦的儿子，这一点确实也令部分秦人心生疑惑，不过最终的胜利者肯定还是拿拳头说话的。

这一战，嬴政军从屯留的西部和南部两线发起进攻，即便是太原郡嫪毐的封地也给嬴政军大开绿灯，将军壁根本无力兵分两线作战。嬴政军很快就突破将军壁的西线，开始向屯留盆地中央突进。将军壁在南线死守，长安君成蟜则频频派人向赵国求援。

赵悼襄王当然不可能发兵救援成蟜，纵然赵国有庞煖、李牧这样的名将，可是能够冷眼旁观秦国内斗，这么快意的事情赵悼襄王巴不得多来几次呢。

将军壁毫无悬念地输了。

败军把阵亡的将军壁运往屯留，少年成蟜眼见大势已去，终究没有辱没秦国王子的称呼，他并没有投降，也没有逃亡，而是选择引刀自尽。

秦国有一个很严厉的连坐制度，一个人犯法，不光自己家人要受罚，就连附近9家邻居也要受罚，所谓十家连坐。而且惩罚相当严厉，对于明知朋友犯罪不上告者，要腰斩，即从人的腰部把人斩成两段。

长安君成蟜拥兵自重，他的军队不但不告发他，而且还跟着他一起对抗嬴政，这几万将士肯定难免一死，不牵连这些将士的家人都已经是万幸。至于屯留城的百姓，亦全部被迁到西部临洮开荒。临洮在今天甘肃南部，当时还未开发，是秦国最西部的地方，十足的蛮荒之地，后来秦朝的长城延伸到这里。

此时的秦国，国土面积接近半个天下，根基雄厚，杀几万军士，迁移一个大城的百姓，并没有造成伤筋动骨的损害。

在长安君成蟜叛乱事件中得到锻炼的嬴政愈发显得成熟，嬴政确实比长安君更有能力，这是物竞天择的结果。

● 铲除嫪毐和吕不韦

铲除了长安君成蟜，嬴政已经21岁，他身长八尺五寸，英伟非常，质性聪明，志气超迈，很快他将举行成年冠礼。

嬴政的冠礼想要顺利举行，还必须再拔掉一颗钉子。

嬴政有3个父亲，一个是名义上的父亲秦庄襄王，另一个是与他有着绯闻父子关系的仲父吕不韦，再一个就是假父（继父）嫪毐。

秦昭襄王与吕不韦望子成龙、舐犊情深，后面这个假父（继父）嫪毐则想取而代之，居心叵（pǒ）测。

嫪毐是吕不韦从丞相府里挑来，送给赵姬的男宠。

当年，嫪毐便被吕不韦诈称施以"腐刑"（阉割），然后送进宫，以内侍（宦官）之名义服侍守寡的太后赵姬，赵姬"绝爱之"，他因此青云直上。

在太后的授意下，嫪毐担任内史，吕不韦暗中支持，其他人无力反对。内史相当于今天北京市市长＋公安局长，当时的内史不但掌管咸阳城，整个关中都属于内史管辖范围。

没过多久，嫪毐又升为九卿之首的奉常，掌管宗庙朝仪，我们所熟知的太史也受奉常节制。也就是说这段时期的历史怎么写，嫪毐说了算。

至于空缺出来的内史一职，由嫪毐的死党肆担任，嫪毐的势力快速膨胀。

不久太后赵姬怀孕，嫪毐与太后搬到关中西部的雍都，以掩人耳目。

雍都是秦国旧都，有400多年建都史，是秦国历史上建都时间最长的地方。这里人口众多，经济发达，离咸阳比较远，是嫪毐拥兵自重的好地方。

这个时候的嫪毐春满乾坤福满门，他自称是始皇的假父，行事以天子自居。

接着太后封嫪毐为长信侯，由于吕不韦是文信侯，嫪毐在信字前面，加上代表大和高的"长"字，大有超越吕不韦的意味。

嫪毐不仅有侯爵的尊称，封地更是战国时期面积最为宽广的，除早期得到的山阳地，后来太后把太原郡和河西郡都封给了他。

太原郡是赵国旧都晋阳所在，河西郡则是秦晋（魏）争夺几百年的好地方，几块封地的面积加起来，相当于东方一个诸侯国的大小，于是嫪毐的封地又称"嫪国"。

我们来看看长安君成蟜、吕不韦、嫪毐的封地（如图3-29所示）。

成蟜身份尊贵，早在嬴政立为太子的时候就受封长安君，封地在咸阳附近的长安县（今西安市长安区）。成蟜的封地并不大，但属于关中京畿重地。后来成蟜叛乱，带兵在北上党屯留盆地自立，又割据了一块不小的领土。

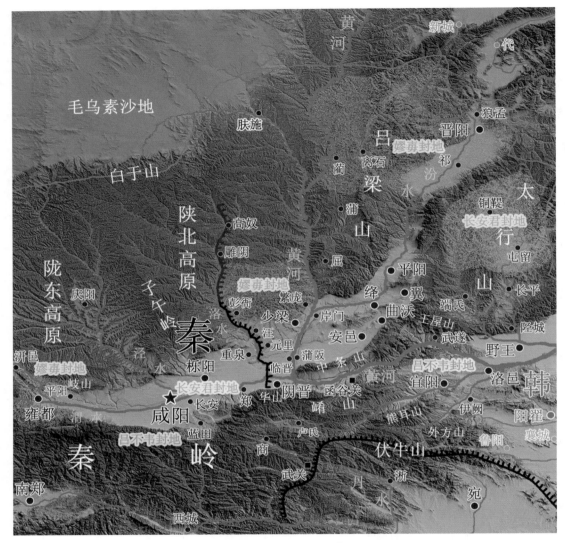

图 3-29　成蟜、吕不韦、嫪毐的封地

　　吕不韦封号是文信侯，封地有三块。第一块是蓝田 12 个县，这里靠近咸阳，是通往商於之地和武关的要塞。第二块封地是吕不韦的核心地盘东周故地，以洛邑为主的卫星城，食邑 10 万户，人口 70 万，是三川郡的中心所在。第三块地并非秦王所赐，而是燕赵两国奉送的，在河间的 15 座城。

　　观吕不韦的三块地，最主要的是洛邑这块，典型特征是地不大，人口众多，交通发达，经济繁荣，或许为满足吕不韦生意的需要，他走的是精品路线。

　　吕不韦家僮（雇佣兵）上万，只有他这种政商一体的天下首富，才抗得起巨额军费开支。再看最后受封的长信侯嫪毐，处处有后来居上之势。除最早受封的山阳地不知道在哪儿，其他三处无不是大场面。

嫪毐割据雍都，秦国宗庙所在成了嫪毐的巢穴，他在这里与太后生下两个儿子。接着嫪毐得到太原郡和河西郡，这两个地方合起来称为"嫪国"。当时秦国总共14个郡，嫪毐大概占了两个半，而且都是比较富裕的地方，嫪毐绝对有实力向嬴政叫板。

嫪毐有了侯爵身份，又有广大封地和丰厚资产，下一步便是笼络秦国大臣，与他一起谋反。

秦国官制是三公九卿制，三公是相国、太尉、御史大夫。

相国，吕不韦上任之后，一直霸占这个职位。

太尉（国尉），掌管军事，兵权在手，权力极大，自武安君白起之后，秦国很长时间不设太尉。

御史大夫，在嬴政登基之前娶了楚国公主，嬴政安排楚国公子昌平君担任这个职位。昌平君为人低调，从不反对其他公卿的意见，更不结党营私，且与吕不韦和嫪毐都保持着距离，虽然身居高位，却总是被人轻视。

九卿当中，有两个卿是负责军事的，如果嫪毐要造反，必须要控制这二卿之一。

郎中令，负责王宫的安全，统领王宫内部的禁卫军。如果嫪毐能控制郎中令，那嬴政的性命就握在他手上了。当时担任郎中令的是蒙毅，也就是蒙骜的孙子、蒙恬的弟弟。蒙毅乃将门之后，对秦国赤胆忠心，不是钱财美女能够收买的，更不是太后淫威所能动摇的。

控制不了郎中令，嫪毐就退而求其次，啖以重利收买蒙毅的副手之一——中大夫令齐，总算在王宫内部安插了一个得力的内应。

除了郎中令，九卿之一的卫尉负责王宫之外的防务，掌管王城的禁卫军，手中同样拥有兵权。

嫪毐还真有点手段，利用太后独断专行，在朝中翻云覆雨，把自己人安排到这个岗位上，这就是卫尉竭。嫪毐若是造反，王城的禁卫军非但不会阻拦，还会引领叛军杀入王宫。

由于王城禁卫军主要持有剑这种短兵器，戈、矛这些更大的杀伤性武器限制使用，于是嫪毐又收买了掌管武器的佐弋竭。

在咸阳，嫪毐的人还有内史肆，掌控整个关中的防务。

现在我们来给嫪毐设想一下，一旦在咸阳造反，会经历怎样的过程。

首先，卫尉竭从佐弋竭这里取得大量戈、矛等杀伤性武器，然后统领王城的禁卫军一举杀入王宫。

然后，中大夫令齐作为内应，将郎中令蒙毅斩首，夺取王宫控制权，最后生擒或者斩首嬴政。

而内史肆，则尽力控制咸阳城的局势，放嫪毐的雍都军入咸阳，阻止外围勤王的军队进入关中和咸阳，同时扫清吕不韦和嬴政在关中的簇拥者。

由于在几个关键位置上都有自己人，嫪毐的确胜算不小，但他始终没有依照以上的步骤来发动兵变，原因有两个：

第一，即使有中大夫令齐这个内应，卫尉竭也未必斗得过郎中令蒙毅。若是没有外围力量介入，王宫的禁卫军实力还是更强一些。

第二，内史能在短时间内控制咸阳城，可是时间一长，城内各派势力若知道嫪毐谋反，必然起来反抗。吕不韦的家僮（雇佣军）就有上万，其他支持嬴政的人也不少，恐怕内史肆难以长期和全面控制咸阳。

当然嫪毐心中还有一个 B 计划，他觉得这个计划更有把握：嬴政很快就满 22 岁了，他必然亲自到宗庙所在雍都举行冠礼大典，届时他便坐镇主场雍都，趁举城欢腾，人人酒酣耳热之际，尽起党羽，发动兵变。

秦王冠礼的日子终于到来，数万人的队伍从咸阳出发，逆渭水而上，如图 3-30 所示。

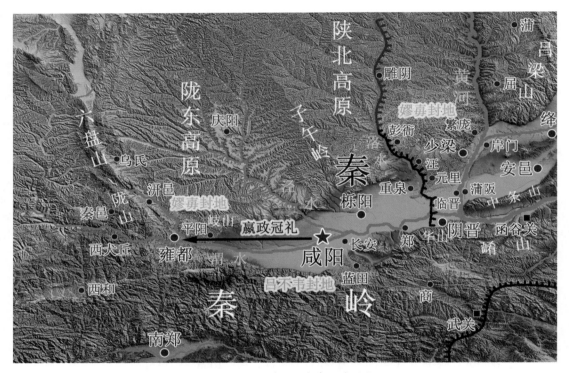

图 3-30 公元前 239 年秦始皇冠礼

但见船骑并往，水陆双行。青年嬴政坐于巨大的龙舟之上，此龙舟仿照咸阳宫建造，外观如宫殿，内藏宫女禁卫，鼓乐歌舞，戒备森严。

随行大小船只 300 余艘，首尾相接 100 余里，两岸挽船纤夫达两万余人，喊着号子声威浩大。两岸骑兵步卒，顶盔贯甲，守护前行，但见旌旗蔽野，剑戈如林。

船队夜则秉烛，照耀如同白日，气势庞大，整支队伍有如一条巨龙，神气活现地驰往雍都。

渭水上游，雍都像一头猛虎屹立在关中西部。城外 30 里，嫪毐率众亲迎始皇船队。几年养尊处优，嫪毐的体型略显成熟，脸庞依旧俊秀，华冠之下隐现虎豹体型。嫪毐比之几年前多了几分王室气质，增了几分帝王威严。若只论相貌，嫪毐无疑配得上天子这个称号。

不仅嫪毐有气场，他的数千家僮个个衣着光鲜，披金戴玉，与崇尚黑色的秦人大相径庭。可见嫪毐绝对是抱着"千金散尽还复来"的心态来笼络人心的。

嬴政冠礼之日，嫪毐在雍都和咸阳两地同时发动兵变。他自己坐镇雍都指挥大局，咸阳则由卫尉竭召集叛军起兵。

雍都宏伟的祈年宫旌旗招展，文武百官三呼万岁，声闻数里之外，嬴政即秦王位。

盛大的加冕仪式背后，嫪毐的叛军开动，雇佣军数千，雍都守军数千，门客上千，再加高原上的戎人数百骑，一万多人将城堡一般的祈年宫围住。

嫪毐连高原上的戎人都笼络到一部分，足见他神通广大、手段不凡。

不过嫪毐并不知道，祈年宫内除了数千禁卫军，居然隐藏着从东方边境调回的 3 万铁军。这 3 万人通过各种方式藏踪蹑迹进入祈年宫，他们是久经杀阵的战士，也都是关中或陇西秦人，个个临危不乱，且碧血丹心、誓死效忠。

3 万铁军的统帅不是任何一个嫪毐熟悉的人，而是楚国宗室，御史大夫昌平君和其弟昌文君。

昌平君和昌文君都是楚考烈王的儿子。当年楚考烈王在秦国为质 10 年，娶秦昭襄王的公主为妻，生了这一对儿子。后来楚考烈王回国即位，将昌平君和昌文君以及他们的母亲都留在了秦国。

秦王知道嫪毐收买了很多大臣，为防止领兵者被嫪毐收买，特意起用两个楚国公子担此大任。加上御史大夫昌平君为人深藏不露，府上只有区区家僮几十个，谁能想到他有领兵的机会。

在对付嫪毐一事上，吕不韦肝胆相照，与秦王并肩作战。他自己在咸阳留守，与秦王同舟共济，对嫪毐的人虎视眈眈。

当嫪毐的雇佣军遭遇浴血奋战锻炼出来的秦军精锐，说以卵击石实不为过。

雇佣军丢下数百具尸体四散而逃。这些领着高薪的人，滥竽充数的也不少，一到生死关头便原形毕露。而雍都守军，慢慢搞清楚叛乱的状况，纷纷倒戈。至于上千门客，也是混饭吃的居多，都是识时务者，自然不肯拼命。

倒是那些山上下来的戎人，浴血奋战，全部阵亡，算是报答了长信侯对他们的厚待。

仓皇中，嫪毐丢下太后赵姬和两个儿子，带领数十骑，奔咸阳而去。

其实嫪毐的表现已经相当了得，发迹短短几年，势力就如此举足轻重。嫪毐最失策的地方，就是未能在军队中拉拢一位掌兵权的将军。

吕不韦拉拢蒙骜，长安君成蟜拉拢将军壁，都让他们如虎添翼。不过秦军当中这些血性男儿不屈世俗，不求富贵，他们最关心的是战功，只求闻达于诸侯，绝不会卖主求荣投奔嫪毐这个外人。

再看咸阳这边的情况，嫪毐在雍都发动叛乱的同时，咸阳也发生了一场恶战。卫尉竭、内史肆、佐弋竭、中大夫令齐在嬴政冠礼这一天发动叛乱。

与雍都一样，始皇也调回 3 万铁军到咸阳，指挥大军的将领是一个名不见经传的魏国人尉缭。

起用尉缭，也是被嫪毐逼得没办法。始皇和吕不韦也不能确定嫪毐到底成功收买了哪些人。尉缭是个客卿，在秦国碌碌无为，肯定没有被嫪毐收买。此亦是一种障眼法，反客为主，让嫪毐防不胜防。

尉缭熟读六韬三略，善用兵，其传世兵法《尉缭》一直流传到今天。秦王阅人的眼光自是不言而喻，后来尉缭被提拔为国尉（太尉）。

兵法大家尉缭手握 3 万精兵，又得到郎中令蒙毅支持，卫尉竭、内史肆、佐弋竭、中大夫令齐之流自是毫无还手之力。

嫪毐人还没到咸阳，半途就得知咸阳已被尉缭控制，只得带领数十骑试图逃往嫪国。

雍都这边，秦王加冕之后，气定神闲下令："生擒嫪毐，赏金百万钱，死的也赏 50 万！"

后来秦王悬赏桓齮和张耳都是千金，这里悬赏嫪毐却是百万钱，大致有数千金。在巨大的悬赏面前，关中人争先恐后捉拿嫪毐，就连宫廷中的许多宦官都想办法结群出城碰碰运气。

嫪毐被生擒，在咸阳的闹市中被车裂（五马分尸），嫪毐家族满门抄斩，一个不留。

嫪毐的两个儿子，被装在麻袋里面活活摔死，即"囊扑杀之"。

秦王母亲赵姬免于死罪，囚禁在萯（fù）阳宫。秦王下令："敢为太后求情者，杀无赦。"当时许多大臣为太后求情，始皇连杀了 27 个大臣。

至于那几个嫪毐的死党，卫尉竭、内史肆、佐弋竭、中大夫令齐等 20 人全部斩首示众。此次参与嫪毐叛乱的各色人等，有 4000 多户，共两万多人，全部贬为官奴，发配蜀郡。嫪毐叛乱得以平息。

嫪毐死了，作为一手策划嫪毐入宫的吕不韦亦深受其累，嫪毐叛乱的事情他怎都脱不了干系。

可吕不韦为何没有造反？这是吕不韦与秦王的关系决定的。秦始皇是异人还是吕不韦的儿子，历史上争论了 2000 多年。

吕不韦并不确定始皇是他的儿子，但他认为始皇是自己儿子的概率更大。

以吕不韦的身份，理论上应该将一个甚至多个女儿嫁给始皇，让以后的秦帝王流着他吕家的血脉。历史上许多位高权重的奸臣都是这么做的。三国时期，挟天子以令诸侯的曹操嫁了 3 个女儿给傀儡汉献帝。吕不韦却没有这么做，除非他认为始皇是自己的骨肉，实在没有第二个令人信服的理由了。

吕不韦是秦国相国，如果他要结党营私，肯定比嫪毐更有优势。吕不韦的人生仕途目标止于秦国相国，或许能看到自己的儿子登基，更令他心满意足。

公元前 238 年，秦王以吕不韦推荐嫪毐不力为由，免去其相国之职，保留文信侯的爵位，将其遣回封地洛邑。

吕不韦回到洛邑，其府邸仍旧门庭若市、宾客满堂，这绝对不是一个在野相国的境遇。前来看望或者拉关系的，不但有各地商贾，甚至还有列国诸侯。有的诸侯捎来话，请吕不韦再度出山，辅佐其成就霸业。

秦王闻知此事，恐吕不韦真的为他国所用，于是收回吕不韦文信侯的爵位，将其贬为庶人，并迁徙到蜀郡。吕不韦老老实实去了，最后服毒酒自杀，没有给秦王惹一点麻烦。

直到此时，秦王头上的三座大山才全部搬走，一个全新的时代呼之欲出。

● 桓齮败扈辄，李牧破桓齮

秦王在三年之内，扳倒长安君成蟜、长信侯嫪毐、文信侯吕不韦，可谓雷霆万钧、可谓雷厉风行。然而当他大权在握之后，秦国所面临的列国形势并不让人放心。

赵国连年攻伐燕国，将燕国下都武阳、上谷郡等大片领土并入赵国腹地。赵国可以从上谷郡东进，一旦攻破居庸关，就会直接威胁燕国都城，这让燕人感到巨大的压力。燕王喜几乎是每隔 3 日便派人到秦国，请秦王出兵相助。

而秦国连年内耗，3 年内损失的军力不下 10 万，并非兵多将广。

不仅如此，赵国的名将还层出不穷，除了那个流亡在外的廉颇，另一个更老的庞煖也曾经让秦军吃尽苦头。几年前那次合纵攻秦，庞煖不但击败秦军，还将吕不韦的爱将蒙骜斩首。秦人一听到庞煖的名字，多是神色不太自然。还有一个名将叫李牧，斩首匈奴十余万，在赵国的威望更胜过庞煖。虽然秦军与他未曾交手，但此人绝非等闲之辈。

赵国在此 2 位大将的统领下，几年之内对燕国展开蚕食大战。如今燕军已经不敢迎战，只是坚壁清野，死守不出，才避免了亡国。

秦国救援燕国是必需的，但是派谁去救？如何救援？

秦王即位后对外第一战，派出桓齮、王翦、杨端和 3 位大将。秦军此番开动，兵员严重不足，秦王不得不下一道诏：低级别的官吏，10 个里面征兵 2 个，上战场！

自商鞅变法以来，秦人连年征战，秦国男丁越来越少，以至于始皇统一之后，还从各地迁了许多男丁到关中。而刘邦建立汉朝，也做了同样一件事：迁男丁到关中。

秦军兵分两路，一路由王翦统领，另一路由桓齮、杨端和统领。

王翦这一路，从北上党方向，攻击赵国的阏与要塞（就是当年阏与之战所在），并且一气呵成攻克此地。阏与的位置非同小可，秦军可以从这里下山，攻击整个华北平原。

这时候赵国有两支军队，一支由李牧统领，在北方防匈奴；另一支由庞煖统领，正出兵赵燕边境，准备进一步蚕食燕国。王翦在赵国中部来这么一击，虽然声势猛烈，却并未骗到李牧和庞煖，二位大将均不为所动。

秦军另一路桓齮、杨端和，直扑赵国的南长城。赵国南长城是用来防范南线敌军的，对于从北方突击而来的秦军，赵国南长城的守军显然没有做好充分准备，仓皇中迎战，堪堪守住防线不丢。

南长城距邯郸只有 100 里地，若是丢了，邯郸就暴露在秦军面前，赵悼襄王紧急调庞煖来援。

当庞煖的十几万大军风风火火地赶到南长城，桓齮的军队已经绕过南长城，进入东郡躲避锋芒。

庞煖不可能再回兵燕国，一来桓齮军随时可能卷土重来，二来赵国南北之间上千里，这么奔波之下人困马乏，根本不可能再动兵。

年轻将军桓齮就在这一役中挽救了燕国这个盟友，使其继续牵制赵国。

接下来秦国休整了两年多，于公元前234年再次隆隆开动。

秦军领兵的大将，就是几年前立下战功的桓齮。桓齮脸色偏白，身躯高大却很敏捷，像一头白额虎。经过几年的韬光养晦，他比以前更成熟了。

选择这个时间点与赵国开战，不仅是秦军得到补充，更因赵国大将庞煖在一年前病逝，这对秦赵双方的士气都产生了影响。

桓齮统领15万大军，浩浩荡荡、壮气吞牛。此战桓齮早有周密计划，他从东郡出发，向东北进入赵国东部。这里黄河分道，地势平坦，是赵国重要的产粮区。

桓齮分一支3万人的秦军围住东武城（如图3-31所示），其他军马就在方圆百里之内收割粮食。

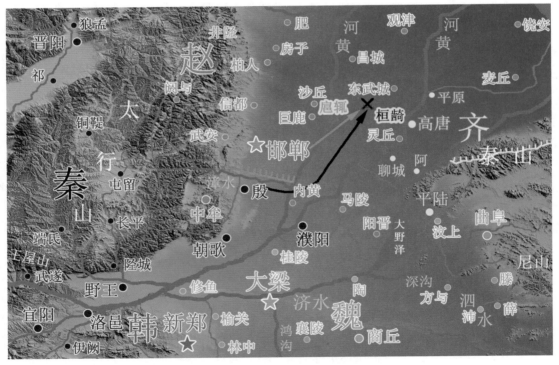

图 3-31　公元前 234 年秦赵东武城之战

这是什么战法呢？春秋时期郑国曾在东周领土上收割粮食，结果东周忍气吞声，并未作出反应。桓齮借鉴这个办法，希望将赵军主力吸引过来，进而一举歼灭。若赵军主力不来，秦军也可满载粮草而回，赵国则要过个饥荒年。

我们来看赵国鼎盛时的 9 个郡：九原、五原、云中、雁门、代郡、中山、太原、邯郸、巨鹿，其中产粮的只有后 4 个。现在太原郡已经在秦国版图中，赵国只有邯郸、巨鹿、中山三郡产粮。桓齮夺粮之地，就在巨鹿郡范围内。

赵国上下闻桓齮夺粮，这比攻打赵国城邑还令人愤慨。此时赵悼襄王病逝，赵王迁还是个 5 岁小孩儿，老将庞煖已去世，老将廉颇在魏国，赵王迁的伯父春平君打算请回廉颇拜将。

春平君派去邀请廉颇的赵国使者叫唐玖。此人临行之前，被赵相郭开用黄金二十镒收买。唐玖带着春平君赏赐廉颇的貘貔名甲一副，良马 4 匹，在魏国大梁见到了老将军廉颇。

廉颇此时已经 80 岁高龄，为了表示自己仍然身体健壮，他当着唐玖的面狼吞一斗米的饭，10 斤牛肉，最后披上春平君赐的铠甲上马，又在飞驰的马上舞弄长戟数回合，这才跳下马道："先生看我何如少年时？劳烦拜请赵王，吾尚欲以余年报效赵国！"

廉颇老将军烈士暮年，仍然壮心不已，要报效故国，让人钦佩！

唐玖回到赵国，在朝堂上奏道："老将军虽然吃一斗米，10 斤肉，但一席饭上 3 次茅厕，看来是真的老了。"

听唐玖所言，春平君只好放弃老将军廉颇，可怜我们精忠报国的老将军廉颇为了证明自己还行，以 80 岁高龄，离开魏国到楚国为将，就是为了证明给赵国朝堂看，我廉颇还行！

在异国他乡的日子，老将军廉颇还时常说："我思用赵人！"意思是我思念故国赵国，我希望用我这把老骨头为国捐躯。最终老将军在楚国寿春去世。

赵国这次派出庞煖推荐的接班人，将军扈（hù）辄（zhé）。

扈辄这些年追随庞煖，从老将军身上学习合纵之谋和兵法之略。每当庞煖动兵之前，总要先问扈辄对策，扈辄总能先一步把庞煖的想法猜个八九不离十。

扈辄统领赵军约 10 万，人数虽然不及秦军，但气势上可针锋相对。

此战桓齮不惜冒天下之大不韪，烧粮！以此扰乱救火的赵军。

烧粮这个做法，在几千年的战争史中很少见。

这场大战大致情况是，赵军组织百姓救火，秦军砍人头，结果是 10 万赵军被斩首，连扈辄也阵亡了。

桓齮在东方战场取得了自长平之战以来斩首最多的胜利。在秦军当中，桓齮有了"小白起"的外号，其他的王翦、杨端和、李信等人，地位都不如桓齮。

第二年，桓齮眼看赵国南长城很难攻入，便换了一个方向。他绕过赵国南部的邯郸地区，登上太行山，从北上党攻打赵国中部。

桓齮这个打法有点像白起当年打韩国，从中部将韩国分割为新郑地区和上党郡。这次桓齮是想把赵国分割为南部的邯郸地区和北部的中山地区。

桓齮连克赵国中部赤丽、宜安两城，邯郸朝野震动。照这样下去，赵国不久就会被切割为南北两块，届时离灭亡就不远了。

由于赵国在一年前把 10 万常备军损失得一干二净，这个时候已经不是某位将领能力挽狂澜了，赵国不但需要名将，更需要军队！

赵国的军队由两大部分组成，一是常备军，二是各地守军。

常备军自长平之战损失 45 万之后，又不断从各地守军抽调人手，但是随着战争不断，常备军越打越少。将军扈辄统领的那支 10 万赵军就是赵国常备军的全部力量。

此时赵国要抵御秦军，就要令其他地方的守军来勤王。而各地的守军，以北边五郡将军李牧的守军人数最多，战斗力最强。

春平君无奈之中以赵王迁的名义令李牧率军回援南线战场。李牧在赵国北方为将三十多年，一直担任边地镇守将军。他用兵出神入化，曾斩首匈奴十余万（关于李牧大破匈奴的内容，请参考本作《大漠西域》的章节），也有过攻占燕国城池的纪录，可这些战绩都不是对阵秦军时获取的，让天下人忽视了李牧军，也低估了李牧边军的战力。

赵国调动李牧军也是万不得已，因为李牧军离开，匈奴随时可能南下。

李牧边军鼎盛时期达到 30 万之众，大破匈奴一役动用 17 万，伤亡 4.5 万。后来赵国南方兵员吃紧，不断催促李牧派军支援，因此李牧军人数不断减少。到这个时候，李牧总兵力仅有 7.6 万，李牧放弃长城一线，留 1.3 万人守住北方这个要塞，领 6.3 万人南下驰援。赵秦两军在肥相遇（如图 3-23 所示）。李牧南下之时，沿途在中山境内补充一万多兵力，军力达到近 8 万。

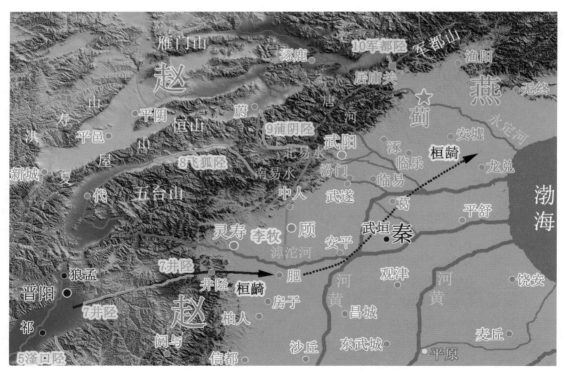

图 3-32　赵秦肥累之战

李牧令赵军列营，建造壁垒，每日杀几头牛犒劳军士，训练骑射，就是不出战。

李牧大破匈奴之前，近20年时间都用这个坚守不出的战术，若桓齮不主动改变战术，就会被李牧无限期拖在这里。

桓齮眉头紧皱，对部下道："昔日廉颇以坚壁拒王龁，今日李牧亦用此计，若我不变，则难破赵军。"

作为嬴政帐下立功最多的大将，桓齮当然不愿意把自己耗在这里，让王翦、杨端和等人在其他战线上抢了战功。于是他分兵一半（7万余人）原地对付李牧，亲自领7万余大军向南攻打甘泉城。

桓齮的意图是，你不动我就向南，一座一座城池攻占，一直打到邯郸。

赵军中军大帐，李牧抖抖白黑相间的长胡须道："秦军攻而我救，是致于人也，兵家所忌。秦军攻甘泉，其营必虚，又见我坚壁已久，不为战备。不如攻其营，若袭破其营，则桓齮之气夺矣！"

部将们摩拳擦掌，听令于李牧，起大军攻打桓齮留在肥的大营。

夜晚来临，李牧布置大军攻营，正所谓天昏地暗排兵，月下风前布阵。

前队步兵抬着木板，架在秦军营寨前的沟渠之上，又移走拒马，清除荆棘等障碍。虽然秦军用箭矢还击，然而夜色正浓，秦军不敢仓促出营，一盏茶功夫秦军营寨之外的障碍全部被清除。

随后赵国北方大军齐往秦军营寨杀来，虽然遭遇秦军激烈还击，但仍用绳索拉倒栅栏，数万骑兵涌入秦军各个营寨。

此战秦军吃了两个闷亏，一是夜色中仓促作战，未能出营寨阻挡赵军，让赵军迅速清理了营寨外的障碍；二是营寨内作战，秦军无法有效组织方阵，以致赵军大量骑兵如入无人之境。

秦军营寨之内，灯照战马，火映将士，长戈猛刺，弓箭齐射。马蹄下伤者哀号，只杀得星月无光，苍天叫苦。

桓齮将军队分为两部，结果证明并不妥当，当年胡阳在阏与之战犯下的错误，桓齮又犯了一次。

桓齮其实做好了赵军攻打营寨的准备，因此留下了一半的兵力。可是他没有料到，赵军的战力如此凶猛，据营坚守的秦军居然被李牧的赵军攻破营寨，只有少部分人出逃。

桓齮闻讯，立即统领另一半人马，沿途收拾残兵，来找李牧决战。

按照常理推论，李牧用同样数量的人马去攻打秦军的营垒，秦军近乎被全歼，李牧军肯定也是杀敌一千自损八百，毫无疑问是惨胜。桓齮也是这么考虑的，他要趁李牧军伤亡惨重且疲惫不堪之际，用生力军来一举扭转战局。

桓齮想的没错，可李牧却并非一般的名将。李牧用兵从来不循规蹈矩，也无章可循。这次李牧军攻下秦军营垒，赵军虽损失不小，却并未伤筋动骨，因为赵军骑兵人数众多，战力接近匈奴，冲击力极强，这是秦军此前几乎没有遇到的情况。

李牧重整军队，赵军尚有骑兵3万、步兵3万可用。此时的桓齮军则依然有七万余大军，军力上桓齮占优。

秦军逼近赵军之后，发现赵军主力正往北，也就是往滹（hū）沱（tuó）河方向撤退，按照常理推测，赵军应该是计划退守到滹沱河以北进行休整。

桓齮令秦军分为几队先后追击，力图将赵军主力歼灭在滹沱河以南。但他只安排了前军一万余人飞驰急追，后面的队伍做好支援准备。

事实上桓齮的谨慎是完全正确的，因为李牧军在滹沱河附近集结之后，并不渡河，忽然调转方向，向秦军迎击过来。

一天黄昏，赵军偃旗息鼓，人衔枚，马摘铃，如狂风般席卷而来，秦军前部遭遇包围。

李牧用兵很重视左右两翼，破匈奴如此，打秦军还是如此。就像足球比赛当中的主教练，很喜欢制定左右边路、两翼齐飞的战术。

一万多秦军陷入赵军的重重包围，又一次近乎被全歼。尔后赵军马不停蹄又向桓齮的主营发起冲击，秦军再次失利。

桓齮意识到败局已定之时，秦军尚有近7万人。他指挥秦军层层保护后撤，意图撤回井陉。到了太行山上，李牧军要追击就不容易了。可是李牧似乎早就料到秦军的撤退路线，沿途居然有赵军骑兵分路杀出，让秦军防不胜防。

桓齮军第一波撤退的军队离井陉尚有数十里，秦军大部都被赵军骑兵缠住，后面李牧的主力追兵给秦军的压力很大。

山岭之中，桓齮在数十名亲兵护卫下策马后撤，忽然赵兵不知从哪儿杀出，举着明晃晃的长矛厉喝连声，向他们的坐骑狂刺。桓齮的护卫挺身而出保护主将。桓齮额头一层冷汗，连主将身边都出现赵军，秦军此时恐怕已经被赵军截成若干段，各自为战了。

桓齮猜到李牧大概连井陉也拿下了，若自己是李牧，既然前面的计划做得这么细致周详，那么绝不会忘记拿下通往井陉的路口，彻底堵住秦军归路。

桓齮将秦军分为两部，大部分人马继续向西撤退到井陉，而他自己领着数百骑反其道而行之，向东北方向疾进。桓齮这个当机立断的决策让李牧军不能鱼与熊掌兼得，李牧军要么改变计划，在井陉阻击撤退的秦军，要么去追击秦军主将桓齮。

最后李牧还是选择歼灭大部分秦军，只派少数追兵向北追去，桓齮得以逃往燕国。

桓齮去燕国的初衷是考虑到燕国与秦国为盟国，他可以借燕国返回秦国。但是秦军这次损失太大，伤亡过半，余者逃窜，十余万人灰飞烟灭，桓齮料到回国亦是难逃杀身之祸，他不敢冒这个险，只得改名叫樊於期，在燕国滞留下来。

此时的秦王已经坐稳龙椅，他对桓齮逃往燕国不归异常愤怒，令燕王喜交出桓齮，活的死的都可以。然而秦国在东方取得节节胜利之后，燕国对于秦国的独大也有自己的想法。这几年燕国对秦国言听计从，多少是被赵国所迫。

在这个节骨眼上，赵国派人到燕国，与燕国言和。没有了赵国的威胁，燕王喜清醒过来，秦国独大总有一天威胁到燕国，只要赵国不再来犯，燕国倒是可以坐山观虎斗。

对于秦王的要求，燕王喜打马虎眼，不承认收留过桓齮。

秦王大发雷霆，用金千斤、邑万家悬赏桓齮的人头，意思是赏赐青铜钱币1000斤，并封万户侯。嬴政还杀了桓齮的父母兄弟等一干族人，把沾亲带故的亲友全部充作奴隶。

肥累之战，秦军不但丧师折将，还出了个桓齮，可谓输得体无完肤。李牧居功至伟，春平君识得大体，立即以赵王迁的名义封李牧为武安君！

武安君这个封号，是战国时代武将的最高荣誉，只有秦国的白起和赵国的李牧享有这个荣誉。

受封仪式上，李牧傲立于高台之上，一派渊停岳峙的气度，台下赵国群臣和将士无不心折。

不到8岁的赵王迁似乎也是明事理之少年，他带着童声大喊道："李牧，就是寡人的白起啊！"

第三节　灭　六　国

● 韩王安出降，韩国亡，大一统的开始

桓齮出事之后，秦国被迫开始休养生息，秦王也逐渐稳定朝堂。

历史上有一种误解，认为秦始皇统一六国是建立在家底无比殷实的基础上，似乎始皇只要派出王翦，统兵几十万，一切将迎刃而解。事实上始皇的伟大，不仅是统一六国，更因他谱写教科书般的统一过程，后世各朝各代新立，无不学习和遵循始皇的战略战术。

秦军休整几年后，接下来就是轰轰烈烈、气吞山河灭六国的过程。

秦国咸阳王宫，密室之内，尉缭进言道："列国相当于秦的郡县，若列国分散则容易图，如果他们合在一起则难攻。所以三晋合而智伯亡，五国合而破齐，大王不可不虑。"

秦王怎会不懂各个击破的道理，但究竟如何才能破解对方合纵？于是他问道："欲使列国散而不合，爱卿计将安出？"

尉缭提出他的新主张："今国家之计，皆决于豪臣；豪臣多有尽忠，但也有贪图财物之辈。大王勿爱府库之宝藏，只要给吾30万金，厚赂列国豪臣，以乱其谋，而诸侯可尽灭之。"

秦王大悦。当初任用尉缭主要看中其魏国客卿的特殊身份，与吕不韦、嫪毐、长安君等人没有任何瓜葛，没想到尉缭用出色的表现回报了秦王的信任。

秦王可不是小气的人，他知道30万金几乎是其国库的全部，但是将来肯定能连本带利收回来。秦王干脆将国库交给尉缭，任由其支取，令旁人不得过问。

尉缭大出府库金钱，分遣宾客使者，奔走列国，视其宠臣用事者，即厚赂之，探其国情。不出秦王和尉缭所料，列国中的豪臣，尽忠的虽然占多数，但总有贪图财物之辈，从内部瓦解对手完全可行。

尉缭重金设彀藏阄，首先入彀的，便是距离秦国最近的韩国。

韩国是春秋大国晋国之后，第一个韩人叫韩万，是晋穆公之孙，曲沃桓公之子。韩人是晋国宗室，晋国又是周朝分支，韩人因此血统高贵。春秋 300 余年，韩人在晋国奋斗不息，终于从晋国十多个大家族中脱颖而出，成为三家分晋的一员。

战国初期，韩国从平阳迁都到三川郡的宜阳，因为平阳地处魏国河东郡，四周全部是魏国的领土。韩国三川郡和上党郡紧密相连，北有南太行，南有黄河，依山带河，尽得晋国地缘精髓。随后韩国迁都阳翟，为灭郑国做准备。如图 3-33 所示。

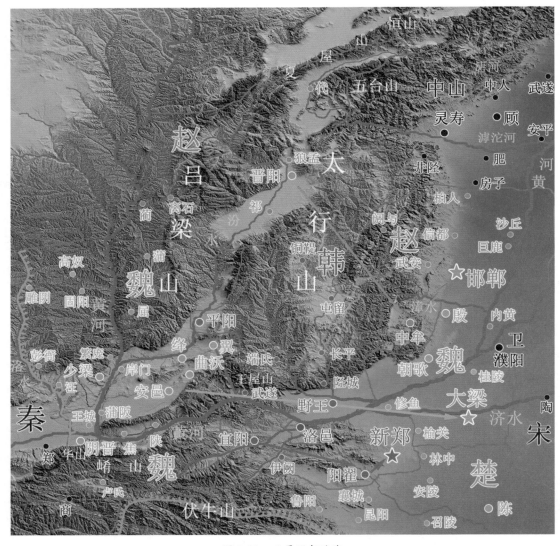

图 3-33　三晋迁都路线

公元前 376 年春天，韩文侯去世，韩国原定举办跨年度三晋大聚会，韩国太子韩屯蒙坚持不改期。

为了这次规模空前的大聚会，韩国人调动人力将物资源源不断送上太行山，运往主办地屯留。除了魏武侯、赵敬侯，韩国人还邀请了邻国郑康公参会。

这年秋天，郑康公统领两万精锐大军，北渡黄河，耗时半个多月，抵达北上党的屯留。

屯留小城到处张灯结彩，处处洋溢热闹欢快的气氛。在来年开春的结盟庆典开始前，各种小型活动层出不穷，欢乐的气氛一浪高过一浪。

时间过得很快，转眼到了第二年春天，屯留盆地四国十几万人马，等待最终庆典到来。

韩国人为了这次庆典确实准备得充分而周到，他们不仅在屯留花费巨资和人力，还向魏、赵、郑三国的都城各派出一支千人队伍，护送用于庆典的礼物，意思是普天同庆。

屯留城外，一座坚固的高台之上，四国国君正歃血为盟。东道主韩屯蒙还未正式登基，他身材不算高大，却气宇轩昂，从骨子里透出威霸之气。当然魏武侯、赵敬侯也都是厉害角色，只有郑康公，脸色发白。

同一时间，韩郑边境，15 万训练有素、装备精良的韩国强弩材士突入郑国境内，直扑都城新郑。

新郑城虽然抽调走两万精兵，但城内依旧有三万余军力，宫城内还有数千驻军，只要态度坚决，抵挡 15 万韩军猛攻半个月，等到郑康公两万精兵及周边郑军来援，当不成问题。

新郑城外韩军忙着搭造大型攻城设备，新郑城内守军也有条不紊组织起来，攻防双方都表现出训练有素、临危不惧的气势。

为了配合韩军的攻势，韩人派出明暗两队人马，明的 1000 人，护送礼品堂而皇之进入新郑，暗的 100 多人，是分为多批潜伏在城南民居中的勇士，这些勇士多是孤儿，个个武功高强，视死如归。

在这个时候，新郑城中忽然大火四起，烟雾弥漫。原来先前运载礼品的 1000 韩军，抵达新郑之后大多数人立即潜入事先安排好的民宅中隐藏起来，此时突然在新郑城内到处纵火，制造混乱。城内的 100 多死士发动暴动，在城南对新郑守军来了个突袭。

城外的韩军还未完全布好攻城阵势，便迫不及待开始四面围城，攻打城墙。城内浓烟滚滚，城墙附近杀声震天，兵器交接声不绝于耳。韩军在与时间赛跑，此番韩人布局已久，为了达到目的甚至连三晋的另两个兄弟魏赵都蒙在鼓里，若长时间不能攻克新郑，后果难以预料。

郑军调动数千宫廷禁卫，组织城内百姓扑火，并挨家挨户盘查，捉拿韩国奸细。

数万韩军则利用简易的云梯和绳索，渡过护城河，冒死登城。韩军知道，这是最好也是最后的机会。

如果是正常的攻防大战，韩人即使付出几万人的代价也未必能攻克新郑，但有了城南这 100 多敢死勇士，以及城内上千个能够牵制禁卫军的内应，南门附近的韩军很快就登上新郑城头。

经过半个多时辰奋战，韩军打开新郑南门，十几万韩军蜂拥而入，新郑城破。

几天之后，这个消息经快马传到北上党屯留。当时四国大聚会接近尾声，还未正式即位的韩屯蒙气定神闲,魏武侯与赵敬侯震惊不已,郑康公则惊慌失措。

其实魏赵两国有能力让韩军撤出新郑,助郑国复国。可是那样一来,三晋同盟必将瓦解,占据着三晋最好地理条件的韩国,将切断魏赵东西方向的交通,魏国很可能霸业成空,赵国也不可能顺利向卫国拓展领土。

而且三晋刚开始大会盟,魏武侯与赵敬侯从自身利益出发,默认了韩国的做法,以此加强三晋的合作。

郑康公的两万精兵被困在北上党盆地中,只要韩军守住几个通道,不需要大费周章就能把这两万人困死,何况四周三晋的军队还有10多万。

几番谈判之后,在韩人同意保留郑国宗庙,给郑康公一块封地的条件下,郑康公最终屈服,向韩人投降。两万郑国精兵一部分解甲归田,大部分并入韩军。

韩屯蒙将都城迁到新郑,并郑入韩,是韩国历史上的一次高光时刻!自此韩郑一家,纵横春秋和战国初年几百年的小霸郑国就这样逐渐融入战国七雄之一的韩国。

战国之际,韩国有大半时间都占据着三川郡和上党郡,实力非凡。自秦国东进以来,韩国作为第一线抵抗秦军的诸侯奋战了100多年,韩人的勇武、忠坚,可歌可泣。

战国末期的韩国,领土面积已经大不如前(如图3-34所示),上党郡和三川郡大部分被秦国占据。剩下的领土为新郑和阳翟两个大板块,新郑是韩国都城,阳翟也是旧都,韩国攻克郑国都城新郑之前,阳翟便是韩国都城。

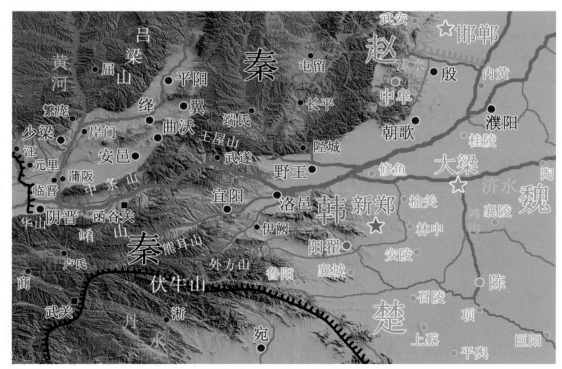

图 3-34 公元前 231 年最后的韩国

阳翟所在的这个地理板块，韩国人称为南阳，与楚国的南阳相对应。

镇守韩国南阳的太守叫腾，其先祖是西周时期齐国西部的姜姓郜国，并非韩国宗室。太守腾的忠诚度自是不如韩国宗室，被收买的可能性大增。尉缭重点收买的人，其中就有韩国南阳太守腾。

公元前 231 年，桓齮事件后仅两年，韩国南阳太守腾投降秦国。但秦国接收韩国南阳之后，并未继续任命腾为太守，而是将其上调，升为内史。内史管辖整个关中的防务，是秦国军政高层之一，嫪毐就担任过此职。秦王的这个任命，可以看作是对降将的回报，作为榜样给六国人看的。

后世有些朝代，降将的待遇不低。典型的例子是，汉武帝时期汉军当中以战功封侯很难，李广苦战一辈子都未封侯，但匈奴许多降将一投降就封千户侯。

韩国南阳这个地方，如果秦军强攻，不付出几万生命的代价是不可能攻取的，太守腾带着驻防的韩军投降，秦国足足多出几万大军。一进一出之间，秦国不战而得人之兵，韩国太守腾升任秦国内史，合情合理。

别人以为内史腾的仕途到此为止，只有秦王心中清楚，内史腾的潜力还没有完全释放。

公元前 230 年，内史腾入秦一年以后，秦国调动大军，准备彻底灭亡韩国。

从秦王处领取象征兵权的虎符之大将，不是王翦、王贲、李信、蒙恬这些后来的名将，而是新人内史腾。刚投降一年就委以重任，秦王为何如此安排？很简单，内史腾在韩国朝野和军队中混迹多年，熟悉韩国的一切，以子之矛攻子之盾，效果自然会更好。

另一层意思，给韩国人树立榜样，一年前的降将在秦国已经是手握兵权的大将，如果大家投降秦国，可以比照内史腾的待遇。

看到内史腾在秦国的升迁，许多韩国朝臣犹豫不决，态度从哀兵必胜变成明哲保身。就连韩王安也动摇了，尉缭派人给他送信，言明只要他投降，秦军不杀一个韩国人，而且保留韩王安周天子所封的侯爵之位。

在激烈的思想斗争之后，韩王安妥协了，他明白困兽犹斗没什么好处，自己投降起码百姓不会生灵涂炭。

韩王安乘坐素车白马，手捧虎符玉玺，从新郑南门而出，投降对面这个骑着高头大马的秦国将领，他曾经的麾下大将南阳太守腾。秦灭六国时期，韩国是东方六国唯一不抵抗就投降的，以至于十多年后项羽刘邦起事，各诸侯国的封王中，韩王总显得腰杆挺不起来。

韩国灭亡，天下震动。

随后就是对韩各方势力的重新安排，大多数韩军编入秦军的队伍，韩国贵族的领地也大多收归秦国朝廷。秦王派出官员管理新郑，韩国旧地成为秦国的三川郡。

只是韩王安不能留在新郑，因为他是一个不安定因素，只有他离开新郑，秦王才安心。

此前处置亡国之君的做法，三家分晋，晋国国君流放在北上党的屯留；田氏代齐，齐国国君被囚禁在东海的小岛上；楚国灭越国，越王则被安置在会稽。待遇有差距，共同点是远离原来的国都，并进行严密监控。

始皇遵循前人的做法，将韩王安流放到南郡郢都的一座荒山上（如图 3-35 所示）。始皇任命内史腾为南郡太守，职责之一是监视韩王安的一举一动。

南郡，是楚国原都城郢都所在，楚国的腹心地带，楚国在这里至少经营了 600 年。秦国占领南郡不过 50 年光景，南郡的民风民俗还是楚风楚情。楚国一直在想方设法策反南郡的军民，南郡此时暗流涌动，随时可能变成滔天洪水。因此南郡是秦国的烫手山芋，南郡太守责任重大，容易劳而无功，运气不好还会引火烧身。现在南郡又多了一个韩王安，危机一触即发，内史腾能不能把南郡管好，还是个未知数。

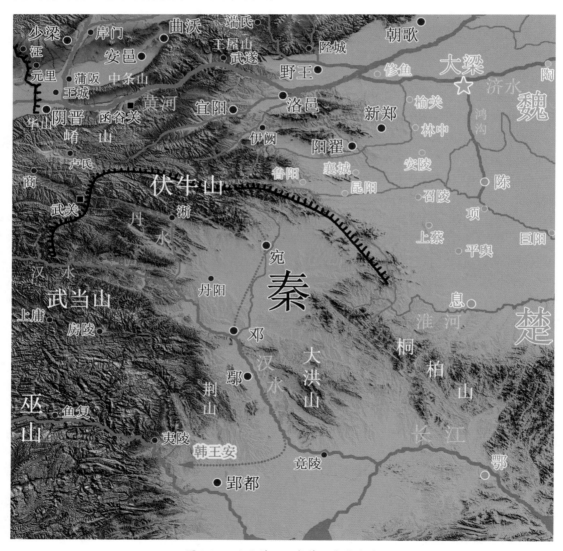

图 3-35 公元前 230 年韩王安被流放

韩国举国投降秦国，除了内史腾，再无一人得到升迁。韩国大臣的田产多充公，家臣门客都编入秦军。秦国派出一大批新官吏接收新郑，韩国大臣全部下野，他们现在只能算是居者有其屋。

公元前 226 年，韩国灭亡 4 年后，借助楚国对秦国进行反击的势头，新郑的韩国贵族们集体谋反，企图复辟。秦国派军队进行残酷镇压，韩国的死忠几乎被连根铲除。

新郑平定后，始皇给南郡太守腾下了一道命令："杀韩王安！"1800 百年后，多尔衮也向吴三桂下达过同样的命令："追杀南明皇帝！"

郢都郊外荒山之中，天微微亮，韩王安身着布衣，焦急地等待着斥候带来的消息。新郑反秦，进展如何？

谁的江山，马蹄声狂乱，足有数十骑。若是新郑派来的斥候，肯定是单骑匹马悄然而来，来者是谁？

韩王安发出一声绝望的轻叹。

骑兵呼啸而来，路边野花纷纷飘落，韩王安已拔剑自刎。

北风吹，韩王安一生在竹简上被诅咒。

200 多年前，三家分晋，晋静公被赵、魏、韩三家逼死前，下过一个诅咒："余之后人，皆不得良死。"意思是，你们三家的后人，都不会正常死亡。

这是晋国最后一个国君下的一个孤独的诅咒。如今这个诅咒的 1/3 已经验证，赵王迁、魏王假的命运又会如何呢？

韩王安自刎的一刻，看到了晋静公孤独的面孔。韩王安同样为秦王下了一个毒咒："寡人亡于荒山，汝必不得亡于宫室！"意思很简单，我死在荒山，你也不可能在咸阳宫廷之内善终。

韩王安死了，无论是南郡太守腾还是平西王吴三桂，最后都背负了弑旧主的恶名。太守腾比吴三桂好一点，他毕竟不如吴三桂出名，恶名也没有那么远扬。

有些人死了，重如泰山，如荆轲，他的对手秦王也会尊重他。有些人活着，轻如鸿毛，如太守腾，杀死韩王安，他的仕途也到此为止。风光一时，历史终究会给他最合理的定位。

抛开太守腾的气节不说，秦王招降对方降将为己所用，大大加快了统一的进程。后来赵国的郭开、齐国的后胜都被始皇成功收买，为秦国灭亡赵国和齐国立下大功。

始皇开创的这种"不战而得人之兵"的战略，为后世各朝代所模仿。刘邦如果没有从项羽阵线投奔过来的韩信、英布，能否建立汉朝还是个未知数；李渊如果没有招降隋朝旧将李靖，唐朝的一统不知道会推迟多少年。

后人说"汉承秦制"，汉朝不仅延续了秦国的官吏制度和各种度量衡，更多的是延续了一种气质，一种精、气、神，始皇的这个"不战而得人之兵"的战略也在其中。

此后乱世，乱不过几十年，如三国、五代十国，一统的速度远远快于战国时代，各路诸侯既可以招降他人的将领，各路豪杰亦可以选择自己的明主，强强联合，自然加快了统一的进程。

一首小词道尽韩国：万封韩原，贤裔惟厥；计全赵孤，阴功不泄。始偶六卿，终分三穴；从约不守，稽首秦阙。韩非虽使，无救亡灭！

● 王翦灭赵国，李牧死，赵国亡

秦国灭韩国之后，下一个目标，从地图上看，非魏即赵。至于其他 3 国，千里迢迢，暂时不在打击范围之内。

魏赵两国兵强将勇，尤其是赵国，其统兵大将李牧用兵神出鬼没，王翦深忌惮之，极力避免明火执仗地与之对阵。

从距离来说，魏国大梁的位置更利于秦国进攻，魏国最有可能成为秦国下一个目标。

不过秦王决定先向赵国用兵，因为冥冥中似有天意，这几年赵国天灾不断，赤地千里。

公元前 231 年，在秦国灭韩国前一年，赵国代郡发生大地震，殃及大半个代郡，地面东西移动距离达到 130 步（约 100 米）。

代郡大部分房屋地基都毁坏了，以至于房屋倒塌，压死百姓不计其数，幸存者多半也负伤且无家可归。李牧经营多年的代郡，突然成了人间地狱。

战国时期人们无法解释地震的成因，普遍认为地震就是要变天了。几百年前西周灭亡前夕，其发源地也是发生过地震的。

地震对赵国北方的打击极大，所幸邯郸等腹地并未遭遇地震。但是第二年，整个赵国遭受大面积干旱，赤地千里，人畜大批死亡，百姓生灵涂炭。

连年持续不断的天灾严重削弱了赵国的军事实力，而且暗示天意要灭赵国。天时地利人和，天时排在第一位，秦王决定放弃魏国，率先向赵国发起进攻。

赵国与秦国同祖，都是嬴姓。西周时期，赵氏有封地赵城，秦氏寄居在赵氏，两大氏族是唇齿之邦。到了春秋开端，秦氏后来居上获得伯爵称号，以嬴姓正统自居。再到战国时期，秦国称霸西方，赵国则横扫北方，战国七雄居其二。

现在是战国末年，诸侯国之间杀红了眼，秦赵之间早已反目成仇。

公元前 229 年，秦军兵分三路攻打赵国，如图 3-36 所示。

中路由王翦统领，这是秦国的主力，兵力近 20 万，从太原郡出发，登上太行山的井陉，进攻赵国中部。

穿越太行山，井陉是路途最短的一条路，这给秦军节省了数不清的粮草，加快了秦军的进兵速度。井陉正好处于赵国中部，从这里可以拦腰将赵国一分为二，将赵军主力吸引到中部，那么南北两头必然空虚，秦军的第二、三路军正是从南北两头进军。

第二路是南路军，由杨端和统领，从东郡攻击赵国南长城，威胁邯郸。

杨端和与王翦几乎是同时出道的，当初与桓齮、王翦并称"秦王三虎将"，虽然未立大功，但也是一员稳重的宿将。

第三路北路军，由李信统领，也是从太原郡出发，北上攻打赵国云中郡、雁门郡、九原郡、五原郡、代郡。

李信从未作为一支军队的主将，但他家族显赫，秦王破格任命他为北路军统帅。

秦国三路大军从相距千里的 3 个方向对赵国发起全面进攻，意图明确：赵国只有一个李牧，无法同时顾及 3 条战线。

三路大军总军力超过 30 万，这在长平之战后是非常罕见的兵力。王翦要求秦王多派兵员，与赵国打一场拼国力的大会战，这是王翦的用兵风格，他擅长大兵团作战，只要他的军队数量超过对手，他就能无往不胜。

图 3-36 公元前 229 年秦国起兵灭赵国

话说自商鞅变法以来，秦国全民皆兵，在秦孝公时期，适龄男子都得上战场。但是秦军在战争中伤亡过大，关中一直处于缺少男丁的状态。到了秦孝公的孙子秦昭襄王时期，曾经征发 13 岁以上男子上战场。嬴政即位前几年，也曾下令低级别官员 10 个中有两个必须上战场，说明兵员相当紧张。

秦国获得的领土越来越多，可用的战士却一直在减少。一统天下后，秦国多次出现"关中少男丁"的状况。不过这几年秦军得以休整增员，特别是兵不血刃兼并韩国，得到韩国近10万兵力补充，秦王可用的兵力增加了不少。

先看人数最少的北路军的表现。李信领两万人从晋阳出发，途经太原郡的北大门狼孟，第一站就是赵国赫赫有名的代郡。王翦给他的命令是拖住北方几个郡的赵军，不求大功，但求无过。

李信军很快进入代地，这里已经不是当年代王统治时期的游牧状态了，赵国在这里经营了100多年，代城不说坚固，最起码也够抵御两万秦军一阵子猛攻。

按照事先的计划，李信军应该在代城附近安营扎寨，让北方几郡不敢去支援李牧的赵军主力，这样就达到目的了。可是将在外君命有所不受，到了代郡，李信就有了龙跃大海的感觉，让他按兵不动，那比拿鞭子抽他一顿还难受。

赵国北方几郡牧民多，全民皆兵，本来兵力相当充足，有超过30万之众，但李牧大破匈奴后，不断派兵支援赵国本土，后来扈辄的10万赵军覆灭后，李牧统领约8万北方大军南下，只留了一万多人在北方。现在这里的兵力只有鼎盛时期的1/20，几个大城也不过两三千人驻守，几乎不可能南下支援李牧。但王翦用兵稳如泰山，故而令李信牵制赵国北军。

李信到了代郡才发现赵军的军力比想象中还要少，他自信两万秦军只要集中力量，无论如何都可以荡平赵国北方。于是李信当机立断，放弃此前围而不攻的战略，猛攻代城，一举拿下。接着李信挥师北上，在未来半年时间里，李信将赵国北方一个个城邑像拔钉子一样，一颗颗拔起。李信这一路秦军，人数不多，进展可以说超出了预期。

再看南部杨端和这支大军，足足8万，佯攻赵国南长城。

按照事先的计划，如果赵军主力北上拦截王翦军，其南长城和邯郸势必空虚，杨端和的8万军力足以拿下南长城，甚至一举拿下邯郸都有可能。

不过杨端和似乎没有发挥出应有的水准，后来李牧率赵军主力北上寻找王翦军决战，杨端和却一直拿不下南长城。直到李牧死了，王翦军大胜之后南下，杨端和才借机突破南长城。

赵国方面，武安君李牧并没有到南线来与杨端和纠缠，而是率师北上，与王翦军正面交锋。

李牧统领十余万大军，到中部的井陉阻击秦军，其余城邑坚守不出。

李牧军的主力是赵国北边几郡的边军，骑兵居多，调动速度快。李牧军扎下大营，只见十余万人连营数里，排山倒海，气势磅礴。

王翦老成持重，虽然兵力优于对手，却如履薄冰，不敢轻动。几年前桓齮的惨败，对王翦来说是个永世难忘的教训。桓齮逃亡后，王翦时常自省。

出征之前，王翦告诫儿子王贲："古往今来，天下善用兵者多矣，善用兵者常用兵，然则生还者少矣。"王翦总结得很到位，古往今来善用兵的人多得很，但善终的不多。

王贲问道："父亲所言有理，如何才能成为生还者？"

王翦语重心长道："我儿切记，小心行得万年船！"

王贲若有所思地点头，他的军事理念与父亲极为相似，看似保守，实则稳健，他们父子一生未尝败绩。

现在李牧军就在王翦眼前，他自然不会出营交战，只派斥候回咸阳，催促太尉尉缭施展离间计。

王翦中等身材，其貌不扬，若换了便装，看不出他是秦国大将军，因为他身上没有一丝杀气。王翦平日为人友善，在朝中与其他公卿关系融洽，深藏城府，但在他平和的眼神里，隐藏着巨大的能量。

每日王翦都会站在高处观望李牧的营垒布阵，一直都面露微笑，看起来胸有成竹，良策深藏于心。不论出现何种情况，王翦从未表露出急躁心态，这让追随他的将军们感到特别踏实。

夜黑人静，只有野物触动的草木声，往往此时王翦会将牛油灯熄灭。在无人能够看到的时候，他才会杀气满帐，目光如炬，似乎能看透黑夜里的一切事物，杀死心中一切敌人。

到了白天，王翦恢复微笑神态，他甚至很少斥责将士，战场上更是稳扎稳打，不让将士冒险，这与白起的军事理念有天壤之别。

王翦令各营垒坚守阵地，不得出战，将士知道他一定另有良策，都遵从将令。

李牧军固然强悍，但秦国并非没有办法。过去的几年，秦国从内部瓦解韩国，获得不战而灭韩国的伟大胜利，尉缭想在赵国故伎重演，来个"屡试不爽"。

韩国的内鬼是南阳太守腾，赵国的内奸是相国郭开。郭开是商人出身，他比太守腾更容易收买。在重金诱惑之下，他让赵国邯郸流言四起，诬陷李牧拥兵自重。

除了郭开，尉缭还收买了少年赵王迁的母亲赵太后，她本是娼妓出身，怎能抵挡重金和美男的诱惑。

赵国朝堂，还正好就把持在两人手中。郭开自知李牧在赵人心中的地位无可撼动，心生一毒计。

第一步，由王翦派人到李牧军中讲和。秦国使臣开出的条件是：只要李牧投降，就将代郡封给李牧。

所谓空穴不来风，虽然李牧果断拒绝秦军使臣的和谈条件，但这件事情还是传到了邯郸，赵国宗室或多或少产生不安情绪，的确有人怀疑李牧重蹈韩国南阳太守腾的覆辙。

第二步，郭开笼络赵国宗室中最有威望的将军赵葱，策划用赵葱去替换李牧。

用赵葱替代李牧，能够得到赵国宗室的支持。不过赵葱一开始并不愿意就范，他虽然是坚定的主战派，但自己与李牧的差距，他还是清楚的。

为此郭开骗赵葱："调李牧回来，任相国一职，若查明李牧没有谋反之心，随时还可复职。"

赵葱将信将疑，这才同意，与自己的副将颜聚，带着小赵王迁的虎符到前线接替李牧。

第三步，郭开计划杀掉李牧，以免夜长梦多。

赵军中军大帐，赵葱和颜聚依次而进，看到坐于主座前的武安君李牧，立即止步行礼，并拿出虎符。先前已有斥候报知武安君，因此大家心照不宣，都知道怎么回事。

李牧的副将司马尚将两半虎符合在一起，十分吻合，对赵葱怒道："两军对垒，国家安危，悬于一将，虽有君命，绝不敢从！"

赵葱看看前方的武安君，明显比以前衰老了，满脸风霜，黑首转白，恭敬道："大王欲用君上为相国，请君上勿疑。"

司马尚愤然道："开始废信平君，今日是武安君，吾当提兵入朝，先除君侧之恶，然后可御秦也！"

李牧挥手止住司马尚，让赵葱不那么尴尬，缓缓道："吾尝恨乐毅、廉颇为赵将不终，不意今日吾步之后尘。"

说罢武安君站了起来，再叹一口气，动身出帐。司马尚紧跟不舍，头也不回。

几天之后，李牧和司马尚在回邯郸的驿馆中被郭开派遣的雇佣兵杀害。

三步过后，郭开将赵国大厦的顶梁柱拔掉，在秦破赵的过程中可谓居功至伟。

赵葱和颜聚上任，立即视察营寨，登高极目，敌我双方形势清晰起来。

只见赵秦两军都在丘陵高处立营设寨，利用树林山势乱石等地形条件，砍木立栅，建成有效抵御矢石的防御工事，挖出长达数里的壕沟，形成彼此对峙之局。

李牧中军立寨之处非常有利，一边是河流，另一边是悬崖峭壁，飞鸟难渡。河崖间近五里的山地，全是一重又一重的栅栏和壕沟。每个高起的山头，都设立坚固的木寨，近百个木寨互相呼应，防守上可说无懈可击。赵葱和颜聚一边视察，一边赞叹。

过了几日，李牧被害的消息传到军中。追随李牧多年的军士们愤怒万分，个个挂着白布条缅怀李牧，士气低迷，哪里还有抵抗秦军的决心。

赵葱整顿军纪，杀了几个军士以儆效尤。可惜赵国"大厦全凭一木撑"，李牧不在了，赵国北军没了军魂，一夜间逃散殆尽，赵葱根本掌控不了大局。

到次日天色大亮，各营清点人数，十几万大军最后只剩五万余人，多是中原的兵卒，北方五郡的军士基本逃光。

屋漏偏逢连夜雨，此时王翦发动 20 余万大军，兵分四路前来劫营。秦军知赵军有变故，士气如虹，有如倾江倒海般从四面杀来。

正常情况下，赵葱也绝不是王翦的对手，何况是在兵力处于绝对劣势，士气处于谷底的时候。

赵葱自知必败，却不愿活着回到邯郸，他领军坚守，掩护副将颜聚统领 5000 人突围。

最后赵军毫无悬念吃了败仗，全军覆没，赵葱自尽。颜聚收拾败军，奔回邯郸。

这一战，赵军连北方的数万边军都丢掉了，剩下就是各个城头的守军各自为战，再也拼凑不出一支能够出城迎敌的军队，其被动程度可想而知。

王翦挥师猛进，大胜一场，以犁庭扫穴之势直抵邯郸城下。此时杨端和也趁势攻破南长城，与王翦大军会师邯郸城下。

三十余万秦军在邯郸城下高唱战歌："王之兴师，修我戈矛。王之兴师，整我盔甲。王之兴师，催我战骑。"

口号响彻平原，地动山摇。秦军个个摩拳擦掌，要是能拿下邯郸，很多人都能获得爵位。

30 年前，长平之战后的邯郸之战，秦军也围困了邯郸城，但那时赵国有平原君，魏国有信陵君窃符救赵，如今的赵国只有郭开，魏国也再无信陵君般的人物。

赵人明知抵抗也是死路一条，仍竭尽全力抵抗。颜聚从井陉撤回来后，作为赵军大将，领着邯郸赵军据守。公子赵嘉也率其宗族门客为颜聚助力，秦军几波攻城竟然未能动摇邯郸城防。

王翦用兵最大的特点就是一个"稳"字。不但要胜利，还要损失最小，绝对不多牺牲一兵一卒。他想利用邯郸城中的郭开，实施不战而屈人之兵的战术。

赵国朝堂之上，气氛有些悲壮，大多数人都抱定必死的信念。不满 13 岁的赵王迁，刚刚懂事的年龄，就承受这天大的压力。

郭开进言："秦兵势大，我王不如全城归顺，不失封侯之位。"此人身形高瘦，脸白无须，说起话时表情丰富，眼珠滴溜乱转。

17 岁的公子赵嘉闻言，伏地痛哭："先王以社稷宗庙传于大王，怎可弃也？臣愿与颜聚将军竭力效死！万一城破，代郡数百里尚可为国，奈何束手为人囚乎？"

郭开冷冷道："城破则我王就会被虏，岂能再到代郡？"

赵嘉站起身，右手紧握剑柄，左手戳指郭开骂道："覆国谗臣，尚敢多言，吾必斩之！"

郭开退后两步，向坐在赵王迁身旁的太后使了一个眼色，太后会意，向玉庭下道："今日大朝到此为止，退朝。"

邯郸城头绛红的旗帜随风飘扬，赵军坚守邯郸的决心不动摇。城中广有积粟，食用不乏，秦人本以为很容易拿下的邯郸之战，变成一场跨年度的战争。

郭开欲用自己数千雇佣兵和家将打开一座城门，献城给秦军。不过公子赵嘉亲率赵氏家族，帮助将军颜聚加强防守，对郭开严密监视，让其不能发动。

但是郭开势力也不小，赵人不能阻止郭开与城外通信，于是他又想出一个毒计。

第二年初春，城外秦军的大旗忽然都迎着春风改成绣有"秦王"字样的黑色旗帜。秦军在隆冬季节暂停进攻，等旗帜更换完毕，便开始昼夜攻打，比年前攻势更为猛烈。

后宫偏殿内，郭开趁机进言："秦王亲自提兵至此，其意不破邯郸不归，若城破则大王一无所有，若以和氏璧至宝而降，秦王必喜，而封大王城邑。"

不到 13 岁的赵王迁气消胆夺，畏惧道："寡人欲降秦，秦王真不会杀我百姓，毁我宗庙？"

郭开邪笑道："秦王不害韩王，岂能害大王哉？愿大王自断于心！"

当时韩王安刚刚被流放不久，韩国宗庙也还没有被毁，宗室成员大多还活着，加之秦国封锁消息，韩王安被流放后的悲惨情况还不为人所知，赵王迁真以为韩王安过着土皇帝一般的好日子。

这君臣既然决心要投降，那真是谁都挡不住。总观千古兴亡局，尽在朝中用佞贤。

在郭开的谋划下，赵王迁连续几日带着郭开巡视城门，每天巡视四方城门，赵军士气因此得以提升，一身疲倦的公子赵嘉也放松了警惕。

一日，赵王迁巡视至北门，正好碰到赵嘉和颜聚在北门观察敌情。赵王迁对二人嘉奖一番，领着郭开等人到了南门，命令南门守将打开城门，赵王迁带着和氏璧，以及郭开等人，出城投降。

公子赵嘉和将军颜聚得知赵王迁已经投降，大惊失色。将军颜聚领兵出北门，对秦军发起自杀式袭击，为公子赵嘉杀出一条通道。赵嘉则统领数百宗室成员以及数千精锐赵军，奔赴代郡，如图 3-37 所示。

颜聚这上万突击的人马前仆后继，在与秦军猛烈的冲击中人越来越少，直到最后一人倒下。

慷慨悲歌惊泪落，赵国的慷慨悲歌之士，真是层出不穷。

赵嘉到了代郡，闻赵王迁已经被秦人虏走，乃自立为赵王。由于赵嘉本身曾是太子，赵国宗室争相依附，许多来不及跟随赵嘉逃离的赵人，化身贫民前来投奔赵嘉。

赵嘉在代郡表李牧之功，复其武安君爵位，亲自设祭台拜祭，以收代人之心。

接着赵嘉又联合燕国，此时燕国太子丹正在策划"荆轲刺秦王"。燕赵时隔半个世纪，终于又一次结盟。

赵嘉所控制的赵国地盘，包括代郡和上谷郡，地方倒是不小，不过其并不为后来统一的秦国所认同。在秦国史官看来，赵国已经灭亡，因此称赵嘉的赵国为代国。

秦王闻邯郸城破，手舞足蹈，千里迢迢长驱入邯郸城，居住在赵国王宫。在赵国金碧辉煌的宫殿之中，秦王稳坐龙椅，玉庭之下，赵王迁以臣礼拜见，秦王坐而受之。庭下还有不少赵国旧臣，有的当即流涕不止，可是为时已晚。

秦王把玩和氏璧，笑对赵国群臣道："此先王以15城易之而不得者也！"

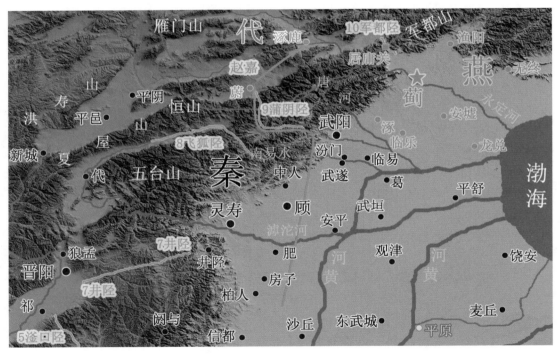

图 3-37　赵嘉奔代

秦王少年时代是在邯郸度过的，其母赵姬和他本人曾遭部分邯郸贵族欺凌。即使事情过去20多年，秦王并未忘记旧仇，他将这些人连根拔起，满门抄斩，邯郸城又经历一场血雨腥风，才逐渐归于平静。

出卖主子的郭开被封为上卿，保住了万贯家财。郭开富可敌国，其府中建有秘密地下宝库，用来窖藏金银宝器。赵人对其咬牙切齿，郭开遂决定搬迁至咸阳。

郭开托人在咸阳购置新的府邸，接着发窖取金，装了 10 多车，前往咸阳。不料途中被假冒盗贼的秦兵所劫，先杀郭开，再夺财货而去。

秦兵走的时候还不忘对吓得跪伏在地的从人道："我等乃李牧之旧将，为武安君复仇尔！"

呜呼！得金卖国，徒杀其身，愚哉！

经此一役，王翦威名大振，受封武成侯（二十级军功爵位制第二十级）。杨端和没有完成既定目标，从此淡出秦王视线。李信虽然立功，但其擅自发动战争，功过相抵，不赏不罚。

与韩王安一样，赵王迁也被流放，地点更为偏僻，是上庸的房陵。赵王迁流放路线如图 3-38 所示。

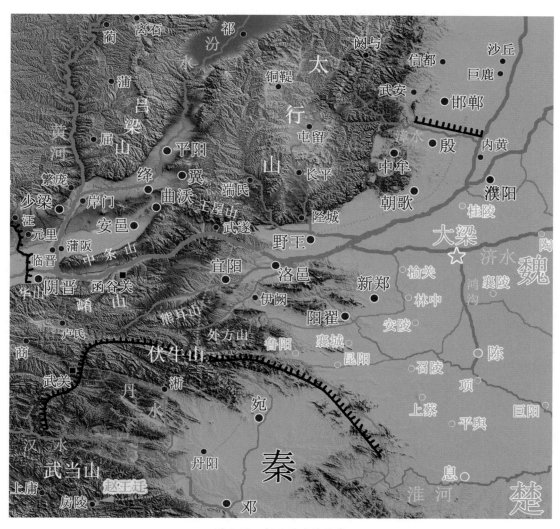

图 3-38　赵王迁流放路线

这一年，赵王迁仅仅 13 岁，亡国之君的重压让这个少年整日愁眉不展，像个 30 岁的沧桑男人。

房陵流放地，赵王迁的居所是山中的一间石屋。赵王迁时常面向东北故国方向，叹息："若李牧在，秦人岂得食吾邯郸之粟耶？"

时间一长，少年赵王迁得了抑郁症，听到山中水声淙淙，自言自语道："水乃无情之物，尚能自达于汉江，寡人羁囚在此，望故乡千里，岂能至哉！"

身旁的太史和从人无不垂泪。

一年年过去，赵王迁逐渐白了头，他每日面向东北，唯一的愿望就是兄长代王赵嘉能够反攻邯郸，光复赵国。

当荆轲刺秦王失败，随即燕国灭亡的消息传到房陵，赵王迁知道其兄赵嘉已经独木难支、无力回天，一场大病让他一蹶不振。不多日，赵王迁去世，年方 15 岁，连个后代都没有。

代王赵嘉闻弟赵王迁死，给其谥号为赵幽缪王。

至此，晋静公所下诅咒的 2/3 已经验证，韩王安、赵王迁都已经不得良死，魏王假的命运又会如何呢？

赵王迁临死之前，边咳嗽边下了一个狠毒的诅咒："赵政，汝以奸臣离间赵氏兄弟，他日赵人必诛杀尔等子孙。"

一首小词道尽赵国：赵氏之世，与秦同祖；周穆平徐，乃封造父。带始事晋，夙初有土；武世晋卿，籍为赵主。胡服虽强，内乱外侮；颇牧不用，王迁囚房。云中六载，余焰一吐。

● 荆轲刺秦王

公元前 228 年，秦军攻克邯郸，占领赵国大部分地区。此后秦国忙于接收赵国城邑，派出官吏进行管理。

公元前 227 年，原韩国贵族不满秦国剥夺他们的田产物业，密谋近三年终于谋反。秦王调遣十余万大军，由王翦之子王贲统领，李信为副将，前往新郑平乱。

就在王贲平乱这个节骨眼上，发生了震惊天下的荆轲刺秦王事件。

燕国太子丹本来在秦国为质，从秦国逃回到燕国后，大散家财，广聚宾客。秦国逃将桓齮成为太子丹的座上宾，太子丹为桓齮修筑了一座府邸，车骑美女金锭多有赠送。

太子丹在秦国呆了 5 年，清楚要战胜秦国，在战场上是行不通的。于是太子丹秘密筹划刺杀秦王嬴政！

太子丹盘算，秦王没有立王后和太子，这时候的秦王年近 30，如果秦王被刺死，他的几个公子都年少，必然争夺秦国王位，肯定会大乱一场。

20 年之后，当秦始皇去世，赵高、李斯等人立马蹦出来弄权，将始皇的其他公子杀得一个不剩（除了秦二世）。从这个结果来看，太子丹的如意算盘还真有预见性。

太子丹开始筹划刺杀秦王的大计，不过进展却甚微。

刺杀秦王得满足 3 个条件：一是近距离接触秦王；二是有隐藏好的武器；三是刺客要身

手不凡。

太子丹想到这三个前提条件就头痛欲裂，他的脑海中不断浮现春秋时期刺客专诸刺杀吴王僚的一幕：

吴国公子光府上，五步一亭，十步一榭，假山之中滴水之声不绝，亭榭之下美女盛装相迎。

公子光的兄长吴王僚，从王宫之中前来赴宴。一路剑戈森严，就连公子光的府中，到处都是吴王僚的侍卫。

大厅之内，吴王僚在主座，公子光和众宾客不断敬酒。随着音乐声响起，一队衣着单薄的少女入池献艺，气氛热烈而欢快。

此时的刺客专诸，将最著名的匕首"鱼肠剑"藏在太湖烤鱼体内，假装上菜，趁所有人注意力在美女和歌舞上，取剑刺杀吴王，一举成功。

每当浮现刺客专诸那雷霆一剑的画面，太子丹就会瞳孔放大，太阳穴的血管跳动不已，内心汹涌澎湃。

若太子丹能成功刺杀秦王，他的名声肯定将盖过后来当了吴王的公子光。

即使荆轲刺杀秦王失败，其名气也远在专诸之上。因为刺杀者的名气是由刺杀对象决定的，与刺杀者行刺之前的名气无关，这个规则古今中外通用。

美国目前有过 46 位总统，其中遭遇刺杀的有 9 位，概率接近 20%，其中遇刺身亡的有 4 位，概率近 10%！

公元 1865 年，小演员布斯刺杀大总统林肯之后被击毙。令人震惊的是，后来很多人纷纷站出来承认，自己才是刺杀林肯的真凶。有些人被识破之后，直言不讳就是为了出名而假冒凶手，让人啼笑皆非。

美国是可以合法持有枪支的国度，任何人只要买一把好枪，就有机会刺杀总统。但在中国的战国时期，燕国太子丹要刺杀秦王，却必须同时满足上述三个条件

时间过得很快，太子丹归国 3 年，秦国灭了韩国。韩国的覆灭惊天动地，七雄变六雄，三晋变两晋。

太子丹也感到时间不多，再不下决心，秦军恐怕要打到家门口来。让太子丹犹豫的，是送给秦国一份什么样的礼物，才可以让秦王接见燕国使臣。这份礼物送得太大，太子丹不甘心，送得小了又不能打动秦王。

太子丹首先想到的，是座上宾樊於期的脑袋，只有杀了樊於期，才能表明燕国的决心。

这几年樊於期纵欲消沉，不问世事，动作迟钝，人也衰老了许多，特别是那一双忧郁而疲倦的眼睛，说明他的英雄岁月离他已经非常遥远了。

不过除了樊於期的人头，太子丹还必须拿出燕国的领土来进贡，这样使臣便可以在秦王面前解说这块土地，否则秦王怎会接见燕国使臣。

太子丹对燕国领土割舍不下，一直没有下定决心，以至两年后赵国也灭亡了，六雄变成五雄，太子丹才痛定思痛、下足决心。

太子丹最终决定割肉的领土叫"督亢之地"，是位于唐河、黄河与永定河之间的一大片肥

沃土地（如图 3-39 所示），"督亢之地"也有"膏腴之地"的意思。

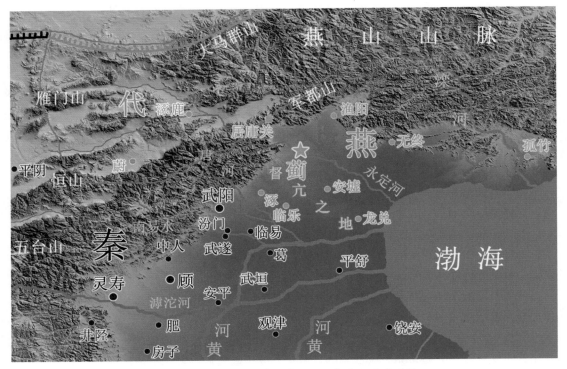

图 3-39　公元前 227 年图穷匕见＿督亢之地地形图

地随督亢依山尽，河控桑干入塞来。桑干河为永定河的上游，控制了桑干河，就能占据"督亢之地"这块宝地。

"督亢之地"位于东汉十三州冀州与幽州交界处，到三国时期成了公孙瓒与袁绍的必争之地。五代十国时期，后晋石敬瑭将"幽云十六州"割让给契丹，"督亢之地"就位于"幽云十六州"的南部。后来北宋与契丹争夺的核心区域，就是"幽云十六州"南部的"督亢之地"。

"督亢之地"曾经被赵国攻占了一部分，燕国不惜拿出下都武阳交换赵国攻占的领土，可见这片土地对燕国的影响。失去"督亢之地"，燕国都城与秦国的领土就只隔了一条永定河，站在都城的城头，就能看到对岸的秦人。

有了接近秦王的机会，接下来就是准备刺杀武器。由赵国工匠徐夫人出品，一柄一尺八寸长的匕首，用剧毒蛇药浸泡数年，毒性已经融入钢铁之中。用这柄匕首试验猛犬，见血后 5 步，猛犬便因全身血液凝固而亡，其两眼惊恐万分，十分骇人。

有了利器，最后就是找合适的人选。按照李白的标准，要"十步杀一人，千里不留行"，敌人在 10 步之内必死无疑，自己事后逃跑 1000 里而不留一点痕迹。当然要从秦宫逃跑，除非长了翅膀，因此只要具备"十步杀一人"的杀手本色即可。

太子丹一开始看好燕国大将秦开的孙子秦舞阳，此人大有其祖父遗风，身形威猛，气度不凡，13 岁就在大街上杀人，杀完后面不改色，扬长而去。不过秦舞阳有个致命的缺陷，他性格粗狂，遇事毛躁。如果秦舞阳上了秦国朝堂，恐怕很难与秦王沟通，更不会有机会行刺。

那么谁能担当刺杀行动的重任呢？太子丹又想到了天下第一剑客盖聂。然而并非每个人都愿意为太子丹去牺牲性命，盖聂自从得知太子丹想让他刺杀他国国君（太子丹没有言明是刺杀秦王），就消失于江湖之中。

看来外人不可靠，太子丹只能从内部挖潜，好在太子丹帐下能人不少。

荆轲是齐国大夫庆封之后，齐国内乱之时，庆氏家族先奔吴国，又奔卫国。等到田氏代齐反客为主，从前姜姓吕氏的齐国宗室在齐国就大势已去了。

荆轲剑术高超，曾经在卫国国君面前舞剑。可惜卫国名存实亡，是一个处于秦国保护下的弹丸小国，荆轲的剑术无用武之地。

荆轲深有谋略，剑术又高超，他这样的人自是不愁没出路。此时荆轲正投在太子丹门下，有吃有喝。荆轲嗜酒，常与好友高渐离击筑，对酒高歌。酒酣之际时常泪流满面，别人以为荆轲是醉酒，只有高渐离明白，荆轲身怀大志，这是壮志未酬的感慨。

太子丹决定派荆轲去刺杀秦王，荆轲却不太乐意，毕竟这是有死无生的事情，荆轲对太子丹的知遇之恩还没感激到可以交出自己性命的程度。

为了请荆轲出山，太子丹命人火速修了一座大宅，供荆轲居住。为了笼络荆轲，太子丹不惜将自己宫中还没有被宠幸过的两位卫国美女送给荆轲。

为了笼络荆轲，太子丹对荆轲是有求必应，只怕荆轲无所欲求。

一日，太子丹与荆轲游猎，荆轲偶然提到马肝味道不错，太子丹当天就令人将自己的千里马斩杀，吩咐御厨专门为荆轲做了一份爆炒千里马肝。

又一日，太子丹与荆轲在东宫把酒言欢，酒酣之际荆轲兴致渐起，赞扬一位倒酒的宫女"美手如玉"，荆轲当时不知道这位美丽的"宫女"是太子丹的夫人之一，而太子丹则毫不吝惜，把这位夫人送给荆轲。

荆轲潇洒快意的日子过了一年多，时间越来越紧迫。秦军灭了赵国之后，近一年都忙着接收赵国广大的领土，派遣官吏和守军，暂时没有发起战争。可以预见，等秦国掌控赵国大局，秦军又将隆隆开动，燕国领土上很快就能看到黑色旗帜。

荆轲接受太子丹的美意，自是知恩图报，决心为太子丹效劳。

荆轲虽然是出色的剑客，但此番刺杀行动的武器是一柄小巧的匕首，荆轲的剑法自然无法施展。而秦王的身体非常好，至少是一位身手敏捷、体格强健的国君。

稳妥起见，秦舞阳临危受命，作为副手协助荆轲行刺。以秦舞阳的铁臂铜腿，料想赤手空拳也能让秦王毙命。

这些日子，荆轲反复推演整个刺杀行动的每一个环节，"督亢之地"的地形物产人口都记得滚瓜烂熟，临行前荆轲还有一个任务——杀樊於期。

站在府中的高处，不远处一座别致的府院呈现眼前，那不是樊馆吗？太子丹给荆轲的任务，就是请荆轲去取樊於期的首级。

太子丹为樊於期和荆轲都修建了府院，樊於期的叫樊馆，荆轲的叫荆馆，两座豪宅相距不远。

荆轲入了樊馆，直说来意。在燕国过了五六年舒坦日子的老将军，知恩图报，送上自己的项上人头，作为荆轲见秦王的见面礼。

一切准备就绪，荆轲出行之日，太子丹亲自送行。

易水河畔，太子丹先下车，到荆轲车旁，执荆轲之手，并行向前。

荆轲神采飞扬，步履轻松，看来温柔没有摧垮他的意志和身体。太子丹握着荆轲的手，也感到异常有力，一颗提着的心旋即放下来。

太子丹与荆轲饮酒道别，荆轲的好友高渐离击筑助兴，荆轲引吭高歌："风萧萧兮易水寒，壮士一去兮不复还！"

歌声听起来慷慨激昂，风号雨泣，易水河畔太子丹的贴身随从无不为荆轲涕泣，同时又深受鼓舞。

荆轲仰面呵气，其气化成白虹一道，直冲霄汉，似乎是一个人的灵魂出窍，与天对话。众人惊骇不已。

荆轲将最后一碗酒一饮而尽，与秦舞阳各自跃步上车，催鞭疾驰，义无反顾，永不回头。

秦都咸阳，庄严富丽的王宫。

荆轲与秦舞阳在一名内侍的引领下，一步步向正殿走去。秦舞阳手捧装着"督亢之地"地图的木匣，至于另一个装有樊於期首级的木匣，早前已经验看过。

殿外这数十步，禁卫排列整齐，人人整装贯甲，手执兵器，旌旗招展，甲仗鲜明。主路两旁的禁卫手持利刃，恶狠狠盯着路过的荆轲和秦舞阳，气氛让人窒息。

刚进高大宽阔的大殿，突然有人一声轻喝："请止步！"

如此肃穆郑重的场合，就这一声轻喝，在荆轲听来如雷响一般，心头大震。

荆轲见眼前闪出一人，身材适中，官服合体，身上有佩剑，右手习惯性地握住剑柄，左手抬起止住荆轲等人。

电光火石的一瞬间，荆轲判断来人是郎中令蒙毅。因秦国朝堂有规定，除了掌管宫廷禁卫的郎中令（禁卫军总司令），大殿之内谁也不能佩剑。

同时荆轲用眼睛余光感觉到，秦舞阳脸色发白，荆轲鼻尖触到微微抖动的空气，似乎说明身旁秦舞阳的双腿在颤抖不已。

荆轲顾盼自如，从容微笑道："小国之臣副史秦舞阳，乃北番蛮夷之人，兼以年幼，初睹上国威仪，不免战栗惶悚，郎中令大人见笑了。"

殿上众臣见荆轲面色从容，神态也都放松下来，有人还低声嘲笑。

蒙毅见荆轲在素昧平生的情况下准确地认出了自己，对荆轲多了一分尊重。但是郎中令职责所在，他仍然冷冷道："副史殿外等候，先生请上殿。"

秦舞阳不能上大殿，刺杀秦王的所有重担都压在了荆轲肩上。

秦舞阳没有了刺秦王的重任，反倒轻松起来。他看看殿外的禁卫，盘算着等会荆轲刺秦王，自己如何夺取兵器，临死也要拉几个垫背的。

荆轲接过漆得十分光亮的木匣子，看清殿上的位置，脚下极有分寸，一步一步慢慢走去，如履平地般通过石阶，踏上玉庭，俯身把手中的木匣放下，双膝屈下，以头着地，行觐见天子大礼。

内侍将木匣子打开，再次验证里面除了一卷地图，别无他物，方呈上五步之外的龙椅。

秦王心情不错，问荆轲："寡人的故人境况如何？"

荆轲知道秦王问的是太子丹，称太子丹为故人，说明秦王对燕国这次献地很满意，不计较太子丹的不辞而别。

荆轲不慌不忙中道出一套早已准备好的说辞："太子当年思亲心切，潜行回国，至今不安。今得重修盟好，乞大王不咎既往，太子有生之年，皆是感激之时。"

秦王目光如炬，鹰钩鼻犀利威严，他顺手打开卷轴，想要一睹精裱细绘的"督亢之地"地图。

5步开外荆轲站立着，内心焦急，这个距离是刺杀不到秦王的。只见荆轲微一定神道："燕王托庇于大王德威之下，特献督亢膏腴之地，敬备上国屯兵之用。"

句句话都让秦王很舒服。始皇拉开图轴，最先入眼的是燕国宫女精心缝制的督亢地图，只见图上海洋、高山、河流、田产、城邑颜色各异，栩栩如生，始皇瞬间就被精致的地图所吸引。

5步之外，荆轲娓娓道来："大王，督亢乃燕国富裕之地，地方大，人口多，一片平原，位于易水和永定河之间……"

"荆卿，你上来为寡人指点。"秦王迫不及待想知道这精美地图上的一切细节。

荆轲心中感谢燕国宫女，若不是她们废寝忘食，用掉了几十匹绸缎，最后缝制出这么一个世间绝无仅有的地图，恐怕荆轲难有与秦王近距离对话的机会。

荆轲从容向前几步，在秦王的一侧开始讲解。他的辞令简短精准、引人入胜，将"督亢之地"的渊源、地形、物产、人口等分析得头头是道，秦王一直沉浸在这美妙的地图盛宴中。

从地图（如图3-40所示）上看，赵国邯郸陷落之后，其他区域基本上兵败如山倒，多数地方向秦军投诚。赵国公子赵嘉带领赵氏族人向北逃亡，控制上谷郡和代郡的部分区域，偌大一个赵国，一下子被压缩到只剩1/5。

图轴的一端固定在木匣中，荆轲手捧另一端不断收着图轴，他的讲解不紧不慢，留在木匣中的图轴越来越少。

秦王看得聚精会神，听得津津有味。荆轲却度日如年，嘴中滔滔不绝，脸上笑容洋溢，言语间似乎要抛弃燕国，投秦王帐下。

图轴看起来还有不少，荆轲正待加快讲解速度，以免秦王终止看图。此时突然图穷而匕首见，原来匕首占了不少的空间，图轴才显得还有很多。

按照原来的刺杀计划，秦舞阳站在图轴另一侧，如今秦舞阳没有上大殿，荆轲向另一端的图轴猛扑，取得致命蛇毒浸煮过的锋利匕首。

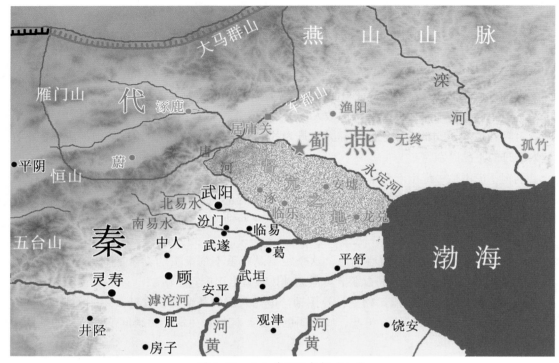

图 3-40　公元前 227 年督亢之地

荆轲在秦王面前这横着迅速一扑，秦王下意识地往后猛坐。秦王是谁，他每天要看数百斤竹简，精力旺盛，身手敏捷。

荆轲又是谁，他才思敏捷，不但是舞剑高手，而且思维迅捷无比，他早已考虑到秦王会有下意识后退动作。

荆轲右手去取剧毒匕首的同时，左手准确地抓住秦王的一只衣袖，下一个步骤必定是右手将匕首刺入秦王的胸膛。

战国时期天子和大国国君的礼服称为"端委"，讲究的是"端正无杀"。秦王穿的王袍用整幅绸缎裁制，不削不剪，宽大无比，穿在身上，本应该盖住肩膀的部分竟然垂至肘部，因此二尺二寸长的软滑丝绢衣袖，还有一尺多悬空垂着。

当荆轲抓住秦王的衣袖，开始雷霆一刺的时候，秦王也用足力气，向侧后方翻滚躲避。

秦王不仅身手敏捷，而且身形魁梧，近两百斤的体重，这么猛地一退一跃，把衣袖与衣服的缝合处给扯断了。荆轲现在是右手持蛇毒利刃，左手拿着一节二尺二寸长的软滑丝绢衣袖。

发生这么多事，其实只过了一两秒，一切都在电闪雷鸣之间。

荆轲见一击不成，立马飞身再刺。始皇又是迅疾一缩，闪到了黑漆大木柱之旁，总算找到一点点掩体。

时间只过了二三秒，前两个回合结束，始皇有断袖的运气，有对环境熟悉的因素。

接下来第 3 个回合，荆轲用壮硕的双腿闪电般迫近始皇，始皇则尽展平生力气，围着大木柱跑圈。

这是一棵千年妖树的树干，4人才能合抱，秦王不敢跑到玉庭之下，而是绕着大木柱跑，他怕荆轲把匕首当飞镖抛射。

第三个回合开始了，玉庭之上，荆轲正一寸寸地接近始皇，毕竟荆轲是个剑客，秦王只是剑术爱好者，荆轲还是略快一筹。

大殿中的群臣这才彻底反应过来玉庭之上的巨变。但是秦法严密，任何人没有秦王旨意，擅上玉庭是诛三族的大罪，谁也不敢上来帮忙。蒙毅此刻正在大殿门口，一双锐眼盯着秦舞阳，他更加来不及救驾。

而殿外那些持枪带戈的侍卫，没有秦王的命令，也是不敢进大殿的，即便这时候进大殿，恐怕也是远水不能救近火。

秦王全部的注意力都用在绕圈奔逃上，哪里还能一心二用，下令救驾。

危急之时还是郎中令蒙毅反应快，他向上方玉庭大喊一声："拔剑！"群臣也都跟着喊"拔剑"。

秦王身上真有一把长剑，叫"鹿卢"，挂在他的腰间。

秦王奔逃中试图拔剑，可惜剑太长，一拔没有拔出来。

古代用剑，愈是身份尊贵，剑愈长。这与衣袍一样，身份越尊贵，衣袍越宽大华美，越是百姓，衣服越短小实用。

秦王这个"鹿卢"宝剑长达七尺，与曹操的身高正好一样，大约在1米62左右。这么长一把剑，自然是不好拔。

秦王没能拔出长剑，奔逃的速度也受了影响。荆轲那把匕首仿佛一条眼镜王蛇，正向猎物狠狠地咬去，剧毒蛇牙距离秦王只有一两寸。

一圈之内，眼镜王蛇必将咬中秦王后背，毒液将通过血管迅速注入心脏，凝结血液，进而终结秦王性命。若是那样，即便是华佗早生几百年，也将回天乏术。

危急时刻，一直站在玉庭之上，脸色苍白的太医夏无且有如神助，就在荆轲的匕首触及秦王衣袍，还没有刺到肉身的一刹那，将手中的医箱狠狠砸向荆轲。

我国20世纪六七十年代，农村中有许多赤脚医生，就是背着这种木质药箱走村串户的。太医夏无且的药箱中还装满秘制中药，重达十多斤。

木箱像石头一样砸向荆轲。好个荆轲，不愧是一流剑手，如此高速追击中居然用余光扫到侧面飞来的异物。他右手持匕首，左臂一挥，将药箱击落，名贵药材洒落一地。

不过这样一来，荆轲的速度受到严重影响。秦王借机窜开两步，拔出长剑，反身来与荆轲对决。

不用再奔逃的秦王，有了武器之后，并未召唤庭下的大臣和侍卫，这是何等的勇气！

只见秦王双手握剑，使劲向前张臂，尽可能拉开与荆轲的距离。这"鹿卢"宝剑，加上秦王的臂展，长度快赶上吕布的身高，相当于在荆轲的匕首到秦王身体之间，横卧着一个吕布。

兵器是"一寸长一寸强"，秦王七尺长剑，荆轲一尺八寸匕首，秦王的兵器是荆轲的4倍长，对峙起来优势自然尽在秦王这边。

"鹿卢"宝剑冷若寒冰，疾如闪电，锋芒闪过，荆轲大腿中剑，鲜血喷出，不得不背靠木柱勉强支撑。

见荆轲失去进攻的可能，心悬到喉咙口的庭下众臣纷纷吐气放松。

荆轲提足丹田之气，力气从躯体，到手臂，再到手腕。寒光一闪，匕首有如一道激光，飞射向秦王。

秦王并没有像他的大臣一样放松下来，紧绷着的身体立即闪身一躲，那一柄剧毒匕首滑破秦王的王袍，继续高速飞驰，击中十几步之外另一大柱。匕首撞击镀铜的大柱，击起一丛火花，半把匕首没入柱内，可见力道之大。

荆轲依靠木柱，手中空无一物，败局已定，不愿多言一句，闭目等死。

秦王这才对庭下喝道："侍卫上殿！"

郎中令蒙毅立即从大殿之外率领数十武功高强的侍卫，上到玉庭，给荆轲一个痛快。

大殿之外的秦舞阳，等听到秦国群臣大喊"拔剑"，他才夺兵器攻击周边侍卫，现在也已身被数十枪，喷血而亡。

燕赵慷慨悲歌之士，今日又多了两人。荆轲刺秦王，这是一场两个伟岸男人之间的对决，没有失败者。

对于荆轲，我们无需用太多的言语去奉承，一句足矣："纵死侠骨香，不惭世上英。"

对于秦王，我们理应佩服敬畏，大难不死，天下终归是他的，天意不可违。

● 王贲破蓟城，李信斩太子丹

秦王总体上是个沉稳的人，但荆轲行刺这件事让他暴怒，他决定舍近求远，对燕国用兵。

王贲和李信刚平定新郑的叛乱，立即统领十余万大军，隆隆开拔到北方。

燕国这个秦国的盟友，本来可以成为最后一个灭亡的东方诸侯，但因为荆轲刺秦王之事，其都城被攻破的时间排在韩、赵之后，居第三位。

从秦国出兵燕国，其实是从赵国旧地发兵，秦国边境已经与燕国相连。

王贲大军越过永定河，眼前一马平川，燕国都城蓟城无险可守。燕王喜和太子丹早就做好了逃跑的准备，燕国东北纵深延续千里，燕王喜计划到辽东继续割据一方。

蓟城是座空城，王贲几乎不费吹灰之力就拿下了蓟都（如图3-41所示）。与其父王翦费尽周折才灭亡赵国不同，王贲真是顺风顺水。

燕国失去都城，燕王喜远遁辽东，或许应该改称辽东王。

燕国的历史与周朝同时开端，这是一个有着800年悠久历史的诸侯。周武王姬发灭商以后，封弟弟召公姬奭（shì）于燕（今北京及河北中北部），燕国的都城是蓟城（今北京房山区琉璃河）。

姬奭不仅是周武王姬发的亲弟弟，而且追随二哥姬发讨伐商纣王，立下汗马功劳，地位尊贵又建立赫赫战功，燕人一直以此为傲！

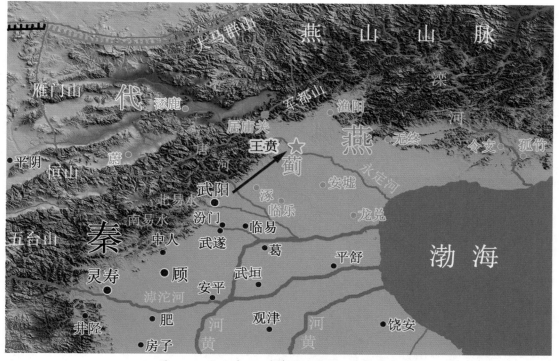

图 3-41　公元前 227 年秦国灭燕国王贲破蓟城

那时候大周王朝的北部是一大块无人控制区，此前的商朝也从来没有完全控制这些地方。当时的华北平原，黄河经常改道，洪水无法控制，而且戎狄泛滥，比洪水危害还大。

燕国的北部是燕山山脉，西部是太行山，两座山里的游牧民族随时可能入侵。燕国 800 年历史，没有一刻不在提防这些外来入侵者。

燕国的南部也有各种戎人，距离最近的大诸侯齐国和邢国也有好几百里。燕国抵御北方游牧民族和各种戎人，只能靠自己。

召公受命封在周朝的最北方，燕国既是周王朝北大门的看护者，也是周朝北方领土孤独的守望者。地方不好，责任重大，这是对燕国封地最好的诠释。

历经西周春秋战国 800 年，燕国不但抵挡住来自四面八方外族的入侵，到战国后期还在辽东拓地千里，实属不易。

燕王喜带领数十万燕国军民迁往辽东。由于计划在先，前期已经将大量粮草搬运到辽东，此番搬迁只是刺杀秦王失败后的 B 计划，因此军民并不慌乱。

燕国太子丹统领十余万燕国大军殿后，这个太子的名气比其父要大得多。

秦军统帅王贲无论相貌还是性格都极像其父。由于年龄的原因，王贲比王翦略为高瘦，脸上笑容也少一些，但举手投足间有其父的气质。

王贲深受王翦影响，他得到燕国都城不费吹灰之力，但绝不冒进，而是扎扎实实占领附近一座座城邑并派驻军队，等待咸阳派官员来接收。

273

　　王贲不全力猛追还有一个重要原因。当时代王赵嘉在上谷和代郡独立，很多赵国忠心拥护者陆续去投奔。赵嘉的军力达到数万，而且都是不惧生死的死忠。

　　从上谷郡到燕国都城，只要通过太行山最后一个通道军都陉即可。如果王贲动用主力去追击燕军，代军很有可能从军都陉杀过来，到时秦军腹背受敌，粮草辎重若再被断，恐怕难以全身而退。

　　王翦从不冒险，王贲亦是如此。而与王贲的稳健相比，副将李信则是另外一种风格。李信作战剽疾轻悍，往往有暴虎冯河之举。在李信的强烈要求之下，王贲考虑到此战加官进爵的将士太少，便派3000兵给李信去追击太子丹（如图3-42所示），只求多砍些逃兵散卒人头让将士晋爵。

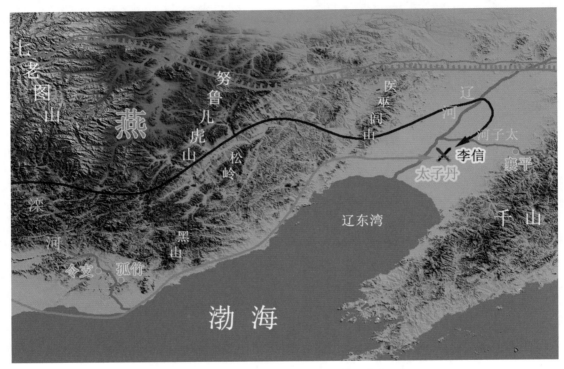

图 3-42　公元前 227 年秦国灭燕国李信战太子丹

　　李信用兵有家族传统，60年前赵国的相国李兑是李信的先人。李兑虎胆雄心，天不怕地不怕，他敢于饿杀赵武灵王，简直是吃了豹子胆。李兑死后，李氏家族在赵国受到排挤打压，一部分人迁居到秦国，世代为将。

　　60年后李信的后人飞将军李广，射石虎，孤身与匈奴作战，胆识更是不用多说。李广的儿子李敢，人如其名，勇冠三军，连大将军卫青他都敢刺杀。

　　李信这个家族，勇猛是第一特质，虽然只有3000人马，注定也会找到太子丹决一死战。

　　3000人追击十几万人，不是以卵击石，还能是什么？李信这3000人也并非秦军的精锐力量，碰上太子丹的精锐燕军，论单兵能力，基本也就是一个顶一个。

要说太子丹这断后的大军有什么缺点，还真是难以从鸡蛋里挑出骨头来。太子丹平时礼贤下士，在军中威信很高，一大批将领都愿意为他效死，他的威望甚至盖过其父燕王喜。

由于前方几十万人拖家带口地迁徙，太子丹的军队也只能放慢脚步。

太子丹将断后大军分为八队，每队人马一到两万之间。行军的时候，最后一军，也就是第八军抄到第一军前面，其他7军不动。

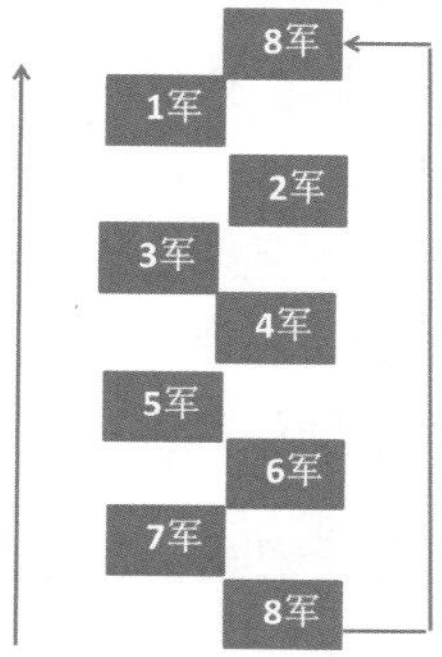

燕军每时每刻都只有一支军队在迅速移动，其他7支军队不动，等于是将速度降到全速行军的1/8，如图3-43所示。

这样走的好处是，若有敌军迫近，第七军也就是最后一支军队总是休息时间最长的。如果第七军垮了，第六军顶上，依次排下去，最累的第一军离战场最远。

光看这个撤兵方式就知道燕国有人才，太子丹帐下有能人。不难想象，李信的三千疲劳之师，碰上一万多燕军，而且是休整时间最长的第七军，结局会怎样。

图 3-43　太子丹撤兵方式示意图

然而，看似无懈可击的撤兵之阵，却被李信找到了破绽。用兵之道，贵在制人，而不是制于人。如果李信按照太子丹的套路来，肯定是以卵击石。但是李信根本就不理会燕军，他另寻远道，绕走辽东。

太子丹当然不是傻子，在燕山之中还有燕国很多斥候在活动，秦军要是绕远道，被发现的可能性很大。

然而李信已下定决心，3000秦军，每个人都知道，一旦暴露行踪，将是尸骨无存的杀身之祸。

秦军一片旗帜都不带，穿上燕军的军服，昼伏夜行，夜间也不点火把，人人神经紧绷，一有风吹草动便就地隐藏。

3000人在广袤的燕山山脉，也只能算是大海中的一叶孤舟，即使燕国斥候发现他们，也以为是自己人。不仅为了隐藏，更为了保命，秦军就这样悄无声息地从燕山上潜行过去。

由于太子丹的行军速度太慢，秦军率先渡过辽河之后，还有好几天的准备时间。

李信并没有在辽河旁驻扎，等待太子丹来个半渡而击。因为这个方式只能击败部分渡河的燕军，肯定不能重创燕军，毕竟人数对比太悬殊。

李信将伏击圈放在辽河的一条支流上，这条河通往辽东郡治所襄平（今辽宁省辽阳市），沿河有宽大的官道，是燕军必经之地。此河如今就叫太子河，也是源自太子丹。

太子丹十余万人马陆续渡过辽河，大军顿时松下一口气，因为辽河很宽，水流也急，是隔绝辽东郡和辽西郡的天然界线。

渡过辽河也就到了辽东，太子丹不再按照原来的方式撤军，而是带着千余亲兵，沿着太子河匆匆赶往襄平去跟燕王喜汇报。至于这十余万大军，交给其他将军统领。

接下来就是李信军大显身手的时候。他们脱下残破不堪的燕国军服，磨刀霍霍准备开战。

就在太子丹渡过辽河的那天夜晚，太子丹的营地上忽然出现3000衣衫褴褛、眼放绿光、凶神恶煞般的秦人。这些远离家乡的陇西秦人，怎能不知道身处死地的结果。要么杀光太子丹的禁卫军，否则哪怕放走一人，都会招来全军覆没的杀身之祸。

太子丹的军队没来得及抵抗，也没搞清楚来者是谁，很多人就莫名其妙被杀死。太子丹惊惧的脸色下，看到一位对方头目的发饰，像是秦军的将军，他的腰间还挂着一块在月光下闪着光芒的蓝田玉！

秦军！太子丹惊骇疑惑之间竟然忘了拔剑抵抗，被这位将军一枪刺中，接着感觉到头颅离开了身体。这位将军，正是李信。

太子丹的死讯很快传到襄平，燕王喜，不，现在应该称他辽东王喜，怎么都喜不起来。

在襄平重新建造的燕国宗庙之中，辽东王喜不顾众臣劝阻，在祖宗面前嗷嗷大哭，哭他失去的领土，也哭先他而去的太子。悲伤的辽东王喜在祖宗面前发下一个毒誓："秦政，汝将断子而绝孙！"

● 王贲灭魏国，水淹大梁

韩、赵、燕三国既灭，剩下魏、楚、齐三个诸侯。论综合国力，魏国相对要弱，论距离远近，魏国又最近。毫无疑问，秦王下一个要灭的诸侯，非魏国莫属。

秦国灭韩、赵，都使用了外交手段以疏间亲，离间对方君臣，达到事半功倍的效果。同为三晋，秦国在对魏国动兵前，也同样动用了乘间投隙的一些手段。

先看看魏国的情况。周武王灭商之后，封弟弟姬高在毕地，因此姬高又称毕高，其爵位为侯爵。

毕地（今陕西咸阳西北）北抵泾阳县泾水南岸，南抵渭水，地势平坦，土壤肥沃，是关中平原富庶之区。

然而西周末年，随着周平王东迁，毕国在犬戎的攻伐下失国，宗主毕万带着族人投奔晋国小宗晋成师帐下。毕氏家族在晋国从头开始艰苦创业，经过几十年奋斗，毕万受封魏地，毕氏改为魏氏。

春秋 300 年下来，魏氏成为三家分晋的一员，在战国初年更是发展为中原的霸主。由于地缘因素，强盛的魏国不得不四面开战，国力有所受损。但魏国人顽强不屈，在战国后半段力争上游，实力一直不弱。

魏国对秦国最近的一次大胜，是信陵君合纵攻秦。

公元前 248 年，魏安釐王冰释前嫌，派人持魏国相印往赵国迎信陵君为将。信陵君在漳水河畔接收魏军，赵魏两军合并，20 万雄师。燕、韩、楚三国都钦佩信陵君用兵如神，闻其为将，悉遣大将引兵至魏，听其节制。

五国大军共 40 余万人，联营百余里，旌旗蔽日，军威鼎盛，驻扎在赵魏边境。

秦国方面，蒙骜军也达到 30 余万人，出函谷关，沿黄河东进，一路战船和步骑并进。王龁在华山屯兵 10 万人，负责给前方大军督运粮草，随时还可支援蒙骜。

信陵君令卫庆统领魏师，令景阳统领楚师，近 20 万人，筑为连垒，虚插信陵君旗号，坚壁不战，以拒蒙骜军。

信陵君本人则统领赵、韩、燕三国 20 余万大军，沿太行山南麓向西疾行，过野王、武遂不攻，通过太行山最短的一条通道轵关陉到达河东郡。

华山一战，秦军大败，折兵 5 万有余，王龁在部将拼死护送下逃到阴晋，因晚节不保而心胆俱裂，从此不再领兵作战。

蒙骜从秦军中选出数万老弱之兵，虚插"大将蒙"旗帜，继续与魏、楚二军相持，自己则尽驱精锐，衔枚疾走，反身来与信陵君决战。

魏楚两军攻破秦营之后，见秦人就杀。

信陵君移师函谷关外，阻击秦军又胜一场，等魏楚二军派来增援，蒙骜只好撤兵。

此战蒙骜损失近 10 万人马，王龁折损 5 万余人，粮船尽丧，秦军遭遇一次大惨败。未来几年，至信陵君去世前，吕不韦根本不敢发动对三晋的攻势。

信陵君送走四国的将军，大摆宴席，与昔日门客合欢。就在人们以为他功成名就，无暇分身的时候，信陵君忽然统领新得胜的魏军，杀入陶郡，如图 3-44 所示。

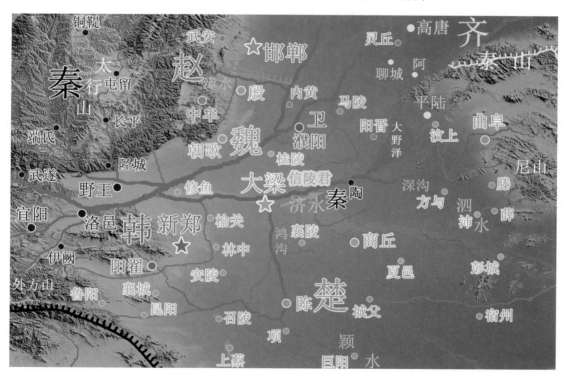

图 3-44　魏国取陶郡

吕不韦闻蒙骜战败已经不寒而栗，得到陶郡丢失的消息更是魂飞魄散，秦国上下谈信陵君色变，哪还有人敢出兵东方。

魏国整合陶郡后，东西两大块相连，魏国再次强盛起来，大有重新成为中原霸主的趋势。

可惜信陵君知道魏安釐王猜忌，托病不朝，将相印兵符俱交还魏安釐王。此后信陵君广

277

求美色，与宾客日夜宴饮为乐。几年后，信陵君终于"酒色了残春"，在纵欲酒色中去世。

秦灭六国时，魏国的领土从晋国继承下来的基本没有了，但面积依然不小，而且都是人口稠密之地，大多数土地是从楚国和宋国夺来的。一直将魏国视为最大敌人的楚国，也没有能力从魏国夺回领土，可见魏国一直兵强马壮。

秦国虽然有实力击败魏国，但要灭亡魏国恐怕不是一两年能完成的。秦王决定使用此前屡试不爽的离间计，离间对象是魏国的宗室安陵君魏咎（jiù）。

安陵君是魏王假的弟弟，年龄不大，正是策反的好对象。安陵君的封地在安陵，又称宁陵，故安陵君又称宁陵君。

安陵正好卡在魏国西部与腹心地带之间，在魏国版图上起纽带作用。如果安陵纳入秦国，魏国西部召陵、襄城、鲁阳、昆阳等地将成为飞地。

这个战略似曾相识。三十多年前的长平之战，秦国拿下韩国野王等地，让上党郡成为韩国的飞地，两次谋划有异曲同工之妙。

秦国使臣开出条件，用 500 里封地交换安陵城。安陵君想起秦昭襄王用 15 座城换赵国和氏璧的故事，断然拒绝。

秦人立即施加军事压力，一支 5 万人的秦军抵达安陵城下，安陵君根本没有妥协的意思，他决心与安陵城共存亡。

这一次秦人低估了魏人，韩国南阳太守腾和赵国相国郭开都不是韩赵的宗室成员，因此他们容易被策反投敌，安陵君可是魏王假的亲弟，宁死不敢辱没魏氏家族的名声。

安陵城中，数千魏军在安陵君魏咎的统领下，个个争先修筑工事，只等与秦军拼命。

这支 5 万人的秦军，却并非要攻打安陵，仅仅是想施加压力。秦人可不想在攻打大梁之前徒然消耗有限的兵力。

就在安陵城风声鹤唳的时候，魏王假派了使臣唐雎到咸阳求和。

咸阳，秦王宫殿。

秦王用锐利的眼神藐视御庭下的唐雎，鼻孔冷哼道："天子之怒，伏尸百万，流血千里。"

老唐雎许久才回过神来道："大王尝闻布衣之怒乎？"

秦王嘲笑道："布衣之怒，亦免冠徒跣，以头抢地尔。"

唐雎正色道："此庸夫之怒，非士之怒也。夫专诸之刺王僚，彗星袭月；聂政之刺韩傀，白虹贯日；要离之刺庆忌，仓鹰击于殿上。此三子者，皆布衣之士也，怀怒未发，休祲降于天，与臣而将四矣。若士必怒，伏尸二人，流血五步，天下缟素，今日是也。"

秦王听完，觉得好笑，因为老唐雎手无缚鸡之力，怎么可能上庭来行刺。两年前荆轲刺杀自己，让秦王想起此事就愤怒，如今唐雎又提出要与自己同归于尽，秦王的脸色不太好看。

秦军在安陵城碰壁，但秦王却并没有放弃灭亡魏国的计划。在秦王时代，秦军行动的一大特点就是直接攻打六国之都城，攻陷其都城，其他城邑必然土崩瓦解。

公元前 225 年春天，虽然休整还不太充分，秦国大军还是隆隆开动。这次领兵的大将依旧是王翦的儿子王贲。

秦国灭亡韩、赵、燕，分别由内史腾、王翦、王贲完成，王翦家族居功至伟，秦王不得不考虑王氏家族兵权过大的问题。

王翦、王贲父子二人能力突出，弃之不用实在可惜，但绝对不能两个一起用。始皇选择用王贲，将王翦召到咸阳，秘密监控起来。

王贲从燕国、赵国旧地调动十万大军，加上前期抵达安陵的秦军，约15万人，杀往魏国都城大梁。

此时的大梁早已深挖壕沟，广修战备，魏王假虽然即位才3年，但是保卫祖宗遗产之决心却坚如磐石。

大梁城屯兵8万，粮草足够3年之用，王贲这十几万人马，别说拿下大梁，就是防着城里的魏军出来反攻都显得力量不足。

王贲为什么不多带兵力呢？秦国在几年内攻占赵、燕、韩大片领土，各地急需增派守军，能够抽调的军队确实不多。而且始皇对王氏家族也有防范之心，不愿给予太多兵力。

大梁城30里范围内，树木尽拔，屋瓦皆飞。秦军刀枪剑戟，排列如林，看起来军容鼎盛，连年征战却没有一丝疲惫之态。

大梁城头上，很多将校都在观察秦军的动向，一位校尉对秦军不屑一顾，手指秦军冷声道："若我是王贲，又真的兵强马壮、士气如虹，就索性摆出疲弱之态，引我们出城进攻。现在秦军摆出威猛姿态，恰恰显示尔等心虚胆怯，怕我们去攻袭他们，做样子给我们看。"

说这番话的人叫陈馀，难得他年纪轻轻便有这番见解。此人楚汉时期做了代王。

另一个魏国守将张耳，本是魏国外黄城的守将，这次调到都城大梁来协防。他观察了秦军的动向后，淡淡地说了一句话："士马骁雄反示我以羸弱，阵伍整齐反示我以不战。"

张耳等于是用更文学化的方式概括了陈馀的见解，水平更高，楚汉时期他成了常山王、赵王。

值得一提的是，大梁城破之后，秦王还专门开价悬赏张耳和陈馀的人头，张耳悬赏千金，与桓齮的标价一样，陈馀悬赏500金。

王贲到达大梁的第五日，秦军的投石车、攻城车、礌木车都已组装起来，一场厮杀在所难免。

日中时分，阳光照射下，大梁城头城外，秦魏双方的兵器甲盔闪烁生辉，精芒点点，空气中弥漫着大战一触即发的紧张气氛。

王贲进攻的首日便派出13.5万大军，只留1.5万人马保护中军大帐。

13.5万人马兵分3路，分别攻打北门、东门、西门，每路4.5万人。4.5万人，又分为3组，每组1.5万人，3组轮流冲锋，保证进攻不间断。每组的1.5万人，再次分为5000和1万共两小组，5000人在后面使用投石车和弓弩，掩护前面1万人进攻。

也就是说，秦军始终会有1.5万人进攻，这样既保证进攻的张力，又让进攻具有持续的韧性。

至于留南门不攻，既是兵力不足，也是古代战争一个常见做法，给对方留条后路，让意志不坚定者逃跑。

鼓声响起，旗手会意，旌旗立即有规律地飘扬起来。13.5万人马，从3个方向围攻大梁城。

激烈的战争开始，首先发力的是双方远程攻击武器投石车。

魏军在城头之上，投石车的射程略远，一块块巨石和滚木砸向秦军阵地，在地上砸出一个个土坑，来不及躲避的秦军不死即残。

秦军早就适应了这种场面，对战友的惨状置若罔闻，一个个喊着口号，扛着云梯等攻城器具，潮水般向大梁城涌去。

魏军第二波箭矢如黑雨一般，铺天盖地下来。

秦军将士个个戴重盔穿坚甲，将头部、身躯以及大腿保护起来，一般的箭矢根本不能穿透坚甲。为减少重量，秦军背后是没有盔甲的，所以士兵们都是正面迎敌，宁死不退的。

虽然箭矢对秦军没有造成多大杀伤，但魏军也没有将投石车的射程缩小，仍然将一块块礌石滚木投向远处，目标是秦军的投石车。

魏军的指挥者们很清楚，若让秦军的投石车进入射程之内，城头上可不如地面广阔，魏军根本就躲无可躲。

倒下几百个兄弟后，秦军到达护城河，至于魏军先前布下的陷阱、倒刺、绊马索等障碍，也于此前几天深夜被秦军清理过好几回。

一排排云梯在护城河上架好，秦军先登之士麻利地扛着登城云梯冲过护城河，魏军的防守怎么如此不堪，这么容易就让秦军到了城墙下？

不曾想，云梯还在架设中，城楼上魏军抛出一件新式杀器。

这武器主体是一根大拇指粗的麻绳，一端系着一段木条，魏军将木条抛向云梯，木条在惯性之下立即围绕云梯打转，瞬间便像蛇一样缠住云梯，接着几个魏军在绳子的另一端拉拽，云梯和上面的秦军立即一起翻下。落在水里的秦军，在盔甲的重压下连个冒泡的机会都没有就沉了下去。

魏军的这种麻绳，用油浸泡多日再晒干，抛投的时候轻而软，韧劲十足，一般的剑砍上几剑都砍不断。魏军显然是操练娴熟，他们多人对付一架云梯，每个投手都能精准地让木条缠住云梯，然后剩下的人像拔河一样朝一个方向拉拽绳索。

魏军这种对付护城河云梯的武器，没有在任何兵书上出现过，说明魏军是有备而防，魏军中确实有高人。

一会工夫，护城河上就没有了云梯，后面的秦军纵然不怕死，也不甘心死得这么窝囊，都停止架梯登城。而已经渡河的秦军，则与另一拨城上的魏军激战。他们架好云梯，不惧生死地往上冲，魏军则用石头和长枪伺候。

由于后继乏力，少数几个秦军一登上了城头便被刺成蜂窝，扔下城楼。更多的秦军则被石头砸中，被长枪刺中，摔在城楼下痛得嗷嗷大叫。

火热的战场渐渐安静下来，王贲明白，秦军这一轮进攻失败了。

半个时辰后，秦军清点完人数，阵亡约5000人！

而城楼上魏军的伤亡可以忽略不计。滚滚沸腾的热油在铁锅中咆哮，魏将根本就没有要用热油的意思，显然是有所保留。

第二天，秦军改装器械，将云梯绑上实木板，再次发起猛攻。

魏军的大杀器无法捆住木板，秦军连夜改造的云梯发挥了作用。即便有些云梯掉落河中，木板仍然可以浮在水面上，人还能站在木板上，用绳索攀上对岸。

不过这一天的胜利仍然不属于秦军，因为魏军将城墙5米之内烧成了一片火海，别说攻城，秦军想靠近城墙都不可能。

两天下来，秦军折损1万多人，大梁城中数十万军民却没有一个从南门溜走，王贲的震慑之策宣告失败。

第三天风云突变，大雨倾盆，魏军肯定无法用火来防御，王贲又发起一次进攻。这次魏军向城下倾倒剧毒药水，药水入眼即瞎，入鼻则呼吸不畅。对秦军来说，这次进攻更为惨烈，因为中毒的秦军并不会立即身亡，而是在不断哀号中痛苦地死去。

第四天，王贲被迫休整，3天下来己方折损1.5万人，对方的伤亡不大，这仗根本没法打。

王贲在大梁城下遇阻，不得己派出军中使臣，进入大梁城中谈判。魏军在城楼上当众斩杀了秦国使臣，将人头挂在杆头示众。

两国交战不斩来使，特别是秦国的使臣，在战国后期往来各诸侯国，受到的待遇都非常高，魏国竟然敢斩秦国使臣！

当时的魏王假正式即位只有两年多，正值年轻气盛之时。

如果魏王假所处的时代背景不是秦强魏弱，而是势均力敌，他一定会有一番大作为。

魏王假下令斩杀秦国使臣，意思很清晰：誓与魏国、与大梁共存亡。魏王假的性格脾气，与其先祖魏犫（chōu）如出一辙，也是硬汉一条。

魏国斩杀秦国使臣后，王贲并没有被激怒，他下令暂停进兵，父亲遗传的冷静救了他。

很快雨季来临，多日淋漓小雨让平地积水，泥泞不堪，秦军的士气也被这连绵不绝的雨浇得萎靡不振。

秦军中军大帐，王贲手指从羊皮地图上一次次划过，神色淡然，给人一种高深莫测的感觉。

帐中两位百姓模样的人，正蹲在地上吃着羊肉疙瘩汤。两人风卷残云般吃着，浑身细汗直冒。等到呼噜噜喝完最后一口肉汤，两人都打起饱嗝了，王贲才不慌不忙道："两位先生，我等远道而来，听说附近的鱼儿特别鲜美，可否带我等渔猎，等网到大鱼，我让你们全村都吃上羊肉疙瘩汤。"

两位耿直的百姓立即答话："好，甚好！"

当然渔猎是假，熟悉地形是真。几天下来，秦军便掌握了大梁地区的地形地貌。

大梁城是魏武侯期间开始建设的，时间只有100多年，不但城大，而且两面环水，一面是黄河，一面是汴河，这两条河距离大梁只有十几里地，护城河与黄河、汴河通过沟渠连在一起。

在水利工程建造上，魏国人的热情和技术都是一流的。他们从大梁附近的黄河起，开挖了一条几百里的运河，一直通到南边的淮河，名为鸿沟。也就是说，从大梁城的护城河出发，脚不离船，便可到达楚国的陈城等城邑。

大梁是战国后期中原的水陆枢纽，虽然秦军也曾多次打到大梁附近，但是丝毫不影响南来北往商人的生意。一旦战停，各地通往大梁的大道上车马络绎不绝，南上北下的车队辚辚交错，昼夜不息。

王贲花了不少时间，终于弄清了大梁附近的山川河流。

魏王假斩杀秦国使臣，王贲愤愤不平，却不乱阵脚，一面向秦王要求增兵，一面亲自披蓑戴笠，指挥人马挖水库，准备水淹大梁。

不久之后，水库和渠道陆续建成，又储备了十多天的大雨，水库中水势浩大。

决堤通沟之日，当年白起水淹鄢都的残酷景象在大梁重演。大梁城内外沟渠泛溢，城墙浸水3日，多处颓坏倒塌。

王贲引兵入城，在一场激烈残酷的水中巷战之后，占领魏国的腹心大梁城，如图3-45所示。

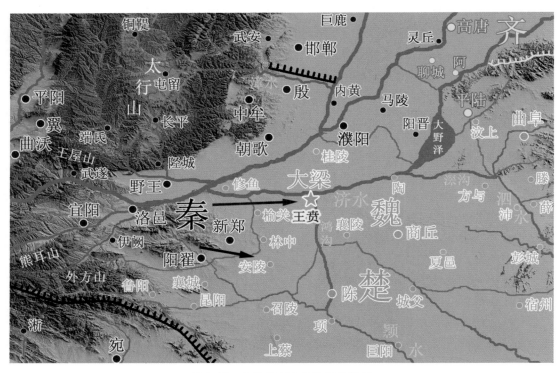

图3-45　公元前225年秦国灭魏国

魏王假不得已献出玉玺和虎符，由于此前秦军伤亡比较大，王贲并不怎么领情，将其掳上囚车，送咸阳交秦王处置。

魏王假的车队离开大梁不远，便遭到"山贼"打劫，魏王假莫名其妙被砍死。魏国灭。

晋静公的诅咒全部验证，韩王安、赵王迁、魏王假，没有一个是正常死亡。

临死前的魏王假仰天长叹道："吾受命于天，得位于先王，固守祖先基业，虽死而无憾。"

接着魏王假下了一个狠毒的诅咒："寡人死后竟尸臭于车，秦政小儿，天必谴之，必步寡人后尘，寡人在天以待。"意思是：我没想到死后不能埋到庙堂之中，我的尸身会在路途中发臭，秦政小儿，老天会惩罚你的，你的结局将跟我一样，我在天上等着你。

【索隐述赞】天下匈匈，海内乏主，掎鹿争捷，瞻乌爰处。陈胜首事，厥号张楚。鬼怪是凭，鸿鹄自许。葛婴东下，周文西拒。始亲朱房，又任胡武。伙颐见杀，腹心不与。庄贾何人，反噬城父！

● 李信攻楚国，折损近 10 万

王翦灭赵，王贲下燕都、灭魏，加上此前被太守腾灭掉的韩国，燕国只剩下辽东，东方六国只剩下楚、齐两强主力仍在。

从综合国力上看，楚、齐两国均不弱。楚国在几度迁都的情况下，依然兵强马壮，强势兼并鲁国。齐国半个多世纪不交兵，虽然领土面积远不如全盛时期，倒也人丁兴旺，民富国强。

秦王决定先灭楚国。其都城寿春距秦国较近，同时昌平君熊启还能在陈城作为内应，有这等"地利人和"的优势，当然是先灭楚国为宜。

此番出征，秦王有意雪藏王翦王贲父子。作为大秦帝国的缔造者，秦王最忌惮的就是这两位功高震主的大将，尤其这两人还是父子关系。

经过深思熟虑，秦王认为最中意的人选当为李信，几年前李信在辽东立下大功。

秦王招来李信，问："将军若伐楚，需多少人马？"

李信胸有成竹道："伐楚，20 万足矣！"

楚国与先前灭掉的三晋不同，三晋地处四战之地，没有一年不在征战，而楚国在战国后期休养生息，灭越国和鲁国后，仍号称"带甲百万"。

李信用 3000 兵力敢于追击燕国太子丹的十几万人马，他说"20 万足矣"，倒也符合他个人的气质。

秦王改日召见王翦，问了同样的问题，武成侯给出的答复是："非 60 万不可！"

秦王最担心的一件事就是将在外君命有所不受。手握 60 万大军，只要王翦愿意，绝对能将秦王取而代之。

秦王这个担心并非杞人忧天，灭六国后他先后派出 50 万大军南征，他死后赵佗就在岭南拥兵称王，50 万秦军一个都没回来。

权衡再三，始皇用李信为主将，蒙恬为副将，起兵 20 万，兵发楚国。

李信祖居赵国，祖上是大夫出身，为将的开端人物是李同，此人在赵武灵王帐下为将。李同的儿子赵国相国李兑勇不可当，他困杀赵武灵王于沙丘宫。李兑去世之后，李氏家族在赵国受到排挤打压，一部分人迁居到秦国，开始了一段艰苦的创业过程。

李氏家族勇猛善战，到第五代李族，已经在秦军当中担任将军。第七代李崇，官至陇西太守，在秦人的发源地当上了太守。第八代李瑶，官至南郡太守，掌管楚国旧都郢都附近区域。

李信，字有成，自李同以下第九代，土生土长的秦国人，忠诚度自无问题，而且其出身将门，他的名将气质是许多草根将军不具备的。

李信第一次领兵出征约在 5 年前，当时王翦统兵攻赵，李信率领一支两万人的队伍，任务是阻止赵国北方几个郡增援李牧。在那场战争中，李信的对手总兵力与其相当，但是散居在赵国北部五郡。结果李信擅离职守，逐个攻克北方五郡的城邑，功过相抵，没有得到封赏。

李信第二次领兵出征约在 4 年前，当时荆轲刺秦王，王贲领兵攻燕，李信辅佐王贲。那一战，李信 3000 兵力追击燕国太子丹十余万人马，在辽东将太子丹斩首，威名震动天下，秦王对他的评价是三个字："少，壮，勇！"

秦王用李信为主将伐楚，而副将蒙恬也是秦王着意提拔的将军。

秦军入楚，兵分两路。李信统领 15 万大军攻打鄢陵，蒙恬统领 5 万人马攻击平舆。

李信军的北侧是昌平君控制的陈城，南侧是蒙恬军，如图 3-46 所示。李信大军的南北两侧肯定安全，先立足于不败之地。然后大范围推进，楚军的主力很难隐藏在某处。

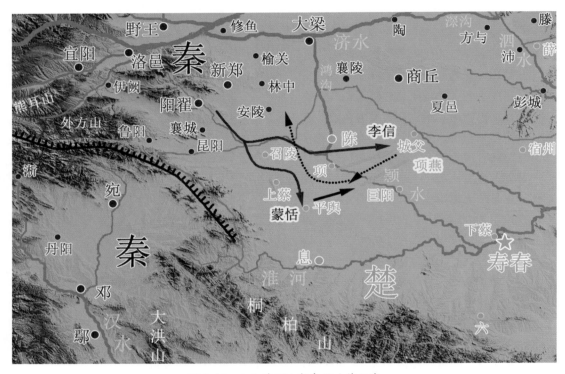

图 3-46　公元前 224 年李信攻楚之战

秦军主力在各种攻城器械的掩护下，仅用一天就攻下鄢陵，蒙恬也开到平舆城下。

平舆是楚国一个屯粮据点，挥兵平舆目的有三：一是抢粮为我所用；二是破坏楚军屯粮点，让楚军无法再次集结；三是保证秦军主力侧 1 后方安全。

按照李信的计划，昌平君在陈城安抚楚人，接应粮草辎重。李信过陈城不入，向东移兵，攻打城父。待蒙恬攻克平舆，就在城父会师。

其实李信可以用 20 万大军直扑寿春，但他没有这么做，而是选择了稳健的打法，先扫清寿春前沿各个据点，一步步蚕食楚国，最后等寿春成为孤城，再攻克之。

不过李信看似稳健的计划当中也有一丝遗漏。

楚国的屈、昭、景三大家族都是某个楚王的后人。三大家族自春秋以来便长期把控楚国朝政和军权。景氏家族多出名将，很多人担任过上柱国这一职务，到了战国末期，楚国上柱国为景燕。

景燕有一块封地，在陈城南部不远处，叫项城，因此景燕又称项燕，他是楚国抗秦的总指挥。

李信忽视了项燕和项城的存在。在李信看来，楚军由谁指挥并不重要，项燕的封地在哪儿更是无关痛痒，一副"我欲亡你，与你何干"的姿态。

李信15万大军开赴城父之前，先到陈城，从楚王昌平君处获得补给。此时楚国是二王并立的状态，楚王负刍在寿春。

陈这座大城，原是春秋陈国的都城，楚国从郢都东迁的时候，第一站都城选择的就是陈。此处位于鸿沟上，属于交通枢纽，且城坚池阔，许多楚国宗室成员在此定居。

3年前，昌平君从秦军大营率军奔往陈城，自立为楚王。

当时楚王负刍击杀楚哀王，昌平君与楚王负刍、楚哀王是兄弟，都是楚考烈王之子，昌平君有资格即王位。昌平君在秦国高居御史大夫一职，在楚国的声望不亚于楚王负刍。

这3年，昌平君割据陈城，与负刍分庭抗礼。楚都寿春手下的将领竟然无人敢领命来讨伐他。

李信在陈城获得补给之后，按计划东进抵达城父，准备占据这个屯粮的小城，再逐步征服其他据点，最后南下攻打楚国都城寿春。

李信的大军从陈城路过，兵不入城，往东进发。而昌平君则留在陈城安抚军队和民众，并调动数万军力民力给李信的大军运送辎重。

李信军东进速度并不快，沿途遇到楚国的小城据点，软硬兼施，能说服就招降，不能说服就强攻，3天后到达城父城下。

如能得到城父的粮草，不但可以以战养战，更消除了东侧的安全隐患。李信虽勇，但此战的战术安排确实是步步为营。

在李信军抵达城父之时，平舆那边也传来好消息，蒙恬顺利拿下该城。

李信立即派人通知蒙恬，粮草能带就带，不能带全部销毁，两军在城父会合，准备南下攻打寿春。

李信并不清楚，在给秦军运送辎重的楚人身后，有一支20余万的楚军，由项燕统领，尾随秦军已经3天3夜，他们像一群追踪猎物的饿狼，随时准备扑上来吞噬猎物。

在秦军沿途攻打那些小城据点的时候，项燕根本不为所动，人比狼自然是要聪明，打草惊蛇的事人不会干。

李信万万没有想到，昌平君居然暗中向楚王负刍称臣，项燕的楚军主力就隐藏在昌平君运送粮草辎重的楚人身后。

李氏家族作战水平一流，但要论政治嗅觉就差强人意了。昌平君终究是楚国宗室，面对外敌入侵，他重新投向楚人再正常不过。

就在秦军修筑壁垒、建造攻城器械的时候，项燕攻其不备，突袭了秦军后队。

秦军这100多年来一直在战斗，虽然遇到突如其来的攻击，大多数人都临危不乱，李信迅速组织秦军迎战，摆开阵势与楚军厮杀，同时在后方修筑营垒。一天下来，秦军阵亡过万。

几天之内，秦军逐渐稳住阵脚，营垒也初见规模，总共折损1.5万兵力，若等到蒙恬的援军到来，论单兵作战，秦军还是强于楚军。

李信将13万人划分为20多支队伍，每队5000人，由都尉统领。各队修筑营垒，互相支援，将楚军拒于垒城外。虽然秦军的营垒修筑仓促，但毕竟是以守待攻。在楚军没有大型攻城器械的情况下，秦军只等援军到来便可发起反攻，有恃无恐。

当楚军发起第一轮全面攻势时，李信就发现楚军是早有准备的，他们从城父城中运出许多攻城器械，第一天就攻克两座边缘的秦军营垒，一万秦军一个都没逃出来。

李信当机立断，放弃营垒，转而向西，与蒙恬军会合。

事后证明，李信的这个决断非常明智。如果继续坚守营垒，势必被楚军一个个攻破。如果向北撤退到魏国旧地，不但自身会损失惨重，蒙恬军5万人也难逃全军覆没结局。

此时的蒙恬军也被楚军一支偏师纠缠。项燕的计划是，先解决李信的主力，后收拾蒙恬军。如果李信军向北撤离，那项燕就有机会追击重挫李信军，然后回师围攻蒙恬军。

李信还是以5000人为单位，任都尉为各队指挥，结阵向西方的蒙恬军靠拢。途中楚军不断冲击秦军的防线，各有伤亡。

项燕也明白，战争进行到这个时候，主要就是拼勇气，拼人数，楚军只要能一换一就是划算的。多杀一个秦人，秦军下次的攻势就会减弱一分。

李信和蒙恬两军终于会师，然后向北撤离到魏国旧地。

李信清点大军，损失7名都尉及其所辖3.5万人马。其他各队人马也受到不同程度重创，秦军20万损失近半。

以李信的性格，当然不会轻易放弃，可是目前的士气和兵力实在是不可能扭转乾坤，他只好派人到咸阳，向秦王请罪。

● 王翦灭楚国，亡楚必秦

李信攻楚失败，留给秦王的选择有两个，老将王翦，或王翦的儿子王贲。

但是秦王担心，若给王翦或王贲60万人马，足以颠覆秦国统治。始皇疑虑重重，他亲自到王翦府上，希望王翦能少带一些人马。

君臣一番寒暄之后，始皇推心置腹道："攻楚之战，非将军不可，将军万不可推辞。"

王翦大智若愚，他明白秦王是既想让自己出兵，又不想给足60万人马，便开门见山答道："大王若用小臣，非60万人不可。"

秦王早已准备好一套说辞："寡人闻春秋五霸威加诸侯，其制国不过千乘，以一乘75人计之，从未及10万之数。今将军用兵60万，古所未有也。"

王翦对答如流："古者约阵而战，不重伤对手，不兼并土地，虽干戈却礼让。故帝王用兵，从不用众。齐桓公用兵，不过3万人。今列国兵争，农夫、童稚皆操戈刃，以强凌弱，以众击寡，逢人则杀，遇地则攻。斩首动之数万，围城经之数年。况楚国地尽东南，带甲百万。

臣谓 60 万，尚恐难匹敌，岂能再减哉？"

秦王见王翦不肯松口，也只好给自己台阶下："非将军善于用兵，不能透彻至此，寡人听将军矣！"

王翦如愿统领 60 万秦军，临行前不忘向秦王请赏咸阳附近的田宅，并向秦王道："臣老矣，譬如风中之烛，光耀几时？臣多有美田宅，为子孙留用，世世受大王之恩尔。"

秦王将王翦之子王贲留在咸阳，严密监控，王翦若有异心，王贲肯定活不了。秦王拜王翦为上将军，以屠睢（suī）、蒙恬为副将，统兵 60 万，浩浩荡荡杀奔楚国而去。

王翦行军到函谷关，又派人到咸阳，向秦王请赏多处田宅园池。王翦并非贪图田地，而是担心秦王的猜忌。王翦的确是战国四大名将中最懂政治的，白起被赐死，李牧被暗杀，廉颇客死楚国，只有王翦善终。

王翦的屯兵点在平舆，这里曾经是粮仓，是屯兵的好地方。

楚国统兵大将依旧是项燕，兵力四十余万，楚国所有的机动力量几乎都拿了出来。

令人不解的是，王翦并未立即迎战，而是修筑方圆四十余里的营垒石壁，将 60 万秦军深深藏在壁垒之内，坚壁固守。

王翦如此低调，项燕也没有料到。他除了在秦军对面修筑营垒，每日派人挑战，也没有更好的办法。

王翦令将士每日加紧操练，他练兵的方式非常独特。

首先是抛 12 斤（约 3 公斤，秦制一斤为 16 两，一两为 15.8 克）石头，以 300 步（约 415 米，秦制一步为五尺，一尺为 23.1 厘米）为限制，用小型投石机投石，超过 300 步的有奖励，徒手完成的每天都能吃到牛肉。

第二项训练是跳高，竖两根高七八尺（1.6 ～ 1.8 米）的杆子，顶端用绳子连接，跳过这个高度的都有牛肉吃。

秦军在楚国一待就是一年多，把训练当成游戏，还可以给秦军将士解闷。王翦学当年吴起的做法，与士卒同衣食，卧不设席，行不骑乘。如果有将尉来请战，他就请对方喝酒，反正是不肯出战。

当年五国伐齐，乐毅统领燕军攻下齐国大部分地区，拥兵 30 万余，就是剩两座城邑攻不下来。不但受到当时燕王的猜忌，也一直被后世文人怀疑，乐毅是真的攻不下那两座城，还是在拥兵自保。

王翦拥兵 60 万，却一副自守之状，比乐毅有过之无不及，王翦是否也在拥兵自保？

公元前 224 年，这一年的冬天特别寒冷，王翦早早下令，让军中识字者帮各营垒士卒刻好家书（竹简），请家里寄衣服或财物过来，确保熬过严冬。

鹅毛大雪漫天飞舞，天地之间白茫茫一片，风雪交加的季节连脚步都迈不开，自然是不可能动兵的。

平舆这个地方在淮河以北，以今天的中国来看属于中部地区，南方人甚至会认为平舆是北方。

作为客军的秦军，则来自更为北方的地区，对这种天气倒是司空见惯，加之御寒衣物准备及时，营垒里面的篝火昼夜不息，秦人并未因寒冷而造成损失。

冬去春来，一晃到了"春江水暖鸭先知""二月春风似剪刀"的时候，战争的格局依旧是两个冷冰冰的字：对峙！

王翦下令，军士外出营垒，不准入楚军控制区樵采，以免被楚军俘虏。而秦军俘虏的楚人，王翦大大方方请他们吃饭喝酒，酒足饭饱之余再将他们放了。

越来越多的人，包括楚人和秦人，相信王翦拥兵自保的说法成立。但事实，并非如此。

王翦受到长平之战的启发，知道跨年度的大战对农业收成的影响特别大，当年赵国就是扛不住国贫民饥，才率先求变以至兵败。

这一场百万人大战，王翦也在逐步创造机会，把伐楚之战演变为长平之战的模式。

战国七雄除了秦国，其他六国都是常备军加民兵的组织形式，平时保留相当数额的常备军，一到大战，立即征用数量更多的民兵。民兵的本职工作是种地，作战是兼职，因此这种模式扛不住跨年度作战的煎熬，特别是夏秋之季的收割期。

秦国有所不同，妇人种地男人从军，全民皆兵。这种模式从商鞅变法起就开始执行，已经 100 多年，运作得非常成熟。

打持久战、消耗战，这是秦国的强项，王翦就是利用秦国这个强项与楚军周旋。

明月别枝惊鹊，清风半夜鸣蝉。夏蝉鸣叫是盛夏来临的标志，算起来秦军在平舆已经整整一年，一年夏秋冬春，一支 60 万人的大军牵动全天下人的心。

楚国的淮河平原是粮食高产区，迎着热浪晚风，粮草的气息扑鼻而来。

楚人心急如焚，如果再错过一个收割季节，将士都要挨饿，家中妻儿哪有饭吃。

公元前 223 年秋天，在楚人忧心如焚之时，王翦终于观衅而动，发动双方都得偿所愿的进攻。

平舆附近的山丘之上，到处是秦楚双方的人马，像大雨过后的蚂蚁，蜂拥而出。

上百万人的大鏖战，绝非想象中的一触即发大混战。秦楚双方除了小规模的交锋，都只以箭矢来往，并不动真格，大家把主要精力都用在了布阵之上。

秦军这边，王翦令各营以 5000 人为一队，排列整齐，互相驰援。队伍的前头是战车，用来掩护后面的大军，同时掩饰大军的行动。

楚军则分为若干大阵，每个大阵又依兵种分作 9 个小阵，最前 3 阵是盾牌兵和轻装步兵，其他 6 阵都是攻击主力的重装步兵，军士分持弩、枪、剑、盾、拒马、矛、戟等武器。每阵占地大小、相互间的距离，均契合某一战阵法规，项燕绝对是兵法大家。

整整用了 3 日，双方才完全布好大阵，战争似乎又回到了春秋时代，那个以战阵而著称的时代。双方各有优势，楚军强在阵法，秦军强在数量和单兵。

战鼓轰天而起，双方均以战车开道，步兵紧随，一齐呐喊。队伍中的战马感受到大决战的凶险气氛，也纷纷发出短促的嘶鸣。

投石车投出呼啸着的巨木，偶尔砸倒数人，周边的军士立即弥补空缺。漫天的箭雨淋漓而来，双方一边前进，一边用盾牌死死护住大阵，战场中并没有出现双方期待的，对方人仰马翻的景象。

秦军以 5000 人为一小队，王翦特意在左侧的某队部署了两万人，全都是这一年来投石、跳高竞赛中的出类拔萃者。

等双方接近肉搏之时，这两万人的小队忽然抛出两万块 12 斤（约 3 公斤）重的坚石。石头不同于箭矢，箭矢是点状杀伤，石头借助地心引力冲击力强大，是片状杀伤。楚军的一个方阵经此漫天石雹的打击，数千人倒地哀号，阵脚大乱。

邻近的楚军方阵第一时间冲到遭袭方阵之前，保持大阵的队形，同时保护战友撤离。

两万秦军壮士，哪能给楚军从容补缺的机会，只一瞬间，又是两万颗石雹从天而降，砸向方才楚军的缺口。

这两万壮士每人携带 3 颗坚石，6 万颗石雹一分钟之内在方圆 6000 平方米的面积内开花。如果一个人占据一平方米的空间，6000 楚军每人要承受 10 块 3 公斤重的石头，顿时哀号连连，楚国大方阵一个小缺口被打开。

两万壮士蓄力多时，不胜技痒，大呼陷阵，杀入楚军大阵之内。后续的秦军也蜂拥而入，楚军看似密不透风的大阵出现松动。

如果楚军能保持阵形，双方取胜的概率基本对等，可是楚军阵脚已乱，项燕不愿再与秦军纠缠，因为在人数占劣势的情况下，楚军没有阵形的优势，胜算瞬间不足四成。

楚军后方传来一阵怪异的鼓声，前方闻声忽然如潮水般后撤，露出无数陷马深坑，秦军顿时车翻人陷，战车立时作废，人马只能绕过埋着倒刺的深坑。

原来项燕算无遗策，连撤退的细节都算计好了。楚军用木板来掩盖深坑，撤退时将木板也卸了，让秦军无法全力追击。

少量越过这深坑阵的秦军，也被楚军的箭矢挡住去路。一场旷世大战，只两个时辰就分出胜负。双方各付出几万条生命，秦军小胜，楚军也没有溃败。

项燕止住败势，后退几十里又连营十几里扎寨，迅速形成新一轮对峙形势。

秋高气爽之际，天色极佳，到了晚上，满天星斗，伴着一弯新月，疏密有致地广布天穹之上。

楚军的将士没有心情欣赏美景，他们最挂念的是家乡那几亩水田。若是错过秋收，家人都得挨饿啊。南方女子娇小贵气，不如关中女子那样能顶整个天。

趁着夜晚，几个民兵悄悄逃出了营寨，接着更多的民兵逃走，乱势像波浪般扩散，波及全局。整个楚军大营，逃跑已经不再是秘密，成了公然的事件。

项燕等一干将领立即叱喝各营将官进行堵截，有的甚至拔剑杀了几个逃兵，以阻止更多的人临阵脱逃。

楚军有迅猛的力道，持久力却不怎么样。战国时代几次合纵攻秦，最先撤离的往往就是楚军。

王翦在山坡之上早已知晓楚军的情况。武成侯粗糙的大手狠狠下劈，数十万秦军立即抖擞精神杀向楚营。

秦军一开动，楚军那边更乱了套，本来还犹豫逃不逃的民兵，心中那份对父母妻儿的思念有如泉涌。他们纷纷丢盔弃甲，寻熟悉的小路，逃奔回乡。

楚营内外，顿时如天塌地陷、山崩海沸一般。一整夜功夫，尸横遍野，血流成河，惨烈至极。

项燕收拾残兵，十余万人往陈城退守，企图与昌平君兵合一处，继续抵抗秦军。

这个时候的王翦再无半点保守，他并不追击项燕，而是挥师南下，渡过淮河直取楚国都城寿春，如图 3-47 所示。

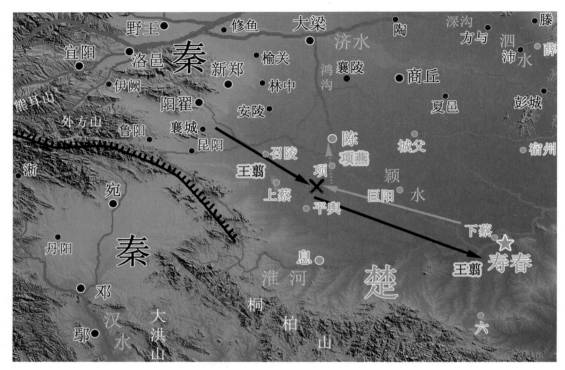

图 3-47　公元前 223 年秦国灭楚国（一）

现在来看楚国东迁之后的都城变化。

公元前 279 年，武安君白起南下，迫使楚国都城东迁，那一次楚国将都城迁到陈。

从人口经济交通角度来看，陈是个好地方，因为该地通过鸿沟与魏国大梁相连，但这里离魏国太近，此后在与魏国爆发的多次战争中，楚国并未占得多少便宜，因此东迁 20 多年后，楚考烈王决定南迁。

南迁的第一站是巨阳，这个地方城不大，也无险可守，对楚国来说只是权宜之计。

楚国人还在继续寻找南迁的新都，后来淮河北岸的下蔡成为新的目标。春秋时期下蔡是蔡国的都城，各方面条件符合楚国对都城的设想。

不过当时春申君标新立异，他建议在下蔡的对岸新建一座城，与下蔡形成掎角之势。而且新都在淮河的南岸，淮河成了新都的另一重保障，这对深受秦国和魏国打击的楚国来说，非常重要。

这个新都，就是楚国现在的都城寿春。

春秋战国时代的城邑有个特点，新修筑的城邑面积越来越大，城墙愈来愈高，护城河越来越宽，气势愈来愈磅礴。

当初东周的都城镐京和洛邑都是 10 平方千米左右，按照规定诸侯的都城不能超过 3 平方千米。西周时期特别强盛的鲁国、卫国等诸侯的都城，也只是接近洛邑的规模。

到了春秋时期，礼崩乐坏，包括都城的规模也不再小于洛邑，各诸侯国要么重建新都，要么扩建老都。齐、楚、秦、晋等国的都城规模都超越了东周的洛邑。

战国时期，燕国修筑了一座 35 平方千米的下都武阳，创造新的纪录。齐国的都城临淄，在多次扩建之后，达到 20 平方千米，楚国新都寿春的规模与临淄相当，也是 20 平方千米。

人口方面，比起临淄的 7 万户，寿春只有两万户，少了许多，这与南方人口少于北方的大势是相符的。

寿春城的防御体系是两城互相倚靠，水陆并举。寿春和下蔡的守军可以互相照应，中间有数万水军封锁江面，外围还有数万大军支援。

不过在这个时候，寿春外围的援军已经被打败，寿春城只有水师和守军。

王翦若是全面发动进攻，固然楚军人少，但是其江面上的水军足以封锁百里长的江面，秦军难免大费周章。

王翦指挥秦军在上游渡江，然后直取寿春，根本不去管下蔡和江面的楚军。

若在平时，项燕即使只有 10 万军队，屯驻在寿春城外，形成掎角之势，秦军也很难攻克寿春。而且一旦楚国水师扩大江面防御范围，秦军后续的粮草辎重根本无法到位，届时秦军就危险了。

现在项燕的外围楚军已经撤退到陈城，王翦这时候忽然加快行军速度，猛扑寿春。

如果等项燕收拾残兵来寿春迎战，鹿死谁手就不好说了。静如处女，动如脱兔，王翦在与项燕的战争，以及攻打寿春的战争中，充分展现了这一点。

寿春城虽大，兵士却只有两三万，楚王负刍哪有能力阻挡数十万秦军攻城。

王翦虏了楚王负刍，立即向楚国各地通告楚国已亡。于是淮北的郡县望风惊溃。昌平君与项燕无奈，领兵退回江东吴越旧地，昌平君再次称楚王。

随后王翦并没有立即乘胜追击昌平君——武成侯稳健的用兵风格再次体现——楚国国都虽然沦陷，但昌平君和项燕还有相当的实力。

寿春的水师在城破之时并未投降秦军，而是顺江东下，与项燕会师。此时项燕手中仍有 20 万人马，其中数万是水师，实力不可小觑。

王翦令一军南下到长江中游，征集大船，准备水陆并进。

这时候的楚军，以长江下游广陵（今江苏扬州）为据点，水军数万，陆军十余万，正恭候秦军，如图 3-48 所示。

项燕并没有一味退守吴越旧地，而是将大军屯驻在长江下游，意图非常明显：如果秦军去攻吴越，楚军水陆两路绝对可以断绝秦军的物资供应。

楚军再度摆好决战的架势，王翦却又慢了下来。他派出一支偏师，同时打着楚王负刍的旗号深入楚国南部湖湘一带，传檄南方各郡，宣布秦王威德，以及楚王负刍被俘的事实。

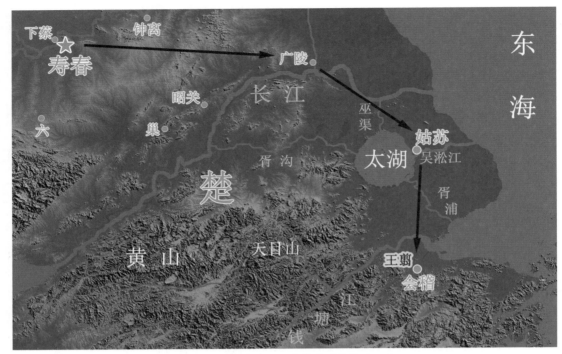

图 3-48 公元前 223 年秦国灭楚国（二）

楚王负刍这几个月一下子苍老几十岁。秦人屡屡将他作为筹码，在楚国各郡县城池前示众，每一次羞辱都令他心如刀绞，真比杀了他还难受。

南方各郡见此情景，纷纷投诚，王翦再无后顾之忧。

几个月后，天气转冷，王翦征集到足够的船只，带着楚王负刍水陆并进，攻击楚军最后一道防线。

广陵城下，秦军四面列营，军声震天，楚军见楚王负刍被虏，士气低迷。

武成侯挥师急攻，城破，昌平君为流矢击中而亡，项燕引剑自刎，楚国灭亡，王翦 60 万大军折损不到 10 万。

战争尚未完全结束，秦王迫不及待派心腹大将任嚣前来宣布旨意。王翦回咸阳接受田产赏赐，拜屠睢为国尉（太尉），接替王翦的兵权。再以屠睢为主将，赵佗为副将，禄为护军都尉，率军 30 万（后陆续增兵至 50 万）南下岭南，意在征服楚国未能征服之百越，同时以蒙恬和任嚣为将，各率军 10 万扫平楚国仍在抵抗的地区。秦军兵力一分为三，而且都不回关中，王翦和王贲与帐下将士分离。

楚王负刍被贬为庶民，很快就郁郁而终，他给秦王下的毒咒最为简短，也最有力量："楚虽三户，亡秦必楚！"这个诅咒有着深刻的含义，号召楚国后人不要放弃抵抗，要战斗到最后一滴血，楚国有屈、景、昭三大家族，即所谓的"三户"，灭亡秦国的不会是别人，必然是楚人！

【索隐述赞】天下匈匈，海内乏主，掎鹿争捷，瞻乌爰处。陈胜首事，厥号张楚。鬼怪是凭，鸿鹄自许。葛婴东下，周文西拒。始亲朱房，又任胡武。伙颐见杀，腹心不与。庄贾何人，反噬城父！

● 王贲灭燕国，亡代国

秦国灭楚国之后，东方六国除了齐国，赵国和燕国也还有部分残余领土。

赵王迁已经被囚禁到房陵，公子赵嘉在北方建立新政权，虽然赵国宗室奉赵嘉为赵王，但其领土远不如原赵国，历史上称为代国。

燕王喜远迁辽东，丢失都城，失去大部分领土，或可称为辽东王。

在秦王的眼中，无论齐国还是赵燕的残余势力，都必须扫平。但秦国的军力却突然大幅萎缩，可用之兵所剩不多。

在灭楚国时，王翦军攻破寿春俘楚王负刍，秦王就迫不及待把王翦召回咸阳，以屠睢代之，继续完成灭楚的过程。

楚国平定之后，秦王以屠睢为主将，赵佗为副将，率军继续南下征讨岭南。始皇时代陆续投入岭南的军队有 50 万之多，王翦所率 60 万灭楚大军，除了伤亡数万，剩下的几乎都去了岭南，而且再也没有回来。

如果把李信折损的近 10 万人算上，秦国在两年时间内失去 70 万大军，这是成就大秦帝国根基的主力。

现在秦国的领土空前辽阔，但兵力却捉襟见肘。所以秦王没有选择军力较强的齐国，而是将矛头对准了辽东的燕国。

王翦回到咸阳后，始皇赏赐他黄金千镒。王翦立即辞官，辞去军中和朝堂上的一切职务，告老还乡，回到了他少年时的成长地频阳，闭门谢客，不问春秋，作出一副闲云野鹤、超然世外的姿态。

王翦之于秦王，与韩信之于刘邦类似，当时还没有"兔死狗烹，鸟尽弓藏"的说法，更没有"杯酒释兵权"的做法。

王翦彻底放弃兵权，也给儿子王贲赢取了更多的机会。有了李信的教训，秦王不敢轻易拜人为将，他决定让王贲来统领秦军攻打燕代。

公元前 222 年，咸阳城外举行了一场誓师大会，秦王亲自为王贲送行。

秦王亲扶着王贲的手臂道："将军先取辽东，辽东若平，可乘破竹之势取代，不必再奏寡人！"

秦国的法律规定，动用 50 人以上，必须由秦王下令，而秦王居然允许王贲在灭燕之后，大不用上奏，统领十几万大军直接征伐代国，这里面也有玄机。

王贲的兵马并非来自关中，秦王下诏在燕、赵、魏、楚旧地征调拼凑人马，虽然也有 15 万之众，但人心涣散，将领各有盘算。

征辽东，最大的困难就是路途遥远。沿途的右北平、辽西等郡建郡的时间也只有短短几十年，当时还是以游牧民族为主，能够征用来运送粮食辎重的民力基本没有。

三国时期，公孙家族就在辽东割据一方，曹操有生之年也没有去征服辽东，原因还是路途遥远。

王贲岂能不知远征辽东的难处，他也定下一个策略，那就是快，速战速决。

王贲有一支 7000 人左右的精锐，这些人追随王翦王贲父子多年，不但忠诚可靠，战力更是惊人。这支军队平日不认秦王虎符，只认王翦和王贲这两张脸。秦王知道这支军队会出征，也会损耗，所以才让王贲打完辽东再去打代国。

王贲亲率 7000 精锐，从武阳出发，轻装疾进，7 日后便到达辽河西岸，不愧兵贵神速。秦军立即造木筏渡辽河，不过渡河时被燕军发现，先后有上万燕军赶来阻击。

王贲下令只进不退，秦军也知道身陷死地，人人争先杀敌，付出几百人代价后，来到辽东襄平城下（如图 3-49 所示）。

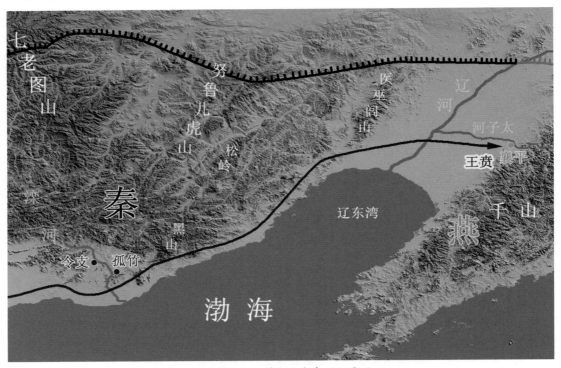

图 3-49　公元前 222 年秦国灭燕国

燕王喜闻秦军兵临城下，知道大势已去，心灰意冷，对众大臣哽咽道："传寡人令，开城投降！"

战国历史上，如果要评一个最佳国君，会有很多候选，但是若评一个最差国君，只有燕王喜可获此殊荣。

燕国，自召公立国以来，在东胡和匈奴的夹缝中顽强地生存下来，春秋时期便不断扩张疆土。到战国时期，燕昭王用 33 年时间，让燕国从三流诸侯进入举足轻重的战国七雄之列，燕武成王又用 14 年开疆拓土，让燕国领土跻身战国七雄前列。

燕国鼎盛时期，乐毅率五国之兵伐齐，取 70 多座城邑，燕军开进临淄。

齐国临淄宫室之壮丽，帷帐之华美，狗马珍玩之多，令人叹为观止。宫内府库，但见金玉锦绣，奇珍异宝，五光十色，不计其数。内中最为奇异的宝物，当属青玉五枝灯：此灯用青玉琢成蟠龙盘屈之状，高七尺五寸，龙口中衔灯，以火点灯，龙之满身鳞甲皆动，如星光万点，照满一室。

燕军尽收临淄之财物祭器，并将昔日齐国掠夺燕国之重器用上百辆大车装载，浩浩荡荡运往燕国。

燕国800年的基业，败起来可不费什么劲，一个燕王喜足矣。

33年，这是一个很巧合的数字，燕昭王在位33年，燕王喜也是。

可怜燕王喜，七十几岁的老头子，面容憔悴地坐在囚车中，一路颠簸，风餐露宿，苦不堪言。疲惫不堪的燕王喜忍不住重复着那句孤独的咒语："秦政小儿，汝必死于途。"意思是秦王必然死在路途中，而非宫室里。

从辽东襄平到咸阳，相当于今天从沈阳到西安，走高速公路大概2000千米，吉尼斯世界纪录若是有一个"乘囚车距离最远的国君"，恐非燕王喜莫属。

燕王喜到了咸阳，立刻被贬为庶人，囚禁于一处民宅之中，何时死的，无人知晓。

一首小词道尽燕国：召伯治陕，甘棠怀德；易王僭（jiàn）号，齿于六国。哙以懦亡，平以强获；一谋不就，辽东并失。传四十三，年八九百；姬姓后亡，召公之泽。

彻底灭燕之后，王贲移师西攻代国。由于秦王有言在先，王贲无须向他请示，王贲自然不会放过任何建功立业的好机会。

赵国宗室赵嘉建立代国，当时燕国太子丹正在策划"荆轲刺秦王"，燕赵时隔半个世纪，终于又一次结盟。

赵嘉所控制的地盘包括代郡和上谷郡，地方倒是不算小。

代国蔚城，外墙和城头均有撞击和火灼的痕迹，这是赵国守军与匈奴多次交战的结果。城内民居错落，稀稀落落的商人骑着骏马匆匆而过，往日南北商人往来交易的繁华场面不再，气氛一片肃杀。

城内中军大帐，赵王嘉和一干宗亲大将全部在列。

一名体形手足均比常人粗大的豪汉，对立于跟前的赵王嘉道："大王，单于有令，只要大王投我匈奴，单于与大王之间的恩怨一笔勾销，单于封大王为匈奴赵王。"

见赵嘉没有答话，这名匈奴小王又劝道："大王快快定夺吧，秦军已经兵临城下！"

赵嘉淡淡道："请转告单于，单于的美意嘉心领了，但我们赵氏家族宁可死在战场，绝不做流亡之族！"

匈奴小王见赵嘉表情坚决，又看看四周的将领，个个毅然决然，于是摇摇头，退出了大帐。

虽然知道大厦已倾，代王赵嘉却并不放弃，他决心战斗到最后一滴血。

王贲统领十几万大军，迅速攻克兵力单薄的逐鹿，直逼代王赵嘉的临时都城蔚城，如图3-50所示。

蔚城30里开外，随着秦军不断抵达，一架架投石机、一辆辆床弩车也迅速集中就位，只等全部大型攻城器械到位，秦军便要发起总攻。

秦军攻城已经流程化。先用大型器械一阵猛轰，随后城头碎屑横飞、火星四溅，哀号四起，秦军主力才开始攀城。

图 3-50　秦国灭代国

　　代王赵嘉立于城头，眼神无比坚定。他已经下达军令，大部分赵军将士白天休息，等待夜晚来临好给秦军迎头痛击。此时如果继续守在城内绝不明智，只有冲出城外，寻找秦军决战，或可造成秦军比较大的伤亡。

　　此时此刻，所有留下的两万余赵军都抱着必死的信念，但即便是死，他们也要让秦军付出代价！

　　天色终于暗了下来，两万多赵氏子弟兵迅速集结。

　　在黑沉的夜色中，一只只火把跳跃着，那忽明忽暗的光线中，闪动着幽幽青光，这是赵军将士们慷慨赴死的坚定目光。

　　对面秦军应变也很快。王贲的第一选择当然是用重武器攻城。现在赵军不配合，王贲也不得不采用他最不情愿的手段，跟两万将生死置之度外的死士力拼。

　　赵军正在结成方阵，其兵种与其他诸侯有些不同。由于长期与匈奴作战，赵军的战马比较多，特别是赵国北方骑兵很多，两万多赵军，便有数千匹战马相随。

　　战马的喷鼻声不断响起，透出令人胆寒的杀气，那是死亡的气息。人马情深，战马这些年来随着赵军将士腥风血雨里驰骋过，尸山血海里战斗过，它们与赵军将士当真是生死相依、血肉相连、心意相通的战友。

　　代王赵嘉站在一辆云车望楼之上，手握长长的青铜剑，嘶声大呼："诸位将士，我们是赵人的骄傲，今日我等有机会光宗耀祖，大伙不要辱没了祖宗的荣耀！两强相争，勇者胜！"

"勇者胜！勇者胜！"

赵军将士振奋起来，两万多人喊着同一个口号，其震撼力可谓地动山摇，对面的秦军亦冷汗直冒。

硕大的绛红色"赵"字军旗，已是气势昂扬地摆动起来，代王赵嘉跨上马背，着银盔青铜甲，长剑在手，指挥赵军向秦军阵地推进。

秦军这方，只要是在射程内的投石车和床弩，立即开动起来，天空中顷刻间多出数十颗坚石和数十支巨箭。

这些重型武器即刻造成赵军上百人伤亡。所幸秦军来不及准备，只有小部分投石车和床弩到位，否则光是这一轮打击，就能给赵军造成惨重的损失，这也印证了赵军不固守城邑是多么明智。

代王赵嘉戳指秦军喝道："快速推进！"

传令兵挥舞军旗，战鼓声响起，赵军立即加快了推进速度。惨呼声接二连三，即使身边有人被击倒，也再无人理会，赵军兀自毅然向前，仿佛飞过来的都是面团、沙子。

两强终于短兵相接，任何取巧的成分都是徒劳，现在只有血战一条路。秦人纵有十几万之众，但在局部范围内，也很难说有多少兵力优势，战况一开始便激烈而残酷。

鲜血四处喷溅，代王赵嘉挥舞着血淋淋的青铜长剑，咆哮道："杀光秦人！杀光秦人！"

四周赵军将士纷纷回应："杀光秦人！杀光秦人！"在这本该寂静的深夜，苍凉激越的呼喊，幽幽闪烁的目光，让秦军士卒们心惊。

战马悲哀嘶鸣，战士浴血奋战，只是眨眼之间这片战场便被染成血红色。

天微亮，红通通的日头爬上山头，战斗接近尾声。尸横遍野的战场安静下来，方圆数里的山塬披上一层血红。

不远处的山坡上，匈奴小王不住摇头叹息。这壮实的粗汉，眼角也泛出泪花。赵人如此悲壮的殊死一搏，的确出乎匈奴人的意料。赵氏这个曾经的对手，给匈奴人带来数不清的痛苦，最终也赢得了匈奴人的尊敬。

赵氏宁死不屈的精神深深影响着北方大漠的游牧民族，后来他们投降汉朝之后改名，首选"赵"这个光荣的姓氏。

100多年后，汉武帝时期，在那个飞将军李广都不得封侯的年代，有3位特殊的侯爵——翕侯赵信，昌武侯赵安稽，从骠侯赵破奴——他们都是匈奴降将，后改姓赵。三位匈奴侯爷都获得分封，赵破奴更是两度封侯，成为匈奴降将中的佼佼者。

赵氏家族战斗到最后一滴血！驰骋春秋战国几百年的赵氏家族终于落下帷幕。

王贲功高盖主，在平定代国几天之后，秦王的诏书也到了："将军一出而平燕及代，奔驰2000余里，劳苦功高，寡人欲重赏将军，愿将军回咸阳休养受封。"

若说封赏，在二十级军功爵位制度中，王翦和王贲早就是最高级的列侯，王翦是武成侯，王贲是通武侯，与武安君白起都是武字辈的，已经封无可封。

至于其他的房产田舍，不但秦王竭尽所能封赏许多，王翦也主动请赏不少，王家不缺财产。若再封就要回到西周的分封制，直接给一块领土自治，那显然与郡县制是不相符的。

秦王招王贲到咸阳，将与兵分离，这就是秦王的驭将方式，类似"杯酒释兵权"。

● 王贲灭齐国，战国最后一个王

秦国灭六国，齐国为何最后才被灭？并非齐国最强，而是齐国离秦国距离远（燕国同样远，因荆轲刺秦王而提前失去国都），又保持中立多年，对秦国并无实质威胁，因此齐国才得以存活到最后。

公元前221年初春，万象更新。始皇有个愿望，就是在这一年的春天拿下齐国，终结800年诸侯混战局面，开创大一统帝国。

齐国的开国君主是吕尚（姜子牙），周武王灭商后，将姜子牙封于齐，是为姜太公。

齐国兴工商之业，便渔盐之利，在西周时期国势便兴盛起来，领土不断扩张。

春秋时期，齐国在齐桓公等几位有为国君的统领下，兼并整个山东半岛，国力骤增，一跃而成首屈一指的大国。齐桓公时代更是九合诸侯，一匡天下。

齐桓公组织的葵丘之盟，周襄王派周公孔参盟。盟会之时，诸侯个个衣冠楚楚，环佩锵锵。高坛之上，每一层都有数个巨鼎，鼎内烈焰冲天，象征齐桓公霸业达到顶峰。高坛的每一个阶梯旁都立着两位美若天仙的宫女。坛上设有天子虚位，诸侯北面拜稽，如朝觐之仪，然后各就其位。

齐桓公豪言道："寡人南伐楚，至召陵；北伐山戎，服令支，斩孤竹；西涉流沙，至太行。寡人兵车之会有三，衣裳之会有六，九合诸侯，一匡天下。夏都于安邑，商都于亳，周都于镐，皆封禅泰山。今泰山在寡人境内，此天之所愿也！"

战国初期，田氏取代吕氏，国号不变，齐国奇迹般地平稳过渡，一个实力强劲的新齐国屹立于东方海滨。

齐威王时期，齐国在马陵之战、桂陵之战中连续击败天纵奇才的庞涓，将魏国打下霸主的神坛。

齐宣王时期，齐国南败楚国于垂沙，西破秦国函谷关，向北更是一度攻占燕国都城。

齐湣王时期，齐国灭亡战国第八雄宋国，国势达到鼎盛。

当时宋国的宋康王与秦国结盟，有兵车5000乘，带甲数十万，面积仅比魏韩两国略小，可谓战国第八雄。

齐军闪击灭宋，齐湣王登上宋国都城睢阳的东城墙，面朝东方，伸展双臂，声震寰宇："五千乘之劲宋，为大齐所灭！"

然而正因齐国占领宋国富饶的土地，导致诸侯们惶恐不安，齐国与魏韩的联盟破裂。

齐国攻占宋国两年后，五国伐齐，齐国一度只剩下两座城邑，由极盛到极衰，短短几年。

随后田单复国，齐国从燕国手上夺回大多数故地，但是比起鼎盛时期的势力范围，齐国的国土面积缩水一半。

齐国自五十多年前复国以来，国策大变。

以军事实力而言，齐国的三大邻国，楚国和赵国肯定远在齐国之上，燕国稍弱，但是齐国最多能将燕军从领土上赶出去，绝对无力进犯燕国本土。

从楚、赵、燕与齐国的渊源来看，齐国与这三国的新仇旧恨不少，要完全和好也很困难。于是齐国开始实施远交近攻的国策，联合西边的秦国对付中间的三晋。

这个政策执行的前期，齐国根本不是赵国的对手，阳晋、麦丘、高唐等地相继沦丧。同一时期，赵国在西线与秦国的鏖战中却是节节败退。

在复杂的形势下，齐国与赵国言和，赵国退还占领齐国的部分领土，从东线的齐国撤兵，全力对付西线的秦国。而秦国也笼络燕国，对付赵国。

也就是说，秦国与燕国和齐国结盟，从东西两个方向对付中间的三晋。

至于楚国，忙着灭鲁国，还要经营江东地区，游离于这个体系之外，只偶尔象征性地参与一下合纵连横。

此后齐国的国策就是谁也不得罪，以至于近50年，齐国没有一支军队走出国门。

于是齐国坐拥渔盐之利，国泰民安，歌舞升平。

临淄城建于淄河西岸，西依系水，由大小两城巧相衔接而成。城内建筑宏伟，交通大道都以小城北的宫殿为中心，宗庙、官署和各级官吏的住宅均集中在宫殿附近，城内街道两旁古树参天，不过这时结满晶莹的冰挂。

虽说经历过战火，可现今的临淄仍然人口众多、经济繁荣。

秦国已灭五国，就剩齐国一支独苗，灭齐只是时间问题，但派哪位大将去灭齐，令秦王颇费脑筋。

如果以实力论，最佳的选择无疑是王翦父子，王翦灭赵、楚两国，王贲灭魏、燕两国，他们都有绝对的实力，让秦军伤亡降到最低，拿下齐国。

可是这父子俩太强大，功高盖主，秦王绝不会考虑再用。秦王决定起用蒙恬。

在李信攻楚的时候，蒙恬是副将。那一战李信与蒙恬兵分两路，李信军惨败，蒙恬虽无大功，但也保住了本路人马。后来王翦再攻楚，蒙恬依然是副将。攻破楚国都城后，屠睢和赵佗率主力南下，蒙恬与任嚣率偏师逐渐占据楚国全境。

灭齐之战，秦王起用蒙恬和任嚣，自然也不完全是因为战功。蒙恬和蒙毅兄弟对秦王忠心耿耿，在秦王举行冠礼之前就追随左右，随后扳倒三座大山，这两兄弟一直陪伴在秦王身边。从平衡各方力量的角度来看，秦王还得提拔其他家族，以制衡王氏家族，这方面蒙氏又成为首选。任嚣的家族实力远不及蒙氏，但忠诚度不遑多让，军事方面也有架海擎天之能。

蒙恬、任嚣率兵30万，直逼齐国，他们能实现秦王一统东方六国的心愿吗？

攻齐秦军中约有10万来自关中和陇西，其余来自各国旧地。从兵员结构和数量来看，秦王对蒙恬、任嚣的信任程度远高过王贲。

齐国方面，齐王建听相国后胜之言，不救韩、赵、燕、魏、楚，秦国每灭一国，齐国即遣使入秦称贺。

后胜，类似赵国郭开一样的人物，收取秦国的黄金厚赂，劝说齐王建与强秦结盟，不支援列国诸侯。

等到蒙恬、任嚣起兵，后胜其实也很后悔。郭开最终万贯家财被夺、惨死途中的结局，每天晚上都出现在后胜的睡梦中。

后胜后悔，齐王建就更不用说了。此时此刻，他并没有坐以待毙，而是迅速调动主力20余万大军，兵发西线高唐，隔黄河抵御秦军。

高唐是齐国五都之一，与赵国灵丘隔着一条黄河，战略上主要是防御赵军的进攻。赵国常年在灵丘囤积粮草物资，并且建造大量渡河的船只器具，赵国历来将这里作为突破齐国的一个发起点。

当年五国伐齐，乐毅也是选择在这里登陆齐国本土，由于高唐齐军兵力不足，齐军不得已在济水与燕军决战。吸取之前的教训，齐军屯重兵在高唐，援军也很快赶到，力求将秦军挡在黄河以西。齐国若丢了高唐，后面就只能退守济水，又将重演当年五国伐齐的局面。

齐国在高唐军区的布防并不是临时性仓促性的，而是通过几十年建设已经相当完备的，包括附近另一个都城平陆，也可以迅速派出援军。因此齐国在高唐军区的防御，毫不夸张地说，固若金汤。

蒙恬攻齐的起点正是高唐对岸的灵丘，这里渡河器具和粮草物资充沛，而且是攻齐最短路线。如果舍弃这里，从其他地方攻齐，搬运这些器具和物资至少得花上两三个月，齐国当然也会有所应对。而且秦国几年内灭掉了五国，如今兵老将骄，将士们个个摩拳擦掌，只等加官进爵。秦王更是目空一切，蒙恬与任嚣不敢舍近求远，延误战机。

然而从春天到盛夏，秦军数次渡河均告失败，用了很多办法，与齐军对峙3个多月，伤亡不小。在齐国这条"马奇诺防线"之前，秦军恃勇轻敌，几乎毫无进展。

蒙恬与任嚣是幸运的，秦王在关键时刻鼎力支持了一把。

当时王贲平定燕国辽东和代国后，自己回咸阳，留有数万兵马驻守北方。

为了帮助蒙恬打开缺口，秦王令王贲再赴燕赵旧地，统领5万人马南下，从另一个方向渡过黄河，威胁齐都临淄。等齐军从高唐撤离回援临淄，蒙恬再挥师渡河，一举击败齐军主力。

王贲得令抵达燕赵旧地召集人马，除去伤亡的和留守的，王贲军的人数已不足5万。秦王的意图是让王贲吸引火力，给30万蒙恬军创造机会。

王贲统兵南下，长驱直捣，如入无人之境，渡过济水，兵临临淄城下，如图3-51所示。

临淄是战国时期的超级大城，7万户，50万人口。临淄城内外有守军近10万，即使已经抽调部分去了西线，城内守军仍然超过6万。临淄粮草堆积如山，车马塞于通衢，弦管响入云霄，繁华不减昔日。王贲根本不可能攻破临淄。

这个时候摆在齐王建面前的选择有两个。一是按兵不动，保持现状，分两处抵御秦军。这种方式短期是有效的，但从长期来说齐军是耗不过的。二是从高唐调来一支军队，会合临淄守军，利用绝对的人数优势，先将王贲军歼灭，到时候蒙恬军也必然不战而退。

正当齐王建犹豫之际，王贲派来使者，给了他第三个选择。

王贲大有其父风范，使巧劲，不硬拼。当初王翦灭赵，先用离间计让赵人换下李牧。这回王贲派人向齐王建许诺，只要齐国开城投降，他可担保秦王给齐王建500里地作为封地，安度晚年。

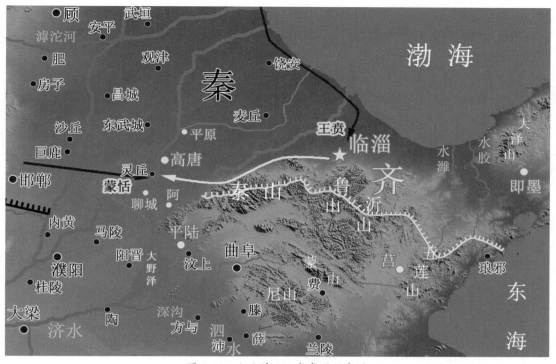

图 3-51　公元前 221 年秦国灭齐国

　　秦国灭了东方六国中的五国，其一统的大势不可逆转，抵抗只是拖延一统的时间，齐王建妥协了。至于王贲的话到底可不可信，齐王建也顾不得了，有个台阶下，总比没有好。

　　于是临淄开城投降，王贲杀了后胜，囚禁齐王建，等待秦王发落。

　　灭齐的首功又记在王贲头上。有些人就是这样，他们总是历史的主角和焦点，王贲灭燕、魏、齐三国，他正是这样的人，当之无愧始皇帐下第一功臣。

　　灭齐的战争还未结束，在高唐镇守的齐军闻齐王建投降，军心立即崩溃。

　　秦军闻讯士气大振，蒙恬与任嚣挥师渡河，半数以上齐军放弃抵抗，蒙恬终于在高唐赢得一场大捷。但是灭齐的首功，肯定不会记在蒙恬头上，即使秦王有意如此，但历史的轨迹只能是"半由人事半由天"。

　　不久之后，秦王的诏书来了，并没有 500 里地，而是将齐王建流放到太行山下的共城。

　　太行山共城附近的野外，茅屋数间，便是齐王建的流放地。誓死追随齐王建的宦官和从人，依然有数十人。

　　不过秦王给齐王建的待遇，仅是供养他一家三口，一天只给一斗米。一斗米有多少？廉颇一顿饭就能吃一斗米，外加 10 斤肉。一斗米给数十个人吃，就是煮成稀饭都远远不够。而且负责供应粮食的官员还不按时供给，齐王建还得多说好话，看来帝王也要为三斗米折腰。

　　一个月后，齐王建居住的山地附近，连野兔都猎不到了。

　　齐王建 4 个儿子，长子田升已在乱军中战死，次子田桓改王氏避难，三子田轸改陈氏避难，还有一个晚子（幼儿）留在身边。

某夜，晚子由于饥饿而啼哭，齐王建凄然起坐，听着茅屋四周风吹松柏之声，想起在临淄时堆金积玉，醉生梦死的生活。如今困于穷山，后悔不及，遂昼吟夜啼不止。

没过多久，齐王建去世。死前他用最后一口气，仰天下了一个诅咒："寡人无罪而获死，汝亦将无病而暴毙，寡人在地下等你，不出 10 载。"意思是秦王没有兑现诺言，自己无罪而死，不出 10 年秦王肯定也会无病而暴毙。

【索隐述赞】天下匈匈，海内乏主，掎鹿争捷，瞻乌爰处。陈胜首事，厥号张楚。鬼怪是凭，鸿鹄自许。葛婴东下，周文西拒。始亲朱房，又任胡武。伙颐见杀，腹心不与。庄贾何人，反噬城父！

第四节　秦　始　皇

● 秦王称始皇帝，南下百越

公元前 221 年，咸阳王宫。这日早朝，殿内钟鼓齐鸣，御炉香绕。

秦王高坐龙椅，分外精神。群臣跪拜已毕，文东武西，分立两旁。文官有丞相王绾、御史大夫冯劫、廷尉李斯、少府章邯等，武将有王贲、蒙恬、任嚣、涉间等，个个衣冠齐整，剑佩锵锵，真是新朝气象。

丞相王绾出列奏道："大王兴兵降暴，平定天下，海内统一，自上古以来，五帝所不能及。古代皇最贵，帝次之，天子再次。臣等谨上尊号，请大王称皇帝，此'德兼三皇，功过五帝'之意。"

御史大夫冯劫出列奏道："丞相所言甚是，大王称'皇帝'，自称曰'朕'。"

秦王龙目精光闪闪，扫过文武大臣道："寡人自称'朕'，国君改称皇帝，大善。朕若驾崩，后世落人褒贬，给朕一个商纣王、周厉王的谥号，又该如何？"

廷尉李斯出列奏道："皇上可除去谥法，皇上为始皇帝，后世皇帝，依数为二世、三世以至于万世，传之无穷。"

当日大酺（pú）天下。这个大酺不是大赦，并非免去徭役、释放罪犯，而是准许天下人相聚宴饮数日。秦法严苛，不许 3 人以上聚众饮酒，所以始皇下诏大酺天下，便算莫大恩典！

天下初定，始皇最担心两件事。

第一件事，王氏家族势力过大，六国除韩国是主动投降，其他五国均为王翦王贲父子所灭，始皇有十足自信灭任何敌人，唯独害怕王氏父子拥兵自重。

此前王翦已适时辞去一切军中职位，多请封地赏赐，回乡养老去了。王贲亦自知始皇猜忌，遂在如日中天之际告老还乡，以保全家族命脉。作为回报，始皇破格提拔王贲之子王离为将。这或许是一个双输的大败笔，十多年后王离惨败给项羽，葬送 20 万秦朝雄师。

第二件事，六国刚灭，始皇担心六国宗室谋反。

始皇将六国宗室和豪门大族各迁居两万户到咸阳，共计 12 万户。绝大部分有号召力的六国宗室都到了咸阳，但楚国的项梁和项羽成为漏网之鱼。六国兵器也被收送到咸阳，熔之为铜，铸成铜人 12 个，每个重 24 万斤（约现在的 6 吨），高 3 丈，立于宫门之前。

公元前 220 年，南方传来紧急军情，国尉屠睢（suī）在岭南阵亡。

早在 3 年前，王翦破楚后，始皇拜屠睢为国尉（太尉），接替王翦。

始皇令屠睢为主将，赵佗为副将，先后领兵 50 万越过南岭攻击岭南，意在征服楚国未能征服之百越，也让王翦和王贲与帐下将士分离。

南岭又称五岭，由西到东排列为越城岭、都庞岭、萌渚岭、骑田岭、大庾岭。这 5 座岭并不是南岭中面积最大海拔最高的，只因名称中有岭字，合称五岭。

屠睢兵分五军，一军塞镡城（今湖南靖县境）之岭，一军守九嶷（今湖南宁远南）之塞，一军处番禺（今广东广州）之都，一军守南野（今江西南康境）之界，一军结余干（今江西余干境）之水。

简而言之，屠睢将 4 支军队屯驻在湖南和江西，自己亲率十余万劲卒过南岭，攻击广州。然而苦战 3 年，杀西瓯部落首领译吁宋，越人新首领桀骏率众没入山林，宁可与禽兽相处，也不肯投降。这一年秦军营寨被越人偷袭，屠睢在乱军中阵亡，赵佗引残兵退到南岭以北。

赵佗脑后有反骨，对始皇的威胁不亚于王翦王贲父子，始皇怜其勇而留用，但绝不会让他统率数十万大军。如今赵佗拥兵四十余万，始皇始觉惊惧，速派心腹大将任嚣前往为主将，赵佗仍为副将，禄为护军都尉，重整军马，再下岭南。

方士卢生替始皇寻长生不老药，因无功而返恐遭罪罚，便伪造仙人之书，上面写道："亡秦者，胡也！"

匈奴又称胡人，为夏朝后裔，商朝时称鬼方、昆夷、獯鬻，周朝时称猃狁，到了战国称匈奴。匈奴居北方大漠，不盖房子，不修城郭，以牧畜为生，逐水草迁移，设毡帐而居。匈奴人食畜肉、饮畜乳、穿兽皮兽毛。匈奴人自小学骑射，无事时牧养兽畜，有事时全民皆兵。战胜则奋勇轻进，战败便四散而退，来去如风。

公元前 217 年，秦始皇以蒙恬为主将，王离为副将（以补偿王翦王贲父子），长公子扶苏为监军，并涉间等诸将，统兵 30 万，北征匈奴。（蒙恬北伐匈奴的内容，请参阅本作分册《大漠西域》相关章节）

公元前 214 年，南国传来捷报，岭南平定，然兵力只剩三十余万（先后投入 50 万）。

任嚣接手南征重任后，着手打通长江与珠江水系，开凿灵渠。灵渠沟通长江水系的湘江和珠江水系的漓江（如图 3-52 所示），因漓江上游为零水，又称零渠、澪渠。长江支流湘江上游，古为楚国南境，珠江支流漓江上游，古为百越之地，两地相隔不过几十里，可谓咫尺江山分楚越。

图 3-52　漓江的位置

灵渠全长 36.4 千米，由南渠、北渠、铧嘴、大小天平、泄水天平、秦堤和陡门等子工程组成，主航道南渠长 33.25 千米，绕山蜿蜒，两岸桃红柳绿，风景秀美。

灵渠贯通后，一直是岭南与中原地区的水路交通要道，2000 多年来，历朝都有修葺。

南军主将任嚣和副将赵佗整军备战，第三号人物护军都尉禄亲自督军修渠。从公元前 219 年至公元前 214 年，整整 5 年，大功告成。

灵渠可通航两吨以下木船，通航后一时千舟竞发，风帆浩荡，秦军战备物资可源源不断输送到南方，秦军在当年顺利拿下岭南各地。

此前屠睢损兵折将，最大的原因是交通不便，武器物资无法输送到军队，且南岭山高林密，气候湿热，容易引发瘟疫、瘴气等，秦人不怕死，却恐惧南岭的各种怪虫。

始皇设南海、桂林、象郡三郡，以任嚣为南海尉（郡尉），总领三郡，首府设在番禺（今广州）。根据任嚣的战报，秦人在岭南绝非口碑载道，深得人心，还需大军留驻五岭（南岭），镇压南蛮。

秦朝初期有 30 几个郡，后期有 40 几个郡，但各郡的级别有云泥之别。中原大郡一般有 20 多个县，如陇西、上郡、太原、恒山、三川、颍川、砀郡、东郡、薛郡、泗水、淮阳、南郡、南阳、会稽等，设有太守（官职三品）一人，都尉（军职四品）一人，县令（官职五品）多人，监御史（官职七品）一人。南海郡首府番禺有 5 个县，桂林郡首府布山（今广西桂平西南）有 5 个县，象郡首府临尘有两个县，这三郡都是边疆新开的郡，加在一起只有 12 个县，级别远不如中原一个大郡，只设了一个郡尉（都尉，军职四品），由主将任嚣兼领，副将赵佗则兼领龙川县令（官职五品），护军都尉禄兼领监御史（官职七品）。

秦朝军队与地方各有一套体系，将军和军中将领一般不兼任地方官，将领在外征战，家眷要留在关中。地方官则可以将家眷带在身边。任嚣、赵佗、禄等人兼任封疆大吏，埋下了隐患。

始皇本欲留几万兵马在岭南，收大军回中原，无奈岭南地大，山岭重重，越人并未枝附叶从。在任嚣的请求下，不但没有收兵，还增派赘婿、小商贩入岭南充军。

● 巡游天下，孤独的诅咒

自古天子有狩猎之礼，战国时期东方诸侯多图宫中纵乐，秦国地处西陲，国君反而尚武。如今天下承平，始皇欲览山川之胜，扬威海内领土，以复三皇五帝之声望。

始皇出行，必先修路。于是自咸阳起，东至齐鲁吴越，西抵陇西秦邑，北达燕山，南通荆楚，大修驰道，专备始皇巡游之用，官吏百姓皆不得行走。驰道宽 50 步，每隔 3 丈栽种青松一株；道上宽广平坦，车马行走如飞；两行松树青翠成荫，亭亭如盖。微风过处，万壑涛声，风景绝好。

公元前 220 年，驰道直达西陲，始皇前往雍都（今陕西省宝鸡市）、秦邑（今甘肃省天水市）祭祖。

五月初，天气凉爽，秦军将士 20 余万人、民夫 50 余万人、战马 10 余万匹、车辆数万乘，浩浩荡荡出咸阳，往西方进发。

一路辎重粮草，千里不绝。道上龙旗蔽日，凤盖遮天，宸车似水，御马如蛟。始皇帝的威仪阵仗，虽黄帝、商汤、周武王不可比也。

日间车从煊赫，金鼓喧阗，郡县贡献的饮食宝器，堆山塞海而来。晚间灯火连营数百里，登高一望，好似天上星斗。

军马沿渭水西上来到雍都，这里是秦国建都时间最长的都城，也是秦人走下高原后的大本营。后来秦国迁都咸阳，每一个秦王都要来雍都祭祖。

随后大军继续西进登上高原，来到秦人的发源地秦邑。当初周孝王封非子在秦邑，非子乃第一个秦人。非子可能没想到，他的后人开创了商汤、周武王所不及的千秋大业。

公元前 219 年，驰道修到齐鲁，始皇第二次巡游，前往泰山。

泰山脚下，20 余万大秦甲士，军容整肃，号令严明。全军按 28 宿，分列 28 座营盘环绕，中间现出一座行城。旌旗密布，如皇城一般，文武百官，非奉召不许擅入。始皇登城四望，喜不自胜。

泰山乃五岳之首，古帝王如伏羲、神农、黄帝、尧、舜、禹、商汤、周成王，皆曾到此举行封禅之礼。封，是登山顶筑坛祭天；禅，是到山下平土祭地。

古人上山封禅之时，恐伤山中土石草木，用蒲叶包裹车轮行走。始皇行事一向好大喜功，手段颇辣，命将士民夫砍树开道，由泰山南面直上山顶，举行封礼；再由泰山北面下来，到梁父举行禅礼。

始皇又命人在巨石上刻字，立在山顶，称颂始皇功德，传示后世。这日大风忽起，飞沙走石，天色昏黑。迅雷一声，大雨如注，山上涧水又冲流而下。时为初冬，夜间北风凛冽，将士久经沙场倒能强挺过去，可怜那些深居宫内的嫔妃宫女，冻死者成百上千。

此事传到儒生耳中，便借机嘲笑始皇："开山伐木，损伤山中土石，触怒山灵，致此摧花风雨。"

泰山之行后，始皇坐龙舟入长江，来到浩渺洞庭。

这日暴风骤起，江中波浪汹涌如山，万斛龙舟如树叶在水中上下颠簸。始皇生长北方，骑射尚可，却不惯乘船，从未经此险恶风浪，竟惊愕失色。随驾大臣都吓得面无人色，幸亏舵工、水手善识风势，好不容易将船泊定岸头。

始皇心中不悦，瞥见附近山上有一古庙，红墙碧瓦。便问廷尉李斯："庙中所祀何方神圣？"

李斯诚惶诚恐道："此为湘山庙，庙中之神号为湘君。"

始皇又问："古语相传，帝皇出行，百神庇护，为何湘君不为朕平波浪压惊？"

见李斯面色复杂，欲言又止，始皇厉声道："有话立刻奏来，不得隐瞒。"

李斯慌忙跪地叩头回道："古史相传，湘君乃尧帝之女，舜帝之妻，死于江湘之间。"言外之意，此为上古尧帝之公主，舜帝之皇后，不敢亵渎。

此话始皇听来非常刺耳，同为帝王，始皇自感功业超越尧舜，大怒道："拨罪犯刑徒 3000 人，将湘山树木尽数砍伐，夷为平地，代湘君受罪。"

自此名胜古迹，毁于一旦。

公元前 218 年，始皇第三次巡游，目的地是东海，途经韩国旧地博浪沙，遭遇刺杀。

策划这次刺杀行动的人叫韩良，祖父张开地任韩相先后辅佐韩昭侯、韩宣惠王、韩襄王，父亲张平任韩相辅佐韩釐王与韩桓惠王，五世相韩。若韩国不灭亡，韩良也是韩王安的相国候选人。韩国灭亡后，韩良不肯投降秦国，遂改名张良，辗转于韩、魏、楚故地，一心反秦复国。

张良心知在战场上无法抵御秦军，唯刺杀始皇才有复国的一丝希望。他在淮阳遇到仓海力士——一个可挥动 120 斤铁椎的猛士，刺杀始皇的方案形成。

张良游走韩魏间的交通要道，对山川地形了如指掌。博浪沙丘堑隐伏，树木丛杂，再加上滔滔水声和迷雾缭绕，是刺客绝佳的隐藏点。

倾家为主合壮士，博浪沙中击秦帝。博浪沙地界，将士顶盔贯甲，刀枪剑戟，排列如林，千乘万骑簇拥着始皇御车，但见金瓜钺斧，云幡宝盖。

路旁有大河流过，雾气缭绕，视野模糊不清。忽然响起怪异的撞击声，御车外壁碎裂飞溅，几个大铁轮如流星闪电穿厢而入，车内着皇袍之人被铁轮割开胸前甲胄，胸骨碎裂，腿上被另一个铁轮上的铁刺撕开一道口子。最骇人的是，死者全身皮肤呈墨绿色，显然铁刺上涂有剧毒，只要刮到便会毙命。

秦王一生经历无数刺杀，这是敌人唯一得手的一次，不过这乘御车上坐的是始皇替身，这就是"误中副车"的典故。始皇出行最少有两乘一模一样的御车，无论车上替身的服饰，还是车外禁卫军的排场，都完全一样。

仓海力士赤身涂成墨绿色，攀高与树木融为一体。奋力一击完成后，趁侍卫错愕的瞬间，奔跑十余丈，纵深一跃跳进一条小河，借着事先准备好的潜游装备远遁。但秦王命不该绝，荆轲、仓海力士都刺不死秦始皇，冥冥中自有天意。

对岸山岭上，三十几岁的张良着布袍穿草履，面如美玉，目若朗星，见仓海力士得手逃走，也转身隐没在山林中。

大搜 10 日无果之后，秦王兴致勃勃地下令继续东进，好似什么都未发生，千古一帝的胆识确实非凡人可比。这次巡游的最大目的，是到东海寻找长生不死药。

始皇来到齐国旧地蓬莱，方士徐福说东北海上有个蓬莱仙岛，周围 5000 里，外有圆海环绕，海水浓黑，号曰'冥海'。海中无风之时，亦有大波，高至百丈。山中有九老丈人、九天真玉宫，乃太上真人所居。太上真人用三昧真火炼仙丹，食之可长生不死。

徐福惟肖惟妙道："此草生在琼田之中，名为养神芝。人死后三日内，将草覆于死人面上可令其复活。一株草可复活一死人，活人服一株草可长生不死。"

始皇令徐福出海寻找蓬莱仙岛，初时从蓬莱起航，并无所得。

徐福改变航向，统领童男童女各 3000 人，外加工匠数千，带着五谷种子和器具，装载数十战舰，从会稽郡达蓬山（今浙江宁波慈溪达蓬山）向东海进发。

行船多日，来到一处大岛，站在高处瞭望，只见平原广大，山水清秀。徐福令人四下探视，发现此岛土地荒芜，岛上有土著，以渔猎为生。至紧要之处，此岛绝非秦始皇的普天之下。

此前徐福为始皇炼丹，费金银无数，并未得奇药，本就想逃离海外，一去不返。如今天赐海岛，暗自惊喜。于是令工匠建房造器，耕田凿井，在岛上建立新家园。

后来徐福又令童男童女配成夫妇，安居乐业。岛上纳税极低，不设酷刑，俨然海外桃源！这个岛就是今日本本州岛。现在日本尚有徐福古墓，曾有首相前去祭拜认祖。

公元前 215 年，北方驰道全面开通，始皇第四次巡游，目的地是北方长城一线。

这次始皇走渭水黄河一线到洛阳，再北上赵、燕旧地，来到秦皇岛附近，也就是后来天下第一关山海关附近。接着沿长城向西，几个月后才来到九原（今内蒙古包头）。

北方驰道多在崇山峻岭之间，沿途开凿山陵，填平溪谷，尤为不易。北国苦寒之地，每当大雪弥漫、朔风凛冽之际，往往冻得手指坠落，肌肤开裂。

北方修筑长城的民工达上百万，又有 30 万精锐屯驻。始皇未肯放心，本欲抽调军力，可工程巨大，人手还嫌不足。始皇乃命长子扶苏为监工，名为监督民工筑长城，实为监视蒙恬诸将。

这次巡游后，始皇整整 4 年没有离开关中，只因阿房宫首期工程竣工。六王毕，四海一。始皇命画工将六国宫室绘成图样，在咸阳北坂上照样重建。

阿房宫覆压三百余里，隔离天日。一日之内，一宫之间，而气候不同。歌台暖阳，春光融融；舞殿萧飒，风雨凄凄。

阿房宫南临渭水，西自雍门，东至泾、渭二水合流之处，一路楼阁连绵，复道贯通。渭水从阿房宫中贯流而过，水上建筑一桥，桥阔六丈，长 280 步。

阿房宫前殿，东西广 500 步，南北长 50 丈。每值大朝会，上可坐万人，下可竖五丈大旗。一遇宴享，用车巡行斟酒，用马传递肴馔。

始皇又将所掳各国妃嫔、宫女、宝器、珍玩安置其中。朝歌夜弦，后宫佳丽何止 3000，有佳人一生未睹始皇龙颜。

阿房宫可谓古往今来天下第一宫，后来项羽入关中，纵火阿房宫，此火一连烧了 3 个月，烟焰不绝，数十里楼阁亭台，化成一片焦土。

公元前 210 年，始皇第五次巡游，也是最后一次（如图 3-53 所示）。这次随行的有少子胡亥、左丞相李斯、中车府令赵高，右丞相冯去疾留守咸阳。

10 月从咸阳出发，南下出武关，11 月来到长江云梦泽。虽然已是冬季，湖面却并未结冰。始皇继续南下九嶷山（又称苍梧山，今湖南永州宁远县），祭拜舜帝。当初大禹将舜帝流放至苍梧之野，舜帝在九嶷山驾崩。夏朝史官美其名曰：舜崩于巡狩途中。

然后沿长江东进，登上会稽山，这里是大禹驾崩和安葬之地。始皇祭拜大禹，并在此度过寒冬。连续在两位上古帝王驾崩之地举行祭祀活动，始皇这一趟巡游似乎隐喻着什么。

公元前 210 年开春，船队从会稽出发，北上抵达琅琊（今山东青岛南部）。有方士因渡海寻找仙药失败，推脱说海上有大鱼和蛟龙毁灭船只。始皇梦见自己与海神争战，海神身躯庞大，身披盔甲，手执戈矛。

普天之下，莫非王土。大海之上，秦王也要与海神一争高下。始皇命水师舰队携大量捕鱼器具，再从琅琊起程，绕着胶州半岛走，不过这次离海岸更远，为的是有机会遇上海神。

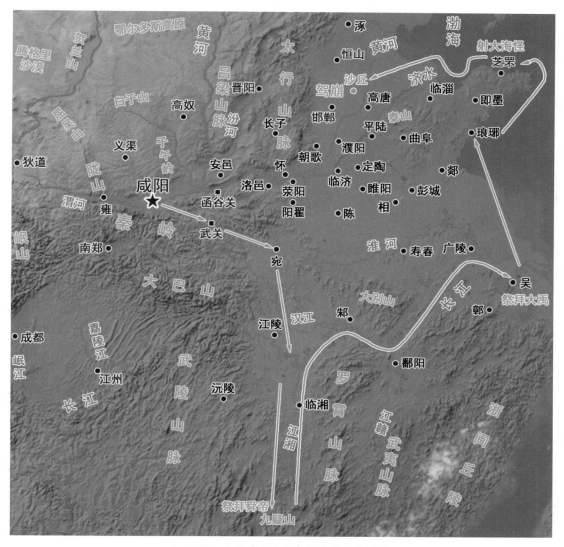

图 3-53　公元前 210 年秦始皇第五次巡游

舰队来到芝罘（fú）（今山东烟台芝罘区）附近，终遇大海怪（鲨鱼）。始皇命床弩齐射，射杀一条大鲨鱼。始皇战胜海神，宇内同庆。

此时已是 6 月，此番出游收获不浅，始皇志得意满，命驾回京。

7 月初夏，巡游大军来到赵国旧地沙丘。沙丘是商纣王避暑胜地，数以千计的宫女曾溺死酒池，地面阴气逼人。后来赵国在沙丘修建行宫，一场兵变让赵武灵王饿死在沙丘宫。沙丘是个诡异之地，始皇当然不信这个邪，他偏要在商纣王和赵武灵王的行宫寻乐。

没想到始皇来到沙丘宫当日就毫无征兆地病倒，次日数次昏迷，每次醒来都脸色发白、神情可怖，原来始皇做了几个怪梦。

第一梦，一座荒山中，一人身着布衣，面色憔悴，目光冰冷绝望，诅咒始皇道："余之后人，皆不得良死。"

第二梦，一少年容色沧桑，半头白发，边咳嗽边下诅咒："赵政，汝以奸臣离间赵氏兄弟，他日赵人必诛杀尔等子孙。"

第三梦，一辆囚车被劫，车中囚徒血溅衣袍，临死前用最后一丝力气诅咒："寡人死后竟尸臭于车，秦政小儿，天必谴之，必步寡人后尘，寡人在天以待。"

第四梦，一座城邑前，秦军压着一个头戴王冠者示众，迫使守城官兵投降。此王者誓不低头，口中大骂："楚虽三户，亡秦必楚！"

第五梦，宗庙内，一老者手抚一具无头带盔尸体，嗷嗷大哭，诅咒道："秦政，汝将断子而绝孙！"旋即，老者披头散发坐于囚车内，再诅咒："秦政小儿，汝必死于途。"

第六梦，山中一间茅屋，一老人手捧饿死的幼儿，风吹松柏之声凄然，老人仰天诅咒："寡人无罪而获死，汝亦将无病而暴毙，寡人在地下等你，不出 10 载。"

秦王梦中 6 人，正是韩王安、赵王迁、魏王假、楚王负刍、燕王喜、齐王建。此刻始皇醒悟，天命不可违，乃召李斯口授遗命："赐扶苏为太子，蒙恬、王离掌兵权。"

秦王 49 岁暴毙，一月前还生龙活虎射杀大鲨鱼，正所谓冥冥中自有天意。胡亥、李斯、赵高联手，秘不发丧，造假诏令扶苏、蒙恬自杀。八月正值盛夏，车队缓缓而进，装载数车腌鱼，掩盖始皇尸臭。

胡亥回到咸阳即位，是为秦二世。二世担心兄弟夺权，命赵高杀公子 16 人，连同扶苏，17 个兄弟全部遇难。又杀公主 10 人，连姐妹亦不放过。

不久天下大乱，群雄并起，赵高先后杀李斯和秦二世，立始皇之弟子婴为三世。楚国宗室项羽入咸阳，杀秦三世子婴，灭大秦帝国。

六国最后的王，7 个孤独的诅咒，竟全部应验。

公元前 210 年，秦始皇 49 岁，胡亥 19 岁，刘邦 46 岁，项羽 23 岁。一个时代终结，另一个时代开始。

● **秦始皇驾崩，沙丘之谋**

公元前 210 年七月，秦始皇于赵国旧地沙丘驾崩。始皇临死前召左丞相李斯近前，口授言语，制成玺书，赐予长子扶苏，命其"将兵事交付蒙恬，速即赶回咸阳，等候灵柩到时下葬"。

中车府令赵高与始皇幼子胡亥、左丞相李斯，秘不发丧，立胡亥为太子，准备迫使长子扶苏自杀。当时扶苏是 30 万大军的监军，在上郡肤施，与沙丘相隔千里，赵高、李斯是如何迫使扶苏自杀的呢？我们先来看赵高、李斯的身世。

公元前 228 年，王翦率军攻破邯郸城，秦始皇迫不及待赶到邯郸，居住在赵国王宫。

始皇少年时代是在邯郸度过的，其母赵姬和他本人曾遭到部分邯郸贵族欺凌。即使事情过去二十多年，始皇并未忘记旧仇，他将这些人满门抄斩。

赵高的父亲是赵国贵族，虽然免死，却身受宫刑，服劳役，不知何时去世。赵高的母亲被罚为奴婢，在隐官（手工作坊）服劳役。赵高赵成兄弟几个跟着母亲在隐官生活。赵高替人养马驾车，没事爱舞弄棍棒，身手敏捷。

后来赵母犯罪诛死，赵高受宫刑，好在他在赵国便跟父亲读书，受宫刑后因书法出众入宫当了宦官。

赵高敏而好学，在宫中刻苦学习律法，坚持练字，他书法精湛，著有《爱历篇》六章，在秦朝万千宦官中表现突出。

赵高进入始皇视线后，经过几次提拔，被授为中车府令（官职七品）。秦朝太仆（九卿之一，官职二品）掌管车马交通，旗下奉车都尉（官职四品）掌管皇帝车马，再往下有多位车府令（官职七品），各掌管部分车马。始皇巡游天下，奉车都尉负责安排车马，大致由各车府令及所部人马轮流执勤。赵高这个中车府令在所有车府令中排位第一，虽然官不算大，却经常在始皇身边。受宫刑的人担任要职，在秦汉时期是常见的，司马迁受宫刑后，从太史提拔为尚书令。

秦始皇很欣赏赵高，令其教幼子胡亥练字、学习刑法。如果胡亥是太子，赵高相当于太傅的角色。如果胡亥即位天子，赵高就是帝师，对应的官职是太傅。

赵高曾犯下大罪，郎中令（九卿之一，官职二品）蒙毅本要杀之，始皇爱惜赵高，特命赦其死罪，官复原职。

如果扶苏登上帝位，蒙毅为郎中令，其弟蒙恬掌北方 30 万精锐，蒙氏兄弟二人可能还会升官封爵，哪里还有赵高的藏身之处。

赵高谋反是出于保命，胡亥谋反是出于私心，试问天下有几个人不想做皇帝？二人一拍即合，不费吹灰之力就说服李斯。

李斯本是楚国小吏，师从荀子学帝王之术，学成后入秦，投奔吕不韦做了舍人（门客中的亲信）。此等人才吕丞相当然要重用，他将李斯带入朝堂，从郎官一步步做到丞相长史（官职五品）。李斯对吕不韦的布局了如指掌。当秦始皇要铲除吕不韦时，李斯毫不犹豫弃暗投明，因功迁为廷尉（九卿之一），后来又拜左丞相，封为列侯。

李斯这种人品低劣之人，只做对自己有利的事情，当年毫不犹豫背叛恩公吕不韦，现在始皇的遗诏在他看来就是一句废话。

始皇常年在外巡游，朝廷可以分为大中小三个班子：秦始皇带着左丞相李斯、郎中令蒙毅等亲信大臣，始皇车驾成了帝国权力中心；右丞相冯去疾、御史大夫冯劫这对父子，在咸阳率公卿处理政务，随时向始皇汇报；长子扶苏与大将蒙恬，在上郡建立第三套班子，掌管北方精兵 30 万，外加数十万民夫。

冯去疾的祖父是冯亭，韩国上党郡太守，曾将上党郡送给赵国，将赵国拖入秦赵长平之战。冯亭在长平之战中阵亡，其子逃到秦国，孙子冯去疾这个右丞相排位还在左丞相李斯之上。冯去疾与冯劫这对父子并非土生土长的老秦人，在留守咸阳的朝堂上有话语权，但若起兵反秦，那还差得远。因为秦始皇 18 个儿子中有 16 个在咸阳，关中是秦人的关中，外人没有始皇兵符绝无可能调动大军。即使有哪个秦国公子兵变，扶苏手上还有 30 万精兵，可随时南下平叛。

始皇身边最亲近的人，无非胡亥、李斯、蒙毅、赵高四人。数日前在平原津，始皇感到不适，占卜结果是北方有山鬼作祟，便派蒙毅前往代郡，祭祀名山，祈求消灾除病。

始皇驾崩时，如果蒙毅在场，胡亥根本没有机会成为秦二世。偏偏蒙毅去了代郡，赵高与李斯都是人精，怎会错过这个千载难逢的机会。两人商议后便定下一个连环计，史称"沙丘之谋"。

李斯将始皇赐予扶苏的玺书烧毁，假传始皇遗诏，立胡亥为太子。另作一书，赐与扶苏、蒙恬，大意是：二人带兵数十万屯边，士卒多死而无功。扶苏常上书诽谤，为子不孝，赐宝剑自杀。蒙恬不能谏正扶苏，为臣不忠，一并赐死。属下军队，交与裨将王离掌管。

此书写就，盖上和氏璧玉玺，命胡亥与李斯门下亲信之人组成使团，星夜奔往上郡。始皇车驾仍按巡游路线进发，以掩人耳目。

8月，扶苏、蒙恬、王离接了诏书。正常来说，扶苏与蒙恬是不可能自杀的，王离成了一个被忽视，却左右历史的关键人物。

蒙恬与蒙毅兄弟二人的祖父蒙骜（áo）是齐国人，投奔了吕不韦。那时白起已经自杀，王龁、王陵等王氏将领成为秦国主将。吕不韦为了掌握兵权，排挤秦将，硬是把蒙骜拜将推到前线。蒙骜在3个月内攻克太原郡全部37座城邑，两个月内以雷霆之势拿下包括朝歌在内的魏国东郡，割断赵国与魏国的联系。当时秦王嬴政年少，嫪毐、长安君成蟜等实力有限，吕不韦借助蒙骜控制军队，权倾朝野。朝堂上是始皇与吕不韦之争，军队里就是蒙骜与王龁之争，也可以说是秦人与关东人之争，双方势不两立。

吕不韦和蒙骜活跃了10余年，同期王龁、王陵等秦国本土将领一直遭到吕不韦压制。后来赵国老将庞煖合纵攻秦，蒙骜兵败被杀，拉开了吕不韦垮台的序幕。

始皇冠礼后，重用新一代的秦人将领桓齮、王翦、杨端和等，吕不韦失势，蒙骜之子蒙武虽然也在军中，却一直被王翦等人压制，几乎没有什么战功。

在攻赵战争中，桓齮、王翦、杨端和三路并进，结果桓齮惨败给李牧，逃到燕国改名，杨端和错失战机从此不再为主将，只有王翦的表现可圈可点，成为秦军统帅。而朝廷当中，接替吕不韦丞相之位的是王绾，王氏家族在秦国呼风唤雨。

始皇明察秋毫，为了削弱王氏，着力培养新人，包括朝中的尉缭（太尉）、蒙毅（郎中令）、李斯（廷尉），军中的李信、蒙恬等将领。蒙毅和蒙恬是兄弟，都是蒙武之子。

在灭六国的过程中，王翦灭赵国、楚国，王贲灭魏国、燕国、齐国。随后王翦王贲父子交出兵权，以此为代价，秦始皇才让王翦之孙、王贲之子王离在军中担任要职。

公元前217年，秦始皇令蒙恬为主将，王离为副将（以补偿王翦王贲父子），长公子扶苏为监军，并苏角、涉间等诸将，统兵30万，北征匈奴。

此次北伐，匈奴人退得很快，秦朝主要以斩敌数量论战功，因此没几个人加官进爵。但秦军将领中，十之八九都曾追随王翦王贲父子立功，都可算是王氏嫡系，这支军队名义上是秦军，但称为王家军似乎更贴切。不少将领斩敌数比蒙恬多，战功比蒙恬大，自然也就不把蒙恬放在眼里。正因如此，始皇才派长子扶苏为监军，与蒙恬一起弹压王氏大军。

始皇令扶苏、蒙恬、王离将燕、赵、秦三国所筑长城首尾连接起来，西自临洮，东至辽东，称万里长城。北方不仅有30万精锐大军，还有常年保持的数十万修长城的民夫，是帝国最具战斗力的一支力量，秦始皇不得不防。

李斯和赵高送走使者，仍然按原计划巡游，从巨鹿郡沙丘北上进入恒山郡，再转向西走井陉登上太行山入太原郡，接着北上到雁门郡，再折向西入云中郡、九原郡，最后从九原走直道南下到上郡，如图3-54所示。

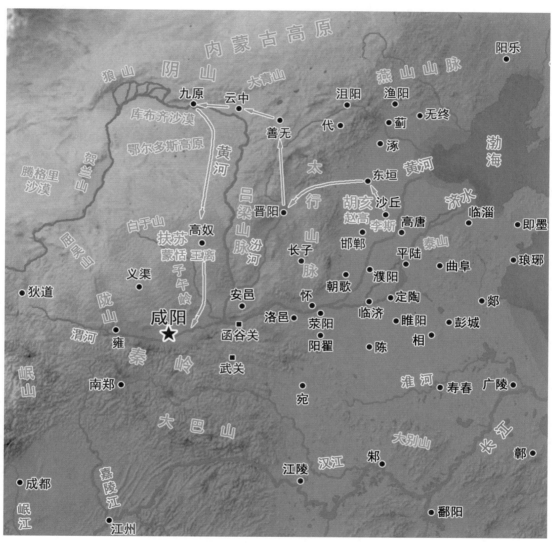

图 3-54　秦始皇灵柩回咸阳

赵高将始皇尸身载入辒辌车中，只说始皇因病畏风，紧闭窗棂，并遣始皇宠信宦官陪坐车上窗边。8月天气很热，辒辌车上放出一阵臭气，触鼻难闻。赵高命从官车上各装腌鱼一石，以乱尸气，闻者无从细辨。所至郡县，太守县令依然进奉饮食，文武百官照常在车旁奏事，宦官在车内假传始皇旨意，允准所奏，没人敢有任何非议。

每到一郡，李斯就派斥候通知王离，责令其督促扶苏和蒙恬自杀。三人在朝中都有亲信，各地郡县也都有门生，似乎除了腌鱼不好闻，其他一切如常。

当始皇车队抵达雁门郡，李斯以始皇名义派左丞相府舍人（亲信）董翳（yì）为护军都尉（军职四品），到上郡替代扶苏为监军。

董翳是春秋晋国太史董狐的后人，当年中军将赵盾前脚告老还乡，其亲属赵穿后脚就刺杀晋灵公，董狐在竹简上刻道："秋七月乙丑，赵盾于桃园，弑其君。"

赵盾伏于灵公之尸旁，"痛哭"一场，令人请来太史董狐，恭恭敬敬道："太史误矣！吾已出奔河东，离绛城二百余里，怎知弑君之事？"

岂料太史董狐刚正不阿，正色道："大人虽离开绛都，却未离晋，返回绛都又不讨弑君之贼，此事若不是大人主谋，谁能信乎？"

赵盾见董狐正气凛然，语气软了下来，问道："太史，竹简还能改吗？"

董狐冷哼一声道："吾头可断，此简不可改也！"

董翳一直营造的人设，也正是刚正不阿。他拜在左丞相李斯门下，在朝中小有名气。作为李斯的心腹，董翳态度坚定，不容扶苏拖延时间。

扶苏将印玺交于护军都尉董翳，见王离、苏角、涉间等将领冷目相对，便捧着赐剑，一路涕泣，走入内室欲自杀。

蒙恬仍抱有希望，连忙赶入止住，说道："陛下出巡在外，未立太子，命本将带兵30万守边，公子亲为监军，此乃天下重任。今仅凭一诏书，便欲自杀，安知都尉无诈？应遣人向陛下请命，如果属实，再死未晚。"

董翳抵达上郡时，始皇车驾已进入九原郡，扶苏感受到父亲扑面而来的压力，对蒙恬道："父命子死，不得不死，免受牢狱之辱。"说毕，伏剑自尽。

扶苏一死，蒙恬孤掌难鸣，却仍不肯自杀，坚持等始皇抵达上郡，叩见皇帝再死。

王离将蒙恬下狱，送到肤施以南的阳周城，交与阳周县令看管，其目的是将蒙恬和其亲信部下分开，以免节外生枝。

扶苏自杀的消息星夜传到九原，车队正好进入九原郡九原城，胡亥与李斯、赵高大喜，胡亥即帝位，称秦二世皇帝。

● 秦始皇帝陵在哪？

胡亥回到咸阳，入得宫中，立刻发丧。一班大臣及诸公子闻得始皇已死，新皇帝即位，一齐入宫哭灵，并向新君称贺。各人听说扶苏赐死，胡亥嗣立，心中虽然怀疑，但扶苏已死，谁也不敢提及此事。

秦二世入咸阳第一件事，就是让赵高李斯派人杀了扶苏的几个儿子。此后胡亥才安然坐上帝位，替始皇大营丧事。丧中陈设之美，仪节之盛，费用之奢，自不消说。

公元前210年九月，秦二世葬秦始皇于骊山（如图3-55所示）。骊山是秦岭的支脉，长约20余千米，最高峰为西绣岭，海拔约1302米。骊山是嵌入关中平原的一座山，视野开阔，位置又在关中的中部，登高可将大半个关中尽收眼底。西周时骊山上建有烽火台，周幽王烽火戏诸侯，点燃的就是骊山烽火。

图 3-55　秦始皇陵的位置

秦始皇帝陵位于骊山北麓，呈正方形，长和宽约 7.5 千米，面积约 56.25 平方千米，规模可谓古今无二。秦始皇陵有里外四层，陵区内有外城、内城、封土三层。外城长 2.2 千米、宽 1 千米，内城长 1.3 千米、宽 0.6 千米，如图 3-56 所示。

秦始皇帝陵有 600 多座陪葬墓和陪葬坑，外城外有兵马俑、百戏俑、马厩坑、刑徒墓区、石材加工区等。兵马俑距帝陵封土约 1.5 千米，有 130 辆战车，8000 兵马俑，面朝东方，每个兵马俑脸型和表情不一，眉毛、指纹、指甲等细节也都不一样。战马和战士的大小仿造真人而制，战马身高 1.5 米左右，身长 2 米，战士高 1.8 米。秦始皇"奋六世之余烈"，一心要消灭六国统一天下，都体现在兵马俑上。

帝陵外城东侧，有一组 17 座墓，呈南北走向。墓主人多数身首异处，四肢分离，骨骼凌乱，有一个头部插着一支折断的箭头。这是秦二世所杀 17 个兄弟，另一说是有王子也有公主。

外城内有文官俑、百兽俑等。

帝陵内城有后宫墓区（陪葬墓区）、宫殿、皇陵封土。后宫墓区位于内城北部，长 630 米、宽 244 米，里面有 100 多个陪葬坑。后宫墓的主人不在棺材中，通道里散落着残缺不全的骨骸，有的甚至身首异处，但没有金银财宝，疑似秦二世所为——他杀了秦始皇所有没有孩子的嫔妃及宫女万余人陪葬。

帝陵封土远看就是一座山，底部南北长 515 米，东西宽 485 米，高 55 米。封土里面有 9 层宫殿，每 3 层一组，暗合始皇帝九五之尊登上九层高台俯瞰他的帝国。

图 3-56　秦始皇陵

为防止有人盗墓，封土中安置机关，排列强弓劲弩。若有人进入，机关一动，万弩齐发。

封土下面有地宫，掘地极深，直透过三重泉水，并且向骊山方向挖掘通道，最后凿之不入，烧之不燃（没有氧气）。

地宫高 30 米，也是 9 层结构，开口长 170 米，宽 145 米，高 30 米。墓室长 80 米，宽 50 米，高 15 米。地宫用金银为凫雁，玉石为松柏，顶部装饰二十八星宿图，底部是水银灌注的江河湖海，川流不息。秦始皇身着金缕玉衣，用鲸鱼油做长明灯。为防地下水渗透，整个地宫建筑天花板和墙为巨石板包覆，等于变成一个防水的地下水泥大坝。

等到封土封闭完固，又在墓上栽起树木，漫山遍野都是苍松翠柏。此时工匠尚未出外，秦二世便令人将墓道外门关闭，加土填筑。数万工匠埋入封土中，无一人走脱。

● 赵高杀十七公子

安葬完秦始皇，秦二世胡亥下诏继续修筑阿房宫，并将骊山陵墓的囚徒转移到阿房宫。

朝堂之上，秦二世、李斯、赵高三人旁若无人地谋划如何诛杀蒙恬和蒙毅，为的是避免日后蒙氏扶持始皇的其他子孙，对秦二世形成巨大威胁。到那时，对李斯、赵高等人而言，覆巢之下恐无完卵。

以右丞相冯去疾、御史大夫冯劫为首的公卿大臣，多惋惜蒙氏兄弟之死，希望杀戮到此为止，而赵高恨极蒙毅，还想赶尽杀绝。

右丞相冯去疾出列道："蒙氏兄弟为国之栋梁，今陛下无故诛之，必致群臣离心，将士丧气，臣以为不可。"

秦二世对此的立场态度则截然不同。自古以来，但凡得国不正者，最怕别人效仿，二世担心蒙氏兄弟另立公子为帝，所以他不但要杀大将蒙恬，还要杀郎中令蒙毅。

蒙毅在郎中令的位置上干了 20 多年，可以说一言九鼎。他掌管羽林、虎贲等帝国最忠诚的精锐之师，帐下郎骑对他多有仰慕，忠心耿耿。

赵高之弟赵成恰好也是郎骑军中一员，即使赵高提拔赵成及自己的亲信到多个关键位置，仍不足以掌控郎骑军。手上没有一支如臂使指的大军，赵高害怕，秦二世同样害怕。

赵高走到冯去疾跟前，厉声道："蒙恬戍边十余年，麾下兵多将猛，且只认蒙氏。若日后蒙家发 30 万铁军南下，试问谁人可挡？"

冯去疾年纪大了，虽气得怒目圆睁却忍住没说话。其子冯劫也曾拜将，他以军人口吻说道："长公子和上将军（蒙恬）拥兵 30 万，其势足以定天下，却不敢忘先帝之恩。长公子饮鸩而死，上将军束手就擒。如今北军将印已交王上将军，蒙氏哪里还有兵权？"

赵高戳指斥责道："难道冯氏要和蒙氏合谋篡位？！"

赵高人狠话不多，一顶高帽子戴在右丞相冯去疾、御史大夫冯劫头上，二人闻言色变，冯劫再有胆色，也不敢在秦二世面前爆发。而此时的左丞相李斯也有如意算盘——若能顺势扳倒右丞相，他的位置又能前进一小步。

其他文武百官并不想卷入皇族内斗，但都觉得确实没必要再杀蒙氏兄弟。包括冯去疾在内的所有人，都把目光投向宗正（九卿之一，官职二品，负责管理皇族事务，由宗室成员担任）子婴——秦始皇的同父异母弟。

然而子婴欲言又止，始终没为蒙氏说一句话。连子婴都要明哲保身，其他公卿大臣谁还敢再多言？

要杀两位肱股之臣，就要同时进行，以免节外生枝。李斯派心腹御史曲宫到阳周县和代郡，赵高派族人赵贲和女婿阎乐带死士跟随，以宣读诏书为由，将蒙恬、蒙毅骗入大帐，然后伏兵四起而杀之。

秦二世将蒙氏夷三族（即诛灭三族），牵连者数千人迁徙至蜀郡。蒙氏一族中有一支在上郡，是蒙恬的亲族，随军镇守北方。王离不忍赶尽杀绝，只派兵士佯装追赶，放这支蒙氏亲族一条生路。虽三世为对手，竞争激烈时恨不能拼个你死我活，但说到底也都是在为嬴秦卖命。在对方被诛三族，对自己完全不构成威胁时，王离动了恻隐之心。由此，这支蒙氏亲族得以逃离上郡，横穿毛乌素沙漠，南下到达安定郡，从此卸甲归田，避于深山，筑土堡以自保。

蒙氏自齐仕秦，三代昌盛，盛极而衰。自秦朝以后，公门宦海、文武百官摩肩接踵，再没有一个蒙氏后人。

十月，赵高替代蒙毅，升任郎中令。

当初始皇巡行郡县，海内畏服。秦二世听人说东方很多百姓不知道先帝已经驾崩，恐自己被天下轻视，便打算效仿始皇巡行地方。

赵高极力赞成秦二世出巡，并且推波助澜，出了一堆坏主意。

首先，让秦二世的十六个哥哥全部随行，每到郡县，令哥哥们当众行君臣大礼，让天下人看到哥哥们俯首称臣的模样。秦二世闻言满心欢喜，称赞赵高不愧为帝师。最终，卫尉公子将闾三兄弟因为有守卫宫门枝责，13 位哥哥随同二世出行。

其次，下令除修阿房宫的少府章邯，其他三公九卿必须随行。除了彰显二世威严，也防止他们留在咸阳城居心不良。

最后，拜御史大夫冯劫为将军，去巴蜀招募能工巧匠。拜同母兄公子德为御史大夫，替代冯劫。

公元前 209 年一月，秦二世率领十余万大军开始了东巡，其间一切仪制仿始皇出巡时的样子办理。右丞相冯去疾、左丞相李斯、御史大夫公子德率文武百官随行，13 个公子一同出发，咸阳兵力空虚。

秦二世的车架一路北上，来到上郡。在这里，二世安抚了王离诸将，以定军心。然后，二世一行到九原，登长城，威慑大漠。再沿长城以南直道东进，视察北境防务，二月来到辽东，在碣石观沧海。

河北秦皇岛有座碣石山，系燕山余脉，有上百座奇险峻峭的峰峦，呈圆柱形，远望极像直插云霄的天桥柱石，因此得名"碣石"。站在碣石山上远眺，东可看辽东湾，南可见渤海湾，北面是燕山山脉，西面是华北平原，有吞吐宇宙之气象，如图 3-57 所示。

秦始皇曾到碣石山观海，并在山下修建多座宫殿，统称碣石宫。三国时，曹操"东临碣石，以观沧海"，山上"树木丛生，百草丰茂"，远观"水何澹澹，山岛竦峙"，感慨"日月之行，若出其中；星汉灿烂，若出其里"，既然"幸甚至哉"，便要"歌以咏志"。

图 3-57　碣石山

此后，二世一行沿海南下，3 月抵达会稽郡，安定江南民心。途中凡见有始皇所立之石，皆在旁加刻数语，以表始皇功德，彰二世威严。

4 月，秦二世的车架回到咸阳。

在这三四个月时间里，郎中令赵高在咸阳也有不少布局。赵高将郎骑军带走，其弟赵成却以郎骑军名义在咸阳招兵买马。赵高遭宫刑前曾有一个女儿，后嫁给守咸阳城的士兵阎乐，此番正好把阎乐调入郎骑军中。赵成与阎乐在关中招募死士、游侠，一下招揽了数千骑。待赵高回到咸阳，郎骑军规模已经上万。

秦二世刚踏入咸阳宫，卫尉公子将间便告了赵成和阎乐一状。前面交代过，将间因为要负责咸阳宫防御，没有随二世出行。

赵高绝非等闲之辈，立刻在秦二世面前反告："公子将闾掌咸阳宫，还有两位公子辅佐，陛下居宫中，安危难保。"

秦二世听闻赵高之言，呆了半晌方说道："为今之计，如何是好？"

赵高见秦二世心动，答道："欲除此患，须用猛药。"

秦二世眼中闪过一丝杀机："朕授爱卿兵符，可便宜行事。"

赵高取了兵符，第一件事就是清洗郎骑军。此时的郎骑大部分是赵成新招的，蒙毅的旧班底多遭伏击，此后郎骑军彻底沦为赵高的亲兵队。

接着，赵高开始对宗室下手。他不分青红皂白，先抓对自己不敬的，施用严刑，株连者多达数万人，一律定为死罪。

不到一个月，秦二世的 17 个兄弟（包括之前的扶苏）全部被诛，12 个公子戮（陈尸示众）死于咸阳；卫尉公子将闾等三兄弟想见秦二世却不得见，最终被逼自尽；公子高自知跑不了，便求秦二世把他葬在秦始皇陵旁。

就连秦二世的 10 个金枝玉叶般的姐妹也未能幸免。10 个公主皆生于深宫，个个细皮嫩肉，被禁锢几日之后，便黛眉损翠，粉脸成黄。经赵高等人一番摧折，皆磔（分裂肢体）死于杜县，香消玉殒。

始皇子女只剩秦二世一人，其手足股肱尽去。其他大臣遭连坐而死者不计其数。一时间，咸阳附近十室九空，没死的也逃了。

左丞相李斯的长子李由是秦始皇的女婿之一。这次赵高肆行无忌，杀光公主，其中就包括三川郡太守李由的夫人。

赵高在军政要职上安插了自己的人，他有一个原则："一切要任，皆改用寒门白丁。贫者骤富，贱者骤贵，必能感激知遇，忠心耿耿。"这些寒门出身的人，杀起人来不分轻重，毫无底线可言。

为补充军队兵员，秦二世下诏从北方长城与南方岭南各征调五万精锐镇守关中。北方的王离手捧诏书，当即与苏角、涉间等定下对策。

5 万北军由上将军蒙恬的长史司马欣统率，护军都尉董翳监军，都尉姚卬、周类、苏驵。这五万将士，大多是蒙恬的嫡系。

司马欣的祖父司马梗在长平之战中立功，爵位是五大夫。司马梗的父亲便是打下巴蜀的大将司马错。秦国灭楚国那年，项燕之子项梁被俘，关在栎阳监狱。当时年轻的司马欣在栎阳做狱掾，原楚国蕲县的狱掾曹咎买通司马欣，将楚国头号大将之子释放。

司马欣乃名将之后，身份特殊，好交朋友，但没什么原则，能哄得任何上司开心。因此，司马欣放走一个要犯，上面也是睁一只眼闭一只眼。十几年后，司马欣成为项羽所封的塞王。

而董翳是几个月前李斯派来替换扶苏的，王离把董翳派去做司马欣的监军，咸阳方面也没话说。王离借助这个机会完全掌握北军兵权。而且他还不忘上奏，请求秦二世调各郡县预备军北上，补充北军人数。

5 万北军驻扎咸阳城外，秦二世与赵高都不信任这支军队，没有让他们参与宫城与咸阳城的防务。

　　秦二世与赵高商议后，下诏由少府（九卿之一，官职二品）章邯代管北军。大家应该还记得秦国灭韩国的历史。当时韩国南阳太守腾投降，始皇任命其为内史。追溯内史腾先祖，是西周时期齐国西部的姜姓郜（章）国，故而他的两个儿子分别名为章邯和章平。

　　内史腾后来做过南阳太守，他在秦军中没有根基，便让两个儿子跟随王翦出征赵国。内史腾去世后，章邯做了少府，章平在章邯麾下任职，监管不少大工程。

　　少府掌山海池泽收入、手工业制造天子私用的府库及收入。这是一个文官，不掌兵权，让毫无经验的少府章邯去管理 5 万北军，秦二世和赵高安心。

　　北军 5 万就位，但南军 5 万却毫无音信，连使臣都没有回来。

　　原来，南军迟迟不至是因为主将兼南海都尉任嚣因病去世。副将兼龙川县令赵佗深知秦朝已无力派兵南征，遂起了异心，打算自成一国。岭南三郡负山面海（如图 3-58 所示），东西数千里，赵佗在此假传圣旨，宣称秦二世命其行南海尉事。紧接着，赵佗以盗兵将至为由，令南海军北部的横浦关、阳山关、湟溪关等守将阻断道路交通，设兵防守。

图 3-58　秦朝南海郡

　　随后几年，赵佗屡次矫诏，陆续诛灭反对之人，让自己的亲信接任了三郡县令之职。几年后秦朝灭亡，赵佗自立为南越武王。

　　秦始皇建立的帝国原本兵强马壮，为何在始皇死后短短两三年就崩溃了呢？请欣赏本作第二册《楚河汉界》。

附 录

● 秦国世系

序号	谥号	名	在位时间	在位年数
1	秦襄公	开	前 777 年—前 766 年	12
2	秦文公		前 765 年—前 716 年	50
3	秦宪公	立	前 715 年—前 704 年	12
4	秦出子	曼	前 703 年—前 698 年	6
5	秦武公	说	前 697 年—前 678 年	20
6	秦德公	嘉	前 677 年—前 676 年	2
7	秦宣公	恬	前 675 年—前 664 年	12
8	秦成公	载	前 663 年—前 660 年	4
9	秦穆公	任好	前 659 年—前 621 年	39
10	秦康公	罃	前 620 年—前 609 年	12
11	秦共公	稻	前 608 年—前 605 年	4
12	秦桓公	荣	前 604 年—前 577 年	28
13	秦景公	石	前 576 年—前 537 年	40
14	秦哀公	籍	前 536 年—前 501 年	36
15	秦惠公	宁	前 500 年—前 492 年	9
16	秦悼公	盘	前 491 年—前 477 年	15
17	秦剌龚公	剌	前 476 年—前 443 年	34
18	秦躁公	欣	前 442 年—前 429 年	14
19	秦怀公	封	前 428 年—前 425 年	4
19	秦灵公	肃	前 424 年—前 415 年	10
20	秦简公	悼子	前 414 年—前 400 年	15
21	秦惠公	仁	前 399 年—前 387 年	13
22	秦出公	昌	前 386 年—前 385 年	2

序号	谥号	名	在位时间	在位年数
23	秦献公	连	前384年—前362年	23
24	秦孝公	渠梁	前361年—前338年	24
25	秦惠文王	驷	前337年—前311年	27
26	秦武王	荡	前310年—前307年	4
27	秦昭襄王	稷	前306年—前251年	56
28	秦孝文王	柱	前250年—前250年	1
29	秦庄襄王	子楚	前249年—前247年	3
30	秦始皇	政	前246年—前210年	37
31	秦二世	胡亥	前209年—前207年	3
32	秦末王	子婴	前207年	

● 战国七雄世系简图

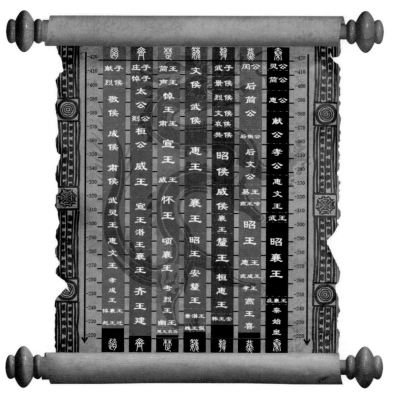

注：公元前250年，秦孝文王即位仅3天后去世，由于篇幅原因，不在图上标识。

参考文献

[1]（汉）司马迁.史记[M].北京：中华书局，1999.

[2] 钱穆.史记地名考[M].北京：商务印书馆，2001.

[3] 谭其骧.中国历史地图集[M].北京：中国地图出版社，1982.

[4] 程光裕.中国历史地图[M].中国台北：中国文化大学出版部，1993.

[5]（汉）班固.汉书[M].北京：中华书局，2007.

[6]（明）冯梦龙.东周列国志[M].上海：上海古籍出版社，2010.

[7]（汉）刘向.战国策[M].北京：中华书局，2011.

[8]（东周）孔子.春秋[M].哈尔滨：北方文艺出版社，2013.

[9] 春秋时晋国史官和战国时魏国史官.竹书纪年[M].北京：中华书局，2013.

[10] 杨宽.战国史[M].上海：上海人民出版社，2016.

[11] 杨宽.战国史料编年辑证[M].上海：上海人民出版社，2016.